suhrkamp taschenbuch
wissenschaft 569

Ernst Bloch
Leipziger Vorlesungen zur Geschichte der Philosophie 1950-1956

Herausgegeben von
Ruth Römer
und Burghart Schmidt
Bearbeitet von
Eberhard Braun, Beat R. Dietschy,
Hanna Gekle und Uwe Opolka

Ernst Bloch
Neuzeitliche Philosophie I: Von Descartes bis Rousseau

Leipziger Vorlesungen zur Geschichte der Philosophie 1950-1956

Band 3

Bearbeitet von Uwe Opolka

Suhrkamp

CIP-Kurztitelaufnahme der Deutschen Bibliothek
Bloch, Ernst:
Leipziger Vorlesungen
zur Geschichte der Philosophie :
1950-1956 /
Ernst Bloch. Hrsg. von Ruth Römer
u. Burghart Schmidt.
Bearb. von Eberhard Braun ... –
Frankfurt am Main : Suhrkamp
NE: Bloch, Ernst: [Sammlung];
Braun, Eberhard [Bearb.]
Bd. 3. Neuzeitliche Philosophie. –
1. Von Descartes bis Rousseau /
bearb. von Uwe Opolka. –
1. Aufl. – 1985.
(Suhrkamp-Taschenbuch Wissenschaft ; 569)
ISBN 3-518-28169-0

suhrkamp taschenbuch wissenschaft 569
Erste Auflage 1985

Satz: Wagner GmbH, Nördlingen
Druck: Nomos Verlagsgesellschaft, Baden-Baden
Printed in Germany
Umschlag nach Entwürfen von
Willy Fleckhaus und Rolf Staudt
1 2 3 4 5 6 – 90 89 88 87 86 85

INHALT

NEUZEITLICHE PHILOSOPHIE I: DESCARTES BIS ROUSSEAU

VORWORT DER HERAUSGEBER

Als Ernst Bloch 1949 in der Nachfolge Gadamers einen Lehrstuhl für Philosophie an der Universität Leipzig übernommen hatte, hielt er Semester für Semester, bis zu seiner Zwangsemeritierung im Jahre 1956, Vorlesungen über die Geschichte der Philosophie. Ein Zyklus erstreckte sich jeweils über mehrere Semester. Rot ausgeschlagen habe der Hörsaal atmosphärisch gewirkt, räumte noch einer von denen ein, die ihn 1957 in der DDR verdammten. Tatsächlich war schon die Wahl des Stoffes: Geschichte der Philosophie, ein Politikum. Bloch widersetzt sich damit der Schmalspur, welche das philosophische Grundlagenstudium in der DDR zu verlegen begann. Darüber hinaus suchte er, wo immer angängig, in dem philosophiegeschichtlichen Diskurs Bezüge zu aktuellen Situationen und Konstellationen in der DDR. Als er viele Jahre nach seiner Übersiedlung nach Tübingen im Zusammenhang mit der Gesamtausgabe seiner Werke daranging, Teile aus dem Kursus von den sieben Weisen des alten Griechenlands bis zu der ihm zeitgenössischen Philosophie für eine Buchveröffentlichung umzuarbeiten, da ließ er alle aktuellen Anspielungen, alles Anekdotische und Satirische weg, weil es ihm um zwei Konzepte ging, an denen er seine philosophiegeschichtliche Arbeit orientieren wollte. Das eine Konzept schlug sich in Bd. 12 der Gesamtausgabe »Zwischenwelten in der Philosophiegeschichte. Aus Leipziger Vorlesungen« nieder, der 1977, noch zu Lebzeiten des Autors, veröffentlicht wurde. Es wollte traditionelle Gewichtungen, Wertungen, Akzentuierungen der Philosophiegeschichte durch Umwertungen unterlaufen. Die vielen Zwischenlagen zwischen den Haupttönen der philosophischen Entwicklung sollten daraufhin geprüft werden, ob sie nicht vielleicht überhörte Haupttöne wenigstens anklingen lassen. Daher der Titel mit dem wichtigen *Zwischen*. Unter diesem Konzept stellte Bloch vor allem die Philosophie des Mittelalters und der Renaissance dar. Zur Ausarbeitung des anderen Konzeptes, nach dem die Philosophiegeschichte als Produktionsprozeß von lauter Utopie-Modellen aufgefaßt wird, hat Bloch nur einen kurzen Versuch gemacht. Er ist als Schlußteil in den Ergänzungsband zur Gesamtausgabe »Tendenz – Latenz – Utopie« (1978) aufgenommen worden.

Blochs sachlich-systematisches Arbeitskonzept hat die politische Atmosphäre der Vorlesungen verschwinden lassen. Diese aber ist von hohem zeitgeschichtlichem Dokumentationswert, auch dann, wenn sich die Vorlesungen nicht mit Tagesfragen beschäftigen. Von dieser Atmosphäre soll mit der vorliegenden Publikation der von Bloch nicht selbst bearbeiteten Teile ein Eindruck vermittelt werden. Die umfangreichen Passagen über die Philosophie der Antike und der Neuzeit werden in einer der Redefassung noch sehr nahe stehenden Form dargeboten. Für die Veröffentlichung spricht außer dem dokumentarischen Wert auch der hohe literarische Rang der Vorlesungen. Das gesprochene Wort eines der glänzendsten Redner der deutschen Gegenwart kann nun wenigstens einem Lesepublikum zugänglich gemacht werden. Zum weiteren hat Bloch in den Vorlesungen, sosehr sie sich auch dem Sachgang der Philosophiegeschichte anvertrauen, die Einsatzstellen seiner eigenen Theorie verdeutlicht. Die Vorlesungen bieten also nicht nur die breite und tiefe philosophiegeschichtliche Erfahrung des Vortragenden – man bedenke, daß er sie zwischen seinem 64. und 71. Lebensjahr gehalten hat –, sondern ebenso eine indirekte und deswegen besonders zugängliche Einführung in das Blochsche Philosophieren. Gerade die häufig Neben- und Umwege betretende Darstellung der Philosophiegeschichte dient dazu.

Die Veröffentlichung der Vorlesungen ist auf folgende Weise zustande gekommen: Vorlesungen der Jahre 1952 bis 1956 wurden auf Tonband aufgenommen und auf ein Typoskript übertragen. Ernst Bloch fragte Mitte 1957 seine Leipziger Schülerin Ruth Römer, ob es möglich und ob sie willens sei, aus dem Typoskript einen Text für den Druck herzustellen. Die Ausgabe sollte in dem Verlag der Deutschen Akademie der Wissenschaften zu Berlin erscheinen. Das Typoskript eignete sich nicht als Druckvorlage, weil es alle überflüssigen Merkmale des mündlichen Vortrages enthielt, darüber hinaus Entstellungen und Fehler, die bei der Übertragung vom Tonband in eine Niederschrift entstanden waren. Noch gravierender war, daß die Tonbänder technisch bedingte Lücken aufgewiesen hatten, so daß Textteile, bis hin zu ganzen Vorlesungsstunden, fehlten. Ruth Römer hat nach Durchsicht des Typoskripts beide Fragen Blochs bejaht und von Mitte 1957 bis Ende 1960 einen fortlaufenden Text hergestellt, der als Grundlage einer Veröffentlichung dienen konnte. Dabei wurden Wiederholungen und unwesentliche Abschweifungen gestrichen, Fakten und Zitate überprüft und zahlreiche Textlücken geschlossen, der Stil des Vortrags aber wurde getreu erhalten. Fehlende Kapitel wollte Bloch ergänzen. Er ist nie dazu gekommen.

Der neu hergestellte Text umfaßt 2674 Schreibmaschinenseiten. Zunächst waren davon zwei Exemplare vorhanden, eines im Besitze Blochs, die Durchschrift im Besitz von Ruth Römer. Bei ihrem Weggang aus der DDR nahm sie ihr Exemplar mit in die Bundesrepublik. Umstände, die damals noch im Dunkel der Zukunft lagen, haben es mit sich gebracht, daß Blochs Vorlesungen lange Zeit allein in diesem über die deutsch-deutsche Grenze geretteten Exemplar existierten. Es liegt heute vollständig und unversehrt im Ernst-Bloch-Archiv der Stadt Ludwigshafen/Rh. Eine Fotokopie davon befindet sich im Ernst-Bloch-Nachlaßarchiv der Universität Tübingen. Sie enthält die Korrekturen, die Bloch für seine eigene Veröffentlichung von Teilen der Vorlesungen gemacht hat. Zudem enthält das Nachlaßarchiv die Entwurfsvorlage,nach der Bloch die Vorlesungen gehalten hat. Der Verbleib der Tonbänder, der Tonbandnachschrift und des ursprünglich in Blochs Besitz befindlichen Exemplars ist unbekannt. Alles Fahnden nach Bloch-Skripten in der DDR stieß bisher ins Leere. Doch ist inzwischen, wie Burghart Schmidt erfahren hat, bei der Zeitschrift »Sinn und Form« ein Vorlesungsskriptum aufgetaucht. Um welche Fassung es sich handelt, ist derzeit nicht überprüfbar.

Die Taschenbuchausgabe der Leipziger Vorlesungen wird herausgegeben von Ruth Römer und Burghart Schmidt, der in Tübingen viele Jahre lang wissenschaftlicher Mitarbeiter Blochs bei der Arbeit an der Gesamtausgabe war. Der vor fünfundzwanzig Jahren erarbeitete Text wurde von vier Schülern des Philosophen, die in seinen letzten Lebensjahren zu seinem engeren Tübinger Diskussionskreis gehörten und auch bei der Gesamtausgabe mitwirkten, noch einmal überarbeitet. Es sind Eberhard Braun, der durch seine Mithilfe an der früheren Taschenbuchausgabe der »Vorlesungen über die Philosophie der Renaissance« mit Blochs Arbeit besonders vertraut ist; Beat Dietschy, Mitarbeiter an Blochs Ergänzungsband zur Gesamtausgabe »Tendenz – Latenz – Utopie«; Hanna Gekle, Organisatorin des Bloch-Nachlaß-Archivs an der Universität Tübingen und Herausgeberin Blochscher Nachlaßschriften unter dem Titel »Abschied von der Utopie?«, Uwe Opolka, der bei den

»Zwischenwelten in der Philosophiegeschichte« wesentliche Hilfe geleistet hat.
Diese Bearbeiter haben größtmögliche Vollständigkeit des Texts angestrebt, aber die Philosophie des 20. Jahrhunderts wurde weggelassen. Damit der Leser einen möglichst vollständigen Überblick über die Vorlesungen bekommt, sind die von Bloch selbst bearbeiteten Teile der Philosophie der Mittelalters und der Renaissance aus Bd. 12 der Ausgabe letzter Hand unverändert und unkommentiert als Bd. 2 in diese Ausgabe übernommen worden. Jedem anderen Band ist ein Editionsbericht nachgestellt, und jeder Bearbeiter hat über seine Bearbeitungsweise einen gesonderten Rechenschaftsbericht gegeben. Auf die erneute Bearbeitung haben die Herausgeber keinen Einfluß genommen.
Man kann mit aller Vorsicht sagen, daß die vorliegende Ausgabe den Möglichkeiten entspricht, wie sie Bloch selbst gesehen hat. Ernst Bloch berichtet über sein Interesse an der Philosophiegeschichte:
»Auch das Denken und gerade das Denken ist ein Mittel, sich in der Welt einzurichten, ja, in einem weiteren Sinn, nach Hause zu kommen, sich zurechtzufinden im Dickicht der unverstandenen Eindrücke. Der philosophische Grundaffekt zeigt sich schon darin, daß man mit offenem Mund vor etwas dasteht und fragt, zum Beispiel: Warum regnet es denn? Eine einfache Frage, doch bezeichnet sie den beginnenden Nachdenklichen, ja den Philosophen. In Variierung eines Witzwortes von Thomas Mann, der sagte, Schriftsteller seien Leute, denen das Schreiben schwerer falle als anderen Leuten, kann man sagen, die Philosophen sind solche, denen das Denken schwerer fällt als anderen, weil sie größere Ansprüche daran erheben, mehr Sorgfalt, Leidenschaft, Mühe darauf verwenden, eben weil der Stachel des Staunens, des Sich-Verwunderns bei ihnen stärker entwickelt ist als bei anderen und nicht so bald abstirbt.«

Die Herausgeber
Bielefeld-Wien 1985

NEUZEITLICHE PHILOSOPHIE I:
DESCARTES BIS ROUSSEAU

1. RENE DESCARTES

Die Geschichte der Philosophie

Wir begeben uns unverwandt zu Descartes. Eine nochmalige Einleitung gesellschaftswissenschaftlicher Art in isolierter Form ist wohl nicht notwendig, nachdem das vielleicht einigermaßen Zureichende am Anfang der Vorlesung über die Geschichte der neueren Philosophie, beginnend mit der Renaissance, gesagt worden ist [Bloch 1977, 175 f.]. Es sind keine Veränderungen grundsätzlicher Art eingetreten, wir haben dasselbe Bürgertum, wir haben denselben homo faber, den individuellen Wirtschafter, den Unternehmer; wir haben denselben Übergang aus der ursprünglichen Akkumulation zu den entwickelteren Formen des Kapitalismus bis hin zur industriellen Revolution, zur vollen Entfesselung der Produktivkräfte.

Wenn sich eine besondere Zuordnung ideologischer Art zu einer gesellschaftlichen Beschaffenheit zeigt, wird das natürlich angemerkt werden. Es wird sich gleich bei Descartes dazu Gelegenheit zeigen, bei seiner Lehre von den Tieren als Maschinen. Im übrigen wiederhole ich noch einmal: Wir treiben keine Geschichte, wir treiben keine Sozialgeschichte, wir treiben auch keine Ideologiegeschichte. Das sind zwar sehr wichtige Wissenschaften, aber die Geschichte der Philosophie hat zu ihnen nur einige Berührungspunkte. Aufgabe der Ideologiegeschichte ist es, herauszufinden, wie ein Gedanke einem Gesellschaftsverhältnis zuzuordnen ist, wie ein Gesellschaftsverhältnis vernebelt wird oder wie es sich mit falschem Bewußtsein in einem Gedanken reflektiert. Mit solchen gesellschaftlichen Reflexen beschäftigen wir uns in der Geschichte der Philosophie nicht. Das gehört nicht zu den Problemen des Verhältnisses von Menschen zu Menschen und zur Natur. Gerade bei Descartes werden sich auch solche Scheinprobleme zeigen, nämlich der Dualismus zwischen res extensa und res cogitans, zwischen der ausgedehnten Welt und der denkenden Welt. Das ist ein Scheinproblem, ein überflüssiger Riß, der ideologisch bedingt ist.

Wir fallen damit aus dem historischen Materialismus nicht im mindesten heraus, nur gibt es Probleme, die sich weitgehend unabhängig vom gesellschaftlichen Überbau entwickeln, nämlich durch die eigene Beziehung, die sie zum Objekt, zur Natur haben. Die Keplerschen Gesetze sind noch etwas anderes als ein ideologischer Ausdruck der Manufakturperiode, und die Reformation ist etwas anderes als, wie Karl Kautsky zu sagen beliebte, der ideologische Ausdruck tiefgehender Veränderungen auf dem europäischen Wollmarkt. Wie sich darin noch ein anderer Inhalt zuträgt, so trägt sich erst recht philosophisch darin noch ein anderer Inhalt zu. Die Formulierung dieses Inhalts, die weiteren Reflexionen über diesen Inhalt sind zum großen Teil rein ideologischer Reflexe. Aber sie erschöpfen den Inhalt selbst nicht. Es kann etwas wahr sein, auch wenn sich die gesellschaftliche Grundlage als vorübergehend dargestellt hat, wie am Beispiel der Keplerschen Gesetze zu sehen ist. Es kann ein uns weiter bemühendes Problem sein, auch wenn seine gesellschaftliche Grundlage völlig verschwunden ist, wie der überwiegende Teil der Probleme in der griechischen Philosophie.

Also werden wir hier ein Gericht über Gedanken halten und von der Ideologie dankbarst lernen, wenn wir uns dadurch die Mühe sparen, bestimmte Gedanken selbst auf ihren Sachgehalt zu untersuchen, wenn der nur ein historisch-ideologischer ist. Aber wir werden die Geschichte der Philosophie nicht einengen, daß von Philosophie schließlich nichts mehr übrigbleibt und wir nur noch eine Sozialgeschichte und Ideologiegeschichte haben. Diese Einleitung soll klarmachen, daß zum Beispiel auch so wichtige und entscheidende Probleme wie Kampf des Neuen mit dem Alten oder Kampf des Materialismus mit dem Idealismus (was nicht dasselbe ist) in der Geschichte der Philosophie allein aus philosophischen Erwägungen entschieden werden müssen. Die Beziehungen zu der vom Menschen unabhängigen Außenwelt machen das notwendig. Wenn wir das außer acht lassen, geraten wir wider Willen unter der Flagge des Materialismus in den ärgsten Idealismus hinein, so daß wir überhaupt keine Außenwelt mehr haben, sondern bloß noch Beziehung von Menschen zu Menschen, während die Marxsche Formel heißt: Beziehung von Menschen zu Menschen und zur Natur [vgl. Marx/Engels 1846, 29f.], das heißt zur Außenwelt.

Ich gehe über zu Descartes: Ich mache keinen Riß zwischen der Philosophie der Renaissance und Descartes, das geht ja ineinander über. Eine gewisse Erkältung ist uns schon bei Thomas Hobbes, vorher schon bei den Naturphilosophen und bei den Rechts- und Staatsphilosophen begegnet. Diese Erkältung wird sogar wieder vorübergehen in dem Augenblick, wo wir zu Spinoza kommen, bei dem der pantheistische Materialismus eines Giordano Bruno wieder auftaucht. Der Riß lag viel früher beim beginnenden Zusammenbruch der feudal-theokratischen Gesellschaft im 15. und 16. Jahrhundert. Descartes, 1596 bis 1650, aus altem französischem Geschlecht, von Jesuiten erzogen, eine einsame, zurückgezogene, grübelnde Natur, früh bestürmt von Zweifeln. Es riecht bei Descartes sehr stark nach Philosophie, in einem besonderen Sinn vielleicht mehr als bei vielen Renaissancephilosophen vorher, mit Ausnahme von Jakob Böhme. Gekühlt, vornehm, geschult, taucht ein solches Grübeln, ein tiefgelegter Ansatzpunkt des Denkens hier von neuem auf, wenn auch ganz anders, wie wir sehen werden. Es waren nicht die Zweifel Michel de Montaignes (1533-1592), nicht die weltmännische, lächelnde Skepsis, auch nicht die zugleich weltmännischen und doch nicht zerreibenden Zweifel von Francis Bacon [vgl. Bloch 1977, 242 ff.], was an Descartes nagte. Zweifeln ist hier der ideologisch-psychologische, wenn man so sagen kann, Ausdruck des Zusammenbruchs der Welt, die bisher geherrscht hat und die bisher einleuchtend war, nämlich der feudal-theologischen Welt. Sie bricht zusammen, und es entsteht ein Vakuum. Die Evidenzen verschwinden, und es wird wieder neu gefragt: Was ist Wahrheit? Bei Bacon war ein echter Zweifel vorhanden, bei Montaigne ein weltmännischer. Die Frage: Wo ist Gewißheit? war bei Bacon der Stachel zur richtigen Forschung, und das Neue tauchte bei Bacon sogleich als Erfahrung auf oder fast sogleich. Bei Descartes geht der Zweifel viel tiefer, er ist zerreißend. Es ist ein Zweifel, der zur Verzweiflung führt. Davon ist bei Montaigne gar nicht zu reden, auch bei Bacon nicht eine Spur zu finden. Es ist ein mächtiger Zweifel, eben der Zweifel am Pult um Mitternacht.

Der zwischen Ungewißheit und Flucht aus ihr hin und her gerissene, von Zweifeln bis zur Verzweiflung gequälte junge Mensch verläßt die Wissenschaft, nimmt Kriegsdienste, zunächst 1617 in

Holland, wo er in die Armee des Statthalters Moritz von Nassau eintritt. 1619 geht er nach Deutschland und tritt, der dreißigjährige Krieg war ein Jahr zuvor ausgebrochen, in die Dienste des Kurfürsten von Bayern, später dann in die des Römischen Kaisers Ferdinand II. 1621 nimmt er seinen Abschied und kehrt nach einer größeren Reise zurück nach Holland, in denkende Abgeschiedenheit. Denn genau im Jahre 1619, also im ersten Jahr seines Kriegsdienstes, glaubte er entdeckt zu haben, was ihn von seinen Zweifeln befreite, nämlich einen unanfechtbar sicheren Grundsatz, an dem kein Zweifel mehr möglich ist, auch bei schärfster Unzufriedenheit und bei immer neu sich bildender Säure und Zersetzung. Er glaubte, in Neuburg an der Donau im Winterquartier, an einem für ihn allerentscheidendsten Tag, den Grundsatz entdeckt zu haben: »dubito cogito ergo sum«, »ich zweifle, also denke ich, also bin ich«, ein Satz, vor dem die Geschichte den Atem anhält. In Holland machte er sich an die Ausarbeitung seiner Schriften, in tiefster Zurückgezogenheit, die er schon deshalb liebte, weil er auf diese Weise vor den Nachstellungen der katholischen und der ebenfalls recht tüchtigen protestantischen Unduldsamkeit verhältnismäßig geschützt war. Der Prozeß Galileis hatte gerade um diese Zeit (1633) stattgefunden, und ihm verdanken wir es, daß Descartes seine naturwissenschaftliche Schrift über die Welt [»Le Monde«, Descartes 1664] bis auf wenige Fragmente vernichtete. Er blieb in Holland, bis ihn der Ruf der Tochter Gustav Adolfs traf, dieser Virago, dieser Mondjungfrau Christina von Schweden (1626-1689). Eine interessante weibliche Persönlichkeit, jünglingshaft, sonderbar, zweifellos psychopathisch, höchst interessant, gebildet, sogar gelehrt, geistreich. Die Tochter Gustav II. Adolfs, des lutherischen Sterns aus dem Norden, trat später in Rom zum Katholizismus über. An den Hof dieser Dame wurde Descartes mit einem allergnädigsten königlichen Handschreiben eingeladen, und er ging leider hin. Leider, denn diese Königin hatte die entsetzliche Gewohnheit, auch im Winter schon um drei Uhr morgens aufzustehen, und Descartes war befohlen, im Stockholmer Winter um vier oder um fünf vor ihr zu erscheinen und ihr eine Vorlesung zu halten. Danach gab es einen Disput, eine Art Kolloquium über Probleme seiner Philosophie. Descartes zog sich dabei eine Lungenentzündung zu, wie nicht erstaunlich ist, und starb. So hat Christine zusammen mit dem schwedischen Klima und mit einer solch ungewöhnlichen Stunde den Tod des Descartes auf dem Gewissen. [...]

Ich gebe Ihnen nun die Schriften Descartes' an: Erstens »Regeln zur Leitung des Geistes«, lateinisch »Regulae ad directionem ingenii«, französisch »Règles pour la direction de l'esprit«, erst 1701, posthum, herausgegeben [Descartes 1701]. Eine pädagogische Schrift, wie Sie merken, aber als Einleitung für Erkenntnistheoretisches. Diese Formel ist beliebt in der beginnenden Aufklärung. Wir haben weiter von Spinoza die Schrift »De emendatione intellectus«, »Über die Verbesserung des Verstandes« [Spinoza 1677a]. Wir haben von Tschirnhaus die »Medicina mentis« (Amsterdam 1687), »Medizin des Geistes.« Ehrenfried Walther von Tschirnhaus (1651-1708) war ein interessanter Mann, ein deutscher Graf, einer der ganz wenigen Aristokraten, die in der Geschichte der Philosophie vorkommen. Trotz der außerordentlich günstigen ökonomischen und gesellschaftlichen Lage dieser Schicht ist ihr Anteil an der philosophischen, wissenschaftlichen und dichterischen Kultur ungeheuer gering. Tschirnhaus, dieser Philosoph nicht ersten, aber guten dritten Ranges, ist eine Ausnahme. Zweitens »Discours de la méthode«, »Abhandlung über die Methode« [Descartes 1637]. Drittens »Meditationes de prima philosophia«, »Meditationen über die erste Philosophie«, also etwa über die Grundlagen der Philosophie [Descartes 1641]. Viertens »Principia philosophia«, »Die Prinzipien der Philosophie« [Descartes 1644]. Fünftens der Traktat »Les passions de l'âme«, »Die Leidenschaften der Seele«, dessen Abfassungszeit schwer bestimmbar ist [Descartes 1649].

Der erkenntnistheoretische Zweifel

Um Ihnen zunächst im Original ein Bild dieses reißenden Zweifels zu geben, dieses Nachtpunkts totaler Ungewißheit, durch den das Grübeln des jungen Descartes hindurch mußte, lese ich Ihnen aus den angegebenen »Meditationen über die Grundlagen der Philosophie« die erste Meditation vor. Sie trägt die Überschrift »Woran man zweifeln kann«. Sie werden den sehr persönlichen, ergriffenen und ergreifenden Ton sofort spüren; Sie werden spüren, wie hier ein Denker auftaucht, der vor nichts halt macht, der von ungeheurem Ernst ist, vor dem sich nichts Halbes und Schiefes hält. Es ist ein tiefer Ansatzpunkt da, und von nun an verschwindet in der Philosophie nicht mehr der erkenntnistheoretische Stachel, die Lust und der Zwang zu einer kritischen Prüfung dessen, was in der einfachen, unreflektierten Weltansicht als selbstverständlich hingenommen wird. Eine Verbindung ist hiermit eingetreten vom Zweifel an der ideologisch gegebenen Welt feudal-theologischer Art, der ja schließlich die Renaissance bezeichnet, mit dem Zweifel an den Sinnen, also mit der alten antiken Skepsis, die wesentlich als Zweifel an der sinnlichen Gewißheit, nicht als Zweifel am Gedanken begonnen hat. Der Zweifel beginnt an der Außenwelt, wie sie uns unreflektiert gegeben ist, und er kann ausbiegen bis zur völligen Narretei des Solipsismus, daß es niemand gibt als mich, und bis zu dem extremen Idealismus, daß der Verstand der Natur die Gesetze vorschreibt [Kant 1787, B 159 f.]. Aber das liegt auf einem anderen Feld. Das ist eine Antwort, von der ich nicht rede. Ich spreche von dem Stachel, der zu Antworten treibt. Und erst wenn dieser Stachel gewirkt hat, erst wenn dieser Probierstein verwendet wird, um herauszukriegen, was echtes Gold und was unechtes Gold ist, erst dann hat der uns am Herzen liegende erkenntnistheoretische Realismus Hand und Fuß. Aber das muß durcherfahren sein. Einfach zu sagen »Realismus!« ist ungeheuer billig. Das menschliche Denken hat ja schließlich angefangen mit der Frage nach dem, was ganz sicher und wirklich ist. Sie erinnern sich an das Beispiel der griechischen Philosophen, daß ein Stab im Wasser gebrochen erscheint. Für mein Auge erscheint er gebrochen, fasse ich ihn mit der Hand, ist er gerade. Wer hat nun recht, der Tastsinn oder mein Auge? Das sind Zweifel, in denen keine Vernebelung ist, in denen keine idealistische Ausbiegung ist. Man muß von einer Sache zurücktreten, um sie richtig ins Auge zu fassen. Wir Realisten brauchen diesen erkenntnistheoretischen Stachel und wir können bei denen lernen, die ihn zuerst in einer so furchtbaren Weise im eigenen Fleisch und Geist gefühlt haben. So beginne ich:

»1. Schon vor einer Reihe von Jahren habe ich bemerkt, wieviel Falsches ich in meiner Jugend als wahr habe gelten lassen und wie zweifelhaft alles ist, was ich hernach darauf aufgebaut, und daß ich daher einmal im Leben alles von Grund aus umstoßen und von den ersten Grundlagen an neu beginnen müsse, wenn ich endlich einmal etwas Festes und Bleibendes in den Wissenschaften ausmachen wolle.

2. Indessen schien mir dies ein gewaltiges Unternehmen zu sein, und ich wartete daher das Alter ab, welches so reif sein würde, daß ihm unmöglich ein anderes nachfolgen könnte, das zur Erwerbung der Wissenschaften noch geeigneter wäre. Infolgedessen habe ich so lange gezögert, daß ich mich schließlich schuldig machen würde, wenn ich die zum Handeln noch übrige Zeit mit weiteren Bedenken vergeuden wollte.

3. Und da trifft es sich günstig, daß ich heute meinen Geist von allen Sorgen befreit habe, daß ich mir eine sichere Muße in einsamer Zurückgezogenheit verschafft habe: so will ich denn endlich ernsten und freien Sinnes zu diesem allgemeinen Umsturz meiner bisherigen Meinungen schreiten.

4. Dazu wird indessen nicht nötig sein, sie alle als falsch aufzuzeigen, denn das würde ich vielleicht niemals erreichen können; sondern da schon die gemeine Vernunft rät, in ebenso vorsichtiger Weise bei dem nicht ganz Gewissen und Unzweifelhaften wie bei dem offenbar Falschen die Zustimmung zurückzuhalten, so wird es hinreichen, sie alle zurückzuweisen, wenn ich in einer jeden irgendeinen Grund zum Zweifel antreffe. Auch wird es dazu nicht unumgänglich notwendig sein, sie alle einzeln durchzugehen, was eine endlose Arbeit wäre, sondern, da nach der Untergrabung der Grundlagen alles darauf Gebaute von selbst zusammenstürzt, so werde ich den Angriff sogleich auf eben die Prinzipien richten, auf die sich alle meine sonstigen Meinungen stützten.

5. Alles nämlich, was ich bisher am ehesten für wahr angenommen, habe ich von den Sinnen oder durch Vermittlung der Sinne empfangen. Nun aber bin ich dahinter gekommen, daß diese uns bisweilen täuschen, und es ist ein Gebot der Klugheit, niemals denen ganz zu trauen, die auch nur einmal uns getäuscht haben.

6. Indessen – mögen uns auch die Sinne mit Bezug auf zu kleine und entfernte Gegenstände bisweilen täuschen, so gibt es doch am Ende sehr vieles andere, woran man gar nicht zweifeln kann, wenn es gleich aus denselben Quellen geschöpft ist; so z. B., daß ich jetzt hier bin, daß ich, mit meinem Winterrocke angetan, am Kamin sitze, daß ich dieses Papier in der Hand halte und ähnliches; vollends daß eben dies meine Hände, daß dieser gesamte Körper der meine ist, wie könnte man mir das abstreiten? Ich müßte mich denn mit ich weiß nicht welchen Wahnsinnigen vergleichen, deren Gehirn durch widrige Dünste infolge schwarzer Galle so geschwächt

ist, daß sie hartnäckig behaupten, sie seien Könige, während sie bettelarm sind, oder in Purpur gekleidet, wenn sie nackt sind, oder sie hätten einen tönernen Kopf, oder sie seien etwa gar Kürbisse oder aus Glas; – aber das sind eben Wahnsinnige, und ich würde ebenso wie sie von Sinnen zu sein scheinen, wenn ich das, was von ihnen gilt, auf mich übertragen wollte.

7. Vortrefflich! – Als ob ich nicht ein Mensch wäre, der des Nachts zu schlafen pflegt, und dem dann genau dieselben, ja bisweilen noch weniger wahrscheinliche Dinge im Traume begegnen wie jenen im Wachen! Wie oft doch kommt es vor, daß ich alle jene gewöhnlichen Begegnisse, wie daß ich hier bin, daß ich, mit meinem Rocke bekleidet, am Kamin sitze, mir während der Nachtruhe einbilde, während ich doch entkleidet im Bette liege! – Aber jetzt schaue ich doch sicher mit wachen Augen auf dieses Papier, dies Haupt, das ich hin und her bewege, ist doch nicht im Schlaf, mit Vorbedacht und Bewußtsein strecke ich meine Hand aus und fühle das! Im Schlafe würde mir das doch nicht so deutlich entgegentreten! – Als wenn ich mich nicht entsänne, daß ich auch sonst durch ähnliche Gedankengänge im Traume irregeführt worden bin! Denke ich einmal aufmerksamer hierüber nach, so sehe ich ganz klar, daß niemals Wachen und Traum nach sicheren Kennzeichen entschieden werden können, – so daß ich ganz betroffen bin, und diese Betroffenheit selbst mich beinahe in der Meinung bestärkt, daß ich träume.

8. Sei es denn: wir träumen! Mögen wirklich alle jene Einzelheiten nicht wahr sein, daß wir die Augen öffnen, den Kopf bewegen, die Hände ausstrecken; ja, mögen wir vielleicht gar keine solchen Hände noch überhaupt einen solchen Körper haben: so muß man fürwahr doch gestehen, das während des Schlafs Geschaute verhalte sich gleichsam wie gemalte Bilder, die nur nach dem Muster wahrer Dinge sich abmalen konnten, daß also wenigstens dies Allgemeine: Augen, Haupt, Hände und überhaupt der ganze Körper als nicht eingebildete, sondern wirkliche Dinge existieren. Sind doch auch die Maler, selbst wenn sie Sirenen und Satyre in den fremdartigsten Gestalten zu bilden sich Mühe geben, nicht imstande, ihnen in jeder Hinsicht neue Eigenschaften zuzuteilen, sondern sie mischen nur die Glieder von verschiedenen lebenden Wesen durcheinander; oder wenn sie vielleicht etwas so unerhört Neues sich ausdenken, wie man ähnliches überhaupt nie gesehen

hat, und das demnach rein erdichtet und unwirklich ist, so müssen es doch zum mindesten wirkliche Farben sein, aus denen sie es zusammensetzen. In gleicher Weise muß man, wenngleich sogar dieses Allgemeine: Augen, Haupt, Hände und dergleichen nur in der Einbildung vorhanden sein könnte, doch notwendig gestehen, daß wenigstens gewisse andere, noch einfachere und allgemeinere Dinge wirklich vorhanden sind, mit denen, als den wirklichen Farben, alle jene, seien es wahre oder falsche Bilder von Dingen, die wir in unserem Bewußtsein haben, sich in uns malen. Von dieser Art scheinen zu sein die Natur des Körpers überhaupt und seine Ausdehnung, ferner die Gestalt der ausgedehnten Dinge, ebenso die Qualität, d. i. ihre Größe und Zahl, ebenso der Ort, an welchem sie existieren, die Zeit, während welcher sie dauern und dergleichen.

9. Man darf daher hieraus wohl mit Recht schließen, daß zwar die Physik, die Astronomie, die Medizin und alle anderen Wissenschaften, die von der Betrachtung der zusammengesetzten Dinge abhängen, zweifelhaft sind, daß dagegen die Arithmetik, die Geometrie und andere Wissenschaften dieser Art, die nur von den allereinfachsten und allgemeinsten Gegenständen handeln und sich wenig darum kümmern, ob diese in der Wirklichkeit vorhanden sind oder nicht, etwas von zweifelloser Gewißheit enthalten. Denn ich mag wachen oder schlafen, so ist doch stets 2 + 3 = 5, das Quadrat hat nie mehr als vier Seiten, und es scheint unmöglich, daß so augenscheinliche Wahrheiten in den Verdacht der Falschheit geraten können.

10. Es ist indessen meinem Geiste eine alte Meinung eingeprägt, daß ein Gott sei, der alles vermag, und von dem ich so, wie ich bin, geschaffen sei. Woher weiß ich aber, daß er nicht bewirkt hat, daß es überhaupt keine Erde, keinen Himmel, kein ausgedehntes Ding, keine Gestalt, keine Größe, keinen Ort gibt und daß dennoch dies alles genau so wie jetzt mir da zu sein scheint; oder vielmehr, daß – so wie ich urteile, daß bisweilen auch andere sich in dem irren, was sie aufs vollkommenste zu wissen meinen – so auch ich mich täusche, so oft ich 2 und 3 addiere oder die Seiten des Quadrats zähle oder was man sich noch Leichteres denken mag.

11. Aber vielleicht hat Gott nicht gewollt, daß ich mich so täusche, heißt er doch der Allgütige? – Allein wenn es mit seiner Güte unvereinbar wäre, daß er mich so geschaffen, daß ich mich stets

täusche, so schiene es doch ebensowenig dieser Eigenschaft entsprechend, daß ich mich bisweilen täusche, welch letzteres sicherlich doch der Fall ist. [...]

13. Auf alle diese Gründe habe ich schlechterdings keine Antwort, und so sehe ich mich endlich gezwungen, zuzugestehen, daß an allem, was ich früher für wahr hielt, zu zweifeln möglich ist und das nicht aus Unbesonnenheit oder Leichtsinn, sondern aus triftigen und wohlerwogenen Gründen; daß ich folglich auch diesem allen, nicht minder als dem offenbar Falschen, fortan meine Zustimmung aufs vorsichtigste versagen muß, wenn ich zu etwas Gewissem gelangen will.

14. Indessen, es ist nicht genug, dies einmal bemerkt zu haben, vielmehr muß man Sorge tragen, es sich stets gegenwärtig zu halten, kehren doch die gewohnten Meinungen unablässig wieder und nehmen meinen leichtgläubigen Sinn, den sie gleichsam durch den langen Verkehr und durch vertrauliche Bande an sich gefesselt haben, fast auch wider meinen Willen in Beschlag. Und ich werde es mir niemals abgewöhnen, ihnen beizustimmen und zu vertrauen, solange ich sie für das ansehe, was sie in der Tat sind, nämlich zwar – wie bereits gezeigt – als einigermaßen zweifelhaft, aber immerhin recht wahrscheinlich und so, daß es weit vernunftgemäßer ist, sie zu glauben als zu leugnen.

15. Es wird daher, denke ich, wohl angebracht sein, wenn ich meiner Willkür die gerade entgegengesetzte Richtung gebe, mich selbst täusche und für eine Weile die Fiktion mache, jene Meinungen seien durchweg falsch und seien bloße Einbildungen, bis ich schließlich meine Vorurteile auf beiden Seiten so ins Gleichgewicht gebracht habe, daß keine verkehrte Gewohnheit fürder mein Urteil von der wahren Erkenntnis der Dinge abwendet. Denn ich weiß ja, daß hieraus keine Gefahr noch Irrtum inzwischen entstehen kann und daß ich meinem Mißtrauen gar nicht zu weit nachgeben kann, da es mir ja für jetzt nicht auf ein Handeln, sondern nur auf ein Erkennen ankommt.

16. So will ich denn annehmen, daß nicht der allgütige Gott, die Quelle der Wahrheit, sondern daß irgendein böser Geist, der zugleich höchst mächtig und verschlagen ist, allen seinen Fleiß daran gewandt habe, mich zu täuschen; ich will glauben, Himmel, Luft, Erde, Farben, Gestalten, Töne und alle Außendinge seien nichts als das täuschende Spiel von Träumen, durch die dieser

meiner Leichtgläubigkeit Fallen stellt; mich selbst will ich so ansehen, als hätte ich keine Hände, keine Augen, kein Fleisch, kein Blut, überhaupt keine Sinne, sondern glaubte nur fälschlich, dies alles zu besitzen. Und ich werde hartnäckig an dieser Art der Betrachtung festhalten und werde so zwar nicht imstande sein, irgendeine Wahrheit zu erkennen, aber doch entschlossenen Sinnes mich in acht nehmen, soviel an mir liegt, nichts Falschem zuzustimmen, noch von jenem Betrüger mich hintergehen zu lassen, so mächtig und so verschlagen er auch sein mag.

17. Indessen ist dies ein mühevolles Unternehmen, und eine gewisse Trägheit führt mich zur gewohnten Lebensweise zurück. Und wie ein Gefangener etwa im Traume einer eingebildeten Freiheit genoß, und wenn er zu argwöhnen beginnt, daß er nur träume, sich fürchtet, aufzuwachen und sich den schmeichlerischen Vorspiegelungen solange als möglich hingibt, so sinke ich von selbst in die alten Meinungen zurück und fürchte mich vor dem Erwachen, um nicht das arbeitsvolle Wachen, das auf die behagliche Ruhe folgt, statt im Lichte in der undurchdringlichen Finsternis der schon angedeuteten Schwierigkeiten zuzubringen.« [Descartes 1641, 11-16]

Das wäre diese erschütternde Meditation. Diese Art Meditation kennen wir aus dem Osten; in Europa kommt sie zum ersten Mal in der Geschichte der Philosophie bei Marc Aurel (121-180) vor, der »Selbstbetrachtungen« geschrieben hat [Marc Aurel 1933]. Doch ist bei Descartes eine andere Tiefe darin. Er hat es sich unendlich schwer gemacht, aus der Nacht des Zweifels nicht nur, sondern der Verzweiflung [vgl. Hegel 1807, 67] aufzutauchen, um einen Punkt wenigstens zu finden, der gewiß ist, und von diesem Punkt aus die zusammengestürzte Welt neu aufzubauen. Es ist für Descartes, nachdem er den Zweifel dermaßen durcherfahren hat, keine Rückkehr möglich ins Eingelullte, Bequeme. Gewiß, er selbst fällt immer wieder zurück wie der Gefangene, der sich fürchtet aufzuwachen, aber die Ruhe hält nicht lange an, der Zweifel ist wach, der Stachel bohrt und ritzt, und die Gewißheit muß, wenn sie etwas taugt, aus dem Zweifel geboren werden, muß sich vor diesem leidvollen Zweifel bewähren. Man kann also sagen: Erst wenn der Zweifel bis zu Ende durcherfahren und entdeckt ist, kann er verschwinden. Sicher ist der Weg Descartes' für uns kein Weg. Aber er wurde weitergegangen, war folgenreich und entwickelte zweierlei Aussichten oder zweierlei Eigenschaften: einmal für den erkenntnistheoretischen Idealismus und zum anderen, was das Verblüffende ist, für den mechanischen Materialismus. Wir haben Anfänge des mechanischen Materialismus schon bei Hobbes gesehen. Daß wir nur erkennen können, was wir erzeugt haben, ist der Grundsatz von Hobbes gewesen [vgl. Bloch 1977, 293f.]. Und erzeugt haben wir geometrische Gegenstände, Größen. Von hier geht der Weg bis zu den quantitativen, den materiellen Körpern. Also nicht allein von der Erfahrung, sondern von der Mathematik aus ging es in den mechanischen Materialismus. Dasselbe sehen wir bei Descartes. Er ist über die Hälfte ein materialistischer Philosoph, trotz des idealistischen Ausgangspunktes und obwohl innerhalb seiner Naturlehre die res extensa, der Körper, überdeckt und überboten ist von der res cogitans, dem Geist, der Seele [vgl. Descartes 1641, Zweite Meditation]. Da ist er wieder objektiver Idealist. Der Kampf zwischen Materialismus und Idealismus ist hier mit Händen zu greifen, ist hier wirklich ausgebrochen.

»Dubito cogito ergo sum«

Gehen wir nun zu dem ersten Punkt, wo die Rettung aus dem Zweifel zu beginnen scheint, wo wenigstens die Verzweiflung unzweifelhaft geworden ist. Damit haben sie stimmungsmäßig schon den Übergang zu dem ersten Teil des Satzes »dubito ergo sum«. Die Verzweiflung als Affekt wenigstens ist unzweifelhaft, sie führt aus dem absoluten Zweifel heraus mit der Formel »dubito ergo sum«. Alles kann geleugnet werden, das Leugnen nicht. Alles kann bezweifelt werden, aber daß ich dies sage und selbst ein total Zweifelnder bin, das kann nicht bezweifelt werden. Es gibt hier eine *logische* Selbstbewußtheit, keine psychologische, die der logischen vorangeht in Form der Verzweiflung. Der Satz »dubito ergo dubito«, ich zweifle, also zweifle ich, kann nach Descartes nicht bestritten werden. Der Zweifel ist logisch, denn ich erfasse den Zweifel als eine denkende Tätigkeit, und Zweifeln ist nicht dasselbe wie Verzweiflung. Dieses Zweifeln ist nicht emotional, sondern kognitiv, eine verneinte cognitio, eine verneinte Erkenntnis. In dem dubito ist also ein cogito im allgemeineren Sinn. Das cogitare geht im damaligen Sprachgebrauch noch über Denken hinaus, es heißt auch Bewußtsein, wofür es noch kein Wort gab. Conscientia, was der lateinische Ausdruck für Bewußtsein sein könnte, heißt Gewissen im moralischen Sinn. Res cogitans ist die bewußte Seite der Welt, nicht nur die denkende Seite der Welt. Es ist klar, daß für das rationalistische Zeitalter Bewußtsein regiert wird vom Gedanken und erleuchtet ist vom Denken, so daß man Denken sagen kann. In dem umfassenden Sinn, wie wir das Wort »Bewußtsein« gebrauchen, enthält es auch Vorstellungen, Gefühle und Affekte. In einer viel schwächeren Form ist dieses auch Denken, nämlich ungenaues, verworrenes Denken. Denken ist also eine Tätigkeit, so daß nicht nur gesagt werden kann: dubito ergo sum, sondern der Satz ist doppelt: dubito cogito ergo sum. Bitte vergessen sie nie, daß dubito nicht fehlen darf, obwohl es nicht zitiert wird [vgl. Descartes 1637, 28]. Es heißt nicht: cogito ergo sum, es heißt: dubito cogito ergo sum. Sonst ist es gar nicht zu verstehen. Gerade aus dem Nachtpunkt der wissenschaftlichen Existenz kommt nach Descartes die Wende. Es entsteht Selbstgewißheit, ergo sum, denn wer zweifelt, denkt, und wer denkt, ist. Die Selbstgewißheit ist eine erkenntnistheoretische Basis, eine Seinsgewißheit des Bewußtseins.

Wir sind dem schon begegnet, und doch sind wir ihm nicht begegnet, nämlich bei Campanella, der in Zusammenhang mit Augustin steht [vgl. Bloch 1977, 208 f.]. Bei Augustin steht die Entdeckung des Selbstbewußtseins in der großen Schrift »Confessiones«, die ebenfalls zu dem Meditationstypus gehört. Aber es ist bei Augustin eine andere Selbstgewißheit, eine andere Innerlichkeit. Sie ist christlich geführt, aus Achtung auf die unendliche Wichtigkeit der eigenen unsterblichen Seele. Geh nicht nach außen, sagt Augustin, in dir selbst wohnt die Wahrheit [vgl. Windelband 1900, 226]. Er sagt auch: Gott und die Seele wünsche ich zu erkennen, sonst nichts [vgl. Bloch 1964, 309]. Die Welt, die zwischen Gott und der Seele liegt, fällt aus in dieser Betonung der Innerlichkeit, so daß die Selbstgewißheit hier psychologisch ist, und zwar psychologisch-religiös. Einer rein psychologischen Selbstgewißheit, nicht mehr sehr sichtbar mit religiösem Hauch, sind wir dann bei Campanella begegnet. Die Gewißheit meiner selbst, die aus der inneren Erfahrung quillt, ist eine ganz andere Gewißheit als bei Descartes. Vor dem faustischen, verbrennenden und auflösenden Wesen, wie Sie es in Descartes' Meditation kennengelernt haben, hätte sich die Augustinische Selbstgewißheit auch nicht gehalten. Das Neue bei Descartes ist, daß diese Selbstgewißheit nicht a posteriori ist, nicht aus der sinnlich gegebenen Erfahrung gezogen werden soll, sondern a priori, rein aus dem Verstand heraus gegeben ist, als elementare, axiomatische Wahrheit. Sie ist genau wie die Wahrheiten der Geometrie apodiktisch, unbezweifelbar, unmittelbar *logisch* einleuchtend und nicht psychologisch oder religiös. Dies ist der wesentliche Unterschied trotz des Gleichklangs, der manchmal in diesem Punkt zwischen Augustin und Descartes erscheint. Das hat auch Tschirnhaus, der bedeutende Denker, Mathematiker und Philosoph, mißverstanden. Auch er suchte einen festen Punkt. Er nannte ihn die Urerfahrung, die allereinleuchtendste Urerfahrung, die »experientia evidentissima« [Windelband 1900, 321]. Es handelt sich bei Descartes nicht um Erfahrung, das ist empiristisch, das liegt auf der Linie Bacons, die dann später bei den Engländern vorkommt und ein wichtiges Element des Materialismus wird. Descartes hat einen idealistischen Ausgangspunkt. Er will, geführt durch Mathematik, eine intuitive, der Erfahrung vorhergehende, und zwar nicht zeitlich, sondern begründend vorhergehende, axiomatische, apodiktische Gewißheit haben. Der Gedanke wird gesucht, der allein unter allen anderen Gedanken sich mit intuitiver Gewißheit unabweisbar geltend macht. Nicht gesucht wird irgendeine Erfahrung, über die ich reden kann, die ich einem anderen vorführen kann, die er aber doch nicht zu glauben braucht. Wenn Augustin von der Fülle seiner Innerlichkeit und seiner Selbsterfahrung spricht, haben die Leser einen ästhetischen Genuß, aber sie brauchen es ihm nicht zu glauben. Wenn aber demonstriert wird, daß zwei mal zwei gleich vier ist, wenn der pythagoreische Lehrsatz demonstriert wird, dann kommt es gar nicht mehr darauf an, wie sich die Individuen psychologisch dazu verhalten.

Noch etwas: dubito cogito ergo sum, das ist kein Schluß trotz des ergo [Descartes 1641, 127f.]. Als Schluß, als Syllogismus würde der Satz ungefähr so heißen: Obersatz: Alles was denkt, existiert; Untersatz: Ich denke; Schlußsatz: Also existiere ich. Das Descartessche ergo ist etwas ganz anderes. Ein Schluß ist eine Vermittlung von Urteilen. Es gibt Folgerungen und Schlüsse. Die Folgerungen bestehen aus zwei Urteilen, die Schlüsse aus drei. Die deduktiven Schlüsse sind Syllogismen. Bei dem Satz von Descartes gibt es keine Vermittlung, gibt es kein Nacheinander, nicht einmal ein logisches, sondern wir haben logische Unmittelbarkeit, keine sinnliche. In dem dubito cogito ist das sum implizit enthalten. Man kann das ergo auch weglassen und sagen: sum cogitans, cogitans sum. So darf also das ergo sum nicht als ein logischer Schluß verstanden werden, denn dann hätten wir eine Vermittlung, an der ja wieder zu zweifeln wäre. Descartes kommt es darauf an, daß nicht gezweifelt werden kann, und erst recht, daß das ergo nicht kausal zu verstehen ist, ein Mißverständnis, das auch vorgekommen ist. Wo soll denn bei einem solchen Zweifel Kausalität auftreten und geglaubt werden? Ich brauche doch nicht an Ursache und Wirkung zu glauben, wenn ich noch nicht einmal glaube, daß das meine Hand ist. Dann könnte man den Satz auch umkehren, wie sich der kleine Moritz das vorstellt: sum ergo cogito, ich bin, also denke ich. Damit wäre die Sphäre von Descartes vollkommen verlassen; das wäre physiologische Psychologie, aber keine Erkenntnistheorie mehr.

Diese schmerzliche Denkanspannung, wenn sie auch nicht materialistisch ist, wenn sie auch nicht unsere ist, muß man doch durcherfahren haben, um zu sehen, was idealistische Verbohrtheit ist und gewesen ist. Es ist eine Tiefe des Ansatzpunktes darin, vor der die materialistische Erkenntnistheorie bestehen muß und von der sie sich nicht einfach aus Unwissenheit abwenden kann. Bestehen muß sie davor und auch den Stachel durcherfahren haben, um dann eine Abbildlehre der Außenwelt zu begreifen, die sich sehen lassen kann, die nicht mit Bildern wie »Spiegel«, »Fotografie« oder »Kopie« arbeitet. Hier können wir lernen, was Zweifel ist: Eine geprüfte dialektische Abbildlehre erfährt hier, wie man es sich schwer macht. Thomas Mann sagte, Schriftsteller seien Leute, denen das Schreiben schwerer fällt als anderen. Wir machen die Variation, daß Philosophen Leute sind, denen das Denken schwerer fällt als anderen.

Von Zeitgenossen wurden manche Einwände gegen Descartes vorgebracht, zum Beispiel von Pierre Gassendi (1592-1655), mit dem Descartes manches zu tun hat in bezug auf die Mechanik und auch die theologische Inkonsequenz am Ende. Gassendi hat den Satz nicht verstanden und gemeint, man könne genauso gut sagen: ambulo ergo sum, ich laufe, also bin ich [vgl. Descartes 1641, 324]. Das klingt auf den ersten Augenblick bestechend, denn was für ein Unterschied ist zwischen dubitare und ambulare? Ambulare ist doch auch eine Tätigkeit. Das ist aber vollkommen falsch, da ja hier kein logisches Element darin steckt. Diese Tätigkeit gehört der res extensa an. Aber auf den Zweifel, auf das Denken kommt es an, ich muß mich im Rationalen bewegen. Nur der Geist kann existentielle Gewißheit bieten. Der Satz wäre richtig, wie Descartes antwortet, wenn ich sagte: Puto me ambulare ergo sum, ich halte es für wahr, daß ich laufe, darum bin ich [vgl. Descartes 1644, 3]. Sobald wir ein rationales Werk und eine rationale Tätigkeit, wenn man so sagen kann, einsetzen, wie dubitare, cogitare oder putare, zweifeln, für wahr halten, glauben, dann ist alles in Ordnung. Ich muß nicht psychologisieren, aber denken muß ich, und ich muß in allen Urteilen Verwandtschaften zum dubitare, cogitare haben, um daraus die Selbstgewißheit zu erschließen. So beginnt hier der subjektive Faktor in der Erkenntnistheorie, mit allen seinen Bedenklichkeiten, seinen Schäden und späteren Übertreibungen. Zweitens beginnt ein großes Pathos des Denkens, eine Energie des Denkens ohnegleichen, also Rationalismus. Bei Francis Bacon ist es anders. Da muß nicht der Geist gereinigt werden in sich selbst durch Grübeln und durch Versenkung in den Geist, sondern der Spiegel muß geputzt werden, damit die Oberfläche klar wird und die Außenwelt gespiegelt. Die Reinigung des Geistes ist bei Bacon ein Wegnehmen von Idolen, von nur äußeren, mir zugezogenen Idolen, vom Idol des menschlichen Stammes, vom Idol der persönlichen Beschaffenheit, vom Idol der öffentlichen Meinung und vom Idol der Tradition. Wenn die Idole weg sind, dann ist der Spiegel sauber, dann spiegelt er die Außenwelt so wie sie ist. Das ist empiristisch [vgl. Bloch 1977, 249 ff.]. Descartes dagegen ist rationalistisch. Er bohrt den Geist selbst aus, damit er das Apodiktische findet und nicht das lediglich Wahrscheinliche. Denn sein Zweifel ist radikal, er kann nur beschwichtigt und gestillt werden durch völlig Unzweifelhaftes, also Apodiktisches. Bacon ist nicht so radikal, ihm genügt das Wahrscheinliche, ihm genügen Induktionsschlüsse, die nie anders als wahrscheinlich sein können. Descartes braucht Deduktionsschlüsse, wie die Mathematik sie kennt, um absolute Gewißheit zu erzeugen. Das ist das Pathos des Denkens mit der Übertreibung, die danach kam, daß dann am Denken die ganze Welt aufgehängt wird und wir subjektiven Idealismus haben, daß der Verstand der Natur die Gesetze vorschreibt [Kant 1787, B 159 f.] oder der Verstand die Natur gar erst erschafft. Das sind die Übertreibungen des Idealismus, von denen Lenin spricht [vgl. Lenin 1909, 342]. Wenn aber die Übertreibungen wegfallen, wenn der Ausgangspunkt subjektiver Faktor materialistisch bedacht wird, dann ist hier im Idealismus ein dialektisches Moment der Negation da, wie Engels sagt, das den urwüchsigen Materialismus, die Thesis, auf eine neue Stufe hebt, indem es einen Stachel hineinbringt [vgl. Engels 1878, 129]. Der vielgesuchte subjektive Faktor hat also deutlich bei Descartes einen Beginn. Damit wir aber den Rahmen haben, in dem das alles geschieht, habe ich Ihnen die ganze Renaissancephilosophie vorgetragen. Wenn ich die vorhergehende Renaissancephilosophie weglasse, bin ich sofort in der luftleeren Welt des reinen Idealismus. So aber sehen wir, wie etwas anderes in diese alte Welt hineinkommt, das aber doch den Zusammenhang mit dem Zug der Renaissance zum Individuum wahrt.

Das Wahrheitskriterium

Was ist nun bei dieser unnachlaßlichen Wahrheitsforderung das Kriterium, das mit dem ersten Grundsatz dubito cogito ergo sum auf gleicher Höhe steht, was ist das Kriterium der unzweifelhaften apodiktischen Erkenntnis? Die Erkenntnis muß clare et distincte sein, klar und deutlich. Was heißt das, clare et distincte? [Descartes 1641, 24; Descartes 1637, 15 u. ö.] Klar ist nach Descartes das, was einen Gegenstand vom anderen unterscheiden läßt. Eine Definition ist klar. Ich kann das Grüne oder eine Uhr oder ein Brillenfutteral definieren und ich kann die Uhr und das Brillenfutteral auch logisch unterscheiden. Spinoza und Leibniz haben später diese Definition mit einer leichten Verschiebung aufgenommen und bedeutend erneuert. Deutlich dagegen ist das, was bis auf den Grund sonnenklar ist, das heißt, dessen Wesen ich einsehe, indem ich es erzeuge. Deutlich ist der pythagoreische Lehrsatz, deutlich ist der Satz, daß die Summe aller Winkel in Dreiecken gleich zwei Rechten ist. Das ist nicht nur klar, sondern auch deutlich, der Gegenstand ist bis auf den Grund erhellt. Bei einer Definition von Uhr und Brillenfutteral habe ich den Gegenstand nicht bis auf den Grund erhellt: ich habe sie nämlich nicht gemacht. Ich komme wieder auf Hobbes und auf das Umgekehrte bei Vico [vgl. Bloch 1977, 299 f.]. Gemacht habe ich aber eine geometrische Figur, etwa einen Kreis, infolgedessen ist er auch deutlich. Aus dem ersten Prinzip, aus dem »Dubito cogito ergo sum« müssen nun die in sich selbst klaren Ideen folgen. Der Satz »dubito cogito ergo sum« ist keine Idee, sondern einfache Selbstgewißheit. Die klaren und deutlichen Ideen, die daraus notwendig entstehen und so klar und deutlich sind wie der Ausgangspunkt selbst, nennt Descartes mit einem Ausdruck, der von der Stoa auf dem Umweg über Cicero übernommen ist, »ideae innatae«, eingeborene Ideen [Decartes 1641, 30 u. ö.]. Wieder ist der Sinn ganz anders als in der Stoa. Dort gibt es communes notiones, gemeinsame Begriffe, Dinge, über die man als anständiger Mensch nicht anderer Meinung sein kann, quer durch alle Zertrennungen der Geschlechter, Stände und Religionen hindurch. Cicero (106-43 v. Chr.) hat das überliefert [vgl. Windelband 1900, 166 f.] und ganz undeutlich gelassen, ob das im Sinne von eingepflanzt oder als etwas dem Geist notwendig Innewohnendes zu verstehen ist. Das ist Cicero Jacke wie Hose; der Rechtsanwalt hat eben nur seine halbverstandenen und halbverdauten griechischen Schriftsteller in sein Advokatenlatein übertragen, das Jahrhunderte lang als wunderbar gegolten hat. Immerhin hat seine Übertragung die Bedeutung, daß das griechische Gedankengut überliefert wurde, wenn auch in platter Weise.

Diese Plattheit ist bei Descartes völlig ausgeschaltet. Eine idea innata ist nicht etwa eine zusammenaddierte, allen Menschen gemeinsame Vorstellung, sondern eine aus der Natur des Denkens heraus notwendige Idee, notwendige Vorstellung, eine apodiktische Gewißheit strengster Art. Von hier aus soll nun die Welt aufgebaut werden. Descartes unterscheidet die ideae innatae streng von anderen Ideen, von den ideae adventitiae und den ideae a me ipso factae [Descartes 1641, 30 u. ö.]. Die ideae adventitiae sind nur beigebrachte Ideen, die oktroyiert worden sind, von denen ich gehört habe, die ich also nicht selbst erzeugt habe. »Ich selbst« heißt hier immer der uns allen gemeinsame Verstand. Und die ideae a me ipso factae sind jene, die ich mir selber gemacht habe, die ich mir eingebildet habe. Beide Arten von Ideen sind überhaupt nicht wichtig für die Erkenntis. In der Ablehnung der ideae adventitiae haben wir sogar einen Anklang an die Baconsche Idolenlehre, eine Abkehr von der Meinung, von der öffentlichen Suggestion und der Tradition. Es werden also die ideae innatae der Stoiker ebenfalls ideae adventitiae. Es ist ganz gleich, daß alle Menschen dasselbe denken. Deshalb braucht es ja nicht wahr zu sein, es können ja alle irren. Notwendig muß es sein, unausweichlich, so daß es gar nicht anders gedacht werden kann.

Die analytische Geometrie

Dazu nun das Modell, die Mathematik; sie hatten wir bei Galilei [vgl. Bloch 1977, 266 ff.], bei Hobbes [vgl. a.a.O., 295 f.], nicht bei Bacon. Bei Descartes gibt es nun eine ganz besondere Mathematik. Er ist der erste bedeutende Philosoph, der ebenso bedeutend als Mathematiker war. Wenn wir von ihm in der Philosophie nichts wüßten, würden wir ihn aus der Geschichte der Mathematik sehr wohl kennen. Erst recht würden wir Leibniz aus dieser Geschichte kennen, auch wenn wir ihn aus der Geschichte der Philosophie nicht kennten, denn er ist der Erzeuger der Differentialrechnung. Descartes ist, wie Ihnen hoffentlich nicht unbekannt ist, der Mann, der die analytische Geometrie geschaffen hat. Wie die Differentialrechnung eng mit der Philosophie von Leibniz, so hängt die analytische Geometrie eng mit der Philosophie von Descartes zusammen. Die analytische Geometrie ist eine Arithmetisierung der Geometrie, eine Einführung der Algebra in die Geometrie, dargestellt etwa an Kegelschnitten oder an Kurven. Die euklidische Geometrie, sagt Descartes, sei noch über die Hälfte bloß anschaulich, sie sei nicht ganz streng, nicht einsichtig, sie trage sich also nicht in der Unsichtigkeit des Gedankens allein zu, was aber notwendig sei [vgl. Descartes 1641, 144 ff.]. Geometrie, die einsichtig geworden ist, das bedeutet, daß die geometrischen Sätze auf dem Weg der einsichtigen Rechnung bewiesen werden, das heißt: Die Geometrie wird algebraisiert. Dies ist der Grundsatz der analytischen Geometrie, die das Ziel hat, die Figuren mit völliger Strenge und reinster Folgerichtigkeit zutage treten zu lassen als zahlenmäßig erzeugt und zahlenmäßig faßbar. Sie haben darin das dynamische Motiv der Zeit. Die Geometrie kommt in Fluß durch die Zahl, sie wird erzeugt. Das starre Gegebensein wie in der euklidischen Geometrie ist nicht mehr da. Sie kommt aus der platonischen Philosophie, Euklid ist platonisierend. Die Figuren sind Schemata. Es war nicht selbstverständlich, daß man ein Quadrat, einen Kreis und ein Dreieck entdeckt hat; es mußte erst durch Platon entdeckt werden, daß es so etwas gibt. Descartes' analytische Geometrie ist nicht statisch: Hier kommt Bewegung ins Konto hinein. Für uns ist vielleicht die Bewegung die Hauptsache, aber für Descartes war die Hauptsache die Unnachlaßlichkeit des Beweises. So soll nun auch die analytische Philosophie sein. Alles soll aus einfachsten Elementen, aus Zahlen, synthetisch aufgebaut werden wie in der Mathematik, in der Geometrie. Auf dem gleichen Wege sollen die elementarsten Wahrheiten des Bewußtseins gefunden werden. Galilei suchte die Grundelemente, aus denen die Bewegung verstanden werden konnte. Descartes kommt es darauf an, die elementarsten Wahrheiten des Bewußtseins zu finden, um kraft dieser Analytik eine apodiktische Synthetik, eine rationale Entwicklung im Sinn eines Beweises des gesamten Weltinhalts zu geben. Das ist der stärkste Idealismus und das kühnste Unternehmen, das vorstellbar ist. Aus rein verstandesmäßigen Elementen soll so wie bei geometrischen Figuren der gesamte Weltinhalt, nicht nur die gesamte Welt, sondern der gesamte Weltinhalt aufgebaut werden, denn die Figuren haben ja kaum einen Inhalt. Der Weltinhalt soll mit allem, was ist, mit Haut und Haar, rational entwickelt werden nur aus dubito cogito ergo sum, denn alles andere ist nicht glaubhaft. Die sinnliche Erfahrung wird hinterher die Bestätigung geben, aber aus ihr kann ich nie Rechtfertigungen nehmen.

»Über das Dasein der materiellen Dinge«

Nun, zum großen Teil wird die Welt nicht bestätigt, wie sich zeigen wird, da bei Descartes der gesamte Weltinhalt nur quantitativ verstehbar ist und nicht qualitativ [vgl. Descartes 1641, Fünfte Meditation]. Alle Qualitäten, wie Farbe, Geruch und Ton, fallen weg, alle Zweckbeziehungen fallen weg, es entsteht eine quantitativ-mechanisch-kausale Welt, der mechanische Materialismus entsteht, genau wie bei Hobbes. Dies ist nun das Paradox, das Unerwartete nach dem doch eindeutig streng idealistischen Ausgangspunkt, und das ist nun auch die neue, zweite Verzweiflung in Descartes, nachdem er seine erste überwunden hat, das Eingesperrtsein in das dubitare und cogitare. Kosmologisch bedeutet das Solipsismus, denn es ist nichts da als dubitare und cogitare. Ich allein bin auf der Welt, populär ausgedrückt, denn an allem anderen kann ich ja zweifeln. Ich mache die Augen zu, und es ist alles verschwunden, mache ich die Augen auf, ist alles wieder da. Ich habe es gemacht, ich habe alles verschwinden lassen, und ich habe alles wieder auftauchen lassen, das kann mir niemand widerlegen. Wissen Sie, wie Ihr Zimmer aussieht, jetzt, wenn sie nicht darin sind? Wissen Sie, ob es überhaupt da ist? Wenn sie wieder hinkommen, ist es da. Doch das will nichts heißen, denn da sind Sie auch wieder drin, da haben Sie die Bedingungen wiederhergestellt, unter denen es erscheinen kann. Beweisen Sie, daß es jetzt da ist! Vielleicht, indem sie telefonieren und die Uhr schlagen hören. Oder Sie haben Feuer gemacht, ehe Sie weggegangen sind, und das Feuer ist ausgegangen, wenn sie zurückkommen. Daraus schließen Sie, daß es in der Zwischenzeit gebrannt hat. Doch ist das ein strenger Schluß? Es kann ja auch nur so tun, als ob es gebrannt hätte. Wenn sie diese ganz strengen Forderungen nehmen, dann besteht die Gefahr des Solipsismus, denn ich komme aus dem dubito cogito ergo sum nicht heraus. Der Solipsismus ist die Affenschande des Idealismus, der »Skandal der Philosophie«, wie Kant sagte [Kant 1787, B XXXIX], weil er nicht streng zu widerlegen ist. Er zweifelt, daß es überhaupt eine Außenwelt gibt, es gibt nur das dubito cogito ergo sum. Wie komme ich nun da heraus, war die zweite Verzweiflung von Descartes. Leider eine bedeutend weniger schlimme, denn er hat sich, wie wir sehen werden, mit Argumenten und mit Zwischengliedern begnügt, die nicht mehr so sind, daß sie vor einem radikalen, unversöhnlichen, grundehrlichen Zweifel bestehen könnten. Es ist eine Entspannung eingetreten, eine Entradikalisierung, die sich auch mit Kompromissen und mit Halblösungen zufrieden gibt, aber immer noch glaubt, nachdem der Stachel herausgezogen worden ist, apodiktische Gewißheit zu haben. [...]

Die Frage des Solipsismus ist im Grunde die närrischste. Ich komme nämlich vom Ich nicht los, ich komme nicht mehr heraus. Dieses Gefühl hatte auch Descartes. Es kommt also am Schluß zu dem Wahnsinn, der desto wahnsinniger ist, je weniger er im strengen Sinn widerlegbar ist, daß ich alleine auf der Welt bin oder daß jedes Ich allein auf der Welt ist, denn alles, was ist, steht unter der allgemeinsten Bedingung, wahrgenommen zu werden. Anders habe ich ein Sein ja niemals gefunden, als daß es von mir wahrgenommenes Sein ist, infolgedessen besteht die Welt aus meinem

Wahrnehmungsinhalt. »Esse est percipi« sagt George Berkeley (1685-1753) [Berkeley 1710, 26]. Ich kann die Wahrnehmungsinhalte ja verschwinden lassen, wenn ich die Augen schließe oder schlafe oder tot bin. Dann hat die Welt nicht nur die Laune, wie ein Sterbender sehr geistreich sagte, dem Morgen nicht mehr zu erscheinen – das wäre objektiv, nein, ich habe die Laune, die Welt mit mir verschwinden zu lassen. Aus diesem Gefängnis, daß die Welt meine Vorstellung ist, kommt man schwer heraus. Das hat wieder seinen Grund in dem allzu scharfen Rückbezug auf das dubito cogito ergo sum. Das Positivum ist der erkenntnistheoretische Stachel, die Wendung einmal von den Dingen weg auf das Erkennen der Dinge, auf die Methode, auf das Werkzeug des Begreifens, eine Wendung, die von einer Metaphysik der Dinge, wie man später gesagt hat, zu einer Metaphysik des Wissens wird, Metaphysik selbstverständlich in dem alten Sinn tiefer Erforschung. Das ist wieder Idealismus, gewiß, aber Erkenntnistheorie selbst ist kein Idealismus. Doch besteht natürlich die Gefahr, daß man im Wissen eingesperrt ist, daß man aus der Erkenntnis gar nicht mehr herauskommt, daß jeder Gegenstand der Erkenntnis nichts anderes ist als die Erkenntnis selbst, daß die Erkenntnistheorie infolgedessen die Welttheorie ist. [...] Immerhin, das ist in der Welt, und jede materialistische Erkenntnistheorie muß sich damit auseinandersetzen und muß auf der Höhe der Probleme sein, die hier von großen Philosophen bezogen worden ist.
Descartes will aus dem Gefängnis der intuitiven Gewißheit herauskommen. Dazu suchte er nun notwendige Ideen, ideae innatae. Das cogito ergo sum ist noch keine eingeborene Idee im strengen, apodiktischen Sinn. Das ist, wie gesagt, eine intuitive Gewißheit. Herauskommen kann ich nur durch eine Idee, die so clare et distincte ist, so klar und deutlich wie die intuitive Gewißheit des dubito cogito ergo sum selber. Diese Gewißheit gibt das Maß für jede Gewißheit ab, die ich annehmen kann. Es unterscheiden sich die ideae innatae von den ideae a me ipso factae, von den Ideen, die ich selbst gemacht habe, den willkürlichen Erdichtungen, und von den ideae adventitiae, von denen, die ich mir empirisch zugezogen habe, a posteriori, durch Abstraktion von Sinneseindrücken [Descartes 1641, 30 u. ö.]. Sie enthalten keine Gewißheit absoluter Art, denn es können neue Sinneseindrücke kommen, die diese Idee, das heißt die Abstraktion, die ich hier als Idee festgesetzt habe, korrigie-

ren. Eine idea adventitia ist zum Beispiel, daß der Regen nach unten fällt. Wenn der Regen aber morgen nach oben fällt? Oder wenn der Regen vor fünfhundert Millionen Jahren einmal nach oben und auch seitwärts gefallen ist? Gewiß, das widerstreitet den Naturgesetzen, die wir kennen, aber vielleicht gab es andere Naturgesetze? Fällt der Regen überall von oben nach unten ? Wenn es auf der Venus regnet, fällt er auch von oben nach unten? Kann ich sagen: Der Regen fällt von oben nach unten? Nein, denn jede Induktion hat nur Wahrscheinlichkeit, einen außerordentlich hohen Grad von Wahrscheinlichkeit sogar, aber nicht die geometrische, apodiktische Gewißheit, die verlangt ist. Also brauchen wir Ideen von einer solch apodiktischen Gewißheit, daß sie sich neben der Ur-Gewißheit des cogito ergo sum an Klarheit und Deutlichkeit sehen lassen können. Nun macht Descartes einen ungeheuerlichen Umweg. Er will hin zur Befreiung von dem Zweifel, daß diese Welt ein Spuk, ein Blendwerk sein könnte, vielleicht von einem bösen Dämon vor mich hingezaubert. Ich reibe mir die Augen, und es ist alles gar nicht da, gar nicht wahr. Descartes war ein Jesuitenzögling, und er, der die zerreibendsten Zweifel gehabt hat, geht trotzdem die Wege des alten Denkens, er geht hin zu Gott, bevor er zur Welt geht, er rekapituliert also den Satz von Thomas von Aquin: »Deus est, ergo est mundus; mundus est, ergo sum ego.« [vgl. Bloch 1977, 88]. Allerdings ist ihm Gott nicht der Schöpfer der Welt, sondern der Garant der Weltgewißheit. Gott tritt hier als ein erkenntnistheoretisches Motiv auf. Es muß erwiesen werden, ob Gott ein Betrüger ist, ein Dämon, und der Beweis wird nun gefunden in der Art, wie ich die idea innata Gottes notwendig in mir vorfinde. Es ist also nicht ein Gott zur Anbetung, der hier erscheint, sondern ein Gott zur Sicherstellung noch anderer Gewißheiten als der puren Selbstgewißheit des ergo ego sum.

Der anthropologische Gottesbeweis

Der Beweis, der Gottesbeweis mit apodiktischer Folge also, denn um nichts anderes handelt es sich jetzt, ist methodisch sehr interessant. Man kann ihn den anthropologischen Gottesbeweis nennen, da er eine starke Wendung auf den Menschen enthält [vgl. Descartes 1641, 32-39]. Er lautet so: Der menschliche Geist ist endlich, gebrechlich und unvollkommen. Nun findet er trotzdem in sich die ihn unendlich überragende Idee einer absoluten Vollkommenheit. Wir könnten uns ja gar nicht als endlich, gebrechlich und unvollkommen wahrnehmen und beurteilen, wenn in uns nicht die Idee eines vollkommenen Wesens wäre, an der wir unsere Existenz messen. Wir hätten ja sonst kein Maß. Hat nun der menschliche Geist diese Idee aus sich hervorgebracht? Kann er aus seiner Endlichkeit Unendlichkeit schöpfen? Oder kann er diese Idee sich empirisch zuziehen, als idea adventitia? Soll er sie aus den Endlichkeiten ringsum, aus der gebrechlichen, hinfälligen, korruptiblen Welt, die er sieht, nehmen? Nach Descartes ist das unmöglich. Die Idee eines uns unendlich überragenden Wesens ist unausweichlich in uns. Daraus schließt Descartes aber nicht, daß das Wesen existiert. Das ist der Unterschied zum Anselmschen Gottesbeweis. Die Idee des Wesens existiert, die Idee einer absoluten Vollkommenheit. Und diese Idee nun, so meint Descartes, muß, da wir sie nicht erzeugt haben, da die Welt sie nicht erzeugt hat, von einem allerrealsten Wesen selbst erzeugt und in uns hineingelegt worden sein [vgl. Descartes 1641, 42f.]. Es ist erstaunlich, wie, nachdem der erste entsetzliche Zweifel zerrissen ist, nun eine gewisse Eilfertigkeit Platz greift, die gar nicht mehr zweifelt. Descartes gebraucht – bei einem so scharfen Denker verblüffend – eine Kategorie, die noch nirgends eingeführt war, nämlich die Kausalität [vgl. Descartes 1641, 33]. Wo steht denn bisher etwas von Ursache und Wirkung, denn an ihr ist doch auch zu zweifeln! [...] – Der Zweifel bezieht sich auf dieser gesellschaftlichen Stufe auf die Begriffe und Kategorien der feudal-theologischen Gesellschaft. Er bezieht sich noch nicht, wenigstens nicht mit gleicher Schärfe, auf die Kategorien des bürgerlichen Denkens selber. Die Kausalität, gewiß, sie ist nicht von den Bürgern erfunden worden, aber die Bürger haben sie besonders strapaziert, sie ist die Urkategorie des mechanischen Materialismus. Das Verhältnis Ursache-Wirkung ist nicht primär mittelalterlich. Es ist auch nicht primitiv. Die Primitiven, die Urvölker urteilen überhaupt nicht kausal, mit Ausnahme ihrer unmittelbar praktischen Tätigkeit, wo sie es bei Strafe des Untergangs müssen. Wenn ich den Pfeil nicht abschieße, kriege ich eben den Hirsch nicht. Ursache und Wirkung sind bekannt, aber in der weiteren Welterklärung wird mit Analogiezauber gedacht. In der Antike kommt die Kausalität vor, aber mit besonderer Stärke haben wir sie nicht auftreten sehen gegenüber der Ideenschau, gegenüber der Zweckbeziehung, der Entelechie. Auch bei Aristoteles finden Sie Ursache und Wirkung nicht so stark behandelt, wie es im neueren Denken selbstverständlich ist. Auch im Mittelalter sind die Zweckbeziehung, die causa finalis, die Endzwecke und so weiter, sehr viel stärker als die Kausalbeziehung. In der Neuzeit nun geht es an mit Druck und Stoß, mit Ursache und Wirkung: in der Wirkung ist nicht mehr enthalten als in der Ursache, und so weiter. Aber dagegen richtet sich auf dieser Stufe noch nicht die Kritik, und deshalb fiel es Descartes gar nicht ein, daß er die Kausalität geradezu naiv verwendet. Kritik an der Kausalität kommt später, und das ist dann eine Kritik nicht mehr an den Begriffen der feudaltheologischen, sondern bereits an den Begriffen der bürgerlichen Ideologie. Die werden wir bei Hume als Kritik am Kausalbegriff selbst finden [vgl. S. 245 ff.]. Hier ist der Kausalbegriff noch geradezu naiv, er kommt wie aus der Pistole geschossen und soll als Gottesbeweis dienen. Auf diese Weise glaubt Descartes, nicht nur die transsubjektive, das ist die subjekt-jenseitige, außerhalb des Subjekts vorhandene Objektivität eines Göttlichen, also die objektive Idee eines Göttlichen erwiesen zu haben, sondern eben die Realität eines Göttlichen erwiesen zu haben, womit wir den Anselmschen Gottesbeweis doch wieder berühren, allerdings auf ganz andere Art. Ich erinnere an Anselm von Canterburys (1033-1109) Gottesbeweis [vgl. »Proslogion«, Anselm 1966, 204-209 und ff.]: Die Idee eines Vollkommenen schließt seine Realität in sich, denn wenn das Vollkommene nicht real wäre, würde ihm eine sehr wichtige Eigenschaft fehlen, die Realität. Also ist das Vollkommene auch real, und das Allervollkommenste, Gott, ist sogar das Allerrealste. Das ens perfectissimum ist zugleich das ens realissimum. Das ist der Anselmsche oder ontologische Gottesbeweis mit dem leichten Versehen darin, daß ohne weiteres das Sein als eine Eigenschaft betrachtet wird. Sein ist da eine Eigenschaft wie rot, gelb, grün, langmütig, geduldig, zornig und so weiter. Es ist aber sehr die Frage, ob Sein eine Eigenschaft ist. Wenn es eine wäre, so würde der Beweis unwiderlegbar. Da es keine Eigenschaft im selben Sinn ist, wie Qualitäten Eigenschaften sind, bedeutet er gar nichts. Ich kann mir eine vollkommene Insel denken, ohne daß es die Insel gibt, also kann ich mir auch ein vollkommenes Wesen denken, ohne daß es dieses Wesen gibt. Darin steckt ein tiefes Problem, auf das

Kant wieder zurückgekommen ist, das Problem, ob das Sein eine Eigenschaft ist, ob sich aus dem Begriff das Sein herausklauben läßt, wie Kant sagt [vgl. Kant 1787, B626].

In dem sehr interessanten Beweis des Descartes stecken auch viele Probleme, vollkommen unabhängig von dem Zweck, zu dem Descartes ihn gebraucht. Etwas ist zweifellos erfaßt in diesem anthropologischen Gottesbeweis. Es steckt in ihm außer der Transzendenz, die theologisch ist, noch etwas anderes, nämlich ein Transzendieren, das nicht dasselbe ist wie Transzendenz. Es gibt ein Transzendieren, also ein Darüberhinaussteigen, einen Überstieg über etwas Vorgefundenes ohne Transzendenz. Und der Mensch läßt sich definieren als das sich überschreitende Wesen, indem er Vollkommeneres über sich sieht, vor sich sieht und deshalb eben seiner Schranke bewußt ist. Denn man kann sich einer Schranke erst bewußt sein, wenn man die Schranke bereits überschritten hat. Wer an eine Schranke stößt, hat sie schon überschritten, sonst würde er nicht daran stoßen, er würde sie kaum berühren. Selbst im Berühren ist schon ein transcendere, ein Darüberhinausgehen; im Daranstoßen ist bereits die Dimension, die hinter die Schranke geht und sie überwinden will. Sonst kann die Schranke begrifflich nicht als Schranke erscheinen, nicht nur psychologisch nicht, worauf es nicht ankommt. Mindestens ist man sich einer Schranke nur bewußt, wenn man über sie hinausstrebt, wenn man ein Vollkommeneres im Sinn hat. Mit der Idee der Vollkommenheit ist in der Tat etwas in uns gesetzt, nicht als Realität, aber als Aufgabe. Dieses ist der sehr merkwürdige Inhalt des Denkens, das sich hier zum ersten Mal mit einer solchen Energie auf das Vollkommene richtet, und das zu einem ganz anderen Zweck, nämlich um die Existenz der Außenwelt zu beweisen, was uns im Moment noch nicht interessiert. Also: Das transcendere in Hingabe an ein Ur-Vollkommenes erscheint als Aufgabe. Dieses ist in dem sogenannten anthropologischen Gottesbeweis gesetzt. In uns ist mehr, als in uns ist, kann man sagen. Es ist etwas nicht da und ist doch da, schwebt uns vor, ist riesengroß, ein Berufensein zu einem unendlichen Wesen. Die Schranken und auch die Hüllen werden im historischen Verlauf, im Hellwerden, im Identischwerden weggeworfen. Dieser Gedanke von enormer Dynamik ist auch ein Gedanke, der im Bürgertum mit seiner Dynamik erscheint und ein anderes ist als der Platonische Eros, wo Roße nach dem unendlichen Ziel der vollkommenen Idee hinstreben [vgl. Platon 1958, 246d-247d]. Aber sie ist vorhanden, und es handelt sich um ein Wettrennen. Platon braucht doch das Bild von Roßen, die auf der stäubenden Arena nach einem Ziel rennen. Man sieht das Ziel bei dem Wettrennen, die Ideenschau des Vollkommenen. Hier, seit Descartes, sieht man das Ziel nicht. Es ist das Unsichtige darin, das Nichtzuhandene, und es ist die Dynamik der Arbeit darin, die insofern vom Platonischen Eros verschieden ist, als das Ziel als *Aufgabe* erscheint. Das ist nicht theologisch zu verstehen, sondern human. Der Umkreis des humanum wird unendlich erweitert, und im Sturm und Drang, im ganzen 18. Jahrhundert bewegt dieses Streben die Geister.

Descartes allerdings braucht das alles nicht. Es klingt an, wird aber nicht ausgeführt. Er kann es auf seinem Weg auch gar nicht brauchen, denn er will ja mittels der göttlichen Realität aus dem Solipsismus des dubito cogito ergo sum herauskommen, und so geht er nun von hier aus auf einem sehr skurrilen Weg weiter. Die Vollkommenheit nämlich, die Gottheit, die Descartes mittels der Kausalität auf einem seiner fast unwürdigen methodischen Weg gefunden und bewiesen zu haben glaubt, diese Gottheit ist die Wahrhaftigkeit selbst. Dunkel, weshalb. – Wahrscheinlich auf Grund der Vollkommenheit, denn ein Lügner kann doch nicht vollkommen sein. Wieder wäre zu fragen: Warum soll er kein vollkommener Lügner sein? Eine Vollkommenheit in Lüge wäre doch auch eine Vollkommenheit. Aber hier läßt eben die Schärfe, die Unerbittlichkeit, die Unbetrüglichkeit des Descartesschen Denkens, das zum cogito führte, dauernd nach. Vollkommenheit heißt für Descartes Wahrhaftigkeit: Wir haben die »bonitas Dei«, wie der Terminus heißt, die Güte Gottes [Descartes 1641, 72 u. ö.]. Mit dieser Feststellung ist der Zweifel, ob ein Dämon betrügerischer Art uns diese Welt vorschwindelt, beseitigt. Gott kann nicht betrügen, Gott kann nicht lügen [vgl. a.a.O., 69], er kann auch in Ansehung der Außenwelt uns keine so verkehrte Vernunft gegeben haben, daß wir Schwarz für Weiß halten, daß wir Hingemaltes und Hingespucktes für real halten. Er kann nicht wollen, daß wir Traum und Erkenntnis verwechseln, daß wir nicht wissen, was Illusion und was Wirklichkeit ist. Kurz und gut, die gleichen Unterschiede, die uns in naivem Bewußtsein Traum und Wachen unterscheiden lassen, gelten auch für das wissenschaftliche Bewußtsein. Durch die veracitas Dei ist die Realität der Außenwelt endlich wieder festgestellt. Sie müssen zugeben, ein sehr sonderbarer Umweg über den Himmel zu unserer Erde zurück. Das ist, wie wenn sich ein Mann aus Sparsamkeit einen Hering zum Abendessen kauft und ihn dann achtspännig nach Hause führt. Ich komme auf diese Weise auf einem ungeheuren Umweg über den Himmel und die Wahrhaftigkeit des lieben Gottes dazu, daß ich glaube, dieses Stück Holz hier sei ein Stück Holz, daß ich jetzt nicht träume und daß Sie nicht träumen, sondern daß wir alle zwischen zwölf und zwei Uhr uns in einem Hörsaal innerhalb der Leipziger Realität befinden zu einem realen Ziel.

Rationalismus und mechanischer Materialismus

Wie sieht nun die Außenwelt aus, die in so ungeheuerlichem Tempo auf Grund dreier apodiktischer Ideen zweifelsfrei gewonnen worden ist? Das cogito ergo sum ist keine Idee, sondern eine Gewißheit unmittelbarster Art. Die erste apodiktische Idee ist die des vollkommenen Wesens in uns, die zweite apodiktische Idee ist dies, daß diese Vollkommenheit nicht von mir erzeugt oder mir empirisch zugekommen ist, sondern von Gott, einem realen Wesen, geschaffen worden ist. Die dritte apodiktische Idee ist die, daß dieses reale Wesen als ein vollkommenes Wesen die Wahrheit in Person ist. Durch diese drei apodiktischen Ideen ist also die Außenwelt wieder garantiert; die Schrecken der ersten Meditation sind verscheucht. Aber auch in der Außenwelt muß sich nun, da die Gewißheit garantierenden Ideen ihr Werk getan haben, das Wahrheitskriterium Klarheit und Deutlichkeit bewähren. Wir haben also Rationalismus in Ansehung der Naturerklärung, keinen Empirismus wie bei Bacon, nicht eine Erfahrung, die belehrt, sondern eine Lehre, die uns die Erfahrung verdeutlicht. Hier nimmt der französische Rationalismus seinen Ausgang, die durchgehende Verständigkeit des Tuns, die Kritik an allem, was es gibt, durch den Verstand. Von hier geht auch der Doppelklang aus, den das französische Wort »raison« und das entsprechende deutsche Fremdwort bekommen haben. Räson heißt Verstand, und räsonieren heißt Krach machen, kritisieren auf Grund des Verstandes, ein Reflex der Französischen Revolution in privater Sphäre. Die Welt muß sich also vor dem Verstand ausweisen, sie wird durch den

Verstand gemessen und gewertet, auf die Waagschale des Verstandes gelegt und gegebenenfalls für zu leicht befunden. Dies ist das revolutionäre Element. Das idealistische Element ist, daß die Welt dann wieder aus dem Verstand herausgesponnen wird. Es kommt auf die Prozentgehalte an, und Quantität schlägt auch hier in erstaunlicher Weise in Qualität um, wenn sie zuviel wird. Was das Zuviel angeht, so hat Descartes Gott zuviel Realität gegeben, um mich selbst etwas skurril auszudrücken, und der durch seinen erkenntnistheoretischen Gott garantierten Außenwelt wieder zuwenig, eben wegen der Forderung des Verstandes nach Klarheit und Deutlichkeit. Ich gab den Unterschied von klar und deutlich, allerdings etwas in der Leibnizschen Formulierung, bereits an. Klar, »clare« ist ein Gegenstand, wenn er von anderen unterschieden werden kann. Die Definition eines Gegenstands reflektiert die Klarheit des Gegenstands. Ich kann ein Klavier von einer Zahnbürste unterscheiden, so daß ich, wenn ich ein Klavier kaufen will, nicht in die Gefahr komme, eine Zahnbürste aufgehängt zu bekommen. Aber es ist mir weder das Klavier noch die Zahnbürste als sinnlicher Gegenstand auch deutlich. Deutlich ist dasjenige, das kraft seiner Definition bis auf seinen materiellen Grund erklärt werden kann, so daß es ganz einsichtig ist. Deutlich sind in diesem Sinn nach Descartes und nach Leibniz nur geometrische, moralische und metaphysische Gegenstände [Descartes 1641, 54f. und 59]. Das letztere ist Leibniz [vgl. Leibniz 1765, 271-283 u.ö.], aber die Wurzeln stecken bei Descartes. Was ich durch seine Definition bis auf den Grund einsehen kann, das ist deutlich. Ein Dreieck wird deutlich aus der Definition des Dreiecks, aber auch was Demut ist, was wahre Liebe ist, kann ich mir aus der Definition deutlich machen, und ich kann sagen: Das ist keine wahre Liebe, die der Fritz mir heute gezeigt hat. Ich habe also einen deutlichen Begriff aus der Evidenz der Vernunft, an dem ich, nach den Rationalisten, etwas messen kann. Vor allen Dingen aber ist immer das mathematische Denken, die Geometrie, das Modell für etwas, was aus seiner Definition genetisch nacherzeugt werden kann. Das können im strengen Sinn nur geometrische Gegenstände, auch die Liebe nicht. Das Geometrische ist ein Modell für eine etwaige intuitive Wesenserfassung der Liebe im Sinne von »der Liebe reinstes Wesen«, auch ein Modell für das Naturrecht. Da flammt das Pathos des Wahren, worin eine Kritik gegen das Falsche steckt, und zwar eine politische

Kritik, nicht nur eine wissenschaftliche. Bei dem Satz: Das ist ein wahrer Käfer, da habe ich kein Pathosgefühl. Aber bei der wahren Liebe, einem wahren Staat habe ich ein Pathosgefühl und einen gewissen Orgel- oder Glockenklang, oder ich habe den revolutionären Klang eines Kanonenschusses.
Kurz und gut, Geometrie ist das Modell, und es zeigt sich, daß die Welt verändert wird, indem ja auf dieser Stufe klar und deutlich zugleich nur Quantitäten sein können. Klar sind auch Qualitäten. Ich kann Rot von Grün unterscheiden, ich kann Rot und Grün definieren. Aber ich kann sie nicht bis auf den Grund erhellen wie ein Dreieck. Also wird auch von diesem Weg her wieder der mechanische Materialismus eingesetzt. Das, was die ganze Zeit schwelte, worin die Verwandtschaft mit Hobbes besteht, die Parallele des bürgerlichen Denkens, das in seiner Frühzeit ein mechanisch-materialistisches Denken ist und sich als solches in der Französischen Revolution ganz rein gezeigt hat, das wird offenbar. Es geht hin auf den mechanischen Materialismus mit allen seinen Grenzen. Die sinnlichen Qualitäten fallen weg. Es gibt nur eine geometrisch faßbare, quantitativ-mechanisch sich betätigende Materie in der durch die veracitas Dei soeben gewonnenen Außenwelt. Halten Sie das fest! Anders in der Innenwelt, wovon sogleich. Der eine Ast des Seins jedenfalls ist mechanisch-materialistisch, und zwar total. Hier sagt Descartes: »Denn ich gestehe offen, daß ich keine andere Materie der körperlichen Dinge anerkenne, als in jeder Weise *(omnimode)* teilbare, gestaltbare und bewegliche, welche die Geometer als Größe bezeichnen und zum Gegenstand ihrer Beweise nehmen, und daß ich in ihr nur diese Teilungen, Gestalten und Bewegungen beachte und nichts an ihnen als wirklich anerkenne, was nicht aus jenen Gemeinbegriffen, an deren Wahrheit man nicht zweifeln kann, so klar abgeleitet wird, daß es als mathematisch bewiesen gelten kann.« [Descartes 1644, 63]

Der Riß zwischen »res cogitans« und »res extensa«

Eine Inthronisation des quantitativ-mechanischen Begriffs ist damit gegeben. Ein anderes kann in der Außenwelt nicht als wahr anerkannt werden. Das ist demokritischer Materialismus, dasselbe, was Hobbes mit der Philosophie als Wissenschaft von den Körpern meint [Hobbes 1655, 11 f.], nur drückt es Descartes noch entschiedener aus als Hobbes. Die Außenwelt, die ihre einzige Wirklichkeit im reinen Quantum hat, in Raum und Ausdehnung, nennt Descartes »res extensa«, die ausgedehnte Sache [Descartes 1641, 67 u. ö.]. Die res extensa ist voll von ausschießlich räumlich – mechanischer Bestimmtheit. Der res extensa steht die res cogitans gegenüber [Descartes 1641, 20 u. ö.], die bewußte Seite der Welt, die innere, obwohl Descartes das Wort »innen« nicht gebraucht. Die mechanisch-materialistische Auffassung ist nun die, daß es, wo Körper sind, nichts als Körper gibt und nichts anderes auf Körper wirken kann als wieder ein Körper. Das Leben der res extensa ist ein mechanisches Dasein aus Druck und Stoß [vgl. Descartes 1644, 54 ff.]. Wo aber res cogitans ist, bewußtes Sein, gibt es dementsprechend nichts als sie, nichts als bewußtes Sein, nichts als Geister, und diese können wieder nur als Geister aufeinander wirken. Zwischen beiden Welten ist ein absoluter Riß, den Descartes nachher etwas zu vermitteln versucht, aber es bleibt ein Widerspruch.

Nach seinem eigenen Wissen und seinen eigenen Prinzipien ist dazwischen ein Riß. Allein aber daß die res cogitans gänzlich ferngehalten wird, sozusagen auf einem ganz anderen Planeten wohnt, erlaubt es, innerhalb der res extensa, der Außenwelt, den mechanischen Materialismus ungestört zu entwickeln, wirklich eine reine Welt aus Druck und Stoß aufzubauen, eine Welt des Uhrwerks. Auch das organische Leben, also unser Leib, der dasselbe ist wie ein Tierleib und der zur res extensa gehört, ist nur auf mechanischen Impulsen, auf Druck und Stoß und auf Reflexen aufgebaut, die ebenfalls völlig von außen kommen und körperlicher Art sind [vgl. Descartes 1641, 72 f.]. Das Uhrgleichnis geht weiter. Die Welt ist ein Uhrwerk mit Zahnrädern, die ineinandergreifen, in dem allein Ursache und Wirkung regieren, ohne irgendein teleologisches Element. Diese Radikalität vereint Descartes mit Bacon, Hobbes und dem späteren Spinoza. Es gibt in dieser Welt nicht so etwas verdächtig Geisterhaftes, an res cogitans Erinnerndes wie Zwecke, weder von außen oder theologisch von oben her als Vorsehung gesetzte noch auch durch die Uhrräder selbst gesetzte. Die Räder sind dessen nicht fähig und sie brauchen auch nichts dergleichen. Die Welt kann lückenlos erklärt werden als ein mechanisches Gebilde aus ineinandergreifenden Uhren, aus ineinandergreifender Ursache und Wirkung [vgl. Descartes 1637, 46 ff.]. So entwirft Descartes als erster eine Reflextheorie, die von Interesse ist. Er braucht sie, um seinen Satz zu erhärten: Die Tiere sind aufgezogene Uhren, sie sind Maschinen [vgl. Descartes 1637, 46 u. ö.]. Man hat darüber sogar Experimente angestellt. Damals wurde zum Beispiel die Tätigkeit des Herzens entdeckt: William Harvey (1578-1657) entdeckte den Blutkreislauf. Das Herz war die Pumpe, die den Leib aufzieht. Auch Reflexbewegungen wurden bereits von holländischen Ärzten untersucht. Sie untersuchten, wieweit Reflexe, wie sie die Tiere haben, unter Ausschaltung des Bewußtseins, ins menschliche Leben hineinreichen. Es wurden auch schon experimentelle Eingriffe in die komplizierten Funktionen des Organismus vorgenommen. Das alles im Sinn des mechanischen Materialismus. Iwan Pawlows (1849-1936) Lehre ist eine ganz andere Lehre von den Reflexen, wohl eine materialistische, aber keine mechanisch-materialistische, weil sie eine innere Steuerung, also eine Beeinflussung durch das Zentralnervensystem zuläßt und sogar nötig macht und eine dauernde Wechselwirkung zwischen Innen und Außen, Außen und Innen, zwischen Subjekt, Organismus und seiner Außenwelt anerkennt. Bei Descartes kommt im Körperlichen keine res cogitans vor; wohl gibt es eine Außenwelt, aber keine Antwort von uns darauf. Bis zum Überdruß und Überfluß haben wir in dem cogito ergo sum den subjektiven Faktor gesehen, um dieses Losungswort nun endlich zu nennen, aber er fehlt in der durch den subjektiven Faktor eroberten Naturerkenntnis dann völlig. Soviel zu diesem Seltsamen und wieder nicht ganz Erwartbaren innerhalb der Descartesschen Konsequenzen, was die res extensa anlangt.

Das Pathos der res extensa mit Druck und Stoß ist völlig Aufklärung insofern, als nun die Welt entzaubert ist von Spuk, von geistigem Wesen in sich, von Hexen und Geistern und Elfen, von dem ganzen Wesen der Volkssagen. Das stellte damals eine Befreiung dar von maßloser Furcht, nicht nur vor der Hölle, sondern vor dem Kirchhof, vor dem Kreuzweg, vor der Nacht, vor der dunklen Stube und vor dem, wovor wir uns alle als Kinder gefürchtet haben. Auf der anderen Seite bringt nun die res cogitans den ganzen Aberglauben in sonderbarer Form wieder herein. Es gibt doch wieder eine Art Seelendunst. Während ein Cartesianer wie Balthasar Bekker (1634-1698), ein Holländer, um 1690 das Buch

»Die bezauberte Welt« [Bekker 1693] schreiben konnte, in dem all dieser Teufelsspuk aus der res extensa hinausgeworfen wurde, gab es einen anderen Cartesianer, der an Spinoza einen Brief schrieb, worin er auf Grund der res cogitans in der Cartesianischen Philosophie Spinoza beweisen wollte, daß es eine vom Körper unabhängige res cogitans gibt, die infolgedessen nach Verlust des Körpers weiterlebt, und daß es Engel und Erzengel gibt als denkende res, die mit Körper nicht behaftet und nicht beschmutzt sind [vgl. Spinoza 1977, 214f. und 224ff.]. Das sind die zwei Seiten, die herauskommen, wenn man auf der einen Seite die res extensa derartig mechanistisch übersteigert, daß man alles, was man sich in der Welt nicht mit dieser reinen Mechanistik erklären kann, in die res cogitans hineinbringt, und man auf der anderen Seite die res cogitans übertrieben spiritualistisch macht. Res extensa und res cogitans stehen einander in einer disjunktiven Weise gegenüber, alles ist entweder räumlich oder bewußt: Was räumlich ist, ist nicht bewußt, und was bewußt ist, ist nicht räumlich. Was ein Körper ist, ist keine Seele und hat keinen Platz und keinen Einfluß in der res cogitans, und was eine Seele ist, hat keinen Körper, braucht ihn nicht und hat ein eigenes autarkes Dasein. Das sind die beiden Reiche, das Reich der Körper und das der Seelen, die beiden Reiche der extensio und der cogitatio. Descartes nennt sie in folgenreicher Weise Attribute [vgl. Descartes 1641, 53 u.ö.]. Folgenreich deshalb, weil Spinoza diese Wörter wesenhaft gemacht hat [Spinoza 1677, 1]. Attribute sind bleibende Grundeigenschaften. Die wechselnden Eigenschaften an diesen bleibenden Grundeigenschaften nennt Descartes Zustände oder modi [vgl. Descartes 1641 23f. u.ö.]. Nun sind aber beide Seiten, wenn sie sich schon nicht sehen und berühren, nicht etwa überall vorhanden, so daß zum Beispiel dieser Holztisch hier auch inwendig eine res cogitans, eine Seele hätte, so wie ich als res cogitans einen Körper habe. Nein, res cogitans gibt es nur beim Menschen. In der Außenwelt gibt es nicht beides als zwei Seiten der gleichen Sache wie etwa Außenseite und Innenseite, das Konvexe und das Konkave einer Sache. Sondern die beiden treten nur nacheinander auf, und die res cogitans kommt wegen dieses Nacheinander nur im Menschen vor.

Wie ist es nun möglich, daß die Seele auf den Körper und der Körper auf die Seele wirkt, was doch augenfällig geschieht? Hier gibt es wieder eine matte Stelle, auch wieder einen Tribut der

Konstruktion an die Wirklichkeit. Descartes setzt seinen »influxus physicus«, einen physischen Einfluß, vermittelt durch Nervenflüssigkeiten, die schon so ätherisch werden, daß sie ein bißchen von der res cogitans annehmen. Der Ort, wo der influxus physicus stattfinden soll, ist die Zirbeldrüse oben im Gehirn [Descartes 1649, 1. Teil, Artikel 31 ff. und Descartes 1641, 74]. Diese Zirbeldrüse soll der Punkt sein, wo Leib und Seele, deren Verbindung sich Descartes doch besonders schwer gemacht hat, mindestens vermittelt werden. Sie ist ein seltsames Organ, entwicklungsgeschichtlich wahrscheinlich ein Scheitelauge, wie es Saurier geführt haben, um auch noch zu sehen, was sich über ihnen an Unheil zuträgt oder an Beute finden läßt. Dieses Auge ist verkümmert und heruntergesunken bis zur Zirbeldrüse. Die letzte mythische Erinnerung an ein solches Scheitelauge saurierhafter Art soll sich vorfinden bei Polyphem, der ja ein Auge oben auf der Stirn hat. Wie dem auch sei, dieses Saurierauge, dieses degenerierte und rudimentäre Gebilde hat es bei Descartes sehr weit gebracht. Es soll die Umschaltstation sein zwischen Leib und Seele, zwischen res cogitans und res extensa. Nicht auf eine dialektische Weise, die gibt es nicht im mindesten, sondern auf eine undurchdachte und anatomisch-physiologisch geradezu verschmierte Weise. Er geht hier nun in das Empirische hinein mit Zirbeldrüse, Nervenflüssigkeit und so weiter und verläßt die philosophische Höhe des Begriffs. An sich könnte es zwischen Körper und Seele gar keine Beziehung geben, aber immerhin zeigt die Erfahrung so etwas an. Der Einfluß der Seele auf den Körper zeigt sich sehr leicht, denn jede meiner Bewegungen ist ja seelisch vorbereitet, und mein Körper folgt dem nach. Ich kann die Hand heben, ich kann sprechen, ein Begriff setzt meine Zungenspitze und die Stimmbänder in Bewegung. Das ist doch alles einwandfrei Beziehung zwischen res cogitans und res extensa. Umgekehrt gibt es ebenso einen Einfluß des Körpers auf die Seele, es gibt einen Fleischesstachel, es gibt Leidenschaften und die Irrtümer, die aus den Leidenschaften stammen. Die res cogitans kann ja nicht irren, sie ist voller ideae innatae. Wie kommt sie dazu, zu irren, wie dazu, ideae a me ipso factae und ideae adventitiae zu haben und gar offenbare errores und Schimären für wahr zu halten? – Nur durch die verfluchte res extensa, mit der ich verheiratet bin, die in die res cogitans, in die Seele, in den Geist die Leidenschaften und die mit den Leidenschaften verbundenen Irrtümer hineinschickt [vgl. Descartes 1644, 11 f. u. ö.].

Die Affektenlehre

Descartes hat mit starkem Anschluß an den Neustoizismus zum ersten Mal wieder seit den Stoikern eine Theorie der Affekte entwickelt [Descartes 1649]. Darstellungen der Affekte gab es bei Augustin und immer wieder im Mittelalter. Aber eine Theorie der Affekte im Sinn einer rationalen Ableitung ist neu. Descartes sucht Grundformen wie Verwunderung, Liebe, Haß, Verlangen, Lust und Unlust, und aus diesen wenigen Grundformen soll nun auf rational-kombinatorische Art das ganze Heer der Passionen entstehen und in seinem Entstehen nachgeformt werden. Man könnte es seltsam finden, daß überhaupt Affekte in den Rationalismus hineinkommen. Wir sind gewohnt, daß ein affekthaftes Denken und ein rationalistisches Denken einander widersprechen. Nehmen Sie Antonio in Goethes »Tasso« [Goethe 1790], der ein reiner Verstandesmensch ist, ein männlicher Mann mit dem männlichen, klaren Verstand des Staatsmanns, des Staatssekretärs am Hof von Ferrara. Nehmen Sie auf der anderen Seite dieses Affektbündel und haltlose Nervenbündel Tasso, der hin- und herschwankt und eine Beute seiner bedeutenden Triebe ist (es gibt auch Subjekte, die Beute ihrer unbedeutenden Triebe sind). Bei Tasso, einem großen Dichter, sind sie bedeutend, aber er ist gänzlich ihre Beute. Tasso und Antonio stehen einander antithetisch gegenüber. Vor allen Dingen würden in dem rationalistischen Denken eines Antonio Affekte gar kein Untersuchungsgegenstand sein. Im Barock dagegen waren sie ein enormer Untersuchungsgegenstand, und Descartes gehört zum Barock. Die Gesellschaften, die sehr gebildet waren, in denen sehr gelehrte Frauen mitredeten, von Christina von Schweden, Sophie Charlotte von Preußen und Prinzessin Elisabeth von der Pfalz herunter bis zum minderen Adel, kannten damals nur zwei große Themen: Mathematik und Affekte. Beides erregte jederzeit großes Interesse. Dasselbe haben Sie in der Barockarchitektur. Einmal kommt aus dem bürgerlichen Kalkül – selbstverständlich viele Vermittlungen und Veränderungen vorausgesetzt –, aus der Notwendigkeit, den offenen Markt zu berechnen, Buchführung zu haben, eine Bilanz aufzustellen, das mathematische Wesen in die Architektur, die die strengste Symmetrie in den Grundrissen hat, die überhaupt bis jetzt aufgetaucht ist. Die Mittelachse ist großartig gehalten, die Ausgewogenheit der Baukörper mit mathematisch genau bestimmten Proportionen ist höchst auffällig. Und dabei die Berauschung, die Kartuschen, die Madonnen mit Goldstrahlen und die endlosen Kühnheiten und Überraschungen der Perspektive. Da wird ein Balkon schon so gebaut, wie ich ihn sehe, so der Balkon am Rathaus in Bamberg, der selber die Verkürzung durch Perspektive in sich ausprägt, wo ein senkrechtes Meer von Verkürzungen aufgeht. Oder das gefährliche Schweben von Engeln, die sich kaum aufstützen in der Kirche, weil sie fliegen. Oder der Übergang von Plastik in Malerei und von Malerei in Plastik, daß ein Bein eines Engels gemeißelt ist und sein Körper hinten ist gemalt. All die ungeheure Kunst der Berauschung, der Illusion, mit der die katholische Kirche in der Gegenreformation den nüchternen Protestantismus zurückwarf, ist auch im Barock, und das ist die Welt der Affekte. Die katholische Propaganda und der kaufmännische Kalkül gehen im Barockstil eine Einheit ein. Berauschung und Klarheit der Instinkte haben jeweils verschiedenes Gewicht: In Frankreich ist mehr Klarheit und Deutlichkeit als Berauschung, die aber nicht fehlt, im italienischen Barock mehr Berauschung als Klarheit und Deutlichkeit, die aber auch nicht fehlen. Also war der Affekt ein wichtiger Untersuchungsgegenstand in der Barockphilosophie. Die verschiedengradigen Mengungen von res extensa und res cogitans mußten nur rational durchdrungen werden. Sie finden daher auch in Spinozas »Ethik« eine wichtige Tafel der Affekte [Spinoza 1677, 154-170].

Lösungen des Leib-Seele-Problems nach Descartes

Bleiben wir noch einen Augenblick bei dem Problem des influxus physicus. Selbstverständlich haben sich die Cartesianische Schule und andere Philosophen dieser Zeit, die sich damit beschäftigten, bei der Lösung von Descartes nicht beruhigt. Hier ist etwas geschmiert und nicht auf der Höhe der Pedanterie, die Descartes sonst auszeichnet. So gab es nun zwei Fragen. Erstens: Wie kann überhaupt der Körper auf die Seele und die Seele auf den Körper wirken, nachdem wir doch erkannt haben und belehrt worden sind, daß sie unvereinbar sind? Zweitens: Wie kann überhaupt eine Seele von einem Körper wissen? Das ist ja auch eine Berührung. Ein Körper weiß nichts von der Seele, ein Körper begreift den Geist nicht. Das versteht man oder glaubt man zu verstehen. Aber die Seele begreift doch den Körper, nimmt ihn doch wahr, und der Geist entwickelt doch die gesamte mechanisch-mathematische Wissenschaft vom Körperlichen. Wie ist das möglich? Es gab zwei Bemühungen, dieses Problem zu lösen, eine von Arnold Geulincx und eine von Nicolas Malebranche. Man tut dem letzteren zwar Unrecht, wenn man ihn zur Cartesianischen Schule rechnet, aber er gehört in denselben Gedanken- und Problemkreis.

Zunächst Geulincx, ein Holländer, gläubiger Katholik, (1624-1669). Wir bleiben in dem Problem von Descartes und kommen am Ende wieder auf ihn zurück. Geulincx hat jede kausale Einwirkung von res cogitans und res extensa und umgekehrt konsequenterweise abgelehnt. Was nun? Wenn eine Seele auf den Körper wirkt oder ein Körper auf die Seele, so liegen nur Gelegenheitsursachen, *causae occasionales* vor. Daher nennt man diese Lehre Okkasionalismus. Die reale Ursache ist einzig Gott. Er zieht beide, res cogitans und res extansa, an Schnüren. Res cogitans und res extensa sind wie zwei Uhren, die an verschiedenen Orten hängen, aber von dem gleichen Uhrmacher gemacht worden sind, und weil der Uhrmacher ein guter Uhrmacher war, zeigen sie immer die gleiche Zeit an [vgl. Leibniz 1696, 239 u. ö.]. Das ist das Gleichnis von Geulincx. Körper und Seele bewegen sich, ohne eine Verbindung miteinander zu haben, parallel und einander entsprechend. Wenn ich zornig werde, werde ich rot, aber nicht der Zorn wirkt auf die Blutgefäße, sondern Zorn und Gefäße sind zwei Uhren, die gleich gehen. Wenn ich die Absicht habe, ein Wort zu sprechen, und ich spreche es dann, geht das über dieses ungeheure Schaltwerk, wir könnten auch sagen: elektrische Schaltwerk von zwei Uhren, um uns eines moderneren Bildes zu bedienen, und beides geht gleichzeitig vor sich. Aber es gibt keine Einwirkung des einen auf das andere. Bemerkenswert ist, daß auch bei dieser absurd theologischen Theorie wieder das Gleichnis der Uhr verwendet wird. Wir bleiben damit in der Mechanik, und Gott wird nun ein Uhrmacher. – Was Gott schon alles war! Nun ist er auch noch ein Uhrmacher geworden, der beide, die Seelen- und die Körperuhr, gleichmäßig in

Betrieb hält, so daß sie immer die gleiche Zeit zeigen, sich immer gleiche, korrespondierende Funktionen zeigen. Dies erinnert an eine Lehre, von der Geulincx wahrscheinlich gar nichts wußte, an die Lehre der Motekallemin. Diese »Meister des Worts«, arabische Philosophen, bildeten eine reaktionäre theologische Sekte, die nach der Verwerfung der arabischen Aufklärung durch die Scheichs im Islam hochgekommen ist, also im Gefolge von al Ghasāli (1059-1111), der »destructio philosophorum«, der »Zerstörung der Philosophen«. Sie wollten Allah als allmächtig gegen die freche Vernunft der Philosophen installieren und erklärten, daß alles in der Welt von Gott gemacht wird. Sie reservierten die Kausalität einzig für Gott. Wenn ich also schreibe, führt Gott die Feder in meiner Hand, Gott schreibt; und wenn ich schlecht schreibe, schreibt auch Gott schlecht, um mich zu strafen, um mir zu zeigen, wer ich bin, und ähnliches. Dieser verzerrte Kausalitätsbegriff erhob sich übrigens über einer sonderbaren Atomistik. Auch hier konnte es nicht mechanisch genug in der Welt hergehen. Die Verbindung zwischen den Motekallemin und Geulincx ist die Betonung des Absolutismus. In der Lehre von Geulincx, wo Gott alles gleichmäßig ordnet, damit alles harmonisch zusammenstimmt, haben Sie unter anderem die Anordnungen des aufgeklärten Despoten, der in das Leib-Seele-Problem hineingekommen ist.

Die andere Frage war die: Wie kommt die res cogitans, die Seele, dazu, vom Körper zu wissen? Darauf gab Malebranche eine Antwort. Malebranche lebte von 1638 bis 1715, sein Hauptwerk heißt »De la recherche de la vérité« [Malebranche 1678], »Von der Wahrheitssuche«. Daß wir die Körper erkennen, sagt Malebranche, ist nur möglich, indem wir auch die res extensa nur in der res cogitans sehen, das heißt, indem wir sie in dem sehen, was res cogitans und res extensa übergreift, nämlich in Gott. Wir sehen überhaupt keine Dinge als Dinge, und wir denken auch nichts Geistiges als Geist, sondern wir sehen alle Dinge und erkennen alles Geistige einzig in Gott. Nur wenn wir uns in Gott hineinbegeben, können wir überhaupt die Welt sehen [vgl. Malebranche 1678, Bd. 1, 4-9 und Bd. 2, 50-57]. Es wiederholt sich hier, worauf noch viel zu wenig geachtet wurde, die Illuminationstheorie des Augustin [vgl. Bloch 1977, 45 f.], in einer völlig anderen Gegend. Augustin stellte das Problem: Wie kann die Welt vom Gegenstand her erkannt werden? Ich kann, auch wenn mein Auge vollkommen intakt ist, in kohlpechrabenschwarzer Nacht nichts sehen. Erst wenn Licht kommt oder gar wenn die Sonne scheint, kann ich die Gegenstände erkennen. Mein intakter Augenapparat, oder als Parallele ein intakter Erkenntnisapparat, hilft mir nichts, wenn es draußen schwarz ist. Wie die Sonne das Licht der Körper, so ist Gott das Licht der Geister, sagt nun Malebranche weiter. Indem die Welt von Gott beschienen ist, sehen und erkennen wir res extensa und res cogitans. Sie haben also wieder Gott, aber nicht mit dem Uhrengleichnis, sondern sozusagen mit Erkenntnistheorie, mit deutlicher Beziehung auf den katholischen Philosophen Augustin. Dergleichen transzendente Erklärungen wären von Descartes nicht zugelassen worden, weil sie weder klar noch deutlich sind und weil er wohl gegen fremde Ausnahmen von Klarheit und Deutlichkeit empfindlicher war als gegen die eigenen Ausnahmen, wie das oft geschieht.

Descartes als Stammvater des französischen Materialismus

Zurück nun zu Descartes. Res extensa und res cogitans werden auch bei Descartes übergriffen, nämlich von der Kategorie der Substanz [vgl. Descartes 1641, 36f.]. Die Substanz hat beide zu ihrem Attribut. Ein Attribut muß doch in einer Substanz sein, eine Haupteigenschaft muß doch in einem Ding sein, denn der Begriff Attribut setzt ja den Begriff Substanz voraus. Wieder geht Descartes disjunktiv vor: Entweder ist die Substanz substantia extensa oder sie ist substantia cogitans. Res extensa und res cogitans sind beide endlich und von der unendlichen Substanz gleichsam nur belehnt. Die wahre Substanz ist die unendliche, göttliche, die veracitas Dei, das ens perfectissimum.
Wir haben hier zweifellos einen Kampf von Materialismus und Idealismus, wie er in der Geschichte der Philosophie selten vorgekommen ist. Das zeigt sich ja auch in der Folge, indem die verschiedenen Pointierungen ganz verschiedene Theorien hervorrufen. Wenn der Akzent auf die extensio geworfen wird, haben wir mechanischen Materialismus in einer Stärke und Intensität, die bisher außer bei Hobbes und Demokrit nicht da war. La Mettrie (1709-1751) war ein Cartesianer, und sein Buchtitel »L'homme machine« [La Mettrie 1748] ist cartesianisch. La Mettrie hat außer

den Tieren auch noch die Menschen zu Maschinen erklärt. Das ist das Materialistische, und zwar nicht nur als kleines Zwischenspiel, sondern als ausgebildeter mechanischer Materialismus. – Wenn der Akzent dagegen auf die cogitatio gesetzt wird, haben wir metaphysischen Idealismus, wie er die Welt zu einem Geistwesen verwandelt, wie er die res extensa einschluckt als objektiver Idealismus wie zum Teil bei Leibniz, als Panlogismus dann bei Hegel. Auch in der Naturlehre also, nicht nur im Cogito ergo sum ist diese Doppellinie, die ich am Anfang kenntlich zu machen versucht habe: objektiv-erkenntnistheoretischer Stachel und subjektiver Idealismus und Solipsismus; auch in der Weltphilosophie, in der Kosmologie von Descartes ist durch die Doppelheit von res extensa und res cogitans eine Doppelheit vorhanden. Die Beziehung auf die gleiche Substanz ist von Descartes angedeutet. Die Substanz ist Vermittlungsbegriff über res cogitans und res extensa, der solider ist als der influxus physicus. Aber er ist hier nur angedeutet, ausgeführt wird er von Spinoza und in der Identitätsphilosophie Schellings, so daß es schließlich überall ein Attribut der Ausdehnung und ein Attribut des Denkens gibt, in jedem modus, in allen Dingen, auch in den sogenannten leblosen [vgl. Spinoza 1677, 1. Teil]. Das ist nicht cartesianisch. So hat also nicht nur das cogito ergo sum im metaphysischen Idealismus kräftig nachgewirkt, sondern durch die Naturlehre wurde der Materialismus auf dem Kontinent eingerammt und wirkte wieder nach England hinüber.

Jetzt schon ließe sich die Frage stellen: Was ist nun der französische Materialismus, warum sagt man »französischer Materialismus«, wenn bei Hobbes und Descartes alles schon ausgemacht ist? Was ist dagegen La Mettrie, was ist Holbach, aber was sind auch die weniger ausgeprägten Materialisten, etwa Helvétius oder Montesquieu? Diese als bloß politische Leute anzusehen, als eine Art von Gesellschaft zur Verbreitung wissenschaftlicher Kenntnisse mit einem politischen Zweck, die den Materialismus zuerst in den aristokratischen Zirkeln, dann in der beginnenden Bourgeoisie und schließlich noch im Landvolk popularisiert, aber des eigentlich Philosophischen entbehrt hätte, wäre ein großer Irrtum. Ich möchte eine ganz und gar nicht materialistische Erinnerung dazu bringen, die vielleicht hierhergehört, um schon jetzt diese Frage klar zu machen, bevor wir zum französischen Materialismus kommen. Wellhausen, ein großer protestantischer Theologe, Bibelkritiker ersten Ranges, sagte einmal, es gebe in der Predigt Christi nichts, was nicht schon in den vorhergehenden Schriften, im Alten Testament, stünde und was von den Schulen der Rabbiner, der Sadduzäer und der Pharisäer, vor allen Dingen aber der Essener nicht ebenfalls schon behauptet worden wäre. Die »sieben letzten Worte« am Kreuz stammten aus den Psalmen, und im Vaterunser stehe nichts, was nicht schon vorher bekannt gewesen wäre. Jesus habe in seiner Predigt nur das Hauptsächliche daraus isoliert. Wenn wir dieses innerhalb des Materialismus unziemliche, aber desto überraschendere Gleichnis auf den französischen Materialismus anwenden, so können wir sagen: Der französische Materialismus kommt wohl bei Bacon und bei Hobbes und bei Descartes schon vollständig vor, aber es ist noch sehr viel mehr Nichtmaterialistisches außerdem darin, und die französischen Materialisten haben das ihrerseits produktiv entfernt. Das, was Marx die »theologischen Inkonsequenzen« [Marx/Engels 1845, 136] nennt, ist ja auch darin. Diese Inkonsequenzen, die den Kampf gelähmt hätten, hat der französische Materialismus entfernt. Aus diesem Minus kommt ein politisches und aggressives Plus ersten Ranges heraus, das ist auch ein philosophisches Novum. Denn wenn etwas entfernt wird, sieht das, was übrigbleibt, anders aus als vorher. Dies wollte ich sagen, um jede Ungerechtigkeit gegen die großen französischen Materialisten schon im Keim zu ersticken. Auch wenn der Materialismus philosophisch entschieden und die Schlacht philosophisch bei Hobbes und bei Descartes gewonnen ist, so fallen doch die nicht nur theologischen Inkonsequenzen im mechanischen Materialismus der Französischen Revolution weg, mit dem Effekt, daß eine gemeingefährliche Klarheit entsteht, die im 18. Jahrhundert trotz ihrer Beschränkung für das Unbeschränkte der Revolution mehr als ausreichte.

Anschließend werden wir eine Feierstunde haben. Wir werden aus dem leicht Trocknen, wenn auch Zerreibenden, das wir in dem Faust-Monolog des Descartes kennengelernt haben, in eine eroico-furore-Gegend kommen. Scheinbar in sehr kühlem, schlichtem Gewande, scheinbar in sehr kühler Luft wird eine ungeheure Glut angehen, die der von Giordano Bruno auf einer höheren Ebene verwandt, sogar adäquat ist. Diese Feierstunde der Wissenschaft wird bezeichnet durch den erhabenen Namen Benediktus Spinoza.

2. BARUCH DE SPINOZA

Leben, gesellschaftlicher Hintergrund

Wir gehen heute zu Spinoza, geboren 1632 in Amsterdam in der portugiesischen Judengemeinde, gestorben 1677 im Haag. Die Judengemeinde belegte ihn 1656 wegen ketzerischer Ansichten mit dem Großen Bann. Das war eine Art Staatsakt, eine Verfluchung ohne Ende. Ausgetilgt aus dem Gedächtnis der Lebenden sollte er sein. Wie so mancher Bann und Fluch ist auch dieser nicht in Erfüllung gegangen. Auch die, die den Fluch ausgesprochen haben, sind aus dem Gedächtnis der Lebenden nicht getilgt, derart, daß ihnen ein Fußtritt noch durch Jahrhunderte zuteil wird und gebührt. Ein Grund für seine Verbannung war auch gewesen, daß er über seinen sehr engen Kreis des Talmudjudentums früh hinaussah, Unterricht im Lateinischen nahm, Französisch, Italienisch und auch Deutsch verstand und las. Er nahm auch Unterricht in den Naturwissenschaften, bei einem bedeutenden Mann, einem Freidenker, dem Arzt Franciscus van den Enden (1602-1674), der 1670 wegen seiner freidenkerischen Ansichten Amsterdam verlassen mußte, sich nach Frankreich wandte und dort ein furchtbares Ende nahm. Er wurde wegen angeblicher Teilnahme an einer Verschwörung gegen den französischen Monarchen im Alter von zweiundsiebzig Jahren gehängt. Seine Tochter, Clara Maria van den Enden, ist die einzige Frau, die im Leben des einsamen Spinoza eine Rolle gespielt hat. Sie war selbst gelehrt. Aber die feine Beziehung zwischen beiden kann schwerlich während der Studienzeit Spinozas stattgefunden haben, weil er noch zu jung war, wohl aber später, als er schon verbannt und verdammt war und deshalb Amsterdam verlassen mußte. Es ist nichts daraus geworden, sie hat einen Mitschüler Spinozas namens Dirck Kerckrinck geheiratet, angeblich deshalb, weil er ihr, im Unterschied zu Spinoza, eine Perlenhalskette verehrte. So schwanken die Wertungen in der Geschichte. Sonst würden wir dieses Mitschülers kaum mehr zu erwähnen Gelegenheit haben.

Ein Weiteres, das zur Verbannung führte, war, daß Spinoza früh mit Bibelkritik begann. Diese hatte zwar eine jüdische Überlieferung. Der große spanisch-jüdische Gelehrte Ibn Esra (1092-1167) hatte bereits im 12. Jahrhundert, vielleicht sogar als erster, mit der Bibelkritik, das heißt mit der philologischen Kritik der fünf Bücher Moses begonnen, immer mit der Hinzufügung: So steht es in der Schrift, wer klug ist, schweigt. Da wo Ibn Esra diesen Satz geschrieben hatte, bestand ein mit Sicherheit philologisches Problem. Zum Beispiel wird am Ende des fünften Buchs Mosis das Land jenseits des Jordans in Einzelheiten beschrieben. Nun hat aber Moses den Jordan nie überschritten, das gelobte Land nicht gesehen. Dann gibt es verschiedene Angaben über die Dauer der Sintflut, der Mensch, Adam, wird zweimal geschaffen, einmal aus einem Lehmkloß und ein anderes Mal nach Gottes Ebenbild. Diese philologische Kritik hat Spinoza, wie wir noch sehen werden, weiter fortgeführt.

Nachdem er 1660 auf Betreiben der Rabbiner aus Amsterdam verbannt worden war, führte er ein Leben in großartiger Einsamkeit. Man kann sagen: Neben Rembrandt (1606-1669), der sein Landsmann und fast sein Zeitgenosse war, ist Spinoza der erste einsame moderne Mensch gewesen. Er lebte allein in seiner Gesellschaft, nicht in Opposition zu ihr, denn Opposition bedeutet eine heftige revolutionäre Beziehung. Überdruß wäre zu stark, weil das ein Affekt wäre. Es ist nur Ruhe, schweigende Abkehr, Einsamkeit, Mimosenhaftigkeit, natürlich auch Unglück, Elend, auch Freundlosigkeit zu einem großen Teil. Für Rembrandt war dieses Dasein schrecklicher, weil er nicht philosophisch war, während Spinoza es philosophisch trug, ja es fast zu seiner Philosophie gehörte. Er lebte nicht etwa vom Bücherschreiben, sondern vom Gläserschleifen, hatte ein Handwerk erlernt, um unabhängig zu sein, um nicht seine Überzeugung verkaufen zu müssen. Seine Linsen waren überdies ausgezeichnet und weit und breit gesucht, – Licht und Glas passen sehr gut zu Spinoza, wie Sie sehen werden.

Dabei war er nicht weltfremd. Sein der Wissenschaft vollkommen hingegebenes Leben war nicht blind für das, was um ihn lag, ganz im Gegenteil. Er war ein Parteigänger des großen holländischen Republikaners Johan de Witt, der wie van den Enden elend umkam, 1672 bei einem Pöbelaufstand erschlagen wurde. Viele Partien seiner Schrift »Theologisch-politischer Traktat« von 1670 sind in Übereinstimmung mit de Witt, vielleicht sogar eine Propagandaschrift für ihn. Das damalige Holland insgesamt muß beachtet werden. Es war ein Zufluchtsort auch für Descartes, das erste bürgerliche Land mit politischer Freiheit. Einmal, weil es sich als einziges Land auf dem Kontinent wehren konnte gegen die Refeudalisierungstendenzen, zum anderen weil es nach seinem Kampf um die Befreiung von der spanischen Herrschaft, von Alba, ganz scharfe Empfindlichkeiten besaß gegen jede Form von Unterdrükkung. So entstand eine holländische Freiheit, die zum Beispiel den aus Spanien und Portugal vertriebenen Juden eine Zufluchtsstätte und überraschend große bürgerliche Freiheit gewährte. Es gab noch ein Getto, aber das war freiwillig. Es gab keine Absperrungen für Juden mehr, es gab für sie keine Kleidervorschriften mehr, alles Dinge, die auf dem übrigen Kontinent erst durch Napoleon in dieser Breite und Selbstverständlichkeit gekommen sind. Und in dieser Welt, in diesem progressiven Frühkapitalismus ist Spinoza aufgewachsen. Der Bann ging nicht von Holland, nicht vom Staat aus, sondern er ging von der Judengemeinde aus, die also nicht nur ein Objekt, sondern auch ein Subjekt der Inquisition sein konnte, wie das so oft vorkommt. Nehmen Sie das Polen Pilsudskis. Polen ist eben befreit vom zaristischen Terror, und dann kommt ein Pilsudski-Terror.

Das Leben Spinozas gehört in einer Weise, wie wir es seit Sokrates nicht mehr gehabt haben, gänzlich zu seiner Philosophie. Seine Philosophie ist sein Leben. Giordano Bruno hielt es ähnlich, nur fehlt diesem Leben die philosophische Ruhe, auch seiner Philosophie fehlt sie. Spinoza ist selbst das, was er schreibt, er ist das, was er denkt. Er ist die völlige Bewährung dessen, was er als homo liber und als Mann der Weisheit später in der »Ethik« malt. Vorurteile haben keinen Platz, inadäquate Ideen haben keinen Platz, Eitelkeit hat keinen Platz, aber nicht den mindesten. Er ist wohl der uneitelste Mensch, der je gelebt hat, ein Mensch ohne jeden Geltungsdrang, ohne jeden Sinn für äußere Güter, für Geld. Er gab sein Erbteil seinen Schwestern, seinem Bruder, er hat immer nur das erworben, was er unmittelbar zu seinem Lebensbedarf brauchte. Er war völlig unbestechlich, völlig unbeeinflußbar, und das alles ganz schlicht und rein und selbstverständlich, ohne das mindeste Tugendpathos. Er gab zu Lebzeiten sehr wenig heraus. Sein Hauptwerk, die »Ethik«, wurde 1677 nach seinem Tod veröffentlicht, und er bestimmte sogar noch, daß es nicht unter seinem Namen zu veröffentlichen sei, sondern nur mit seinen Initialen B. D. S., denn es sei eine Philosophie ohne Beinamen. Also eine völlig erhabene Sachlichkeit, wie sie auch von Sokrates nicht übertroffen wird. Er erhielt eine Berufung auf den Lehrstuhl für Philosophie in Heidelberg von dem früh aufgeklärten pfälzischen Kurfürsten Karl Ludwig. Die Berufung selbst, ausgefertigt von dem Professor und kurfürstlichen Rat Johann Ludwig Fabricius, ist noch erhalten, ebenso die Antwort Spinozas. Er ließ sich sehr lange Zeit. In dem Brief von Fabricius steht, Seine Kurfürstlichen Gnaden erwarten, daß Spinoza seine großen Gaben doch nicht zu einer Störung der öffentlich anerkannten Religion mißbrauchen werde [Spinoza 1977, 205]. Das war nicht so schlimm gemeint. Heidelberg war ein Ort der Toleranz, wo lutherische und reformierte und papistische Bekenntnisse und noch alle möglichen Sekten einträchtig zusammen lebten. Es genügte immerhin für Spinoza – vielleicht war es auch nur ein Vorwand, weil er seine Ruhe nicht aufgeben wollte –, die Professur mit vielem Dank abzulehnen. Er schliff weiter Gläser, blieb lieber einsam und unbekannt, als in die große Welt zu gehen, eine Glanzstellung einzunehmen, mit sehr viel Geld noch dazu.

Man hat sein Leben nicht mit Unrecht ein Heiligenleben der Wissenschaft genannt. Und in der Tat ist es wohl unvermeidlich, daß jeder Vortrag und jede Darstellung in Geschichte der Philosophie, sobald sie zu Spinoza kommt, einen etwas veränderten Ton annimmt, feierlich wird. Der einzige Affekt und der einzige Drang, der überhaupt bei Spinoza zu spüren ist, und zwar in überwältigender Form, ist der Drang zum Wissenwollen, der Drang zum Untersuchen, der Drang zum Aufschlagen der Welt, die Hinwendung zu dem Licht, das das natürliche Licht in uns und das Licht der Natur, der Gottnatur ist. Gleichzeitig brennt in all dieser Kühle, die so ist, daß man Hölderlins Wort vom »heilignüchternen Wasser« [Hölderlin 1965, 121] erwähnen muß, eine ungeheure Glut, die ja gerade zu allen Zeiten das Ergreifende und Bewegende am Spinozismus ausgemacht hat. Kühle und Glut, unermeßliche, schwindelnde Tiefe und Kristall. Also eine seltsame Verbindung, die in dieser Form in der Philosophie wohl auch nie wieder erschienen ist. Religiöser Grund und Boden, altes Erbteil seines Volkes, ist da bei diesem entschiedensten aller Freidenker. Religion aber nicht als Ursache, sondern als erzielte Erkenntnis, als das, was sich von selbst gibt. Und keine geoffenbarte Religion und keine Konfession und nichts, was mit Kirche zu tun hat, sondern eine Religion, die, wie Spinoza glaubte, rein aus der Vernunft entspringt, weil die Vernunft nicht umhin kann, dahinzukommen. Es bleibt dann von all dem Flitter und Blendwerk und von persönlichen Hypostasen, die sich in Religionen finden, gar nichts mehr übrig. Eine ungeheure Lichthaftigkeit ist da, ein ungeheurer Gegensatz auch zu den Barockgötzen, zu den Barockdomen seiner Zeit. Sein Hauptwerk heißt »Ethica«. Das ist auch eine Seltsamkeit. Seit wann heißt eine große Philosophie, in der über alles Mögliche gehandelt wird, darunter auch über moralische Probleme, nur »Ethica«? Auch dieses werden wir zu klären versuchen.

Einflüsse auf Spinoza

Ich komme zu den Einflüssen. Sehr früh selbstverständlich jüdisches Schrifttum, Talmud, den er sehr früh beherrschte. Die Judenknaben, und das war in Osteuropa noch bis vor kurzer Zeit so, haben schon mit drei Jahren lesen gelernt. Mit fünf Jahren konnten sie schon die Bibel lesen. Dann begann mit sechs, sieben Jahren das leichte Talmudstudium, und das ging weiter bis zwölf, dreizehn. Also eine ungeheuer frühe Übung des Verstands, an der Spinoza, wie sich von selbst versteht, als ungewöhnlich begabter Knabe sehr früh teilnahm, so daß er mit fünfzehn Jahren ein vollkommener Talmudist war. Dann warf er das weg, es interessierte ihn nicht. Es begann der Weg zu den Christen, zu van den Enden, seinem väterlichen Freund, der ihn wohl auch zuerst auf Giordano Bruno aufmerksam gemacht hat. Van den Enden ist nicht hoch genug zu schätzen in dem Einfluß auf den jungen Spinoza und seine Abkehr vom Judentum.
Aber auch andere Dinge haben auf ihn eingewirkt, die wieder enger mit dem Judentum zusammenhängen, nämlich genau das Gegenstück zum Talmud, die Kabbala. Der Talmud ist rein auf Verstand gegründet, eine Art von Jurisprudenz, ein juristisches Grundwerk, in dem die einzelnen Schriftstellen und die Aussprüche von großen Schriftgelehrten mit juristischer Schärfe auf ihren Wortsinn hin interpretiert werden. Die Schriftstellen haben eine Bedeutung, und

diese Bedeutung muß herausgebracht werden durch Vergleich mit anderen Schriftstellen, gleichsam mit anderen Gerichtsentscheidungen. Während dieses zum Teil eine Hypertrophie des Verstandes ist und eines sehr oft, wenn nicht meistens, leerlaufenden Scharfsinns, kommt nun die mystische Gegenbewegung aus dem Neuplatonismus, die durch die Kabbala ausgedrückt ist und die wiederum eng mit der Gnosis zusammenhängt. Die Gnosis ist vor allem in der Kabbala und dann noch bei den Bogomilen in Bulgarien, den letzten Manichäern, lebendig gehalten worden. Sie war von großem Einfluß auf die Renaissance, wie wir gesehen haben [Bloch 1977, 226f.], Reuchlin (1455-1522) hat Hebräisch gelernt, um die kabbalistischen Schriften verstehen zu können. Die beiden Hauptwerke der Kabbala heißen »Sohar«, Glanz, und »Jezira«, Schöpfung, abstruse Gebilde, wie sich von selbst versteht. Ein unermeßliches Schrifttum, fast so ausgebreitet wie das alchimistische Schrifttum, ebenfalls von Einfluß auf die Renaissance, auf die italienische Naturphilosophie, auf Giovanni Pico della Mirandola (1463-1494), von Einfluß zweifellos auch auf Spinoza durch Don Chasdai Crescas (um 1340-1412), einen spanischen Kabbalisten. Die Kabbala hat auch die Emanation des Lichts von oben herunter, wie die Neuplatoniker, wie Plotin und dann die Gnosis. Bei Plotin erfließt das Licht aus der Ousia, in der Kabbala aus dem En Soph.

Das verband sich nun noch mit der Mathematik. Durch van den Enden oder durch einen anderen Kreis, wir wissen es nicht genau, kam Spinoza zur Kenntnis der Mathematik seiner Zeit und vor allen Dingen zur Kenntnis des Descartes. Descartes war der Philosoph, den er am frühesten kannte, er war ja fast sein Zeitgenosse. Die Prinzipien der Descartesschen Philosophie lehrte er seinen ersten Schüler. Er hat wenig Schüler gehabt. Der Schüler soll außerdem ein Tropf gewesen sein und der hatte Spinoza als Lehrer! Das gehört auch zur Geschichte der großen Verschwendung. Und für diesen Tropf, der ihn gut bezahlte, hat er die Prinzipien der Descartesschen Philosophie in mathematischer Form [Spinoza 1663] dargestellt. Das Buch, das uns erhalten ist, ist Descartes überlegen, indem das, was Descartes nur wünschte und andeutete, nämlich die Darstellung seiner Philosophie in geometrischer Form, von Spinoza ausgeführt worden ist. Dabei ist das Buch rein cartesianisch. Wir haben also die Bibel, wir haben den Talmud, wir haben die Kabbala, wir haben die Mathematik, wir haben Descartes. Und nun kommen Giordano Bruno dazu und Avicebron und vermutlich Avicenna (980-1037) und Averroës (1126-1198), allein schon durch die spanisch-arabische Tradition. Spinoza war also reich genährt aus verschiedensten Wurzeln, gespeist aus verschiedensten Quellen. Daraus ist nun aber nicht ein Konglomerat oder etwas Eklektisches entstanden, sondern ein ganz Neues, das so neu ist, daß man Mühe hat, die Quellen zu finden, zum Unterschied zu den Eklektikern, wo man ja nur ein Aggregat auseinanderlegen muß und sieht, aus welchem Brand diese Aschenhäufchen zusammengetragen worden oder gerettet worden sind.

Spinozas Pantheismus

Zunächst haben wir höchste Blüte des Rationalismus, und zwar eines Rationalismus ohne außerweltlichen Gott, zum Unterschied auch von Descartes, ohne alle echte oder unechte Reverenz vor dem Kirchenchristentum. Das hat es überhaupt noch nicht gegeben, das ist auch bei Hobbes nicht, das war etwas bei Giordano Bruno. Aber Giordano Bruno nahm noch Ärgernis an dem Kirchenchristentum, das ist noch eine Beziehung. Bei Spinoza wird gelehrt und gesprochen, als ob es niemals eine Kirche gegeben hätte, ein ungeheurer Unterschied des Tons. Ebenso wie diese rücksichtslos durchgebildete Unabhängigkeit erscheint noch ein Neues, das bei Giordano Bruno auch da war, aber nun in einer ganz anderen Tonart und mit einer ganz anderen Bestimmtheit läuft: *Pantheismus*. Giordano Bruno hatte einen Pantheismus des eroico furore [Bloch 1977, 204], Spinoza einen kühlen Pantheismus, von durchgehender Wissenschaftlichkeit. Und zwar ist Spinozas System das erste System des Pantheismus, mit der besonderen Form eines mathematischen Pantheismus, ja eines mathematisch-materialistischen Pantheismus. Sein System ist das großartigste Bauwerk, das die Geschichte der Philosophie neben denen von Aristoteles und Hegel kennt. Wobei das spinozistische System noch geschlossener ist als das von Aristoteles und Hegel, denn es ist nicht nur aus einem Guß, es ist nicht einmal nur in sich zurückkehrendes Licht wie bei Hegel oder zu νόησις νοήσεως [Aristoteles 1966, 1074b, 33 f.] aufstrebende ὁρμή [vgl. a.a.O., 1072b], Sehnsucht, wie bei Aristoteles, sondern das alles ist als anthropomorph ausgelassen. Es gibt für Spinoza keine Bewegung, es gibt keine Sehnsucht, die in dem Weltwesen steckte; das ist Menschenwerk, das ist Außenseite, die zu dem Menschlichen gehört, die zwar berührt wird, vor allem in den Briefen [Spinoza 1977], in den Untersuchungen über die Affekte [Spinoza 1677, III. Teil], die aber zur Sache selbst, zu der Erfassung der Welt in adäquater Weise, nicht gehört. Die Geschlossenheit zeigt sich darin, daß bei Spinoza die Welt erscheint, als wäre sie gänzlich durchschienen von Licht, als wäre sie ein völlig klares Kristall, als wäre sie eine Landschaft, in der ewig die Sonne senkrecht steht, in der ewiger Mittag ist und kein Ding einen Schatten wirft. Die Sonne steht in diesem Kristall im Zenit. Die Welt ist geschliffen, wie Spinoza ein Glas zu schleifen wünschte, eine geschliffene Welt, das Wunschbild einer Welt. Bei Giordano Bruno haben wir auch ein Wunschbild von Weltvollkommenheit gehabt, das ungeheuer ist, wo wir sagten: Wenn die Welt doch so wäre! [Bloch 1977, 206] Dieses Wunschbild ist hier noch überboten, indem es überhaupt nichts Schattenhaftes in der Welt gibt. Es liegt an unseren kurzsichtigen Augen, wenn ein Schatten da ist, an unseren trüben Augen, besser gesagt, oder an unseren unvollkommenen Vorstellungen und Vorurteilen. In der Welt selbst ist nichts als Licht, mathematisch faßbares Licht!

Nicht aber – jetzt betone ich das, was ich zuerst zurückgesetzt habe –, als wäre das Inadäquate, das Affekthafte nicht da. Es ist da, weniger in den inadäquaten Ideen, in den Vorurteilen, die gehören nicht dazu, sondern es ist da in der Beziehung zu diesem Licht. Die Beziehung zu diesem Licht, zu dieser heiligen Kühle, sie ist nicht kühl. Und so tobt in Spinoza Barock. Ich sagte, es sei der äußerste Gegensatz zu Barockdomen, der hier erscheint. Aber im Gefühl zu der Sache, in der Beziehung zu dem Licht, tobt doch Barock. Einmal in der Haltung: Ein Grundaffekt, ein heller Grundaffekt ist die fortitudo, die Tapferkeit, das verspätete Rittertum, mit dem man die Welt besteht und dank dem man nicht eine Beute seiner Triebe und seiner Vorurteile wird. Also spätes Rittertum erscheint, ein nicht lächerlicher Don Quijotte. Und dann: eine jede Form durchbrechende Verneinung des Endlichen hin zu einem Unendlichen. Das ist in barocken Domen mit ihrer Symmetrie auch. Jede Form wird mit einem ungeheuren Rausch wieder durchbrochen und die Symmetrie ad absurdum geführt.

Dieses geschlossene System, das geformt und gemeißelt ist – und Geformtes und Gemeißeltes hat Gestalt, und Gestalt ist Endlichkeit –, hat aber wieder den Lehrsatz: Omnis determinatio est negatio, jede Bestimmung ist Verneinung [vgl. Spinoza 1977, 210]. Denn wenn ich etwas bestimme zu dem, was es ist, verneine ich doch das an ihm, was es nicht ist. Also Licht ist keine Finsternis, Licht ist kein Holz oder Holz ist kein Licht. Da habe ich etwas weggenommen. Je höher der Gegensatz wird, den ich bestimmen will, je mehr er geladen ist mit Licht, desto weniger Verneinung ist möglich, desto weniger Bestimmung ist möglich. Totale Bejahung hebt die Bestimmung auf. Hier ist eine Glut, die sich mit der alten negativen Theologie berührt, mit Meister Eckhart, mit den Neuplatonikern. Es kann etwas nicht bestimmt werden, was seinem Rang nach über alle Endlichkeit der Bestimmung hinausliegt. Ich möchte Sie an den Satz erinnern, den ich Ihnen bei der Gnosis gesagt habe, von dem Gnostiker Basilides: »Was die andern unbeschreiblich nennen (er meint hier das, was in der mystischen Union erfahren wird), ist nicht unbeschreiblich, sondern heißt nur so.« [Basilides 1969, 86] Es wird auch die Bestimmung noch einmal abgelehnt, daß etwas unbeschreiblich wäre. »Das Unbeschreibliche, / Hier ist es getan«, der Vers aus dem chorus mysticus [Goethe, Faust II, Verse 12 108/09], wäre spinozistisch auch nicht haltbar. Mit dieser Stille, Lichthaftigkeit, mit dieser Kühle, die wiederum in sich selbst äußerste Glut ist, in der Beziehung von Menschen zu ihr und in der Beziehung zu sich selbst, entsteht nun ein mathematisch-materialistischer Pantheismus, man könnte mit einem starken Paradox sagen: Es entsteht am Ende des Systems mechanisch-materialistische Mystik. In diesen seltsamen Grund ist das hineingebettet, und durch diesen seltsamen Grund hat es auf Goethe und auf die deutsche klassische Philosophie entscheidend gewirkt, mehr gewirkt als Giordano Bruno.

Werke

Die Werke möchte ich Ihnen angeben. Spinoza begann, wie ich Ihnen schon sagte, mit einer Darstellung der Cartesianischen Philosophie. Es ist ein Diktat, das dem Unterricht diente des einen Schülers, dieses angegebenen jungen Mannes. Er veröffentlichte es

unter dem Titel »Renati des Cartes principiorum philosophiae pars prima et secunda«, Prinzipien der Philosophie des Descartes, erster und zweiter Teil, 1663 [Spinoza 1663]. Ich sagte schon, neu daran ist die durchgängige mathematisch-euklidische Formulierung der Cartesianischen Grundlehre. Dann ist zu nennen der »Tractatus theologico-politicus« [Spinoza 1670]. Diese Schrift hat er – wie gesagt – zum Teil als Parteigänger Johan de Witts geschrieben, dem sie dienen sollte. Das gehört zu dem Bild dieses Mannes und muß noch einmal unterstrichen werden: Spinoza war durchaus ein politischer Kopf. In seiner Einsamkeit war er nicht weltfremd. Er sah, mit dem Seinen, mit den höchsten Gegenständen beschäftigt, durchaus wachen Sinnes in die Welt.
So seine Beziehungen zu Johan de Witt, so später eine viel merkwürdigere Beziehung zu dem Prince Condé und dem Maréchal de Luxembourg. Holland, nachdem es sich von den Spaniern befreit hatte und nachdem es sich gegen die Engländer halbwegs unabhängig erhalten hatte, war bedroht von Ludwig XIV. von Frankreich, dem gleichen, der Deutschland Teile des Elsaß und der Pfalz weggenommen hat. Spinoza wurde von dem Prince Condé eingeladen, ihn zu besuchen, und Spinoza hat diese Einladung angenommen und einige Wochen im Hauptquartier des französischen Maréchal de Luxembourg und des Prince Condé verbracht, der mit ihm mehrmalen lange gesprochen haben soll und ihn mit ausgesuchter Höflichkeit und Auszeichnungen empfing. Als Spinoza zurückkehrte, bestand die Gefahr, daß er dasselbe Schicksal erlitte wie Johan de Witt, nämlich daß er vom wütenden Pöbelhaufen buchstäblich zerrissen würde. Er selbst zeigte sich völlig furchtlos und sagte, er wolle ihnen entgegentreten und es würde ihm nichts ausmachen, wenn er dasselbe Schicksal erleiden müßte wie sein Freund. Es geschah nichts. Spinoza sagte, er habe keine Furcht, weil Männer in sehr hohen Stellungen genau wüßten, weshalb er gegangen sei, und es erklären würden. Das heißt, es steckt ein Geheimnis dahinter, offenbar hatte Spinoza eine Mission, während des Krieges in das feindliche Hauptquartier zu reisen, was damals noch leicht möglich war. Welchen Fortschritt haben wir da gemacht. Spinoza wurde selbstverständlich nicht als Feind betrachtet, obwohl er aus Amsterdam kam und doch eine Art holländischer Staatsbürger war. Hier sind einige Ungeklärtheiten in diesem sonst so klaren Leben. Politische Leidenschaft, die bei Idealisten über-

haupt vorkommt und vorkommen kann, auch hier. Ich erinnere nur an Platon, der primär ein Politiker war und dann erst ein Ideenschauer. Und wegen seiner Ideenschau wurde er wieder politisch. Das Theorie-Praxis-Verhältnis ist nie ganz einfach. Es hat bei einem so rein kontemplativen Typus, wie Spinoza ihn doch darstellt, auch stattgefunden und gibt Material zu dem Problem Theorie–Praxis. Das Problem besteht ja durchaus weiter und ist nicht gelöst, indem Praxis nicht dasselbe ist wie Erfolg, sondern viel komplizierter und tiefergehend.

Wir haben ein Theorie-Praxis-Verhältnis in dem »Tractatus theologico-politicus« ausgedrückt. In ihm finden sich auch die ersten Ausführungen zur Bibelkritik, und zwar zu einer philologischen Kritik, die an dem geoffenbarten Wort Gottes nicht nur inhaltlich zweifelt, sondern wo auch eine Ahnung da ist, daß die Bibel ein Konglomerat von Werken verschiedener Schriftsteller ist, das unter Esra und Jeremia, nach der Rückkehr der Juden aus der babylonischen Gefangenschaft, also aus dem persischen Exil, zusammengestellt wurde. Wir haben jetzt sieben Schriftsteller, vielleicht auch noch mehr. Zuerst wurden der Jahwist und der Elohist festgestellt, unterdessen sind noch drei, vier, fünf, Quellen herausgefunden worden. Es gibt Bibeln, vor allem in England, die in sieben Farben gedruckt sind, mit denen die verschiedenen Schriftsteller kenntlich gemacht werden. Eine in der protestantischen Theologie fast völlig akzeptierte Sache. Nur die katholische Theologie macht da nicht mit und die jüdische natürlich auch nicht. Aber sonst eine philologisch klare Sache und vollkommen unzweifelhaft, trotz all der Probleme, die im einzelnen weiter bestehen mögen. Die Sache wurde durch Spinoza in Gang gebracht auf Grund seiner hervorragenden Kenntnis der Bibel und auf Grund seines durchdringenden, auch philologisch durchdringenden Scharfsinns. Das andere ist, daß er hier die Emanzipation der Wissenschaft von der Religion als Forderung aufstellte, Emanzipation von politischer Beeinflussung, Emanzipation von religiöser Beeinflussung, wieder im Sinn eines voraussetzungslosen Wissens. Aber – nun komme ich wieder auf Theorie–Praxis – es ist nicht voraussetzungslos im kontemplativen Sinn, sondern Aufklärung ist darin, das Descartessche Neubeginnen ist darin. Also: alle Fesseln politischer oder theologischer Art, die rückwärts gebunden haben, müssen aufhören.

Die »Ethica« ist sein berühmtestes Werk. Der ganze Titel lautet:

»Ethica more geometrico demonstrata«, Ethik, auf geometrische Weise, das heißt auf euklidische Weise, dargestellt, kurz nach Spinozas Tod 1677 herausgegeben [Spinoza 1677]. Das Manuskript war aber bereits seit 1663 seinen Freunden bekannt, er las es ihnen vor, und es kursierte unter ihnen. Ein sehr interessanter Fall liegt vor. Ehrenfried Walther Graf von Tschirnhaus (1651-1708), den ich Ihnen schon nannte, der Edelmann aus der Oberlausitz, der ein bedeutender Mathematiker und ein bedeutender Philosoph war, stand in einem umfangreichen Briefwechsel mit Spinoza. Man kann sagen, Spinoza war mit ihm befreundet. Wenigstens in Briefen an andere schreibt er »unser Tschirnhaus« [Spinoza 1977, 274f.], muß ihm also nahegestanden haben. Tschirnhaus erzählte ihm von einem gewissen Herrn Leibniz, den er in Paris getroffen hätte, der ein erudierter junger Mann zu sein scheine und der sich vor allen Dingen in der Mathematik hervortue. Tschirnhaus hat tatsächlich den Briefwechsel mit Leibniz vermittelt, und dieser hat Spinoza im Jahre 1676 auch besucht. Er hat ihn später verleugnet, was zu dem Hofmann Leibniz gehört. Der »berüchtigte Jude« hat er später gesagt und »Atheist« [nicht in Altkirch 1924]. Tschirnhaus fragte, ob er nicht dem doch begabten und sehr interessierten, auch schon berühmten Leibniz Spinozas Manuskripte zum Lesen geben könne wie den anderen auch. Spinoza hat es abgelehnt. Stellen Sie sich aber doch diesen unbemerkten Augenblick vor: Da ist im Haag ein kleines, ganz unscheinbares Häuschen, und da ist oben ein kleines Zimmer, und in diesem kleinen Zimmer wohnt ein Mann, in völliger Bedürfnislosigkeit. Es brennt Licht, und man hört auch Stimmen. In diesem kleinen Zimmer sitzen an einem Tisch Spinoza und Leibniz einander gegenüber und unterhalten sich. Zwei Kategorien für uns, gar keine Menschen, gar keine Personen. Und es hat niemand interessiert, niemand ist hinaufgegangen und hat zugehört, wie sich die beiden unterhalten haben.
Die »Ethica« erschien nach Spinozas Tod 1677 in den [...] »Opera posthuma«, den »Nachgelassenen Werken«. Sie enthalten daneben eine Sammlung von Briefen. Spinoza war ein lebhafter Briefschreiber, wie die meisten Gelehrten seiner Zeit übrigens. Auch die Briefe an ihn sind interessant. Ein Eiferer namens Albert Burgh aus einer alten protestantischen Familie, die unter Alba Folter und alles mögliche ausgehalten und nicht ihren Glauben gewechselt hatte, trat in Rom zum Katholizismus über und machte Bekehrungsversu-

che an seinem Lehrer [Spinoza 1977, 253 ff.]. Der Jüngling war dreiundzwanzig Jahre jünger als Spinoza, und in einem unverschämten Ton, der seinesgleichen sucht, will er vom Schoß der alleinseligmachenden Kirche aus den Ketzer und Jugendverderber Spinoza vor der Hölle retten. Die ungeheuer kluge, klare, weise, gütig-höhnisch-überlegene Antwort von Spinoza [Spinoza 1977, 283 ff.] ist allein schon um ihres Tones willen des Lesens wert, vom Inhalt abgesehen.

Dann gibt es die feine Schrift, die vermutlich schon früh verfaßt worden ist, aber erst im Nachlaß erschien, »Tractatus de intellectus emendatione et de via, qua optime in veram rerum cognitionem dirigitur«, »Abhandlung über die Verbesserung des Verstandes und über den Weg, auf dem er am besten zur wahren Erkenntnis der Dinge geleitet wird« [Spinoza 1677a]. Mit dieser Schrift werden wir die Darstellung seiner Lehre beginnen, was chronologisch erlaubt ist, denn sie ist eine der frühesten Schriften Spinozas. Dann ein kleiner »Tractatus politicus«, »Abhandlungen vom Staate« [Spinoza 1677b], leider Fragment geblieben. Er enthält wichtige Ausführungen zu Spinozas Staatslehre. [...]

Spinozas Wirkung

Die Wirkung Spinozas ging nicht über einen Freundeskreis und über einige Gelehrte aus der Ferne hinaus, die von diesem seltsamen Licht, das in Holland aufging, angezogen waren, zum Teil auf dem Umweg über die vorzüglichen Gläser, die von dem gleichen Mann ausgingen. Es war ein kleiner Kreis, einige blieben ihm halbwegs treu, Heinrich Oldenburg (um 1615-1677) zum Beispiel. Wenige, wenn überhaupt einer, dürften auch nur halbwegs Ahnung und Verständnis gehabt haben, mit wem sie sprachen und verkehrten und wer sie seines Umgangs und seiner Lehre würdigte. Nach seinem Tod war das alles vorbei. Der Haß der Pfaffen triumphierte. Sokrates und Christus hatten es bedeutend besser, denn sie hatten doch Freunde und Jünger, die ihnen treu blieben. Hier ist kaum davon die Rede, und nach seinem Tod und noch lange danach wurde Spinoza geschmäht, verleumdet, angespien und verflucht, ganz im Sinn des Synagogenbanns, der über ihn ergangen war. Er wurde nicht nur, wie Lessing sagte, behandelt wie ein toter Hund [vgl. Marx 1867, 27], nein, er wurde behandelt, als wäre er, der alleredelste Mensch, der je gelebt hat und ein Denker allerhöchsten Ranges, die Räude in Person. Selten haben menschliche Gemeinheit und Dummheit einen solchen einheitlichen Triumph gefeiert wie an diesem Grab. Zweihundert Jahre lang ging das so, auch noch in der Aufklärung. Auch Pierre Bayle (1647-1706) in seinem »Dictionnaire historique et critique«, erschienen in Rotterdam, 1695 bis 1697, erwähnt Spinoza nur als ein Objekt der Beschimpfung [vgl. Altkirch 1924, 69 ff.]. Ein protestantischer Geistlicher namens Colerus setzte über Spinozas Porträt die Worte: »Signum reprobationis in vultu gerens«, »Das Zeichen der Verworfenheit an der Stirn tragend« [vgl. Hegel 1836, 160 f.]. Reprobatio kann auch Verwerfung heißen, es heißt sogar von Haus aus Verwerfung, aber hier war Verworfenheit gemeint. Hegel macht aus der passiven Verworfenheit eine aktive Verwerfung, indem er sagt: Ja, dieser Kopf trägt dieses Signum als Verwerfung der Irrtümer und gedankenlosen Leidenschaften und Dummheiten der Menschen [vgl. a.a.O., 161]. Diese Umwertung kam bei Hegel, nachdem vorher schon verschiedenes passiert war. Die Männer der deutschen Dichtung und Philosophie hatten ihn schon wiederentdeckt, also nicht Pierre Bayle und nicht die Aufklärung des 18. Jahrhunderts in Frankreich, in der Spinoza eine bedeutende Rolle spielte. Es wäre der französische Materialismus ohne Spinozismus schwerlich so ausgebildet worden. Aber sein Name wurde nicht mehr genannt. Er wirkte unterirdisch, er wirkte anonym.

Die Rettung kam in Deutschland zustande, zunächst durch Lessing und durch Lichtenberg, dann, auf der Höhe, durch Goethe, Fichte, Schelling und auch Schleiermacher. Diese Männer haben Spinoza und den Spinozismus sozusagen entdeckt. Die Sache von Lessing ist bekannt, der traurige Briefwechsel, wodurch Moses Mendelssohn (1729-1786) erfuhr, daß Lessing Spinozist war [vgl. Jacobi 1819]. Unser großer Georg Christoph Lichtenberg (1744-1799] hat einen merkwürdigen Satz gesagt, merkwürdig wegen einer gewissen Übertriebenheit, obwohl der Satz voll ist vom Rationalismus der Aufklärung: »Wenn die Welt noch eine unzählbare Zahl von Jahren steht, so wird die Universal-Religion geläuterter Spinozismus seyn. Sich selbst überlassene Vernunft führt auf nichts anders hinaus, und es ist unmöglich, daß sie auf etwas anders hinausführe.« [In: Altkirch 1924, 104] So wird Spinoza ein Synonym für menschliche Vernunft überhapt. Hier ist die Verwerfung, die Gemeinheit, die Dummheit selbstverständlich heftig regressiert, zurückgebracht. Friedrich Ernst Daniel Schleiermacher (1768-1834), der Berliner Domprediger und Philosoph, hat das pathetisch ausgedrückt mit einem ebenfalls berühmten, vielleicht noch berühmter gewordenen Satz: »Opfert mit mir ehrerbietig eine Locke den Manen des heiligen, verstoßenen Spinoza!« [Schleiermacher 1806, 68] Es gibt kaum ein Gedicht von Goethe mit pantheistischem Ton, das nicht aus Spinoza, fast aus dem Lateinischen, in sein geliebtes Deutsch übertragen wäre. Viele Stellen im »Faust« wie: »Es reget sich die Menschenliebe, / Die Liebe Gottes regt sich nun«, [Goethe Faust 1, Verse 1184/85] drücken den »Amor Dei intellectualis« Spinozas [vgl. Spinoza 1677, 267] aus. All dieses, was mit Gott–Natur bei Goethe zu tun hat, mit dem allerintimsten Verhältnis zu dem Wesen da draußen, das ihm so befreundet ist, ist spinozistisch gefärbt. Spinoza ist mehr als Giordano Bruno, den Goethe viel später kennenlernte, der Philosoph, der ihn in seinem Weltbild bestimmt hat, ihm die Sprache, ihm den Begriff, ihm die Klarheit, ihm die Form gegeben hat für das, was in ihm schon lebte. Goethes Naturverhältnis ist spinozistisch durch und durch und ist es immer geblieben. Alles andere, was dazukam, ist Rankenwerk daran. Am Ende ist wieder Gott–Natur da als die Betroffenheit und als das Geheimnis, vor dem allein Goethe Ehrfurcht empfindet, ein Geheimnis, das nicht im Jenseits ist, sondern in der Welt, zu der er selbst gehört.

Ein Einfluß, der nicht so bekannt ist, ist folgender, der sich übrigens rein in der Philosophie zuträgt. Der Kantische transzendentale Idealismus hat im Gefolge des Satzes von Descartes »Dubito cogito ergo sum« [vgl. S. 24 ff.] – bei Kant: »Das: *Ich denke* muß alle meine Vorstellungen begleiten können« [Kant 1787, B 131] – den subjektiven Faktor in der Erkenntnis außerordentlich scharf in das Zentrum gerückt. Ein auf dem Gebiet der Erkenntnistheorie und besonders der moralischen Begründung der Erkenntnistheorie vollkommen ausgebildetes idealistisches Wesen mit bewunderungswürdigem Radikalismus und bewunderungswürdiger Einseitigkeit findet sich bei Fichte. Fichte nannte deshalb seine Philosophie nicht nur die Fortführung und die Wahrheit des Kantischen transzendentalen Standpunktes, er nannte sie nicht nur die Philosophie der vollkommenen Freiheit, das heißt, das Ich, das sozusagen mit sich

allein ist, setzt in einem freien Akt das Nicht-Ich, sondern er nannte sie, mit deutlichem Bewußtsein des Gegenspiels, umgekehrten Spinozismus [vgl. Fichte 1794, 100f. und 120ff.]. Das heißt radikalen Subjektivismus, zur Welt gewordenen Subjektivismus. Das ist nicht wie englische Psychologie und nicht Eingesperrtsein in mein oder Ihr kleines Ich, nein, die Welt ist das Ich, das Ich ist die Welt, aber die Farbe und der Ton sind subjektiv.
Dagegen nun kam durch den rezipierten Spinoza der Gegenschlag bei Schelling und bei Hegel. Was Goethe für Schiller war: die materialhaltige Sachhaftigkeit, das Objektive, Objekthafte, Materiale, Realistische, vom Subjekt Unabhängige in seinem Gang, gegenüber dem Fichtischen in Schiller selber (dessen Idealismus der subjekthaften Freiheit dauernd ist und den Gegenstand überrennt und ihn zum Teil verdunsten läßt), das war für die Philosophen Spinoza. So daß wir den Gegenschlag haben von Objekt gegen Subjekt, was genau dasselbe ist, cum grano salis, wie der Gegenschlag von Spinoza gegen Fichte. Die Schellingsche und Hegelsche Philosophie ist das gegenseitige dialektische Pulsieren von Fichte und Spinoza, Spinoza und Fichte oder, wenn Sie den Ausdruck lieber haben, von Subjekt und Objekt und von Objekt und Subjekt. Denn Spinoza wirkt hier als der objektivste aller Denker, was nur ein anderer Ausdruck ist für materialistischen Pantheismus oder für Materialismus, wenn wir den Pantheismus streichen. Es gibt einen Satz von Hegel: »Wenn man anfängt zu philosophieren, so muß man zuerst Spinozist sein. Die Seele muß sich baden in diesem Äther der einen Substanz« [Hegel 1836, 165]. Das schließt sich an den zitierten Satz von Lichtenberg an, bloß meinte er, der Spinozismus werde für alle Zeiten dauern. Hegel dagegen sagt: »Wenn man *anfängt* zu philosophieren, so muß man zuerst Spinozist sein.« Damit ist zugleich die Erhabenheit dieses Standorts und des Gegenstands gezeigt. Schiller sagt: »Des Erdenlebens Schweres Traumbild sinkt und sinkt und sinkt.« [»Das Ideal und das Leben«, Schiller 1965f., Bd. 1, 205] Das Schwere, das Inadäquate sinkt, und das Gute, das Adäquate wird frei.
Dann kamen die Nazis. Die haben die Gemeinheit auch hier wieder auf die Spitze getrieben. Diesmal ging es aber nicht gegen den Materialisten und Atheisten Spinoza, sondern gegen den Juden Spinoza. Und so entstand auch ein Zusammenhang zwischen den drei großen Juden, die untereinander vielleicht eigentlich nicht

gerade sehr engen Zusammenhang haben, Christus, Baruch Spinoza und Karl Marx. Die waren den Hunden, wie sich's gehört, »artfremd«, und so wurden sie auch genannt. Das war das Letzte, was Spinoza erlebt hat in dem gleichen deutschen Volk, das ihn als erstes erkannt hat. Wir jedenfalls sehen nun im Spinozismus, von allem Ergreifenden, Seltsamen, Bedeutenden, durchdringend Schlichten und Reinen abgesehen, das stärkste System der Diesseitigkeit, das in der Neuzeit überhaupt ausgebildet worden ist. Als dieses wollen wir es auch vorzugsweise beachten und zur Kenntnis nehmen.

Die vier Wege zur Verbesserung des Verstandes

Bei der Darstellung von Spinozas Lehre möchte ich mit etwas Pädagogischem beginnen, mit etwas, das sich anschließt an das, was wir bei Bacon schon kennengelernt haben [vgl. Bloch 1977, 255 ff.] und was eine Übung des neuzeitlichen Denkens schlechthin ausmacht, daß man auf den Verstand selbst achtet und nicht gleich mit den Dingen beginnt, die außerhalb von uns sind. Das ist auch bei dem großen objektiven Spinoza so: Es wird begonnen mit dem Menschen und seinem Verstand und der Beziehung seines Verstands auf die Dinge, und dabei wird der Verstand betrachtet. Der völlig nach außen gerichtete Francis Bacon untersuchte, ob der Spiegel rein spiegelt [Bloch 1977, 249]. Descartes, der mindestens im Erkenntnistheoretischen, nicht im Objektiven, reiner Idealist war, fand den Satz: Dubito cogito ergo sum [vgl. S. 24 ff.]. Der Zweifel ist nun vorüber, Descartes hat nicht umsonst gelebt und gelitten und nicht umsonst den Zweifel gelöst. Spinoza ist in diesem Punkt sein Schüler.

Nun beginnt aber in Spinozas Frühschrift, der Abhandlung von der Verbesserung oder Läuterung des Verstandes, eine andere Frage, die nicht primär erkenntnistheoretisch ist – für Spinoza ganz außerordentlich bezeichnend –, sondern die den Weg sucht, auf dem man durch die Leitung des Verstandes ein gutes Leben führt. Primär also ist hier nicht die Frage nach der richtigen Erkenntnis oder nach der Wahrheit als einer Gewißheit, sondern primär ist die Frage nach der Wahrheit als einem Gut, als einem Guten [Spinoza 1677a, 3]. Um selbst gut zu werden, muß ich das Gut der Wahrheit finden

in der Wahl einer aus Verstand und Denken und Erkenntnis gebauten oder daran orientierten Lebensrichtung. Das ist ein anderer Ausgangspunkt als bei Descartes, und wir ahnen hier schon, weshalb Spinoza sein Hauptwerk »Ethik« nennt. Dies also ist das Ziel, und dazu gibt es nun verschiedene Ratschläge, die in einem ungeheuer menschlichen und betroffenen Ton vorgebracht werden und zum großen Teil neustoisch sind. Ich habe bei der Darstellung der Einflüsse vergessen hinzuzufügen, daß Spinoza selbstverständlich von der neustoischen Richtung beeinflußt war, die Justus Lipsius (1547-1606) in Holland aufgebracht hatte. Das neustoische Element ist bei Spinoza viel stärker als bei Descartes, daher ist seine Antwort auf die Frage nach dem richtigen Leben neustoisch.
Es geht zunächst gegen die verwirrenden Affekte, an deren Spitze die drei Grundaffekte stehen, die den Menschen mit Fäusten schlagen: Sinnenlust, Reichtum und Ehrgeiz [vgl. Spinoza 1677a, 3 f.], die nie befriedigen, die immer wieder neue Gier erregen, wenn sie erfüllt sind und immer wieder schal zurücklassen, die keinen Halt geben, kein dauernde Befriedigung geben, selbst vergängliche Güter sind, die Lockungen sind und deshalb gar keinen Verstand zu brauchen scheinen. Im Gegenteil, sie erscheinen eigentlich ganz klar, sie braucht man niemand erst vorzudemonstrieren, die Sinnenlust und das Glück des Wohlstands und des Reichtums und das Glück der Ehre. Wer diese Güter aber hat, dem sind sie – um ein Bild aus dem Märchen und aus der Sage zu gebrauchen – wie die Schätze Rübezahls, die sich bei Tageslicht in Tannenzapfen verwandeln. Es ist nichts dahinter, es ist Blendwerk. Also wird derjenige, der ein gutes Leben und auch ein Leben der Güte führen will, nach anderem streben als nach diesen Gütern. Er muß nach dauernden Gegenständen streben, deren Erlangung, ja deren Erstrebung bereits schon, die Menschen mit Frohsinn erfüllt, Freiheit von Traurigkeit und Freiheit überhaupt mit sich führt. Denn indem wir diesen Gütern nachjagen, sind wir schlechthin unfrei. Wir sind eine Beute von unerhellten Trieben, wir sind abhängig von der Meinung von Menschen, die wir zum großen Teil nicht achten und nicht lieben, deren Ehrerbietung uns aber schmeichelt. So werden wir abhängig von denen, die uns die Ehre geben. Wir verlieren also unsere Unabhängigkeit. Wir siedeln uns in der Nähe von Verhältnissen an – das ist ungeheuer stoisch –, über die wir keine Macht haben. Ein Ausdruck von Chrysippos, einem Stoiker, der gänzlich

spinozistisch klingt. Anders der Mensch, der nach dem höchsten Gut strebt und alle anderen Güter auf der Erde an diesem höchsten Gut mißt. Dieses höchste Gut ist nicht lockend, und dieses höchste Gut ist auch nicht scheinbar klar. Der Weg dahin wirkt rauh, und er muß erst durch Verstand gefunden werden, damit seine Klarheit und gar seine ungeheure Einleuchtung aufgeht. Dies höchste Gut kann nur durch Betrachtung, durch Wissen erreicht werden. Die Haltung dessen, der diesem höchsten Gut zugeordnet ist, ist die des Weisen, und der Inhalt des höchsten Guts ist Weisheit [vgl. Spinoza 1677a, 7f.].

Nun gibt es vier Wege zu diesem Wissen, die aus dem erbarmungslosen Treiben der Sinneslust, der Erwerbsgier und der Streberei – wir können ruhig so sagen – herausführen und an einem reinen Stern orientiert sind [vgl. Spinoza 1677a, 9f.]. Hier haben wir Beziehungen zu Bacon, der die vier Idole bekämpft hat, aber nun ganz anders. Ich sagte schon bei Bacon [Bloch 1977, 249] und habe es bei Descartes wiederholt [vgl. S. 28]: Die Reinigung ist allen gleich wichtig, bei Beginn der neuen Philosophie, den Empiristen und den Rationalisten. Aber was wird gereinigt? In dem einen Fall, bei den Empiristen, wird der Spiegel gereinigt, damit er die Außenwelt reiner spiegelt. Es sind bloß einige Unebenheiten auf seiner Oberfläche vorhanden, er muß angehaucht und abgerieben werden. Man muß sich orientieren an der Erfahrung, an der zu sehen ist, ob der Spiegel nun plan, eben und klar ist. Bei den Rationalisten, und hier gehört Spinoza selbstverständlich zum Rationalismus, wird der Verstand selbst untersucht, ohne Beziehung auf die Außenwelt. Er wird nicht gemessen an einer Außenwelt, sondern der Lohn des rein gewordenen und von Trübe befreiten Verstandes ist, daß er von der Außenwelt adäquate Ideen hat. Also nicht eine Berichtigung durch Erfahrung wird vorgenommen, was empiristisch wäre, sondern eine mathematische Selbstberichtigung des Denkens selbst, das in sich, in seinen eigenen Gängen, Wegen und Operationen – wie bei einer mathematischen Operation – fühlt, ob es adäquat ist oder nicht. Wenn ein Junge in der Schule eine mathematische Aufgabe rechnet und das Ergebnis nicht stimmt, so hat er ein Gefühl dafür. So, nach Meinung der Rationalisten, ist es mit allem Denken. Das war die große und zum Teil bedrückende und gefährliche Gewalt des mathematischen Denkens in dieser Anfangszeit.

Von den vier Wegen, zu wahrem Wissen aufzusteigen, den Verstand zu läutern, zu vervollkommnen, die Spinoza angibt, ist der erste das Wissen vom Hörensagen [Spinoza 1677a, 9]. Aber das ist gar nichts; das ist zwar schon ein Wissen, besser als völlige Dumpfheit, aber man muß der Sache nachgehen. – Dann gibt es ein Wissen aus vereinzelter, vager, ungesicherter Erfahrung [a.a.O.]. Das ist nicht mehr dasselbe wie das gewöhnliche Geschwätz vom Hörensagen, hat aber ebenfalls nur einen schwachen Grad von Gewißheit. – Schon viel besser geht es mit dem Wissen aus dem Schluß von einem Gegenstand auf die Beschaffenheit eines anderen Gegenstands [a.a.O., 9f.], zum Beispiel aus dem Schluß von der Wirkung auf die Ursache oder von einem allgemeinen Begriff auf wesentliche Eigenschaften, die in ihm impliziert sind. Es ist das eine Erkenntnis aus den Folgen oder aus den Wirkungen auf die Ursache. – Das ist aber noch nicht der höchste Grad. Höher ist der Schluß von der Ursache auf die Wirkung [a.a.O., 10], also ein Wissen, wo ein Gegenstand nur durch sein Wesen oder seine nächste Ursache, aus der er folgt, also aus dem Grund, erkannt wird, denn das Wesen einer Sache ist die Ursache seiner Erscheinung. Dies ist Erkenntnis aus der genetischen Definition, wie sie Hobbes zuerst bestimmt hat [vgl. Bloch 1977, 293f.]. Aus der Erzeugung, aus der gedanklichen Nacherzeugung eines Gegenstandes wird die volle Erkenntnis geschaffen. Zum Beispiel wird die Kugel definiert als rotierender Kreis. Das ist eine genetische Definition, die bestehen bleibt neben der normalen Definition, wo das genus proximum, die nächsthöhere Gattung, und die differentiae specificae angegeben werden, durch die das Einzelne gefunden wird. Was zum Beispiel die Rose von dem allgemeinen genus Pflanze unterscheidet, rote Farbe, Wohlgeruch und so weiter, das sind differentiae specificae. Dabei bleibt die Rose eine Pflanze. Hier gibt es ein Aristotelisches Element bei Spinoza: Das Wesen ist der Grund der Sache; wenn ich das Wesen einer Sache habe, habe ich ihren Grund. Darum enthält der Mittelbegriff in den Schlüssen der Aristotelischen Logik den Grund der Sache: Alle Menschen sind sterblich, Cajus ist ein Mensch, also ist Cajus sterblich. Aus dem Wesen Mensch folgt mit Notwendigkeit, daß Cajus sterblich ist, denn der Mensch ist wesenhaft sterblich, wenn nicht, wäre er ja ein Gott. Dieses Aristotelische wird aber nun ergänzt durch einen Gedanken von Hobbes, durch die mathematische Erzeugung, durch die genetische Definition, daß etwas aus dem Grund erkannt werden muß. Grund und Ursache – darauf werden wir noch kommen – sind für Spinoza genau dasselbe. Logischer Grund und physischer Grund sind dasselbe in seinem absoluten, panlogischen Rationalismus.

Es gibt eine Stelle im »Kapital« von Marx, die hier interessant ist [Marx 1867, 393]. Marx geht einmal gegen die Analyse vor. Er sagt, es sei sehr leicht, aus einem Phänomen des Überbaus durch ökonomische Analyse die ökonomischen und die gesellschaftlichen Elemente zu finden, die »Basis« zu finden, die des Pudels Kern ist. Wissenschaftlich entscheidend aber sei es, daß man aus diesen Elementen den Überbau nachkonstruiert, die Erkenntnis von der Ursache zur Wirkung, eine wahrhaft genetisch-materielle Definition. Das entspricht dem, wenn Spinoza das Aufsteigen vom Grund zur Folge, von der Ursache zur Wirkung höher stellt als den Schluß von der Wirkung auf die Ursache. Der Schluß von der Wirkung auf die Ursache ist analytisch, bei Galilei die resolutive Methode. Der umgekehrte Schluß von der Ursache auf die Wirkung ist synthetisch, ist das, was Galilei die kompositive Methode nannte [vgl. Bloch 1977, 268]. Genau diese kompositive Methode ist in der methodischen Forderung von Marx erhalten.

Grund und Ursache, Spinozas Methode

Das sind aber erst die Anfänge. Nun muß klargemacht werden, wieso diese Verbesserung des Verstandes nicht in syllogistischen oder auch induktiven Schlüssen vor sich geht, sondern nach einer Methode, die es nirgends sonst in der ganzen Geschichte der Philosophie gibt und die nach Spinozas Meinung dem Ganzen den Geruch einer unwiderlegbaren apodiktischen Gewißheit gibt, nämlich nach der geometrischen. Bitte erleben Sie noch einmal die Paradoxie nach: »Ethica ordine geometrico demonstrata«, »Sittlichkeit auf geometrischem Weg bewiesen«. Die Zusammenbindung von etwas, was nur mit Größen zu tun hatte, nämlich Euklidischen Geometrie, mit den menschlichsten Angelegenheiten, der Ethik, ist doch ungeheuerlich. [. . .]

Weshalb aber geht Spinoza auf geometrische, genauer gesagt, auf euklidische Weise vor? Schluß vom Grund auf die Folge, von der Ursache auf die Wirkung, das ist, da es nur zwei Glieder sind, im logischen Sinn eine Folgerung. Begreifen heißt also genetisch ableiten, heißt »gründlich begreifen«, ein Ausdruck, den wir noch im Sprachgebrauch haben. Wenn Sie acht geben, werden Sie in dem üblichen Sprachgebrauch, wenn er sich über die einfachste Unmittelbarkeit wie zum Beispiel »Es hat geschellt« erhebt, einen Niederschlag von Philosophie finden, so auch in der leicht abstrakten Wendung »gründlich begreifen«. Ohne diese Philosophien wären diese Ausdrücke nicht da, »Eine Sache in die Wege leiten« zum Beispiel. Wenn Sie darüber nachdenken, wird die ganze Philosophie in Ihnen aufbrausen. Was ist das, »eine Sache in die Wege leiten«, »Wege« und »leiten«? Wo kommt denn das Bild her und warum stimmt das? Weniger blumig und bildhaft ist es bei dem gründlichen Erkennen. Erst recht muß man sich bei Spinoza fragen, wo das herkommt. Verantwortlich ist das schon formuliert von Aristoteles: Der Grund eines Schlusses ist dasselbe wie die Ursache, und die Ursache eines Schlusses liegt im Wesen. Ich habe das Beispiel bereits oben genannt: Alle Menschen sind sterblich. Cajus ist ein Mensch, also ist Cajus sterblich. Er muß sterben, weil er ein Mensch ist, das ist nämlich das Wesen von Cajus, und aus dem Wesen des Menschen folgt die Sterblichkeit. Erst recht bei Spinoza werden aus den Gründen die Folgen nicht nur empirisch, sondern mit einer an mathematisches Denken gemahnenden Notwendigkeit erschlossen. »Sequi ex«, »folgen aus« ist die weittragende Grundformel, die Spinoza hier anwendet. Zu ergänzen ist »etwas«, nämlich aus einem Grund. Ein »sequi ex« also, ein »Folgen aus«, bis man auf den letzten Grund gekommen ist, an dem die Reihenfolge der übrigen Gründe letzthin aufgehängt ist. Das heißt, hinter diesen Grund kann kein mathematisch-logisches »Warum?« mehr zurückgehen. Hier wird es hell, hier fällt der Grund völlig mit dem Gegenstand zusammen.

Hier erhebt sich eine Frage, die wir nicht erst am Schluß bei einer allgemeineren Kritik behandeln wollen, sondern an Ort und Stelle. Ich stelle das Problem zunächst als Frage, gar nicht kritisch. Wir sehen, daß Spinoza die Begriffe Grund und Ursache synonym gebraucht. Hier liegt eine Schwierigkeit vor, denn wenn wir jetzt, einige Jahrhunderte nach Spinoza, die Ausdrücke Grund und Ursache äquivalent gebrauchen, dann begehen wir einen schweren logisch-philosophischen Fehler, der ausreichend ist, in einer Zwischenprüfung oder in einer Prüfung im Staatsexamen auf die Note einen sehr schädlichen und beschädigenden Einfluß auszuüben. So selbstverständlich ist das heute, daß Grund nicht Ursache ist und daß ein logischer Grund, ein Erkenntnisgrund, nicht dasselbe ist wie der Realgrund. Es war eine merkwürdig späte Errungenschaft des menschlichen Scharfsinns, herauszubringen, daß die beiden nicht zusammenfallen. Bei Spinoza fallen sie zusammen, in der Scholastik, auch bei Aristoteles, fallen sie zusammen, obwohl die philosophischen Unterschiede sonst doch ungeheuer sind. Hier haben wir eine Sperre durch das Denken, eine Sperre durch die Ausdehnung von Begriffsverhältnissen auf Gegenstands- und Objektsverhältnisse. Daß die beiden Verhältnisse verschieden voneinander sind, ist damals nicht so selbstverständlich gewesen, und der alles überblendende Rationalismus, mit dem das Bürgertum auf dem Kontinent triumphierend antrat – in England war das anders –, ließ diesen Unterschied nicht besonders störend ins Bewußtsein treten. Daß hier ein Unterschied ist, war zweifellos einem so scharfsinnigen Denker wie Spinoza auch klar, er war ihm nur nicht wesentlich.

Erkenntnisgrund und Realgrund sind selbstverständlich zwei verschiedene Dinge, die nur sehr selten zusammenfallen. Wenn Sie beispielsweise am Thermometer sehen, daß die Quecksilbersäule von 0 auf 5 Grad steigt, so ist das Steigen des Quecksilbers zwar ein Grund für die Erkenntnis, daß es wärmer geworden ist, aber es ist nicht die Ursache dafür, daß es wärmer geworden ist. Oder wenn Sie auf dem Mond dunkle Flecken sehen und daraus schließen, daß dies Schatten von Bergen sind, hervorgerufen durch den Sonnenstand auf dem Monde, so sind die dunklen Flecken selbstverständlich nicht die Realursache für das Entstehen der Mondkratergebirge. Diese Dinge sind so primitiv, daß ich sie gar nicht weiter auszuführen brauche. Trotzdem dauerte es noch hundert Jahre, bis in der Mitte des 18. Jahrhunderts ein nicht besonders großartiger Philosoph aus der Wolffschen Schule namens Christian August Crusius (1715-1775) den Unterschied zwischen Erkenntnisgrund und Realgrund einhämmerte. Und die Doktordissertation von Arthur Schopenhauer »Über die vierfache Wurzel des Satzes vom zureichenden Grunde« beschäftigt sich zur Hälfte mit Erkenntnisgrund und Realgrund [Schopenhauer 1813].

Das »sequi ex«, das »Folgen aus« ist nach mathematischer Weise genau dasselbe wie das Verursachtsein, was zweifellos in der

Wirklichkeit nicht stimmt, weil zwischen Begriffsverhältnissen und Gegenstands- und Objektsverhältnissen ein wesentlicher Unterschied vorliegt. Die Begriffsverhältnisse bilden von uns unabhängige Gegenstände ab, aber in einem gewissen Modus, und es müssen Umwandlungen stattfinden. Also den Satz »Die Sonne erwärmt den Stein« kann ich grammatisch untersuchen, als bloße Verbindung von Sprachzeichen. Ich kann ihn auch logisch untersuchen als Begriffsverbindung. Es ist in diesem Logischen sonnenklar, daß nicht der Begriff Sonne den Begriff Stein erwärmt Erwärmung kommt in den Begriffsverhältnissen als physikalisches Phänomen nicht vor, sondern »Die Sonne erwärmt den Stein« heißt: das Objekt Sonne erwärmt das Objekt Stein. Also: das Erwärmen, das logisch auch vorkommt, ist etwas anderes als das physikalische Erwärmen. Schon an diesem kleinen Beispiel können Sie sehen, daß zwischen Begriffs- und Objektsverhältnissen Unterschiede bestehen, die aber von dem totalen Rationalismus, in dem wir uns hier befinden, fast notwendig übersehen werden müssen, so daß Deduktionslogik und Erkenntnistheorie dasselbe werden.

Die Substanz und ihre Attribute

Bei Spinoza gibt es einen vollkommenen Zusammenhang zwischen unseren dem Gegenstand adäquaten Erkenntnissen, das heißt denen, die von Leidenschaften und Vorurteilen frei sind, wo die Läuterung des Verstandes stattgefunden hat, und der Weltordnung [vgl. Spinoza 1677, 48]. Es gibt einen ewigen mathematischen Zusammenhang aller Dinge, es gibt den alten ordo sempiternus rerum, die ewige Ordnung der Dinge, woraus die ungeheure Weltgewißheit erfließt, die nun wieder eintritt, nachdem die Descartesschen Zweifel überwunden sind. Sie hatten sich gerichtet gegen die Täuschungen, gegen die mögliche Verwechslung von Traum und Wachen, von Traumgespinsten und Wirklichkeit und vor allen Dingen gegen die scholastischen Begriffe [vgl. S. 18ff.]. Bei Spinoza ist nun so viel bürgerlich-mechanisches, mechanistisches Bewußtsein gesammelt durch die Einzelwissenschaften und durch die Evidenz der gesellschaftlichen Ideologie, daß wieder Weltgewißheit eintritt, aber eine Weltgewißheit, die im Bewußtsein Spinozas nichts mehr mit der Scholastik zu tun hat, sondern mit der mathematischen Naturwissenschaft. Der ordo sempiternus rerum erscheint, oder, um eine Rückerinnerung zu bringen, das Buch der Natur, das in Zahlen geschrieben ist. Dieses ist nun ganz aufgeschlagen. Raymund von Sabunde (?-1436) hatte den Begriff zuerst als Gegenbegriff gegen die Bibel, das Buch der Bücher, aufgestellt. Galilei (1564-1642) ließ es in Zahlen geschrieben sein [Bloch 1977, 265 f.]. Spinoza ergänzt: Es ist in Figuren geschrieben [Spinoza 1677, 37]. Es läßt sich nun in diesem Buch nicht nur nach allen Seiten blättern, es gibt nicht nur keine Schranke für die Erkenntnis der Welt, keinen Agnostizismus, sondern was sich ausdrückt in dem Buch, ist die ewige Substanz selbst, die in zwei Attributen für uns bis auf den Grund erkennbar ist. Ich sage: in zwei Attributen. Ich greife schon voraus: Die Substanz, causa sui [a.a.O., 1], Deus sive natura [a.a.O., 172], hat unendlich viele Attribute [a.a.O., 8 ff.]. Von diesen unendlich vielen Attributen sind uns nur zwei zugänglich, die zwei, die wir in unserem Modus haben. Unser Modus ist Körper und Bewußtsein [a.a.O., 48 f.]. Sie haben hier also die res extensa und die res cogitans von Descartes, Körper und Bewußtsein [a.a.O., 43]. Körper und Bewußtsein sind zwei Seiten ein und derselben Sache, der Substanz [a.a.O., 12]. In diesen zwei Attributen drückt sich für unseren beschränkten Blick die Substanz aus [a.a.O., 54 ff.]. »Exprimit«, »drückt sich aus«, im Doppelsinn von ausdrücken, wie man eine Frucht ausdrückt, daß der Saft herausfließt, und wie man sich in Sprache ausdrückt. Diese zwei Attribute nun, diese zwei uns zugänglichen Seiten unter den unendlich vielen, sind uns vollkommen erkennbar. Das Übrige ist uns nicht nur nicht erkennbar, sondern überhaupt nicht zugänglich. Das ist aber kein Agnostizismus, denn das Zugängliche ist die um uns vorhandene und uns umgebende Welt. Und zwar haben alle Modi, alle Einzeldinge die zwei Seiten, Außenseite und Innenseite könnte man sagen, aber das wäre nicht spinozistisch. Sie folgen nicht nacheinander, daß etwa ein Entwicklungsgeschichtliches darin wäre, wie das später im französischen Materialismus gedeutet wurde. Bei Spinoza gibt es keine Entwicklungsgeschichte zwischen res extensa und res cogitans, zwischen Körper und Seele. Sondern das ist dasselbe, und es ist überall und nicht mehr und nicht weniger [a.a.O.]. Mehr höchstens, wenn adäquate Ideen auftreten. Dann wird die res cogitans heller, aber sie wird nicht eigentlich mehr [vgl. a.a.O., 72 f.]. So gibt es auch eine res cogitans in diesem

Holztisch hier, die andere Seite, die wir schwerer sehen, und ebenso bei uns eine körperliche Seite, und beide drücken dasselbe aus. Was Körper ist, ist auch Seele, was Seele ist, ist auch Körper, und beides ist Substanz, und beides kann vollständig erkannt werden, eben more geometrico.

Erinnern Sie sich an Ihren geometrischen Schulunterricht! Da lernten Sie die Voraussetzungen, die Axiome kennen, die von Euklid festgestellt worden sind bis zu dem zweifelhaften elften Axiom, dem Parallelenaxiom, daß sich zwei Parallelen im Unendlichen schneiden, was schon im Altertum bezweifelt wurde [vgl. Euklid 1980, 3 und 419 f.]. Axiome sind Sätze, die eines Beweises weder bedürftig noch fähig sind, weil sie unmittelbar für sich einleuchten. An diesen Axiomen als letztem Grund werden Folgerungen, die einzelnen Lehrsätze, aufgehängt. Etwa der berühmteste, der pythagoreische Lehrsatz oder der Satz, daß die Winkelsumme des Dreiecks gleich zwei Rechten ist, und ähnliches sind an Axiomen aufgehängt. Wenn dann die Zurückführung eines Lehrsatzes auf einen früheren oder gar auf ein Axiom gelungen ist, dann wird stolz am Ende geschrieben: »quod erat demonstrandum«, »was zu beweisen war«. Nach diesem antiken Muster, also nicht nach dem Muster der neueren Mathematik, etwa der analytischen Geometrie von Descartes, die doch schon geschaffen war, und erst recht nicht, wie selbstverständlich ist, nach Mustern der Mathematik, die sich erst im 18. Jahrhundert, hundert Jahre nach Spinoza, ausbildete, nein, nach dem geometrischen Schulmuster marschiert nun festgepanzert, in schwerster Rüstung, der Gedankengang bei Spinoza. Die Formel steht nach jedem Lehrsatz: »quod erat demonstrandum«, »was zu beweisen war«. Beweisen heißt ableiten aus Gründen, heißt »demonstratio«.

Spinozas Ordnung ist die, daß an der Spitze, wie bei Euklid, Axiome stehen, hier noch vermehrt um Definitionen. Die »Ethik« hat fünf Grundzüge in der Struktur, sie beginnt mit Definitionen und Axiomen. *Definitionen* sind erläuterte Grundbegriffe, *Axiome* sind Grundbedingungen des notwendigen Zusammenhangs von Begriffen, die begründenden Hauptsätze, die selbst nicht begründet zu werden brauchen. Sie können auch gar nicht begründet werden, sondern sie leuchten unmittelbar ein, wenn der Verstand genügend vervollkommnet ist, um sie zu verstehen. Die »Ethik« beginnt mit einer solchen Definition: »1. Unter Ursache seiner

selbst verstehe ich das, dessen Wesenheit die Existenz in sich schließt, oder das, dessen Natur nur als existierend begriffen werden kann.« [Spinoza 1677, 1] Das erste Axiom lautet: »Alles, was ist, ist entweder in sich oder in einem anderen.« Das zweite Axiom: »Das, was nicht durch ein Anderes begriffen werden kann, muß durch sich selbst begriffen werden.« Das dritte Axiom: »Aus einer gegebenen bestimmten Ursache folgt mit Notwendigkeit eine Wirkung, und umgekehrt, wenn keine bestimmte Ursache gegeben ist, kann unmöglich eine Wirkung folgen.« [a.a.O., 2] Das sind die nach euklidischem Muster, nicht als Raumfiguren, sondern als Gedankenfiguren hergestellten Definitionen und Axiome.
Aus diesen folgen die Lehrsätze, die *Propositiones*, genauso, wie sie in der lateinischen Übersetzung des Euklid heißen. Das sind [...] die wohlbegründeten Sätze, abgeleitet aus Definitionen, aus Axiomen und aus bereits begründeten anderen Lehrsätzen, die vorhergehen. Wenn ein Lehrsatz begründet ist, hat er selbst das Privileg erlangt, zur Begründung eines anderen Lehrsatzes zu dienen. Ein Lehrsatz folgt aus einem anderen, »sequi ex«. Das, was aus einem Lehrsatz unmittelbar folgt, ist nicht ein neuer Lehrsatz, sondern nur die Ausführung eines Lehrsatzes; Spinoza nennt das einen Folgesatz, mit einem scholastisch überlieferten Ausdruck ein *corollarium*. Es dient der Beweisführung nicht als Folge, sondern als eine Erläuterung für das Publikum, nicht mehr rein im Gang der Sache befindlich also, sondern hingewendet ad spectatores, an die Zuschauer. Was einem Lehrsatz oder auch einem Folgesatz noch weiter ausführend hinzugesetzt wird, ist eine Erläuterung oder griechisch-scholastisch ein *Scholion*. Also: Definitionen, Axiome, propositiones oder Lehrsätze, Korollarien oder Folgesätze, Scholien oder Erläuterungen, das sind die Formen, in denen die spinozistische Systematik more geometrico und, wie Sie sehen, nicht eben leicht einherschreitet.
Nun aber ist das nach der Meinung Spinozas nicht etwa aufgepreßt. Einem späten Leser mag es so vorkommen – und nicht ganz zu Unrecht –, daß diese Rüstung etwas ist, was eine Sache in die Form eines apodiktisch deduzierenden sequi ex zwänge. So ist es bei Spinoza nicht, und es wäre äußerlich, es sich nur anders vorzustellen, denn Sie können sich das überhaupt nicht anders vorstellen. Wenn Sie ins einzelne gehen, in das spinozistische System, wenn Sie es im ganzen nehmen, können Sie frei darüber sprechen. Wir

hier sprechen ja auch nicht so darüber, daß wir lauter Lehrsätze aneinanderreihten. Aus der Unfähigkeit, sich das Einzelne des Spinozismus anders als geometrisch zu vermitteln, können Sie schon ermessen, daß hier nicht etwas nur aufgepreßt ist, sondern mit dem Gang der Sache zusammenhängt, wie er für Spinoza sich darstellt. Das ist gedacht und geglaubt als ein Abbild des strengen Gangs der erzlogischen Weltsache selbst. Folge ist Gang, Ausdrükken ist in Begriffen ausdrücken und in Dingen ausdrücken, sich ausbreiten. Die geometrische Methode setzt sich also für Spinoza nicht in Weltanschauung um, sondern für ihn setzt sich die Weltanschauung notwendig in geometrische Methode um. Seine Sache ist geometrisch beschaffen, daher ist ihre Darstellung geometrisch. Das ist extremer Rationalismus oder extremer objektiver Idealismus. In Spinoza ist das der Ausdruck objektiver expressio substantiae, des objektiven Sich-Ausdrückens der Substanz [vgl. Spinoza 1677, 43 f.]. Zugleich ist damit der Traum, der das 17. und noch das 18. Jahrhundert philosophisch erfüllte, der Traum einer universalen Mathematik, im Spinozismus erfüllt. Was bei Descartes ein Programm war, was auf einer sehr viel höheren Stufe bei Leibniz wieder ein Programm wurde, das Programm einer »characteristica universalis«, eines mathematisch faßbaren Alphabets der Gedanken, wie Leibniz in seiner Schrift »Zur allgemeinen Charakteristik« sagt [Leibniz 1904, 32], das ist bei Spinoza in einem engen Raum, im euklidischen Raum sozusagen erfüllt. Wir sehen zugleich wieder die übliche Grenze der Mathematik, vor allem der Mathematik, wie sie seit dem 16. Jahrhundert rezipiert worden ist, des Pythagoreismus, der mathematische Naturwissenschaft wurde. Die Grenze ist die, daß die Mathematik im 16., 17., 18. und 19., vor allem Ende des 19. Jahrhunderts sich ändert, nicht mehr fast allein als Wissenschaft von Größen und Größenbeziehungen gefaßt wird. Es beginnt schon bei Carl Friedrich Gauß (1777-1855), auch bei Bernhard Riemann (1826-1866) und Hermann Günther Graßmann (1809-1877), daß sie eine Beziehungslehre wird, was auch bei Leibniz schon mehr als vorgebildet ist. Trotzdem, das, womit das angemacht ist, das Quantitative, das geht auch ins 19. und ins 20. Jahrhundert hinein. Hier jedenfalls, im Jahrhundert Spinozas, ist Mathematik die Wissenschaft vom Quantum und von quantitativen Beziehungen, von Figuren und von Zahlen. Auch bei Descartes sind die Zahlen quantitativ, auch die Algebra ist eine Wissenschaft

des Zählens, des Dazuzählens oder des Wegnehmens, auch in der analytischen Geometrie wird ein Quantum ausgedrückt.
Ich habe schon bei Pythagoras, in der Vorlesung zur Geschichte der griechischen Philosophie, darauf aufmerksam gemacht, wie merkwürdig es ist, daß Pythagoras und die Pythagoreische Schule mathematische Begriffe anwenden auf qualitative Gegenstände wie Treue, Liebe, Farbe, Gerechtigkeit [vgl. Bloch 1977, 27 f.]. Dieses Wesen, daß so etwas wie Gerechtigkeit oder Treue oder Liebe oder Gott in Zahlen oder in Figuren ausgedrückt wird – zum Beispiel ist ein Dreieck mit dem Auge in der Mitte ein Symbol Gottes, vor allem in der Barockarchitektur –, ist merkwürdig und uns ungewohnt geworden. Auch der Farbe soll eine Zahl entsprechen. Die Zahlen gehen bei Pythagoras nur von eins bis zehn. Drei ist die Zahl einer Vollkommenheit. Im astrologischen Bereich ist die zwölf eine Zahl der Vollkommenheit, zwölf Tierkreiszeichen, zwölf Apostel, zwölf Marschälle und so weiter. Die böse Sieben ist illustriert durch den Saturn, den siebenten Planeten, den Unheilstifter. Das kommt aus Volksglauben und ist dann verkommen zur Zahlenmystik, zum Aberglauben, Kartenlegen, Astrologie im gemeinsten Gebrauch, hat also einen schlechten Geruch durchaus mit mehr als Recht. Aber der schlechte Geruch ist entstanden, weil der Begriff davon abgezogen ist, weil das Gebiet sich selbst überlassen blieb. Es ist so, wie wenn Sie einen herrlichen Barockbau sehen, der in einem Stadtviertel liegt, aus dem sich das städtische und repräsentative Leben zurückgezogen hat, ringsum ist Verfall und sind Slums, und in diesen prachtvollen Barockbau, wo Ratten und Katzen hausen, werden ein paar Läden und eine autogene Schweißanstalt hineingebracht. Wenn es da nur Piefkes und Barbaren in der Stadtverwaltung gibt, ist nichts zu machen, und der Barockbau verfällt. In den großartigen Pythagoreischen Bau hat sich auch so etwas eingenistet, zwar nicht eine autogene Schweißanstalt, aber etwas, was mit Katzen verbunden ist; Hexen, Wahrsagerinnen und Kartenschlägerinnen leben davon. Rundum ist noch Barock, und so leben die auf eine schändliche Weise von einem vergessenen, preisgegebenen, verlassenen, der Verschlechterung, der Verkommenheit und dem Slum überlassenen Pythagoras. Das Problem besteht: Gibt es eine qualitative Mathesis, gibt es eine Mathematik der Qualitäten? Warum ist denn die Mathematik nur eine Mathematik der Naturwissenschaft als einer quantitativen Wissenschaft? Das ist

ihr doch nicht an der Wiege gesungen worden. Warum ist sie denn keine von Qualitäten? Natürlich ist sie keine. Es gibt kein historisches Werk, in der die Mathematik eine Rolle spielte. Sie reicht schwach hinein als Statistik, mit einigen Schemata; Marx verwendet das, Ware–Geld, Geld–Ware und so weiter [Marx 1867, 118-128]. Aber das ist ja nicht Mathematik in dem Sinn, wie wir es auffassen, weil der Gegenstand eben anders ist und wir eine rein logische Sprache haben. Kurz und gut, das Problem Mathematik und Qualität ist nicht erloschen, steht immer noch bevor, ist zum Teil begonnen durch einen großen Gruppentheoretiker, Andreas Speiser (1885-1970), früher in Zürich, jetzt in Basel, der zugleich ein großer Kunstkenner ist und das Ornament mathematisch studierte und betrachtete. Zum Beispiel hat er das Zangenornament des Theoderich in Ravenna als mathematische Figur betrachtet. Im Ornament steckt natürlich auch noch ein Quantum, aber doch ein sozusagen qualitatives Quantum. Auch an dem Problem, was Symmetrie in einem Bauwerk ist, könnte Mathematik wieder einen pythagoreischen Geruch in vollem Umfang bekommen.
Ich wiederhole: Bei Spinoza fehlt das, muß das fehlen, und das geometrische Verfahren muß das mit Notwendigkeit noch auskreisen, über Bord werfen. Zu derlei Dingen besteht ohnehin in der mechanisch-materialistischen Stimmung des aufsteigenden Bürgertums und der großen politischen Befreiungswelt der Mechanistik keine Neigung. Zum Beispiel das Problem Zweck: Teleologie ist Theologie, Zweck heißt Vorsehung, die Dinge haben von dem allweisen Schöpfer einen Zweck bekommen für den Menschen. Die Sonne geht auf, um am Tag zu leuchten, der Mond geht auf, um nachts zu leuchten und so weiter. Der Kampf gegen den Zweck geht durch die ganze frühe bürgerliche Aufklärung hindurch, Ursache und Wirkung als quantitative Verhältnisse feiern Triumphe. Sie kennen den Zweckkampf bei Francis Bacon, der spottete, daß Gott die Welt doch nicht ganz zweckmäßig eingerichtet habe, weil er die Sonne nicht auch nachts scheinen lasse, damit wir das Geld für den Nachtwächter sparen könnten [vgl. Bloch 1977, 251 f.]. Wie vieles ist unzweckhaft in der Welt, wieviel Mißwuchs, wieviel Unglück, wieviel Krankheit gibt es. Hat das auch einen Zweck? Aber außer Zweck gibt es noch mehr. Es gibt Geschichte, für die mindestens im 17. Jahrhundert noch kein großer Sinn vorhanden ist. Er beginnt im 18. Jahrhundert mit der großen Aufklärungsge-

schichte. Die Blütezeit der Geschichte setzt erst zu Beginn des 19. Jahrhunderts ein, obwohl es reaktionär ist, zu sagen, daß die Aufklärung unhistorisch gewesen wäre. Aber diese Andacht vor dem Geschichtlichen, die dann im 19. Jahrhundert zur Entdeckung der Germanistik, der Rechtsgeschichte und so weiter führt, die hat das 17. oder 18. Jahrhundert nicht. Geschichte, Wertungen fehlen bei Spinoza, gut und böse, schön und häßlich sind inadäquate Ideen. »Die Welt ist vollkommen überall, / Wo der Mensch nicht hinkommt mit seiner Qual« [Schiller 1965 f., Bd. 2, 904], dieser Schillersche Satz aus der »Braut von Messina« hat hier sogar eine Wurzel, und die Welt ist so vollkommen, daß sie nicht einmal vollkommen ist, denn das ist noch eine menschliche Wertung. Sie braucht diese Anerkennung gar nicht. Also kurz und gut, in dem sequi ex, in der geometrischen Methode haben Qualitäten, hat Geschichte, hat Zeit, haben Zeitverhältnisse keinen Platz. Einen ungeheuren Platz hat dagegen alles, was mit Raumverhältnissen, Quantitäten und mechanischen Verhältnissen, Ursache und Wirkung, erläutert durch Grund und Folge, zusammenhängt.

Das alles folgt aus einem letzten Grund, aus dem, der alles begründet und der letzte Grund oder das Wesen ist, das selbst keinen Grund mehr braucht, um zu sein, sondern Ursache seiner selbst ist, »causa sui« – ein berühmter Satz, die erste Definition der »Ethik« [Spinoza 1677, 1] –, das ist Deus sive natura [a.a.O., 172], das ist natura naturans [a.a.O., 27], das ist der Raum in dem Sinn, wie wir ihn bisher gewohnt sind zu hören: Vor allem schon bei den Vorsokratikern und dann relativ negativ bei Platon, dann wieder in der Erneuerung der Atomistik durch Pierre Gassendi (1592-1655), wo er die Leere ist, in der sich Korpuskeln bewegen, also das leere Verhältnis von sich bewegenden Körpern [vgl. Gassendi 1649]. τὸ κενόν, das Leere, nennt ihn Demokrit [vgl. Capelle 1968, 402]. Er ist das Schema bei Platon, in das die Ideen einströmen. Damit gab die Platonische Philosophie Platz für die euklidischen Figuren. Erst durch die Platonische Philosophie war es möglich, eine Abstraktion wie das Dreieck, den Kreis, das Trapez, die Ellipse und so weiter als Gegenstand einer Wissenschaft festzuhalten mit ewigen Erkenntnissen an ihnen. Platon setzte zwischen die Sinnenwelt und die Ideenwelt die Welt der Schemata, und die Welt der Schemata ist die der Raumfiguren. So ist bei Platon der Raum zwar nicht nur Leere. Aber die Schemata, die euklidischen Figuren im Raum entspringen nicht der Natur des Raumes, sondern nur seiner Fähigkeit, in einer blassen Weise der Ideenwelt und dem Zusammenhang der Ideen ähnlich zu werden. Wer Mathematiker ist, sieht in einer elementaren, in einer blassen Weise etwas vom ewigen Zusammenhang der Ideen. Deshalb die Aufschrift auf der Platonischen Akademie: Kein der Geometrie Unkundiger möge eintreten.

Ganz anders bei Spinoza, wo wir zum ersten Mal etwas haben, was man einen schöpferischen Raum, einen kreativen Raum nennen könnte. Aus seiner Raumhaftigkeit heraus, aus seiner σφαῖρα, seiner Schwerehaftigkeit heraus, hat er die Attribute, in denen er sich zuerst in ganz ungeheurem Stil ausdrückt, bringt er die Modi innerhalb der Attribute hervor, in denen er sich durch Vielheiten und Jeweiligkeiten ausdrückt. Daher kann nun Spinoza ein Gleichnis gebrauchen wie dieses: So wie die Eigenschaften eines Dreiecks aus der Definition des Dreiecks folgen, so folgen die Eigenschaften der Dinge aus ihrer Definition [Spinoza 1677, 18f. und 96]. Raum und Substanz sind also eine neue Etage von Grund – Folge und Ursache – Wirkung – Verhältnis. Raum und Substanz rücken sehr nahe zusammen, wenn auch nicht in der sichtbaren Mißdeutung, die Windelband in einem Vortrag »Zum Gedächtnis Spinozas« 1877 in Zürich gegeben hat [Windelband 1877], wo er sagt, der Spinozismus sei nur eine Darstellung von Raum, sonst sei nichts darin als die unendliche Leere des Raums, die hier nun zu Gestalten sich niederschlüge [vgl. a.a.O., 126]. Das wäre ja die Leere, τὸ κενόν. Davon ist Spinoza weit entfernt. Dieser Raum ist nicht leer [Spinoza 1677, 16], dieser Raum ist durchaus schöpferisch und so der genuinste Ausdruck der Substanz. Er ist unter allen Attributen der Substanz die genuinste Art für unsere Erfassung, im Attribut die Substanz zu erahnen. Gewiß, der Raum ist nur eines von unendlich vielen Attributen, nämlich extensio, und wir selber haben ja noch eines, die res cogitans des Descartes [a.a.O. 12, 43 ff. u. ö.]. Aber den Primat hat für uns im Spinozismus der Raum. Es ist eine Raumphilosophie und keine Bewußtseinsphilosophie. Deshalb ist sie als Idealismus gar nicht so leicht erkennbar, weil sie nämlich auch wieder keiner ist, sondern wieder Materialismus, der die von uns unabhängige Außenwelt anerkennt. Der Primat geht auf extensio, das heißt auf den mechanischen, raumhaften, quantitativen Materialismus. Nur daß dieser Raum nicht passiv ist wie in der euklidischen Geometrie und nicht ein Behälter wie im mechanischen Materialismus, sondern ein sich bewegendes, ausstrahlendes, gestaltend-umgestaltendes Urwesen, das in ungeheurer Bewegung ist, sich zusammenrollt, sich ausdehnt, entläßt, zurücknimmt. Fassen Sie es so, und fassen Sie es zugleich magisch, wie sich die Figuren bilden, entbilden, wie hier ein ungeheures, unheimliches, erhaben-gespenstisches Wesen und Leben und Treiben im Raumhaften der Substanz, in der Sphäre vor sich geht. Das Wort »Sphäre« hat einen feierlichen Klang. Sphäre heißt ursprünglich Buchrolle. Die Pergamente wurden gerollt aufbewahrt. [...] Dann heißt es Raum, Kugel. Die Kugelform ist Pan, Pan ist Raum und Pan ist das All, das raumhaft gefaßt wird. Bei Parmenides ist Pan-Zeus eine Kugel [vgl. Capelle 1968, 168]. Nur so verstehen Sie das Wort »Pantheismus«, Gott-Raum, Raum Gottes. Der Raum ist das Fleisch Gottes, die Substanz selbst in der Substanz, und für Spinoza ist das Raumhafte das genuinste Ordnungsattribut, in dem Gott-Natur sich ausdrückt. Damit haben wir sozusagen die höchste Ebene des quantitativen Denkens erreicht, wo es schon wieder umschlägt in Mystik. Es gibt eine Radierung von Rembrandt, genannt »Faust«, wo Faust mit der Hand über den Augen nach oben, also in den Raum sieht, in dem sich magische Quadrate bilden. Wenn Sie das zusammen mit »Gestaltung, Umgestaltung, / Des ewigen Sinnes ewige Unterhaltung« in Goethes Faust II [Verse 6287/88] raumhaft fassen, haben Sie etwas von dem unheimlichen mechanischen Leben, von dem Anorganisch-Organischen, um mich in Paradoxen zu bewegen, die hier zuständig sind, Paradoxen der Gott-Natur, wie sie bei Spinoza erfahren und ausgedrückt werden. Ich möchte aber noch einmal betonen: Das Ganze geschieht bei Spinoza nicht primär, um zu erkennen, sosehr das auch intellektualistisch ist, sondern es geschieht, um den freien und guten Menschen herzustellen. Spinoza ist ein Moralist, ein Ethiker und ein Politiker. Er verliert sich nicht in die reine Vision und Kontemplation, sonst würde er sein Werk nicht »Ethik« nennen.

Ich möchte nun des näheren auf die »Ethik« selbst eingehen, Ihnen wenigstens einen Überblick über dieses Werk verschaffen. Es ist der Versuch eines ordo sempiternus rerum in der Welt selbst, eines ungeheuren Halts gegen den Descartesschen Zweifel. Es gibt keinen größeren Gegensatz der Stimmung als zwischen der ersten Meditation des Descartes, aus der ich Ihnen einen Teil vorgelesen habe, mit dem Nachtpunkt der wissenschaftlichen Existenz [vgl. S. 18ff.], und der strahlenden Helligkeit und des Halts, dessen, woran man sich halten kann, in der spinozistischen »Ethik«. Nach dem großen skeptischen Einsturz ist es wieder gelungen, eine Wissenschaft des Reellsten und Realsten, und zwar auf unwiderlegliche, nämlich beweisbare Weise, more geometrico, aufzubauen, die zugleich eine strenge Wissenschaft ist, die auf den Menschen bezogen ist, damit er adäquate Ideen hat und ihnen gemäß handelt, und die sich überdies nicht im mindestens davor hütet, erbaulich zu sein. [...] Diese »Ethica more geometrico demonstrata« enthält fünf Bücher, I. »Von Gott«, II. »Von der Natur und dem Ursprung der Seele«, III. »Von dem Ursprung und der Natur der Affekte«, IV. »Von der menschlichen Knechtschaft oder von den Kräften der Affekte«, V. »Von der Macht des Verstandes oder von der menschlichen Freiheit«. Hier haben Sie also das Wozu, auf das all das hingeht. Es geht nun vorwärts durch Definitionen, Axiome, Lehrsätze, Folgerungen, Erläuterungen. Die Definitionen, mit denen gleich das erste Buch beginnt, geben sich als völlig einleuchtend. Sie erscheinen Spinoza als von genau derselben Einleuchtung wie: Die gerade Linie ist der kürzeste Weg zwischen zwei Punkten, was in unserem euklidischen Raum ohne weiteres einleuchtend ist. Im nichteuklidischen kann der krumme Weg die kürzeste Verbindung sein.

Nehmen Sie nun, verglichen damit, folgende Definition: »Unter Ursache seiner selbst verstehe ich das, dessen Wesenheit die Existenz in sich schließt, oder das, dessen Natur nur als existierend begriffen werden kann.« [Spinoza 1677, I] Da ist der Anselmsche Gottesbeweis darin: Gott ist bei Anselm von Canterbury (1033-1109) das ens perfectissimum, das allervollkommenste Wesen, und da diesem ens perfectissimum zu seiner Perfektion ein sehr Wesentliches fehlte, wenn ihm die Eigenschaft des Daseins fehlte, muß das höchste Wesen auch existieren, und zwar ungeheuer existieren, als ens realissimum, nicht nur als ens realis [vgl. »Proslogion«, Anselm 1966, 204-209 und ff.]. Das Wesen, die essentia, schließt also die existentia denknotwendig ein, vor allen Dingen die suprema essentia, die ganz reine, purissima essentia schließt die Existenz notwendig ein. Dieser späte, höchst verdichtete scholastische Begriff, ein spätes Produkt des menschlichen Denkens nicht nur, sondern auch gesellschaftlicher Verhältnisse, Ausdruck ihrer Ideologie, ist hier

an den Anfang gesetzt als eine der Vernunft ohne weiteres verständliche, ihr eingeborene Evidenz. Hier stockt man schon, aber für Spinoza gilt das als in sich selbst einleuchtend. Wir sind von Euklid weggekommen und erkennen diese Axiome zum Teil nicht mehr an oder nur für unseren Raum. Das älteste, das Parallelenaxiom, erkennen wir auch nicht für unseren Raum an, es wurde auch von der nichteuklidischen Geometrie niemals ganz anerkannt. Im selben Maße haben wir auch hier unsere Zweifel, aber im Grunde keine anderen als die an der euklidischen Geometrie selbst. Ich möchte Ihnen noch einige Definitionen vorlesen, damit Sie wissen, wie sich aus dem entscheidenden Anfang das spinozistische System entwickelt, wie die Haken aussehen, an denen Spinoza die Einzelheiten seines Systems aufhängt. Mit diesem ersten Satz über die Ursache seiner selbst haben Sie Spinoza buchstäblich in nuce. Alles andere ist Auslegung, kann man sagen oder auch: Gehen Sie nach Hause und denken Sie über den ersten Satz nach. Die ganze Welt ist dann nicht mehr als eine Auslegung dieses Satzes.
Die zweite Definition heißt: »Das Ding heißt endlich in seiner Gattung, das durch ein anderes der selben Natur begrenzt werden kann.« [Spinoza 1677, 1] Also ein Körper kann nur begrenzt werden durch Körper, ein Geist nur durch Geist. Nichts kann durch etwas, was nicht seiner Art ist, begrenzt werden. Drittens: »Unter Substanz verstehe ich das, was in sich ist, und durch sich begriffen wird, das heißt das, dessen Begriff, um gebildet werden zu können, den Begriff eines anderen Dinges nicht bedarf.« [A.a.O.] Eine Paraphrase zu der ersten Definition von der Ursache seiner selbst, eine Paraphrase für die Erkenntnis. Viertens: »Unter Attribut verstehe ich das, was der Verstand an der Substanz als deren Wesenheit ausmachend wahrnimmt.« [A.a.O.] Das heißt, die Substanz affiziert uns nicht direkt, sie affiziert uns, unseren Verstand, unser Bewußtsein durch eins ihrer Attribute. Nicht etwa, als wäre, wie so etwas neukantianisch ausgelegt wurde, das Attribut von unserem Verstand zurechtgelegt. Nein, es macht sich das dem Verstand so bemerkbar, ist aber nicht etwa aus dem Verstand erzeugt oder auch nur durch den Verstand gefärbt. Die Attribute sind die Eingangstore oder Ausgangstore der Substanz, von denen uns nur zwei bekannt sind. Fünftens die Definition des Modus. Modus ist individuelle Daseinsweise, Einzelding. »Unter Modus verstehe ich die Affektionen der Substanz oder das, was in einem

Andern ist, durch das es auch begriffen wird.« [A.a.O.] Das heißt: Modi sind die endlichen Dinge, es sind die Vielheiten, in die sich die Attribute zersplittern. Die Einzeldinge selbst aber entbehren jeder Selbständigkeit. Sie sind die Zuständlichkeiten der Attribute und damit der Substanz, die streng gesetzmäßig, notwendig determinierten Zuständlichkeiten Gottes oder der Natur, die trotz voller Gesetzmäßigkeit entstehen und vergehen wie die Wellen im Ozean. Also Sie alle und ich hier und unsere Stunde und unsere Gelegenheit ist ein Modus, der entsteht und vergeht wie eine Welle, wieder eingesogen wird, der auf seine vergängliche Art, wie ich hoffe, das Attribut der cogitatio ausdrückt, aber selbst keine Erstreckung in das Innere des Attributs und das Innere der Substanz hinein hat. Es ist, als ob dieses Attribut wie Tiefsee wäre, dreihundert Meter unter der Wasseroberfläche, wo der furchtbarste Monsun, Taifun oder Hurrikan nicht mehr das Wasser bewegt. So ist einige hundert Schritte von uns entfernt, genau im selben Cogitatio-Wesen tiefe Ruhe, und erst recht im Ganzen, in der Substanz selbst. Völlig spinozistisch drückt das Goethe in den Versen aus: »Und alles Drängen, alles Ringen / Ist ewige Ruh in Gott dem Herrn.« [»Zahme Xenien VI«, Goethe 1972, 710] Das heißt nicht, daß es die Bewegtheit nicht gäbe; deshalb ist auch das Tiefseegleichnis mit einem leichten Minuszeichen zu versehen, es ist ja nur ein Gleichnis. Die Bewegtheit hört nicht auf, als ob sie nicht da wäre, sie ist nur, in der Tiefe betrachtet, ewige Ruhe; das Drängen und Ringen selbst ist ewige Ruhe. Das ist aber nun nicht dialektisch gemeint bei Spinoza. Das wäre es an Ort und Stelle nur, wenn Drängen und Ringen gleichzeitig ewige Ruhe wären, wie Bewegung und Ruhe identisch sind im dialektischen Verhältnis, was bei Galilei beginnt. So ist es hier nicht, sie sind ja nicht am gleichen Ort zugleich, sondern in einer ganz anderen Sphäre vereint. »Sub specie aeternitatis« – wie Spinoza an solchen Stellen sagt [Spinoza 1677, 261 u. ö.] – unter dem Gesichtspunkt der Ewigkeit ist das Ruhe.

Soviel nun über die Modi. Sie sehen, Spinoza ist nicht nominalistisch, die Einzeldinge sind nicht die Wirklichkeiten, allerdings ist er auch nicht begriffsrealistisch. Diese ganze Problemstellung hat sich seitdem verändert und zwar durch die mathematische Naturwissenschaft. Sowohl Einzeldinge als auch allgemeine Begriffe (genera) sind hier Modi, indem sie ja auch etwas Vergängliches darstellen, indem sie einer inadäquaten Idee entfließen. Für die

Substanz selbst gilt ja auch kein Allgemeinbegriff, überhaupt keine Bestimmung mehr, nach dem ebenfalls sehr berühmten Satz Spinozas, den ich schon erwähnte: »Omnis determinatio est negatio«, »jede Bestimmung ist Verneinung« [Spinoza 1977, 210]. Sage ich von einem sehr hohen Gegenstand, von einem sozusagen ganz besonders allgemeinen Gegenstand, seine Allgemeinheit aus, dann schließe ich damit etwas anderes von ihm aus. Wenn also Gott gütig ist, dann ist er nicht böse. Damit ist doch ein Minus angegeben. Wenn also die einzelnen Individuationen nicht gerade Schein, aber fundierter Schein sind, in der Weise Schein sind, wie die Wellen Schein sind, und so real, wie die Wellen real sind, so sind die genera, die Allgemeinbegriffe, in der Tiefe, in der Essenz ebenfalls nicht als real zu betrachten. Nun geht es zu dem hin, worauf es ankommt, nämlich zu dem Verhältnis dieser beiden Pole: Unendlichkeit und Ewigkeit der Attribute auf der einen Seite und Freiheit auf der anderen. Zu der Ewigkeit oder Unendlichkeit wieder ein Axiom, das sechste: »Unter Gott verstehe ich das unbedingt unendliche Wesen (...)« [Spinoza 1677, 1], also etwas, was durch nichts anderes begrenzt ist, wodurch es endlich wäre, oder was nicht mehrfach in der Welt vorkommt, wodurch seine Selbständigkeit aufgehoben wäre. Es ist das, was dann per definitionem aus unendlich vielen Attributen besteht, von denen jedes ein ewiges und unendliches Wesen ausdrückt, und zwar vollkommen ausdrückt. Nun kommen wir zur Freiheit. Wir haben ein sequi ex, wir haben ein Denken more geometrico, also streng notwendige Ableitung, wo überhaupt kein Platz für die mindeste Willkür ist, ein System strenger Determinierung, das so weit geht, daß es auch mit dem dauernd unmerklichen Übergang vom Geometrischen ins Naturwissenschaftliche jede Wahlfreiheit ausschließt. Nichts ist frei im Sinn von Willkür, nichts entspringt aus sich selbst. Nur eins ist frei, causa sui. Denn wie definiert Spinoza die Freiheit in der siebenten Definition: »Das Ding soll frei heißen, das nur kraft der Notwendigkeit seiner Natur existiert, und allein durch sich selbst zum Handeln bestimmt wird«; (– Die Notwendigkeit ist nicht aufgehoben dabei, aber es heißt: Notwendigkeit seiner Natur. So ist nur causa sui, Ursache seiner selbst. Es geht weiter: –) »notwendig dagegen, oder besser gezwungen, (heißt) das Ding, das von einem anderen bestimmt wird, auf gewisse und bestimmte Weise zu existieren und zu wirken.« [Spinoza 1677, 2] Notwendig ist aber auch Gott selbst, Deus sive natura ist ja der höchste Ort der Notwendigkeit. Gott kann gar nicht anders, weil er seinem Wesen nach determiniert ist. Weil aber sein Wesen mit seiner Existenz völlig zusammenfällt, er durch nichts anderes begrenzt ist, so ist die absolute Notwendigkeit in der causa sui dasselbe wie absolute Freiheit.

Nicht dagegen gilt das für die Modi. Es gibt einen berühmten Satz von Spinoza gegen die Willensfreiheit. Wenn ein geworfener Stein mitten auf seiner Bahn plötzlich Bewußtsein bekäme, würde er glauben, daß er aus eigenen Stucken fliegt [Spinoza 1977, 236]. Das heißt, er weiß gar nicht – da er erst jetzt Bewußtsein bekommt –, wodurch er fliegt, wer ihn geworfen hat; den Jungen, der ihn geworfen hat, kennt er ja nicht. Das richtet sich gegen die psychologische Freiheit oder Wahlfreiheit. Nun geht aber doch das ganze spinozistische System auf Freiheit hin, Freiheit in einem ungeheuren Bogen zu der großen Notwendigkeit, die in der substantia, in der causa sui selbst ist. Wir werden also diese beiden, Freiheit und Substanz, Freiheit und Notwendigkeit, Freiheit und Ewigkeit in einer seltsamen Verbindung sehen. Das ist das Wozu, der homo liber, auf das das spinozistische System ausgeht. Nun kommt die letzte Definition: »Unter Ewigkeit verstehe ich die Existenz selbst, sofern sie als notwendige Folge aus der Definition eines ewigen Dinges begriffen wird.« [Spinoza 1677, 2] Also: Ewigkeit der Substanz ist Ewigkeit der Welt, die ewig aus ihr fließt. Eine ungeheure, riesige Überwelt mit schwindelnden Tiefen und unendlich vielen Attributen, von denen nur zwei uns zugänglich sind. Nicht: »Du gleichst dem Geist, den du begreifst« [Goethe, Faust I, Vers 512], das wäre neukantianisch interpretiert; immerhin können wir nur durch diese beiden Eingangs- und Ausgangstore uns des an Attributen unendlichen Wesens vergewissern. Wie kommt es nun, daß der kleine Modus Mensch für Spinoza doch wieder unendlich wichtig ist? Wodurch wird nun das Menschenleben, in seiner Freiheit und seiner Tapferkeit, in seiner Lichthaftigkeit, in seinem Sich-Zuwenden zur Lichthaftigkeit so betont, daß man eine Darstellung einer Philosophie »Ethica« nennen kann und sie nicht Theologia oder Theosophia oder Darstellung des Überkosmos nennen muß? Warum nicht der Titel wie bei Giordano Bruno: »Von der Ursache, dem Prinzip und dem Einen«? [Bruno 1584] Warum heißt das »Ethik«? Dies ist das Problem, das uns im Zusammenhang jetzt weiter beschäftigen muß.

Gehen wir darauf zurück, daß Leib und Seele für Spinoza dasselbe Wesen sind, nur unter verschiedenen Attributen aufgefaßt. Es gibt aber in den beiden Attributen des Leibes und der Seele verschiedene Bewegungen, die durch inadäquate Willens- oder Ideenantriebe – Wille, Verstand und Idee sind ja dasselbe – nachlassen in ihrem sequi ex. Da haben wir eine Schwierigkeit: Wie ist das möglich? Mit ewiger Notwendigkeit erfließt alles in der Welt, wie die Eigenschaften eines Dreiecks aus seiner Definition erfließen, aus der substantia sive Deus sive natura, und hier gibt es ein Nachlassen, ein Sich-Sperren sogar, ein Trotziges, ein Deprimiertes, und all dieses Nachlassen ist durch Verbiestertheit oder Traurigkeit ausgedrückt. Es fühlt sich nicht wohl, das Nachlassen. Aber immerhin, es kommt doch vor. Das kommt durch Affektionen, die unseren Körper betreffen und die sich nun, was dasselbe ist, als inadäquate Ideen in unserem Verstand zeigen; das heißt, es sind Ideen, die nicht klar und deutlich sind, weil wir ihre Ursachen nicht kennen [vgl. Spinoza 1677, 100 f. u. ö.]. Mit diesen Affektionen, die unser Körper hat und die sich ausdrücken in unserem Bewußtsein, ist kein Kausalverhältnis zwischen Körper und Bewußtsein angenommen, sondern es ist ein Gleichmäßigkeitsverhältnis, etwas, was wieder an Geulincx und den Okkasionalismus erinnert, ohne daß der Mythos von dem gemeinsamen Uhrmacher strapaziert würde [vgl. S. 49]. Aber es drückt sich das aus nach dem Grundsatz, der durchgehend zwischen Körper und Geist, zwischen Ausdehnung und Denken gilt: »Ordo, et connexio rerum idem est, ac ordo, et connexio idearum« Oder umgekehrt: »Ordo, et connexio idearum idem est, ac ordo, et connexio rerum.« [Spinoza 1677, 48] – »Die Ordnung, Verknüpfung der Gedanken ist dieselbe wie die Ordnung, Verknüpfung der Dinge.« Wenn Sie diesen Satz so lesen, daß die Gedanken zuerst stehen, ist er erzidealistisch, wenn Sie den Satz umdrehen: Die Ordnung, Verknüpfung der Dinge ist dasselbe wie die Ordnung, Verknüpfung der Gedanken, ist er erzmaterialistisch, durchaus in keinem Fall agnostisch. Dieses, was erkenntnistheoretisch den Spinozismus ausmacht, macht ihn hier auch psychologisch-moralisch aus, indem die Störungen durch Leidenschaften und die inadäquaten Ideen einander parallel laufen. Nun müssen diese Störungen, die in uns sind, überwunden wer-

den. Das, was in der Läuterung des Verstandes begonnen wurde, geht in dem fünften Buch der »Ethik« auf ungeheurer Höhe weiter, also Krieg gegen die inadäquaten Affekte und Krieg gegen die inadäquaten Ideen, nur gegen die inadäquaten, denn beileibe nicht alle Affekte und erst recht nicht alle Ideen sind inadäquat.
Spinoza stellt in dem dritten Buch der »Ethik« eine Tafel der Leidenschaften zusammen, eine Tafel der Affekte [Spinoza 1677, 153-169]. Das haben wir schon bei Descartes gehabt. Ich sagte Ihnen, daß die Affekte ein beliebtes, beunruhigendes Diskussions- und Gesprächsthema im Barock waren. Also auch hier eine Tafel der Affekte, bei denen Spinoza die Leidenschaften alle erzrationalistisch definiert im Zusammenhang mit einer Idee, die einen Affekt hervorruft. Nun werden beide, Affekte und Ideen, das heißt, adäquate Affekte und adäquate Ideen, zum Kampf gegen inadäquate Affekte und inadäquate Ideen aufgerufen [vgl. a.a.O., 169 f.]. Zu den inadäquaten Ideen gehört auch – wir haben wieder mechanischen Materialismus – gut und böse [a.a.O., 133], schön und häßlich [a.a.O., 40], nicht nur Zwecke. Der Gedanke, daß eine Sache zweckmäßig angeordnet wäre, ist also für Spinoza eine inadäquate Idee, eine subjektive Täuschung [vgl. a.a.O., 34-42]. Aber auch der Gedanke von gut und böse ist eine inadäquate Idee, die aufgelöst wird und aufgelöst werden soll. Man soll eine Sache nicht bejubeln, eine Sache nicht beklagen, eine Sache nicht belachen, eine Sache nicht beweinen, sondern eine Sache begreifen. Solange ich mich in dem anderen Zustand befinde, habe ich zugleich inadäquate Affekte und inadäquate Ideen. Das ist wieder extremer Rationalismus. Spinoza ruft nun, um die inadäquaten Ideen zu vertreiben, die Affekte selbst auf. Er läßt Affekte sich durch Affekte bekämpfen. Im Politischen sollen inadäquate Affekte inadäquate Affekte bekämpfen, eine von diesen Bestien soll gegen die andere ausgespielt werden. Der Weise aber bekämpft seine inadäquaten Affekte nur durch adäquate [vgl. a.a.O., 275 f.], und der Grundaffekt gegen alle inadäquaten Affekte ist fortitudo, Tapferkeit [a.a.O., 152 f.]. Zu den inadäquaten Affekten gehören einige, die Ihnen auf den ersten Blick gar nicht als inadäquat erscheinen, zum Beispiel Reue [a.a.O., 161], zum Beispiel Mitleid [a.a.O., 160]. Das Christentum ist so weit weg, daß Spinoza Mitleid ablehnt. Das Sakrament der Buße im Christentum – die jährliche Buße wurde auf dem IV. Laterankonzil 1215 zur Christenpflicht

gemacht –, das mit der Verinnerlichung des Christentums im Mittelalter das Sakrament der Taufe so weit überboten hat, scheint bei Spinoza nie existiert zu haben. Reue ist schon deshalb ein inadäquater Affekt, weil sie traurig macht. Was traurig macht, vermindert unser Sein; Mitleid macht traurig, deprimiert, alle deprimierenden Affekte sind per definitionem inadäquat. Freudigkeit [a.a.O., 160] ist das Zeichen eines adäquaten Affekts und bedeutet Lebenssteigerung, Lebensstärkung. Bei Spinoza, diesem kontemplativen Menschen, der ein so einsames und zurückgezogenes Leben geführt hat, finden Sie solch einen Atem von Renaissance wieder, eine solche Bewertung, auch Überbewertung der aufsteigenden Lebenswerte als dem einzigen, was die Menschen zu Menschen macht, wie sie kaum in der Renaissance selbst erschienen ist. Gegen alles Niederziehende, Drückende, uns Bedrückende gibt es die Tapferkeit als Haltung. Mein Glück ist meine Ehre, so läßt sich das ausdrücken. Suum esse conservare, sich am Sein erhalten [a.a.O., 188f. u.ö.], mein wahres Sein erhalten heißt tapfer sein, aufrecht sein gegen alle inadäquaten Affekte und gegen alles, was mir in der Welt inadäquat zu geschehen und zuzustoßen scheint. Ich muß die Notwendigkeit entdecken und mich demgemäß erhalten. Ein aktiver Affekt, ein adäquater Affekt ist der Grundaffekt der Tugend [a.a.O., 176]. Tugend als virtus, im römischen Sinn, ist vermittelt durch Nicolò Machiavelli (1469-1527) [vgl. Machiavelli 1513, VI. Kap. u.ö.]. Virtus heißt eigentlich Mannhaftigkeit, ist ganz falsch übersetzt mit Tugend. Nicht die Tugend ist gemeint, die Wilhelm Busch (1832-1908) verspottet: »Die haben alles hinter sich / Und sind gottlob recht tugendlich.« [Busch 1872, 206] Das ist der pfäffische, der bettjackenhafte und nachtmützige Begriff von Tugend, der im 19. Jahrhundert dann kam, im Biedermeier, mit dem angewärmten Nachttopf. In Spinozas Begriff der Tugend steckt Renaissanceatem, und in diesem Sinn ist sein berühmter Satz aus dem fünften Buch der »Ethik« zu verstehen: »Die Glückseligkeit ist nicht der Lohn der Tugend, sondern selbst Tugend« [Spinoza 1677, 274]. Das heißt Mannhaftigkeit, das heißt Identischwerden mit dem echten Sein in uns. Auf diese Weise habe ich zugleich eine adäquate Idee, ich bin in Kontakt mit dem Grundsein selbst, mit dem wahren Sein. Diese alte philosophische Sehnsucht des ἐν ἐτεῇ ὄν, des in Wahrheit Seienden bei Demokrit und bei Platon [vgl. Windelband 1900, 83], findet hier eine neue, ganz andere Antwort. Die Stoiker nannten es ὁμολογουμένως τῇ φύσει ζῆν [vgl. Diogenes Laertios 1955 II, 48 f.], in Übereinstimmung mit der Natur leben. Mit dem Wesen, mit der Gott-Natur in Übereinstimmung leben, das führt bei Spinoza aus all den Endlichkeiten, Erbärmlichkeiten, aus allen menschlichen Begrenztheiten und aus allen schlechten Einzelheiten heraus. Das haben wir bei Bruno auch kennengelernt, nur war es da ein Verschießen im All, ein ästhetisches Erlebnis, die Welt als ein ästhetisches Phänomen [vgl. Bloch 1977, 198]. Bei Spinoza ist sie ein moralisches Phänomen von Freiheit und von Freiwerden, indem ich mich mit der Notwendigkeit des Geschehens, mit der Substanz, von der ich doch auch ein Modus bin, vermittle. So gewinne ich den Anschluß aus dem Erlahmen, aus dem Ermatten, aus dem Traurigwerden, aus dem Absinken heraus. Ich tauche ein in den Äther der unendlichen Substanz, ich erlange einen Begriff vom Schicksal als adäquater Idee und erlange auf einer anderen Ebene wieder die stoische Versöhntheit mit dem Schicksal, den amor fati, die Liebe zu dem Schicksal, die zusammenfällt mit »amor Dei intellectualis«, mit der intellektuellen Liebe zu Gott [Spinoza 1677, 267 u. ö.].

Willensfreiheit und Weltvollkommenheit

Wir kommen jetzt zum Abschluß der Betrachtung der spinozistischen Ethik. Der homo liber besteht mit fortitudo, mit Tapferkeit die inadäquaten Affekte, er überwindet mit Weisheit die inadäquaten Ideen. Darin steckt nun ein Widerspruch, der durch die weite Spannung, die innerhalb der spinozistischen Lehre zwischen den beiden Polen Freiheit und äußerste Notwendigkeit besteht, verdeckt oder vermittelt ist. Wie ist es möglich, daß in einer Lehre, die die strengste Determiniertheit alles Geschehens lehrt und sie mit einer Strenge lehrt wie keine bisherige Philosophie, auch nicht Demokrit, auch nicht die Stoa, obwohl bei beiden die Ananke, die Notwendigkeit, die beherrschende Rolle spielt, wie ist es möglich, daß darin der homo liber einen Platz hat? Wir sehen darin dasselbe Problem, das in der Stoa bereits aufgetaucht ist [. . .]: Willensfreiheit und Weltvollkommenheit lassen sich nicht ohne weiteres vereinen. Das war auch stets ein Angriffspunkt der Skeptiker und auch der Epikureer gegen die Stoa gewesen. Wir haben hier bei Spinoza, was ich aufs neue betonen will, Berührung mit Neustoizismus, denn unter den vielen Philosophien des Altertums, die mit der Renaissance neu ins Bewußtsein traten, ist die Stoa nicht die geringste. Wir haben Epikur, durch Gassendi erneuert, und wir haben die Stoa, durch den Holländer Justus Lipsius (1547-1606) erneuert. Diese Philosophien traten nun teils an die Stelle von Aristoteles, den das Mittelalter allein kannte, teils traten sie neben ihn. Da sich nun so viel Stoisches auf einer neuen Ebene bei Spinoza vorfindet, haben wir auch diesen Widerspruch. Der Widerspruch bei der Stoa lautete: Wie ist es möglich, daß in einer vollkommenen Welt, nicht nur in einer völlig determinierten Welt, sondern auch in einer Welt der guten, ja der vollkommenen Ananke, deren Notwendigkeit allem zum besten dient, wie ist es da möglich oder notwendig, daß ein Weiser gelehrt wird, der die Tugend der Ataraxie hat, also der Unerschütterlichkeit, der Unabhängigkeit vom Weltlauf? Der Weise tritt aus dem Weltlauf aus, er erfüllt seine Wünsche nicht, sondern er vergißt sie. Er besitzt die rauhe Haut einer dorischen Säule; und so steht er einsam und aufrecht inmitten einer Welt, in der es die Neros gibt, zum Beispiel wie Seneca (um 4 v. Chr.-65 n. Chr.): Sein Recht und sein Glück ist, daß er im äußersten Fall die lächelnde Freiheit des Selbstmords hat. Wenn die Welt so vollkommen ist, ist dieser Weise nicht notwendig. Hier stecken Schwierigkeiten. Die gesellschaftlichen Gründe für diese beiden Buchführungen sind deutlich: Der eine ist das Pathos des losgelösten Individuums, das auftritt, nachdem die Polis zerfallen ist, das die Ataraxie des Weisen erstrebt. Der andere ist erst das Reich Alexanders, das hellenistische Imperium, und dann das römische Imperium. Die Ganzheit des Menschengeschlechts, der freimaurerische Kosmopolitismus von damals gibt den Zusammenhang mit dem Weltall und dem Weltganzen als der herrlichen Stadt des Zeus, wie Kleanthes, der Stoiker (331?-231? v. Chr.), sagte [vgl. »Zeushymne« in: Pohlenz 1947, 109f.] Ganz ähnliches sehen wir hier. Die Probleme sind also vom Unterbau gegebenenfalls reichlich unabhängig, wenn sie durch die Angelegenheiten des Unterbaus nicht gelöst sind, so daß sie den Strom der Zeiten hinabschwimmen mitsamt dem vergangenen gesellschaftlichen Verhältnis von damals. Hier hält sich etwas, wie in der Naturwissenschaft, so auch in der Sprache. Solche Probleme gewinnen dann einen neuen gesellschaftlichen Auftrag. Wir werden noch bei der spinozistischen Staatslehre darauf kommen, wo ja im ganzen ein neuer Raum des Denkens beschritten ist, gespeist durch alles, was seit der Stoa im menschlichen Denken entwickelt worden war.

Bei Spinoza ist die Verbindung nun die: Es entsteht Freiheit mitten in der Notwendigkeit, und der homo liber, der freie Mensch, ist ein Mensch mit lauter adäquaten Affekten und lauter adäquaten Ideen, das heißt frei von Störungen durch Leidenschaften, Vorurteile, Haß, Liebe, Demut, Reue, frei von allem, was den Menschen bedrückt. Die adäquaten Affekte enthalten Heiterkeit, und die inadäquaten Affekte sind niederziehend, niederdrückend, verwüstend. Das ist ausgedrückt in dem großen Satz: »Die Glückseligkeit ist nicht der Lohn der Tugend, sondern selbst Tugend« [Spinoza 1677, 274]. Durch die adäquaten Affekte und Ideen, durch die Angemessenheit heißt das – durch die Sachlichkeit läßt sich auch sagen –, bekommt der homo liber Anschluß an das Leben der absoluten Notwendigkeit, also der causa sui [a.a.O., 1], also der natura sive Deus [a.a.O., 172]. Das heißt, er gewinnt Anschluß an die Freiheit der Substanz, an die Freiheit des Weltwesens, die gerade deshalb Freiheit ist, weil sie in völligem Zusammenhang mit ihrer eigenen Natur steht, weil sie nur als causa sui, kraft ihrer eigenen Natur handelt, allerdings mit einer Notwendigkeit, die ebenfalls durch die eigene Natur bestimmt ist. So bekommen wir den paradoxen und fast dialektisch anmutenden Mischbegriff, den Spinoza »libera necessitas« nennt, freie Notwendigkeit [Spinoza 1977, 236]. Libera necessitas ist das substantielle Korrelat für den homo liber, ist also freie Notwendigkeit in Gott oder der Natur, eine Notwendigkeit, deren sich der homo liber versichert durch den amor Dei intellectualis, durch die intellektuelle Liebe zu Gott [Spinoza 1677, 267 u. ö.]. Intellektuell heißt hier adäquat. Diese Liebe ist also weit von allen inadäquaten Affekten und inadäquaten Ideen entfernt. Sie haben darin wieder die Verbesserung des Verstandes, »De emendatione intellectus« [Spinoza 1677a]. Intellektuelle Liebe heißt rein gewordene Liebe. Mit einer rauchverzehrenden Flamme brennt diese Liebe. In ihr hat kein Rauch, hat nichts Inadäquates der Affekte und der Ideen Platz. Das Ganze ist so, daß ein neues, auch der Stoa gegenüber neues Ideal des Weisen erscheint. So war es in der Stoa doch nicht. In der Stoa standen die beiden, der freie Mensch mit Unerschütterlichkeit und die vollkom-

mene Notwendigkeit, trotz des in Übereinstimmung-mit-der-Natur-Lebens viel unverbundener nebeneinander. Vor allen Dingen war in der Stoa kein rechter Platz für das Inadäquate, während das Inadäquate hier, mindestens der systematischen Anordnung nach, einen Platz hat, indem es in das Subjekt hineingeladen wird. Es ist der Mensch, der sich selbst im Licht steht, bei der Erringung adäquater Affekte und adäquater Ideen hinderlich ist.
Das Ganze hat noch eine Beziehung zur Antike, nicht nur zur Stoa, sondern zu dem, wozu auch die Stoa wieder eine Beziehung hat, nämlich zu der Sokratischen Ethik, zu dem Sokratischen Intellektualismus. Sie wissen, bei Sokrates tut kein Mensch freiwillig Unrecht [vgl. Platon 1957, 358a]. Wenn er eingesehen hat, was das Gute ist, muß er es tun. Es besteht gar keine Möglichkeit des Widerstrebens mehr. Sokrates kennt keinen Trotz, kein Justament, keine angeborene Sündhaftigkeit, sowenig wie Spinoza. Und ebensowenig wie Spinoza kennt er ein eigenes Leben des Willens. Ich sagte Ihnen, bei Spinoza sind Wille und Verstand dasselbe, denn das Wollen besteht aus Bejahen und Verneinen [Spinoza 1677, 90]. Ich will das, was ich bejahe, ich will das nicht, was ich verneine. Das Wollen erfließt daraus als Affekt, und das Verneinen und Bejahen sind logische Akte, Urteilsakte. Während man also auf der einen Seite in die Logik willenshafte Elemente hineinbrachte oder sogar mit Recht in ihr sah – nämlich Verneinen und Bejahen als Willensakte im Urteil –, ist es hier umgekehrt. Auch noch die Willensakte werden in Urteilsakte aufgelöst, Bejahen und Verneinen ist also Wollen oder Nichtwollen, Wille und Verstand sind eines und dasselbe. Ein ungeheurer Intellektualismus, der eben auf frische Weise an Sokrates erinnert. Durch den Anschluß nun an die libera necessitas, durch die Teilnahme an ihr wird der Mensch frei. Er steckt nicht mehr in der Endlichkeit und nicht mehr in der äußeren Determiniertheit, sondern er ist Gott gleich geworden. Er ist gleich Gott ein aus sich rollendes Rad, er hat sich eingedrängt in die absolute mechanische Notwendigkeit. Es ist eine mechanische Notwendigkeit mit Ursache und Wirkung und nichts sonst, ohne Zweck, ohne gut und böse. Wenn der Mensch sich angeschlossen hat an die mechanische Notwendigkeit Dei sive naturae, handelt er mit derselben Notwendigkeit, mit der auch das sequi ex aller Modi, aller Einzeldinge, aus Deus sive natura dauernd entfließt. So entstehen die Erscheinungen der Natur mit derselben Notwendigkeit,

mit der die Natur selbst existiert, und so entstehen mit derselben Notwendigkeit die Entschließungen, die Handlungen und die Ideen des freien Menschen. »Eritis sicut Deus« [Goethe Faust 1, Vers 2048] ist darin, ihr werdet sein wie Gott, aber nun nicht wie ein persönlicher Gott, sondern, und dies muß festgehalten werden, denn es macht ja eben den Pantheismus aus: Dieser Gott ist gänzlich naturalisiert, gänzlich immanent bei all den schwindelnden Tiefen von Geheimnis, da er ja unendlich viele Attribute besitzt, von denen die Ausdehnung und das Denken nur die zwei sind, die wir erfassen. Unerachtet dieser unendlichen Tiefen von Geheimnis ist er Natur, eine Natur, von der wir nur zwei Segmente sehen, aber er ist das Allgemeinste der Welt und er ist gänzlich unpersönlich. Wenn also schon das Gute und das Böse keinen Platz haben in der Welt, so hat die Person erst recht keinen Platz in dem Wesen der Welt. Alle Vermenschlichungen fallen weg, eine ungeheure Gegenbewegung findet auch hier statt gegen die Griechen und gegen das Alte und das Neue Testament zugleich. Denn auch die Griechen haben ja ihre Götter vermenschlicht, das heißt, sie haben die Theologie humanisiert, und die Bibel hat Gott ebenfalls bestimmt, indem der Mensch bestimmt wurde als im Ebenbild Gottes geschaffen [1. Mose, 1, 27]. Also ist Gott die Uridee des Menschlichen, des Menschhaften, also gehört die Vermenschlichung Gottes zu seiner Bestimmtheit.

Spinoza lehnt – und hier schließt er an Maimonides (1135-1204) an, wie dieser wieder an den Neuplatonismus anschließt – auch alles ab, was Einzelheit ist, alles Psychologische. Von dem Äußeren Gottes brauche ich gar nicht zu reden, also von dem langen weißen Bart und von all den Kindermätzchen, die ein nicht besonders geschmackvoller französischer Karikaturist in ewiger Wiederholung darstellt. Davon ist selbstverständlich in Theologie und Religionsphilosophie nie die Rede gewesen. Aber abgesehen von dem langen Bart und ähnlichen Witzen – auch daß Gott langmütig ist, daß er geduldig ist, daß er zornig ist, daß er gar die Liebe ist, wird als menschliche Bestimmungen abgelehnt. Es gibt also einen Deus absconditus, einen verborgenen Gott, so wie es, mit sehr viel mehr Konkretheit im Begriff, einen homo absconditus gibt, einen verborgenen Menschen. Dieser Deus absconditus hat keine Eigenschaften; das Ende ist dann negative Theologie, daß sich überhaupt nichts sagen läßt: Nicht nur nichts Menschliches läßt sich sagen, sondern überhaupt nichts, was aus der anthropologischen oder aus der kosmischen Sphäre genommen ist. All das verneint Spinoza mit dem Satz: »Omnis determinatio est negatio«, alle Bestimmung ist Verneinung [Spinoza 1977, 210]. Also gibt es in dieser natura sive Deus nicht nur keine menschliche, sondern am Ende überhaupt keine Bestimmung – und zwar gerade aus Bestimmung, denn das ist die Bestimmung, keine Bestimmung zu haben [vgl. Hegel 1812, 85]. Das ist nicht Agnostizismus, sondern die Form der Erkenntnis des Ewigen, daß keine Bestimmung daran ist. Erst recht aber fallen mit deutlicher Polemik gegen das Christentum, gegen den Theismus, alle persönlichen Bestimmungen aus. Es entsteht eine rein leuchtende Erhabenheit, ein reines Licht, das gestaltlos ist aus höchster Gestalthaftigkeit. Hier haben wir die Ebene der Mystik, denn durch alle Mystik geht hindurch, daß das Höchste ein gestaltloses Licht ist. Das gibt es auch in Philosophien: Bei Platon verschwindet die Gestalt in der Idee des Guten, der obersten Idee [vgl. Platon 1958a, 516f. u. ö.]. Sie haben es bei Lao-tse, Sie haben es bei Meister Eckhart. Überall ist der Generalnenner des Mystischen – ganz gleich, wie sonst die gesellschaftlich bedingten und auch personhaft bedingten Unterschiede sind –, daß negative Theologie statthat. Auch Mystik wendet sich also gegen Theismus. Die Folge aber ist, daß dieser Deus sive natura so unendlich weit entfernt ist, daß es nichts Festes, daß es keine Anschauungen geben kann, daß es nicht nur keine Maria geben kann, wie sich hier von selbst versteht, sondern daß es auch keinen Jesus, daß es auch keine gottgeweihten Männer, keine Propheten geben kann, daß es überhaupt keinen Rapport gibt als die abstrakte wissenschaftliche Liebe zu Gott, das heißt zur Natur. Im amor Dei intellectualis verschießt am Ende alles. Das ist der ungeheuerliche Umschlag: Nicht nur verschwindet Gott als *persönlicher* Gott, so daß man hier von Atheismus wohl sprechen kann, wenn man das Wort »Theismus« genau nimmt – denn Theismus ist nicht nur die Lehre von der Existenz Gottes, sondern eines persönlichen Gottes. In ungeheurer Übersteigerung haben wir auch Akosmismus [vgl. Hegel 1836, 195]. Das heißt, am Ende gibt es auch keine Welt im Wesen. Die Modi sind ja vergänglich, haben nichts mit dem Wesen zu tun, sind Schaum an der Oberfläche. Vielheit, Werden, Zeit, Geschichte, Weltgeschehen sind, gründlich betrachtet, alles inadäquate Ideen. Was in den beiden Attributen Raum und Bewußtsein ist, das gehört nicht zu

Raum und Bewußtsein, und der Raum selbst, der dem am nächsten steht, ist als unendlich schöpferischer ebenso in extremster Weise unsichtbar. So haben wir doch wieder Bibel, wir haben nämlich den Unsichtbaren, nun bis zu Ende getrieben. Daß dieser Unsichtbare und dieses Unsichtbare das Wesen ausmachen, erfuhr Alexander im Tempel von Jerusalem. Als er nach Jerusalem kam, wurde er in das Allerheiligste geführt. Er war schon sehr erstaunt, daß im Vorraum zum Tempel und im Tempel selbst keine Götterbilder standen, und erwartete, sie im Allerheiligsten zu sehen. Aber das war vollständig leer. Er schrieb an Aristoteles, dieses Volk sei ein Volk von Philosophen, denn sie hätten das, was Aristoteles lehre, den gänzlich unsichtigen Gott, νόησις νοήσεως [Aristoteles 1966, Met. 1074b 33 f.], das reine Gedankenwesen seiner selbst. Spinoza hat das aufgenommen und weit übersteigert. Das Ganze ist dabei Natur und Pantheismus. All das steckt in einem Paradox, das ich mit Bewußtsein ausspreche: Wir haben hier *mechanisch-materialistische Mystik*. Durch die Steigerung, durch die Quantitätsvermehrung des Mechanischen und auch des Mechanisch-Materialistischen kommt ein Umschlag: Wir haben wieder Mystik. Darum konnte Spinoza zu den verschiedenartigsten Naturen im Lauf späterer Jahrhunderte sprechen. Das Baden im »Äther der einen Substanz« [Hegel 1836, 165] ist das eine, die Reaktion von Hegel auf Spinoza. Das andere ist das Goethesche und auch das Kellersche: »Trinkt, o Augen, was die Wimper hält, / Von dem goldnen Überfluß der Welt!« [»Abendlied«, Keller 1972, Bd. 3, 301]

Naturrecht und Vertragstheorie

Wir werden diese sehr hohen Gegenden jetzt verlassen, indem wir nach dem naturtrunkenen Mann den Politiker Spinoza wiedersehen, den Freund und Parteigänger Johan de Witts, indem wir der spinozistischen Staatslehre nähertreten, dem Inhalt seiner Schrift »Theologisch-politischer Traktat« [Spinoza 1670]. Wie bei Kant und wie bei Hegel zeigt sich bei Spinoza die echt philosophische Beschaffenheit, den Adlerblick, der in unendliche Fernen schweift, niederfahren zu lassen auf ein Detail der Wirklichkeit. Bei Hegel zeigt sich in noch viel stärkerem Maße ein konkretes Verhältnis zu der Fülle der Gegenstände. Diese sonderbare Begabung überrascht bei Spinoza, aber sie macht eben die große philosophische Begabung aus, ungeheuer wach durch die Welt zu gehen, alles zu sehen, ein völliger Zeitgenosse und dabei in einem ungewöhnlichen Maße auch zeitlos zu sein. Bei Spinoza überrascht das, da doch in seinem System die Modi, das Einzelne, das Vergängliche keinen legitimen Platz einnehmen. Trotzdem, er wendet den Blick darauf hin, auch wenn es in sich selbst geladen ist mit inadäquaten Affekten und inadäquaten Ideen, denn bei ihm ist auch ein ungeheuer realistischer Blick aufs Vorhandene da. Es gibt nun die inadäquaten Affekte und ihren Zusammenhang. Das ist der Zustand, in dem sich die meisten Menschen befinden und in dem sie sich in ihrem Zusammenleben befinden. Dies Zusammenleben der Menschen verabsolutiert Spinoza wie alle vormarxistischen Philosophen; das heißt, der Zustand der Menschen, wie er um ihn herum ist, in der zufälligen Gesellschaft, in der er sich befindet, wird für ihn der Zustand der Menschen schlechthin zu allen Zeiten. Das ist nun ein kapitalistischer Zustand, es ist der Start des konkurrierenden Warenumlaufs um ihn herum oder besser: der miteinander konkurrierenden Warenbesitzer. Und die verstehen keinen Spaß. Wenn die ihr Sein erhalten, wenn die nach dem Grundsatz: suum esse conservare [vgl. Spinoza 1677, 189 u. ö.] handeln, der als ein edler und ganz hoher Grundsatz von Goethe folgendermaßen übersetzt worden ist: »Am Sein erhalte dich beglückt!« [»Vermächtnis«, Goethe 1972, 541] – dann kommt nichts Gutes heraus. Das kommt heraus, was in dem Sein, in der Natur der meisten steckt, was auch Natur ist, nämlich eben das inadäquate Dasein, sowohl Unfreiheit, Ohnmacht, Unwissenheit als auch Zwietracht. Der Zustand der beginnenden freien Konkurrenz wird nun prämiiert: Gesellschaftlich prämiiert wird die Zwietracht, das Gewinnstreben, werden die Ellenbogen, wird der Kampf miteinander. Ganz im Einklang mit Hobbes, der sagte: homo homini lupus [Hobbes 1647, 59], sagt Spinoza: homines a natura hostes, die Menschen sind sich von Natur aus Feinde [vgl. Spinoza 1670, 275 f.]. Es gilt also, da die Predigt des homo liber ja nur wenige erreicht, eine Lösung zu einem sehr herabgesetzten Preis zu finden. Wie können die nicht freien Menschen und die Menschen, die in Zwietracht, in Haß, in Neid und in Bosheit leben, trotzdem zu einem erträglichen Zusammenhalt gebracht werden? Ihre Zwietracht und alles Inadäquate stammen ja ebenfalls aus der Natur. Wo sonst sollten sie herkommen, es ist ja kein Dualismus da. Die Untugend entspringt aus der Natur so gut wie die Tugend mit ewiger Notwendigkeit, sagt Spinoza [vgl. Spinoza 1677, 106f. u. ö.]. Die Vollkommenheit, wenn man eine solche annehmen will auf die Gefahr hin, ein Menschenbild zu gebrauchen, hätte keine Folie ohne die Unvollkommenheit. Wenn es lauter homines liberi gäbe, lauter freie Menschen, könnte man ja gar nicht mehr von freien Menschen sprechen. Es muß also eine Folie da sein, damit der Gegensatz sichtbar wird. Dieser Begriff, die Rechtfertigung Gottes, ist sehr alt; er kehrt auch bei Leibniz wieder. Andererseits hat er auch das Brunosche Wesen in sich, wo aus dem unendlichen Reichtum der göttlichen Natur oder der Natur als Gott auch das Unvollkommene erfließt, denn es ist so viel Material in dieser Natur, daß auch noch die Schatten geliefert werden können. Ein Gedanke, wenn man das einen Gedanken nennen kann, der uns bereits bei Bruno begegnet ist [vgl. Bloch 1977, 195]. So kann Spinoza die Verlegenheiten, die schon die Stoiker hatten, die Verlegenheiten, woher denn das Schattenhafte in dieser Welt kommt, die wie aus Kristall und Licht ist, auf diese Weise wenigstens etwas verständlich machen.

Der Weg nun, diese Feinde mit inadäquaten Affekten und inadäquaten Ideen zusammenzubringen, ist der Weg der Gesellschaft. Hier wäre der Platz für Naturrecht, aber Spinoza hat gar kein Naturrecht in der bisherigen Form. Er hat keinen Glanzstand am Anfang der Geschichte, der allmählich verdunkelt und dann durch mehr oder minder revolutionäre Wiederherstellung des Naturrechts auf höherer Ebene reproduziert wird. Naturrecht bei Spinoza, das ist das Recht eines jeden, sich am Sein zu erhalten [vgl. Spinoza 1670, 60f.], ein ganz physiologisch gefaßtes Naturrecht. Das ist gar keine Wertnatur mehr, sondern eine zoologisch-anthropologische Natur. Das Recht, das jedes Wesen von Natur hat, reicht genauso weit wie die natürliche Macht eines Wesens zu existieren und zu wirken, reicht also so weit wie seine Gewalt [a.a.O., 12], wie gleich am Anfang des »Theologisch-politischen Traktats«, in der »Vorrede«, ausgeführt ist. Die Natur und das Recht sind einander völlig gleich, insofern das Recht als Naturmacht bestimmt wird und Naturmacht wieder als Recht. Es gibt also kein moralisches Naturrecht, das über der Natur schwebte. Naturrecht nennt Spinoza das Recht, das mit jedem geboren ist und das so weit reicht wie seine Macht. Das ist eine völlig realistische Darstellung der kapitalistischen Gesellschaft. »Spinoza spricht vom Staat wie von einer Gesellschaft aus lauter Kaufleuten«, wie Giambattista Vico diese Staatslehre mit sehr scharfem Blick nannte [Vico 1744, 53]. Die Betonung liegt zwar auf *Handels*kapital, aber doch immerhin auf Kapital. Der homo liber, der Weise, ist natürlich aus dem allen heraus, das suum esse conservare wird im homo liber sublimiert, vergoldet, das esse wird an das ens angeschlossen, an natura sive Deus.

Wie kann aber nun mit diesem Naturrecht eine Rechtssicherheit hergestellt werden? Nur wieder durch Gewalt, nur wieder durch Macht, und auch diese Macht erfließt aus der Natur, aus der Natur der Majorität. Die Mehrheit hat die Macht als Mehrheit, so wie zehn Jungen leicht einen einzigen verprügeln können. Fassen Sie das so naturhaft, so naturalistisch wie möglich auf. Es ist sehr sonderbar, daß der Gott-Natur trunkene Mystiker hier so spricht, belehrt durch Machiavelli und durch die Diplomatie, die er in seiner Umgebung sah und einer deren Ratgeber er vermutlich war. Spinoza spricht von Recht der Mehrheit, potentia maioritatis oder multitudinis, von der Macht der Menge, wobei Menge hier Mehrheit heißt und nicht Pöbel. Die Mehrheit ist für den republikanischen Aristokraten Spinoza, den Parteigänger Johan de Witts, keine auf der Straße zusammengelaufene Volksmasse. Das ist Pöbel. Und der Pöbel schreckt, wenn er nicht zittert, heißt hier ein entsetzlich klingender, aber nüchterner Satz. Pöbel ist nicht Masse, wie wir das Wort »Masse« empfinden. Das ist ein treuloser, ein schwankender Pöbel, das ist das, vom Lumpenproletariat an abwärts, was sich verkauft an den Meistbietenden. Da ist nichts von Klassenbewußtsein und gar noch Proletariat, da ist nicht einmal eine klassenbewußte Masse, sondern da ist der Pöbel, der süße Pöbel, den, was eine der größten Taten ist, der Marxismus aus der Welt geschafft hat. Erst dort, wo kein Marxismus war und kein Klassenbewußtsein, tauchte der Pöbel wieder auf, den man 1933 kennenlernte. Pöbel waren die, die in einer bestialischen, in einer an die SS erinnernden Weise die beiden de Witts viehisch abgeschlachtet haben. Dieser Pöbel, vulgus [Spinoza 1670, 5 f., 14 u. ö.] oder turba nennt ihn Spinoza, muß in Schrecken gehalten werden durch republikanische Mehrheit, die selbstverständlich die kapitalistische Mehrheit ist, die Mehrheit der Wohlsituierten in der noch aufsteigenden kapitalistischen Gesellschaft. Durch sie kann die Fülle und

Dissonanz der inadäquaten Affekte im Zaum, in Schach, in Beherrschung gehalten werden. Wir haben infolgedessen die Ideologie einer ständischen Demokratie. Die potestas multitudinis legitimiert die ständische Demokratie, wenn man so sagen kann, und zwar durch Qualifizierung eben der potentia, der Macht, die mit jedem gegeben ist. Der Mann, der auf eine rechtliche Weise seinen Nutzen sucht, sagt Spinoza, ist auf dem Wege, ein homo liber zu werden [vgl. Spinoza 1677, 188 und 196]. Das ist schließlich der Weise in einer Form, wie wir sie später in »Nathan dem Weisen« [Lessing 1968, Bd. 2] kennenlernen. Nathan ist doch ein Handelsmann, ein ungeheuer rechtschaffener Kaufmann und indem er einen untadeligen Wandel vor Gott und den Menschen führt als dieser rechtschaffene Kaufmann, findet er auch glatt den Übergang zur Weisheit. Er hat kaufmännische Kategorien, wenn er vor Saladin seine Parabel von den drei Ringen erzählt [a.a.O., 403 ff.]. Es sieht zwar so aus, als ob die Wahrheit eine Münze wäre, aber schließlich macht er es ganz gut mit seinen kaufmännischen Denkgewohnheiten. So ist auch bei Spinoza dieser Übergang noch bruchlos, wir haben den damaligen Kapitalisten vor uns. Mit Stinnes und Krupp kann man das nicht mehr machen. Aber hier waren die Unvereinbarkeit und die Unverträglichkeit noch nicht so auffallend.

Nach Meinung Spinozas kann also durch emendatio intellectus, durch Verbesserung, Läuterung des Verstandes stufenweise aus dem suum esse conservare über die Macht der Mehrheit der Staat als Rechtsstaat gegründet werden. Er ist eindeutig geschäftsführender Ausschuß der herrschenden Klasse. Der Realismus ist so stark, daß Spinoza, hätte er diese Definition gekannt, sie vielleicht hätte akzeptieren können. Das wäre ja recht, daß der Staat geschäftsführender Ausschuß der herrschenden Klasse ist, denn die herrschende Klasse hält ja die Rechtssicherheit, wo homo homini hostes, der Mensch dem Menschen ein Feind ist. So entsteht der Staat ohne Naturrecht – in einer gänzlich unpathetischen Weise – doch wieder wie bei Hobbes; mit bleibender Physik, mit Naturbestimmtheiten mechanischer Art, die wir auch dauernd in der Ethik haben, entsteht ein Mechanismus von Rechtssicherheit. Es entsteht eine Art von Staatsphysik, wenn man so sagen kann, aus dem Ausgleich und vor allem aus der Beherrschung inadäquater Ideen, wobei Spinoza viel von Machiavelli aufnimmt. Affekte können im ersten

Augenblick nur durch Affekte besiegt werden. Am Ende aber strahlt das Licht der Rechtssicherheit, wodurch, weil Ruhe und Muße geschaffen werden, immer mehr Menschen ein Leben als homo liber möglich wird. Sie können sich mit den höchsten geistigen Angelegenheiten beschäftigen, ihre Identität finden und am Ende stehen amor Dei intellectualis und amor fati. Lauter Spinozisten können dann entstehen, wenn die Rechtssicherheit im Staat geschaffen ist. Das Naturrecht ist da als Oppression, als Unterdrückung der inadäquaten Natur durch Macht. Wir haben hier das relative Naturrecht der mittelalterlichen Kirche in einer bürgerlichen Neuauflage und Umfunktionierung. Ich erinnere an den Unterschied zwischen relativem Naturrecht und absolutem Naturrecht bei den Sekten, das auf den ursprünglichen paradiesischen Zustand der Menschen abzielte [Vgl. Bloch 1961, 38-59]. Bei Spinoza ist das relative Naturrecht der Kirche verweltlicht. Die Oppression richtet sich nicht wie bei der Kirche gegen Sünde – die gibt es bei ihm ja nicht –, sondern gegen inadäquate Ideen. Es richtet sich nicht gegen einen Trotz, den gibt es nicht in dieser intellektualistischen Ethik, sondern gegen mangelnde Einsicht: Wer nicht hören will, muß fühlen; wer es nicht versteht, braucht den Staat, und wer es versteht, braucht den Staat nicht und der Staat bekümmert sich um ihn nicht. So ist der Staat keine Erziehungsanstalt, sondern eine Sicherungsanstalt für freie Menschen, die sich auf dem Boden dieses Mechanismus von stärkerer Macht gegen schwächere Macht, von einer Sicherheitsmacht gegenüber einer Macht von Raubtieren in republikanischer Verfassung erhebt. Wie der Staat nicht pathetisch ist, so ist er auch nicht transzendent, irgendwo gesichert: keine Spur von einem Gottesgnadentum, keine Spur von einem gesalbten Monarchen. Es gibt Republik, die spinozistische Staatslehre ist die Ideologie und Apologetik der bürgerlichen Republik in der Erscheinung, wie sie in Holland gefunden ward [vgl. Spinoza 1670, 100f. und 280ff.], nicht in der Schweiz zum Beispiel, wo ein Patrizierregiment war, eine Adelsrepublik, ähnlich wie in Venedig. Dafür ist die spinozistische Staatslehre eine sehr interessante nüchterne Ideologie. Diese Staatsauffassung erinnert bei ihrem herabgesetzten Preis an den zweitbesten Staat bei Platon. Der späte, deprimierte Platon schrieb am Ende seines Lebens, nachdem dreimal das sizilianische Experiment der Gründung seiner Politeia, der Verwirklichung seiner Utopie fehlgeschlagen war, die »Nomoi«, »Die Gesetze« [Platon 1959]; in ihnen wird der zweitbeste Staat entworfen und in Platons Enttäuschung wird ein Polizeistaat daraus. So ist es hier bei Spinoza nicht, aber es ist der zweitbeste Zustand, der erreichbar ist, nach dem nur wenigen erreichbaren Zustand des homo liber, des freien Menschen mit amor Dei intellectualis. Alle aber müssen sich in tunlichster Nähe der hellen Weltgegenden, in tunlichster Nähe von natura sive Deus versammeln, die einen weniger, die anderen mehr. Suum esse conservare bleibt, aber jeder soll immer seiender werden in dieser Haltung des Seins, so, daß durch die Quantifizierung des Seienden in jedem eine Qualifizierung des Seienden eo ipso eintritt. Wir haben auch hier keinen Dualismus. Der herabgesetzte Preis, der in Ansehung des real Möglichen angenommen wird, ruft keinen Dualismus hervor. Sondern das sind Stufen einer Treppe, emporsteigend zu dem Licht der natura sive Deus, emporsteigend zu dieser Ebene, auf der sich die hellste Weltgegend befindet. All das mit Erklärung, mit Leitung der Welt aus sich selbst, also mit dem, was Engels bereits als genügend für die Definition des Materialismus angab: Erklärung der Welt aus sich selbst [vgl. Engels 1925, 315] oder Verstehen der Natur ohne fremde Zutaten. Dieses Bemühen ist bei Spinoza durchdringend, daher kommt am Ende nicht Wissen um seiner selbst willen heraus, sondern Ethik, Übereinstimmung mit der schöpferischen Natur, in der es, wenn sie adäquat erfaßt wird, keinen Schatten und kein Leiden gibt.

Primäre und sekundäre Qualitäten

Ich möchte Ihnen, bevor wir zum Schluß kommen, noch einige Sätze aus der spinozistischen »Ethik« zum Bewußtsein bringen, zunächst den Anhang zum ersten Buch, der folgendermaßen lautet:

»Hiermit habe ich die Natur Gottes und seine Eigenschaften entwickelt, nämlich daß er notwendig existiert, daß er einzig ist, daß er allein kraft der Notwendigkeit seiner Natur ist und handelt, daß er die freie Ursache aller Dinge ist und in welcher Weise er es ist, daß alles in Gott ist und von ihm derart abhängt, daß es ohne ihn weder sein noch begriffen werden kann, und schließlich, daß alles von Gott vorher bestimmt ist, und zwar nicht durch Freiheit des Willens oder durch ein unbedingtes Gutdünken, sondern durch Gottes unbedingte Natur oder unendliche Macht. Des weiteren habe ich bei jeder gegebenen Gelegenheit Sorge getragen, die Vorurteile wegzuräumen, die der Auffassung meiner Beweise hinderlich sein konnten.

Da jedoch noch eine ganze Reihe von Vorurteilen bleibt, die ebenso, ja sogar von allen am meisten es hindern konnten und können, daß die Menschen die Verkettung der Dinge in der Weise, wie ich sie entwickelt habe, zu erfassen vermögen, so habe ich es der Mühe wert gehalten, sie hier einer Prüfung durch die Vernunft zu unterziehen. Und da alle Vorurteile, die ich hier zu besprechen gedenke, von dem einen abhängen, daß nämlich die Menschen gemeiniglich annehmen, alle Dinge in der Natur handelten, wie sie selber, um eines Zwecks willen, und sogar als gewiß behaupten, daß Gott selbst alles auf einen bestimmten Zweck hinleite – sagen sie doch, Gott habe alles um des Menschen willen gemacht, den Menschen aber, damit dieser ihn verehre –, so werde ich zuvörderst dies eine Vorurteil betrachten; und zwar will ich fürs erste die Ursache aufsuchen, weshalb die meisten sich in diesem Vorurteil befriedigt fühlen, und alle von Natur so sehr geneigt sind, es sich zu eigen zu machen. Sodann werde ich zeigen, daß es falsch ist, und schließlich, wie aus ihm die Vorurteile über Gut und Schlecht, Verdienst und Verbrechen, Lob und Tadel, Ordnung und Verwirrung, Schönheit und Häßlichkeit und über anderes dieser Gattung entsprungen sind.

Dies aus der Natur der menschlichen Seele abzuleiten, ist freilich hier nicht der Ort. Hier wird genügen, wenn ich zugrunde lege, was jedermann anerkennen muß, nämlich, daß alle Menschen ohne Kenntnis von den Ursachen der Dinge zur Welt kommen und daß alle den Trieb haben, ihren Nutzen zu suchen, und sich dieses Triebes bewußt sind. Hieraus folgt nämlich erstens, daß die Menschen frei zu sein meinen, da sie sich ihrer Wollungen und ihres Triebes bewußt sind, und an die Ursachen, von denen sie veranlaßt werden, etwas zu erstreben und zu wollen, weil sie ihrer unkundig sind, nicht im Traume denken. Es folgt zweitens, daß die Menschen alles um eines Zweckes willen tun, nämlich um des Nutzens willen, den sie erstreben; daher kommt es, daß sie von dem Vergangenen immer nur die Zweckursachen zu wissen wünschen und, sobald sie sie vernommen haben, befriedigt sind; weil sie nämlich keine Ursache haben, sich weitere Fragen vorzulegen. Wenn sie aber diese Zweckursachen von niemand vernehmen können, bleibt ihnen nichts übrig, als sich an sich selbst zu wenden und an die Zwecke zu denken, von denen sie selbst zu ähnlichem bestimmt zu werden pflegen, und so beurteilen sie die Sinnesweise eines anderen notwendig nach ihrer eigenen Sinnesweise. Da sie ferner in sich und außer sich eine große Menge Mittel vorfinden, die zur Erreichung ihres Nutzens erheblich beitragen, wie z. B. die Augen zum Sehen, die Zähne zum Kauen, die Kräuter und Tiere zur Nahrung, die Sonne zum Leuchten, das Meer Fische zu ernähren usw., so ist es gekommen, daß sie alles in der Natur als Mittel für ihren Nutzen ansehen. Und weil sie wissen, daß diese Mittel von ihnen selbst nur vorgefunden und nicht hergerichtet sind, nahmen sie hieraus Veranlassung, zu glauben, es sei irgend jemand anders, der diese Mittel zu ihrem Nutzen hergerichtet habe. Denn nachdem sie einmal die Dinge als Mittel betrachteten, konnten sie nicht glauben, daß diese sich selbst gemacht hätten, sondern aus den Mitteln, die sie selber für sich herzurichten pflegen, mußten sie schließen, daß es einen oder mehrere mit menschlicher Freiheit begabte Lenker der Natur gebe, die alles für sie besorgt und alles zu ihrem Nutzen gemacht hätten.« [Spinoza 1677, 34-36]

Ich komme zum Schluß: »Sobald die Menschen sich einmal eingeredet hatten, daß alles, was geschieht, um ihretwillen geschehe, mußten sie als die Hauptsache bei jedem Ding das beurteilen, was ihnen daran am meisten nützte, und alles das als das wertvollste schätzen, wovon sie am angenehmsten affiziert wurden. Daher mußten sie, um die Natur der Dinge zu erklären, Begriffe bilden wie Gut, Schlecht, Ordnung, Verwirrung, Warm und Kalt, Schönheit und Häßlichkeit. Und weil sie sich für frei hielten, entstanden daraus Begriffe wie Lob und Tadel, Verbrechen und Verdienst.« [a.a.O., 39]

»Wir sehen also, daß alle Begriffe, durch die die große Menge die Natur zu erklären pflegt, nur Vorstellungsweisen sind, und keines Dinges Natur, sondern allein den Zustand des Vorstellungsvermögens anzeigen; und weil sie Namen haben, die lauten, als ob sie außerhalb des Vorstellungsvermögens existierende Wesen bedeuten, nenne ich sie nicht Vernunftwesen, sondern Wesen des Vorstellungsvermögens. Und so lassen sich alle Beweisgründe, die gegen uns von ähnlichen Begriffen hergenommen werden, leicht zurückschlagen. (...) Dies sind die Vorurteile, die ich hier anmerken wollte. Falls noch einige von diesem Schlage übrig sind, werden sie leicht von einem jeden bei einigem Nachdenken berichtigt werden können.« [a.a.O., 41 f.]

Die Lehre von den primären und sekundären Qualitäten, die auf Demokrit zurückgeht [vgl. Capelle 1968, 430-440] und in England von Locke wieder aufgebracht wurde [Locke 1690, 1. Bd., 147 f. u. ö.], ist hier schon radikal enthalten. Nach Locke sind sekundäre Qualitäten die Sinnesqualitäten, also Töne, Farben, Gerüche, Geschmäcke, die mit dem Realen, das es in der Welt gibt, nichts zu tun haben. Schall ist, physikalisch genommen, nichts als Luftbewegung und Licht Ätherbewegung, wie man damals glaubte. Spinoza schon nennt warm und kalt als menschliche Hinzufügungen, und er fügt noch gut und schlecht, Ordnung und Verwirrung, Sünde und Verbrechen und anderes Werthafte hinzu. Das ist wieder reiner mechanischer Materialismus, eine Weltnacht, in der es kein Licht und keine Töne gibt. Es ist in Wahrheit bei uns, was die Töne angeht, wie auf dem Mond: Weil es keine Luft gibt, ist alles still. Nach der alten Auffassungsweise, die Äther annahm, gäbe es auf dem Mond, weil keinen Äther, auch kein Licht. Nach der mechanisch-materialistischen Erkenntnistheorie kommen die sekundären Sinnesqualitäten nur in der subjektiv-idealen Sphäre vor. Genauso ist es auch, was Ordnung und Unordnung, gut und böse angeht, in der mechanisch-materialistischen Kosmologie des deutschen Barons Holbach (1723-1789), im »Système de la nature« [Holbach 17, 70]. Danach gibt es in der Natur weder Ordnung noch Unordnung [vgl. Lange 1865, 370 f.], letztlich ist alles in Ordnung, und deshalb haben wir keinerlei Ideologie zu einer Veränderung der Welt. Denn es ist Menschenwerk, wenn ich etwas als gut oder böse darstelle. Das ist die seltsame Kehrseite dieser Erhabenheit: Aus dieser allerreinsten, durchdringendsten Erkenntnis folgt Defätismus. Der homo liber mit der fortitudo [Spinoza 1677, 152 f.] tut dann eigentlich nichts, was bliebe ihm denn zu tun? Er hat keine inadäquaten Ideen mehr, also hat er auch nicht mehr Ideen von gut und böse. Zwischen Franz Moor und dem alten Moor in Schillers »Räubern« ist gar kein Unterschied, und zwischen Hitler und Thälmann ist auch keiner, um bedeutend penetrantere Beispiele von gut und böse zu nennen. Alles folgt aus ewiger Natur. Das sind seltsame Widersprüche bei einem so sehr auf das Praktische und auf das Gutmachen von Bösem gerichteten politischen Sinn. Die Konsequenz der Erhabenheit ist schließlich Defätismus, an dem wieder gar keine Erhabenheit für uns ist, sondern Leimsiederei, wenn das auch nicht auf Spinoza zutrifft. So nahe beieinander wohnen bei einer absoluten Konsequenz die Gegensätze, so wird scharf schartig, so wird höchstes Recht höchstes Unrecht, so wird höchste Erhabenheit wieder gar keine so große Erhabenheit, und so wird eine Erhabenheit von Deus sive natura, in der alle menschlichen Vorurteile getilgt sind, wieder so etwas wie Unmenschlichkeit. Also ein vieltöniges System, voll von widerspruchsvoller Polyphonie, genau deshalb, weil nur eine Stimme klingt, aber die bis zu Ende.

Freisein und Gutsein als Ziele

Ich möchte Ihnen nun den Schluß, den in Wahrheit erhabenen Schluß der »Ethik« vorlesen, die letzte Anmerkung: »Hiermit habe ich alles, was ich von der Macht der Seele über die Affekte, und von der Freiheit der Seele zeigen wollte, vollständig dargelegt. Es erhellt daraus, wie viel der Weise vermag, und wie sehr er dem Toren überlegen ist, der allein vom Gelüst getrieben wird. Denn abgesehen davon, daß der Tor von äußeren Ursachen auf vielerlei Arten hin und her bewegt wird und sich niemals im Besitz der wahren Zufriedenheit des Gemüts befindet, lebt er überdies wie unbewußt seiner selbst und Gottes und der Dinge, und sobald er zu leiden aufhört, hört er zugleich auch auf, zu sein; der Weise dagegen, sofern er als solcher betrachtet wird, wird kaum in seinem Gemüt bewegt, sondern seiner selbst und Gottes und der Dinge nach einer gewissen ewigen Notwendigkeit bewußt, hört er niemals auf, zu sein, sondern ist immer im Besitz der wahren Zufriedenheit des Gemüts. Wenn nun der Weg, der, wie ich gezeigt habe, hierhin führt, äußerst schwierig zu sein scheint, so läßt er sich doch finden. Und freilich schwierig muß sein, was so selten gefunden wird. Denn wie wäre es möglich, wenn das Heil leicht zugänglich wäre und ohne große Mühe gefunden werden könnte, daß fast alle es unbeachtet lassen? Aber alles Erhabene ist ebenso schwer, als selten.« [Spinoza 1677, 275 f.] »Sed omnia praeclara tam difficilia, quam rara sunt.« heißt der letzte Satz im Original.
Mit diesem pädagogischen Aristokratismus, mit dieser Aufforde-

rung an alle, homines liberi zu werden, schließt die »Ethik« ab, und alles andere, was auf Erden geschieht, ist, mit anderen Mitteln, auf dieses Ziel hin orientiert. Ziel habe ich gesagt. Ziel und Zweck sind nicht unverwandt, und Zweck gibt es doch bei Spinoza nicht. Er selbst aber spricht von Weg und gebraucht eine Kategorie, die der des Ziels sehr nahe ist: »Wenn nun der Weg, der, wie ich gezeigt habe, hierhin führt...«. »Hierhin führen«, das heißt doch das Ziel eines Wegs. Er selbst bringt also wieder Kategorien herein, Ziel und vielleicht sogar Zweck, im Widerspruch zu sich selbst und doch wieder in tiefster Übereinstimmung mit der Intention seines Systems, die beginnt mit der Läuterung des Verstandes, und der Intention seiner Ethik, die auf fortitudo, also Tatkraft, im Dienst des Rechten in dem leuchtenden, gesunden, strahlenden, fröhlichen Freisein und Gutsein geht.

Heidnische Triebbeherrschung, Triumph der Ratio, schöpferischer Raum

Machen wir nun einen Rückblick auf dieses mit nochmaliger Angabe zunächst des gesellschaftlichen Grunds. Triebbeherrschung wird also hier verlangt, stärker als bei Descartes, Beherrschung der Affekte, im neustoischen Sinn. Das ist bürgerlich zum Unterschied von der feudalen Gesellschaft. Die Ritter beherrschen ihre Triebe nicht; sie haben Rauflust, Kampflust, verstehen sich auf Völlerei, verstehen sich auf Saufgelage, sie haben in der Blütezeit den Sexualtrieb in abenteuerliche Höhen sublimiert bis zum Minnedienst bei der Ehefrau des Standesgenossen. Aber sonst haben sie sich ausgetobt, und eine große sinnliche Fröhlichkeit war da, auch für das Volk des Mittelalters. Old merry England, wie es bei Shakespeare erscheint. Nun beginnt die puritanische Welt, es beginnt die Beherrschung, die Zähmung der Triebe. Man muß fleißig sein, man muß ordentlich sein, man muß sparen, man muß abwägen, ob sich dieses jetzt lohnt oder nicht. Man ist keine Beute seiner Triebe, man ist ein Kaufmann, man ist haushälterisch auch in seinen Trieben. Dies macht den Triumph von neustoischen Gedanken verständlich. Sie sehen, die gesellschaftliche Grundlage ist eine völlig andere als die der antiken Stoa und trotzdem kann eine Ideologie herüberwandern, bekommt einen neuen gesellschaftlichen Auftrag, blüht auf und hat auch Beziehungen zu dem in der alten Ideologie, was weder in der Antike noch in der bürgerlichen Neuzeit sich durch die gesellschaftliche Grundlage erschöpft. In sozialistischer Gesellschaft gibt es hier ein Erbe. Auch wir haben an Nervenbündeln und an Triebfiguren kein besonderes Vergnügen, auch wir verlangen Beherrschung, auch wir verlangen Haltung, auch wir wollen, daß uns der Mensch in der angenehmsten Form entgegentritt, nicht in puritanischer Gestalt, nicht in Gestalt der wollenen Tugend, sondern in Gestalt des Gentleman. Wir wollen einen roten Gentleman [vgl. May 1892] haben, und da sind doch Kategorien stoischer Art auch vorhanden. Und vieles, was Sie hier gehört haben, kommt Ihnen doch einleuchtend, sehr männlich und sehr menschlich vor. Mit der jeweiligen gesellschaftlichen Grundlage ist so etwas nicht erschöpft, es gibt zum mindesten auch ein moralisches Kulturerbe. Der gesellschaftliche Auftrag, die Triebbeherrschung, schlug dann puritanisch-christlich aus, hier bei Spinoza dagegen ist sie heidnisch. Das ist das Neue und das Seltsame, denn zu den Trieben und Triebbildern gehören Reue, Demut und Zerknirschung. All das, was die Puritaner in Menge hatten und hochhielten, ist hier verworfen. Das Duckmäuserische ist völlig verworfen, der aufrechte Gang und der hoch erhobene Kopf sind prämiiert, und beherrscht wird das, was die Menschen niederzieht.

Das weitere, was wieder seinen gesellschaftlichen Grund hat, ist ein abenteuerlicher Triumph der Ratio, ein abenteuerlicher Triumph der universalen Mathematik, eine majestätische Fassade aus lauter Verstand. Daß dieser Verstand wieder nicht nur Verstand ist, sondern daß er eine mystische Glut ohnegleichen ist, haben Sie bemerkt. Aber auch diese mystische Glut soll im Reich des Verstands, der Vernunft liegen. »Sich selbst überlassene Vernunft«, sagt ja Lichtenberg, kann überhaupt auf nichts anderes kommen als auf Spinozismus [vgl. Altkirch 1924, 104]. Wir sind nicht mehr dieser Meinung, aber innerhalb der bürgerlichen Ratio ist der Spinozismus zweifellos die äußerste Konsequenz von Verständigkeit, Verstandeshaftigkeit, Gesetzestreue, Gesetzesverehrung, Gesetzesfreude unter Abtun aller Ausnahmezustände. Kalkül, der kaufmännisch geübt werden muß, und Bürokratie, Generalität des juristischen Gesetzes werden hier auf das Naturgesetz übertragen. Das wird reflektiert ins Weltall und gilt dann als fundiert vom Weltall, von Deus sive natura. Es tritt eine Art Gottesdienst der wunderfreien, unterbrechungslosen irratiolosen Weltordnung ein. Daher ist Spinozismus bürgerliche Vernunftreligion katexochen mit einer majestätischen Fassade von Ratio, mit einer majestätischen Geschlossenheit, die nur möglich ist, wenn es in der Welt keine Unterbrechungen gibt. Im Augenblick, wo es in ihr Unterbrechungen gibt, kann die Geschlossenheit des Systems nicht mehr gehalten werden. Es gehört also zu dem feinen Idealismus, der in jedem Rationalismus notwendig steckt, daß Geschlossenheit, Ununterbrochenheit, Ungestörtheit in den schön und weit geschwungenen Gedankenzusammenhängen statthat. Wo sich die Wirklichkeit einmischt, kommt Unterbrechung. Da wird geklopft: »Daß diese Fülle der Gesichte / Der trockne Schleicher stören muß!« [Goethe, Faust 1, Verse 520/21] In der Wirklichkeit geht es nie so glatt her wie in einem schön geschwungenen Roman oder in einer formvollendeten Novelle, die weitertreibt und zum Austrag bringt, gewiß, aber auch aus Auslassungen besteht. Also läßt sich sagen: Materialismus ist zum Unterschied vom Idealismus *Unterbrechung*. Idealismus ist geschlossener Zusammenhang. »Leicht beeinander wohnen die Gedanken, / Doch hart im Raume stoßen sich die Sachen«, drückt Schiller das in »Wallensteins Tod« aus [Schiller 1965 f. Bd. 2, 435] und der mußte das ja wissen. Bei Spinoza wohnen auch die Gedanken nicht leicht, sie sind gepanzert, keine Spur von Leichtigkeit ist hier, sondern ernsteste Mühe und saure Anstrengung. Aber das Ganze ist doch ein geschlossener Zug, in dem nun nicht nur der Idealismus, sondern auch ein alter Mythos wieder auftaucht. Ordo sempiternus rerum, ewige Ordnung der Dinge, das heißt auch: Pan, das All, die Einheit des Alls. Hier ist der große mythische Begriff des Pan erhalten, des Hen kai pan [zuerst bei Heraklit, vgl. Capelle 1968, 131], der sich mit dem Rationalismus der Geschlossenheit verbindet. Beschwörung einer Welt ist da, überhaupt gehört die Kategorie der Beschwörung auch zum Rationalismus. Mittels des Verstandes wird eine Welt von Geschlossenheit und Natureinheit beschworen, wie sie im Naturmythos, im Astralmythos, im Panmythos erfahren worden war nach Angabe der Quellen, wie sie vernichtet worden ist und nun wieder auftaucht. Was fehlt, ist, wie wir gesehen haben, Vielheit, Zeit, Geschichte, Energie, Zweck, Postulat, und es ist die Ehre einer so erbarmungslosen Denkkonsequenz, daß so sichtbar ist, was fehlt, was ausgelassen ist; was fehlt nicht in dem Sinne, daß es keinen Platz hätte – nein, es soll keinen Platz haben, es ist ihm verboten einzutreten, weil es inadäquate Idee ist. Daß ein Ideal da ist, aber keine besondere Forderung, die nicht begründet wäre in dem Vorhandenen der Natur, ist Realismus, aber mechanischer Realismus. Das erstere dagegen, daß Vielheit fehlt, Zeit fehlt, Geschichte fehlt, dient der Geschlossenheit, denn überall dort, wo es Vieles gibt und wo es Geschichte gibt, wo also diese nominalistischen Elemente hineinkommen als Realia, ist es mit der Geschlossenheit des schönen rationalen Bogens eo ipso nicht zu Ende, aber diese Geschlossenheit ist lädiert und unmöglich gemacht als Abgeschlossenheit. So daß auch von hier aus verständlich ist, weshalb Spinoza eine Prävalenz des Raums hat. Denn der Raum ist die Form der Gewordenheit, so wie die Zeit die Form des Werdens ist. Was im Raum steht, ist geworden. Nun ist, wie ich gezeigt habe, Spinozas Raum nicht der gewordene Raum allein, es ist nicht der Raum der Leere und es ist auch nicht der Raum der Gewordenheit. Es ist der schöpferische Raum, der figurenbildende Raum, in dem sich Strahlenbüschel bilden, in dem es zischt und ausschießt und unaufhörlich Gestaltung und Umgestaltung ist, in dem das sequi ex ist, woraus die Weltdinge entstehen. Trotzdem, er ist Raum, wenn auch nur ein Attribut von unendlich vielen. Aber unter den Attributen steht der Raum dem Wesen noch näher als das Denken, das Bewußtsein. Also Primat der Natur gegen Primat des Geistes, die extensio steht unter den Attributen über der cogitatio, obwohl es Spinoza nie so ausspricht. Doch seine substantia wird eher unter dem Attribut des Raums begriffen als unter dem Attribut des Bewußtseins. Derart ist Abgeschlossenheit die Form des spinozistischen Systems, wie selten ein System abgeschlossen war, mit völlig gutem und reflektiertem Gewissen der Auslassung alles dessen, was stört in den Abschließungen und deshalb inadäquate Idee ist. Doch stört der Zweck, der ausgesteckt wird am Ende, etwas die Geschlossenheit. Und er stört den Realismus von allem, also das, was zum Pantheismus gehört: Die Seinstrunkenheit, in der das Seiende aufgeht und in der kein Nichtseiendes und auch kein Seiendes (wenn es das des fordernden, unruhigen Menschen ist) ein Recht und ein Privileg haben, die unendliche Macht des In-sich-Spielens, das der Substanz eignet, zu stören, zu unterbrechen oder gar zu zerbrechen.

Ich sagte am Anfang: Hier haben wir die Welt als Kristall, die

Sonne steht überall im Zenit, so daß kein Ding, wenn man es recht betrachtet, einen Schatten wirft. Es ist eine kühle Welt mit höchster Glut, es ist das, was ganz besonders als philosophisch erschien. Es gibt von Hölderlin einen Brief an Casimir Ulrich Böhlendorf, in dem er von dem »philosophischen Licht« um sein Fenster spricht [Hölderlin 1965a, 436]. Philosophisches Licht um ein Fenster, das ist weißes Licht, helles Tageslicht, das ist spinozistisch gefühlt. Das Tageslicht ist wieder geheimnisvoll am lichten Tag. Aber es ist kein Geheimnis von Nacht und Dunkel und Zwielicht, sondern ein Geheimnis von höchster Helle, das darin erscheint. Zugleich erscheint ein ungeheures Wunschbild. Ich sagte bei Giordano Bruno: Wenn die Welt nur so wäre! [Vgl. Bloch 1977, 205] Bei Spinoza läßt sich erst recht sagen: Wenn die Welt nur so wäre! Ein Optativ kommt in diese Philosophie hinein, ein Optativ an den Kosmos, an die Welt gerichtet. Wenn die Welt nur Kristall wäre und die Sonne stünde im Zenit und kein Ding würfe einen Schatten. Und wenn nur die libera necessitas so wäre oder schon so wäre. Das ist die Antizipation einer Vollendung, sozusagen mächtig vordatiert. Als dieses hat Spinozismus ergriffen, nicht als naturwissenschaftliche Philosophie, auch nicht als mechanischer Materialismus suo modo und auch nicht als mechanisch-materialistische Mystik mit allen Paradoxen, die wir etwas kennengelernt haben, negativ und positiv, mit dem Defätismus und der schwindelnden Tiefe der bestimmten Bestimmungslosigkeit. Dieses Antizipieren von Kristallhaftem ergreift uns auch in der ägyptischen Kunst, dieses Werdenwollen wie die behauenen Steine in geometrischen Figuren, ohne die organischen Bewegungen der Griechen oder gar die, die in der Gotik vorkommen. In harter Blockeinheit sitzen die Könige und die Götter in Ägypten, gemeißelt. Diese ungeheure Anziehung des kristallinischen Tods, des kristallinischen Gewordenseins mit dem Leben äußerster Art, mit vollkommener, strahlender Lebendigkeit verbunden, macht das Paradox der Mystik bei Spinoza aus. Das hat in den Jahrhunderten nach Spinoza besonders bewegt und angezogen und aus lauter Ruhe in diesem System wieder unruhig gemacht. Die Unruhe wurde nun der Sucher in der Ruhe. Ein Korrektiv ist darin gegeben, wie Vollendung formal wohl sein könnte. »Doch die Verhältnisse, sie sind nicht so« [Brecht 1967, Bd. 2, 430], so daß Spinozismus wieder kein Realismus ist. Das hindert nicht, denn er ist außer dem System Giordano Brunos –

und heller, klarer, geschliffener als bei diesem, geschliffen von dem Philosophen, der Gläser schliff, auch Gläser der Erkenntnis, der das ganze Weltall zu einem Glas schliff –, das stärkste System der Diesseitigkeit, das in der Neuzeit überhaupt erschienen ist. Das macht seinen Rang auch in der Geschichte des Materialismus aus: Die Gottesidee, Gott als Schöpfer, als Regierer, ist in die Natur selbst hineingezogen, also fröhlichste Urständ von natura naturans. Gott aber nicht als freier Wille, nicht als Person, nicht als Willkür, nicht als Wundermacher, sondern als Gesetz. So entsteht Pantheismus als die höflichste Art, den Theismus abzudanken [vgl. Schopenhauer 1864, 320 und 441 f.]. Dies wurde nicht mit Unrecht, trotz aller Verleumdung, die damit in Gang kam, von Zeitgenossen als Atheismus empfunden. Es ist Atheismus, indem der Gott des Theismus verschwindet und das, was übrigbleibt, eine Rangerhöhung des Naturhaften und der Natur darstellt, wie sie bisher auch in der Aristotelischen Linken, die hier mutatis mutandis ihren Schlußpunkt, ihren Höhepunkt findet, was natura naturans anlangt, noch nicht da war. Die Vergöttlichung der Natur ist der Kriegsruf gegen die theistische Theologie und gegen alle Theologie. Die Theologie wird Naturphilosophie, damit hört sie auf zu sein. Das mußte am Ende noch positiv und auch kritisch zu Spinoza gesagt werden. Das Fehlende, nämlich die Vielheit und die Tendenz und die Zweckhaftigkeit und die Zielstrebigkeit im Dasein, kommt nun mit einem wahrhaft dialektischen Gegenschlag in das europäische Denken hinein bei dem Philosophen, dem wir uns nun zuwenden werden, bei Gottfried Wilhelm Leibniz. [. . .]

3. GOTTFRIED WILHELM LEIBNIZ

Leben und Werke

Gottfried Wilhelm Leibniz (1646-1716) ist ein großer Landsmann von uns, geboren in Leipzig, ging in die Nikolaischule in der Ritterstraße, in dieselbe, in die auch Richard Wagner ging. Mit ihm tritt nun wieder ein Deutscher in die Geschichte der Philosophie ein, und zwar sehr schulmäßig, sehr großartig. Wir werden nicht solche ungeheuren genialischen Abenteurer des Geistes größten Stils wie Paracelsus und Böhme zu bewundern haben [vgl. Bloch 1977, 218-241], sondern einen schulgerechten, studierten Philosophen, dem aber das Studium nicht geschadet hat. Er studierte in seiner Vaterstadt und in Jena. Sein Vater war in Leipzig Professor der Moralphilosophie und der Lehrer von Christian Thomasius, zu dem wir noch kommen werden [vgl. S. 200ff.]. Der junge Leibniz studierte als Hauptfach die Rechte, als weitere Hauptfächer Philosophie und Mathematik und wurde sehr früh Bakkalaureus. In der alten Universität gab es vier Grade, Bakkalaureus, Magister Liberalium Artium, Magister der freien Künste, Lizentiat, was sich für Theologen bis heute gehalten hat, und dann am Ende Doktor, was ein ganz hoher Titel war. Ein Doktor, doctor legens, war bereits Dozent, hatte das Recht, Vorlesungen zu halten. Faust sagt: »Heiße Magister, heiße Doktor gar« [Goethe Faust I, Vers 360]. Bei uns ist das etwas billiger geworden. Leibniz wurde 1663 Bakkalaureus, mit siebzehn Jahren, und verfertigte eine Dissertation, die im Thema schon den künftigen Denker enthält. Diese Bakkalaureus-Arbeit hieß »De principio individui«, »Über das Prinzip des Individuums« [Leibniz 1663]. Nun wäre naheliegend, daß er in Leipzig promoviert hätte. Dem war nicht so. Die Philosophische Fakultät in Leipzig hatte Bedenken gegen die Erteilung der juristischen Doktorwürde wegen der großen Jugend des Verfassers. Höchstwahrscheinlich war das ein Vorwand, eine Ausrede; denn die Universität Altdorf, an die sich Leibniz nun wandte, die gleiche Universität, an der Wallenstein studiert hat, verlieh ihm 1667 den Doktorhut. Allerdings eine Professur, die ihm gleichfalls dort angeboten wurde, schlug er ab.

Wir haben hier eine Parallele zu Spinoza. Die beiden haben im

Charakter gar keine Ähnlichkeit miteinander, aber in dem einen Punkt haben sie Ähnlichkeit, daß sie, weil die deutschen Universitäten damals so wenig einladend waren, die akademische Karriere, wenn auch aus verschiedenen Gründen, nicht angetreten haben. Die Universität hatte es durch ihre Verknöcherung, durch ihr Festhalten an alten Formen, durch die Unfreiheit des Studiums fertiggebracht, daß sich die großen Forscher von ihr abwendeten und daß die Geschichte der Wissenschaften und insonderheit die Geschichte der Philosophie sich bis zu Christian Wolff, eigentlich bis zu Kant, außerhalb der deutschen Universitäten zutrug. Leibniz lehnte also ab, er wurde kein Dozent, er wurde kein Professor. Er hatte in seiner Dissertation »De principio individui« allerdings einen Halt, der ihm den äußerlichen Beruf oder den Zusammenklang seines Denkens mit seinem äußerlichen Beruf, mit dem des Denkdozenten sozusagen, überflüssig machte. Sehr früh hat Leibniz den Geschmack seines Gedankens, seiner Sendung, seiner Berufung gehabt. Es ist bedeutend, daß das Thema heißt »De principio individui«, denn das war Leibniz' Hauptthema sein ganzes Leben lang: der Begriff des Individuellen und die Einfügung in das System der Individuen, das die Welt darstellt. Auch hier zeigt sich das, was ich an anderer Stelle ausführte: Bedeutende Philosophie unterscheidet sich von unbedeutender dadurch, daß ihr Inhalt in einer sehr kurzen Formel, höchstens auf einer Seite, ja sogar auf einer halben Seite und am besten in einer Formel wiedergegeben werden kann, so daß es dem Weisen, dem Kundigen mindestens, genügt. Mittelmäßige und unbedeutende Philosophie muß sehr breit sein und ganz dicke Bände schreiben. Am Ende weiß man aber immer noch nicht, was der Mann eigentlich will. Deshalb schreibt er so sehr viele Bände, weil er es eben selbst nicht genau weiß, während große Philosophie einen durchschlagenden Klang hat, ein personans, ein Durchtönendes hat, das sich in einer Formel ausdrücken läßt. In der schönsten Weise zeigt sich das bei Leibniz in dem Titel seiner Dissertation »De principio individui«.

Die akademische Karriere war ihm also nicht einladend genug, so wurde er kein Stubengelehrter und blieb in dieser Beziehung erstaunlich frei von deutscher Misere. Kein Magistergeruch haftet ihm an, nicht dieses Stubengelehrtengeschmäcklein, das Linkische, das Gedrückte, das Hauslehrerhafte nach seiner schlechten Seite. Er trat sehr früh in kurmainzische Dienste und hatte dort auch bedeutende diplomatische Geschäfte zu besorgen, deren er sich mit Geschick entledigte. Er war in London, war in Paris, wo er in das Zentrum der mathematischen Studien kam, die Bekanntschaft der bedeutendsten Mathematiker machte und sich an die Front der mathematischen Probleme versetzt sah, von denen in Deutschland nicht das mindeste zu merken war. In Paris war er zu einem bereits großen Zweck, er wollte nämlich Ludwig XIV. zu einem ägyptischen Feldzug überreden, um ihn von der westdeutschen Grenze abzulenken [vgl. Ritter 1930]; er wollte also die späteren Réunionskriege verhindern, die zur Folge hatten, daß die freien Reichsstädte im Elsaß verlorengingen, daß die Pfalz verlorenging, von der der südliche Teil an Frankreich fiel, daß das Heidelberger Schloß in die bekannte Ruine verwandelt und die Stadt Speyer verbrannt wurde. Nicht, als ob Leibniz das vorhergesehen hätte, er wollte nur den Krieg an der Westgrenze verhindern und Ludwig XIV. zu dem ägyptischen Feldzug überreden, der fällig war im Gefolge der französischen Interessen. Napoleon I. hat ihn dann gemacht. Es war vergebens, aber zweifellos ein Ziel, an dem keine Kleinigkeiten sind. Er kam dann weiter in den Hofdienst nach Wolfenbüttel, wurde Hannoverscher Rat, lebte in Hannover, war an der Bibliothek beschäftigt, mit starken Beziehungen zu Berlin, und zwar zur Sophie Charlotte (1668-1705), zu der Frau des ersten preußischen Königs, Friedrichs I., einer, wie ihr Briefwechsel mit Leibniz zeigt [vgl. Gerhardt 1875 f., Bd. 6, 488-528 und Bd. 7, 544 ff.], zweifellos bedeutenden Frau. Er hatte auch Beziehungen zu der Kurfürstin Sophie von Hannover (1630-1714) [vgl. Gerhardt 1875 f., Bd. 4, 290 ff. und Bd. 7, 541-570]. Damals fanden sich in dieser Oberschicht, selbst in Deutschland, eine außerordentliche philosophische Kultur und auch mathematische Kenntnisse vor. Descartes hatte seine Elisabeth von der Pfalz und die Christina von Schweden (1626-1689), Leibniz die Sophie Charlotte, während das Bürgertum noch schlief oder wenig davon zu sehen war. Die Folge seiner Bezichungen zu Berlin war, daß er, wie bekannt ist, im Jahre 1700 dort die Sozietät der Wissenschaften gründete, die spätere Preußische Akademie der Wissenschaften, die heutige Deutsche Akademie der Wissenschaften, die jährlich an dem Tag ihrer Gründung einen Leibniz-Tag begeht zur Erinnerung an diesen ihren großen Gründer. Er hatte auch Beziehungen zum Prinzen Eugen (1663-1736), dem er dann die »Theodizee« [Leibniz 1710] gewidmet hat, und Beziehungen zu Zar Peter I. (1672-1725), dem er bei der Gründung der Petersburger Akademie der Wissenschaften mit Rat zur Seite stand. So führte er ein Hofleben; ein äußerlicher, auf Glanz erpichter Zug in seiner Natur gehört dazu. Der Unterschied zu Spinoza ist ungeheuer. Spinoza, verliebt in die Einsamkeit, ein Mann, der das Märtyrertum der Verkanntheit, der Unbekanntheit, auch der Verfolgung auf erhabenste Weise getragen hat mit vollkommener Überwindung alles Armseligen, alles Äußerlichen und aller Meinung der Leute, die er verachtete. Leibniz ganz anders: abhängig von Gunst, äußerst erpicht auf äußere Ehrenstellen, sich kindlich darüber freuend, dabei nun doch nicht heraustretend aus der Existenz des Bürgerlichen. Er wurde zwar Reichsfreiherr, aber der letzte Höfling war ihm überlegen, und er spielte, vor allen Dingen in seinen späteren Lebensjahren, als der Kurfürst von Hannover als Nachfolger der Queen Anna 1714 unter dem Namen George I. König von England wurde, eine ganz erbärmliche Rolle. Dieser Bursche, dieser Kurfürst und spätere König von England, ein armseliger und frecher Tropf, hat ihn wie einen Waschlappen, wie einen Schuljungen, wie einen Hund behandelt, und Leibniz ließ sich das gefallen.

Leibniz ist nicht nur Polyhistor, wie Ihnen bekannt ist, er ist auch einer der größten, umfassendsten Gelehrten, nicht nur als Philosoph, wo er gänzlich gleichen Rang mit Demokrit, mit Aristoteles, mit Hegel hat. Ja, er ist ihnen allen sogar überlegen, vielleicht mit Ausnahme von Aristoteles, den man auch als einen produktiven Naturforscher kennt, und wahrscheinlich auch Demokrit, wenn dessen Werk erhalten geblieben wäre, aber das ist immer noch eine Art Sammelwerk. Leibniz ist allen überlegen, weil er außerdem ein Mathematiker ersten Ranges ist, der Schöpfer der Differential- und Integralrechnung und mehrerer anderer Dinge noch dazu. Wir haben es diesem Tropf von König zu verdanken, daß so vieles bei Leibniz unausgereift blieb, weil andere Arbeiten ihn ablenkten. Er schrieb zum Beispiel eine umfängliche Geschichte des Hauses Hannover, mit einer qualvollen Archivforschung [Leibniz 1843/46]. [...] Aber dazu hätte man keinen Leibniz gebraucht. So weit brauchte die Polyhistorie nicht zu gehen, daß Leibniz zum Bücherwurm wurde, der genauestens achtgab, wann irgendeine völlig gleichgültige Prinzessin von Modena in das Welfenhaus eingeheiratet hatte, unter welchen Umständen und wie hoch die Mitgift war im Jahre 1367, am 15. August. Damit mußte Leibniz sich abgeben unter Hohn und Spott seines Tropfes von Landesherrn, der das immer höhnisch »das unendliche Werk« nannte und wann das endlich fertig wäre. Leibniz schuftete Tag und Nacht im Auftrag des Hofs. So waren seine letzten Lebensjahre auch nach dieser Seite verbittert.

Es kam noch hinzu, daß es zwischen Newton und Leibniz einen Prioritätsstreit gab. Newton hatte die Fluxionsrechnung, Leibniz die Differentialrechnung gefunden. Beide hatten etwas Ähnliches unabhängig voneinander entdeckt; die Erfindung von Leibniz ist wissenschaftlich hoch überlegen. Trotzdem wurde, und zwar wieder mit Schürung, unter höhnischem Grinsen dieses Trottels, der King of Great Britain war, von der Londoner Akademie gegen Leibniz gehetzt, daß er ein Dieb, ein Plagiator wäre. Es ist ihm auch nie wieder gelungen, nach England zu kommen; nur als junger Mann war er in diplomatischen Diensten in London gewesen. Seine letzten Lebensjahre wurden durch diesen armseligen Prioritätsstreit auf eine völlig unangemessene Weise verdüstert. 1716 ist er dann einsam und verbittert gestorben. Niemand war an seinem Lager anwesend, und unter nicht allzu großer Teilnahme der übrigen Welt ist dann einer der größten Denker zur Ruhe gebracht worden. Die Bauern haben noch einen Witz gemacht, aufgehetzt von ihren Pfaffen: Leibniz ist gleich »glöwet nix«, der Name bedeutete also: er glaubt nichts. So steht der große Denker hier vor den aufgehetzten Bauern und dort vor dem Hofpöbel. Zu seiner Polyhistorie muß noch ein Wort gesagt werden. Sie war abenteuerlich. Sie erstreckte sich auf Bergwesen, auf Numismatik, auf Jurisprudenz, auf Geschichte, auf Chemie, auf Mathematik, auf Philosophie, kurz, es gibt überhaupt kein Gebiet des damaligen Interesses, das von Leibniz nicht mit schöpferischer Anteilnahme bedacht worden wäre.

Ich gebe kurz seine Schriften an. Sie sind aus den angegebenen Gründen – dieses vielfältig nach außen gerichtete Leben und die außerordentlich vielen höfischen Verpflichtungen, die ihm auferlegt waren – nicht besonders umfangreich und sehr selten durchsystematisiert. Man kann, was die Aufträge angeht, von dem damaligen Hofleben sagen, was Alfred Polgar von den Frauen gesagt hat: »Frauen inspirieren uns zu guten Taten und hindern uns, sie auszuführen.« Die Fülle und die Höhe seiner Stellung, mindestens der Überblick, den er hatte, indem er in großen Verhältnissen lebte, das hin und her gehetzte Leben, Eitelkeit, Abhängigkeit von äußeren Ehrungen, die geringe Fähigkeit, nein zu sagen, wenn von einer hochgeborenen Stelle ein Auftrag kam – alles dieses hat Leibniz verhindert, seine Schriften so auszuführen, wie wir es wünschten. Es gibt im Grunde nur ein Werk, das auch einen seinem Gegenstand angemessenen Umfang hat, das sind die »Nouveaux essais sur l'entendement humain« die »Neuen Abhandlungen über den menschlichen Verstand« [Leibniz 1765], die erst fünfzig Jahre nach seinem Tode herausgekommen sind. Sonst sind vor allen Dingen seine Briefe wichtig, in denen er sich, nach damaliger Gelehrtensitte, herunterschrieb, was nicht in Werke kam. Eine Fülle von Anregungen ist darin enthalten, denn Leibniz pflegte Briefwechsel mit fast allen bedeutenden Gelehrten seiner Zeit, Mathematikern, Physikern und Philosophen, auch Theologen. Das ist der Sitte auf späteren Universitäten vergleichbar, wo es Vorlesungen gab, in denen die Probleme, an denen ein Professor gerade arbeitete, vor einem kleineren Kreis von Studenten abgehandelt wurden, natürlich sehr vorgeschrittenen Semesters, aber außerhalb eines engeren Zusammenhangs und außerhalb des langen Lehrstoffs. Genau die Probleme, an denen der Lehrer in der Nacht gesessen hatte, wurden am nächsten Vormittag im Kolleg behandelt mit der ganzen Frische, mit allem Glanz, aber auch mit allen Wunden der Arbeit. In Büchern ist das dann etwas kühler geworden und manchmal kalter Kaffee. So erscheinen uns die überlieferten Leibnizschen Briefe, in denen man sieht, wie etwas auf dem Feuer steht und kocht: *Die* Frage wird gerade behandelt. Die »Neuen Abhandlungen«, das Hauptwerk, ist 1704 von ihm fertiggestellt worden. Es ist umgeben von vielen kleineren Schriften. Wichtig sind: »Die Vernunftprinzipien der Natur und der Gnade« [Leibniz 1906, 423-434] von 1714, »Monadologie« [Leibniz 1906, 435-456] ebenfalls von 1714 und – mit Vorsicht – die »Theodizee« [Leibniz 1710], in der bei Gelegenheit des Bestrebens, nicht Gott zu beweisen, sondern Gott zu rechtfertigen, nämlich zu erklären, wie bei einem allgütigen, allweisen Gott die Übel in die Welt kommen, überraschende Lichter auf Gegenden fallen, die damit scheinbar oder in Wahrheit gar nichts zu tun haben.

Das Wesen des Leibnizschen drückt sich auch darin aus, daß Leibniz nicht in Zusammenhängen des Großen und Umfänglichen schrieb, sondern dieses Wesen ist die ungeheure Intuition, das gewaltige Aperçu, das sich über die verschiedensten Gegenden hin verbreitet, das aber ausgearbeitet genug ist, um mehr als ein bloßes Aperçu des Augenblicks oder bloße Anregung zu sein. Die eigentliche Ausarbeitung, das Brückenschlagen, hat er anderen überlassen. Er ist ein ungeheurer Sämann, der im Morgenwind des Bürgertums seine Gedanken ausstreut, deren Frucht bei vielem heute noch nicht aufgegangen ist. Er selbst – und das ist für diesen Typus auch wichtig –, er selbst war, wie er anregte, von einer ungeheuren Anregbarkeit, wie es wenige Philosophen waren. Diese Anregbarkeit erzeugte eine universale Bildung, und sie erzeugte wieder die Anregbarkeit. Er kannte die Scholastiker noch völlig, auch Duns Scotus war ihm noch lebendig und es gab nichts in der Welt – auch in diesem Punkt besteht eine Verwandtschaft mit Hegel –, von dem er glaubte, daß es gänzlich falsch sei. Er glaubte von allem, es stelle ungeheuer übertrieben und aufgebläht eine Seite von einer Sache dar. Daß ganz falsch überhaupt nichts ist, hat er entdeckt. So kommt es, daß man, wäre er kein solch produktiver Genius ersten Ranges gewesen, sagen könnte, er sei ein Eklektiker gewesen. Da er aber ein Eklektiker nicht sein konnte, so ist das ein Sammeln von dem, was in der Vergangenheit nicht ausgereift ist, von weiterkochenden Problemen, von denen er angeregt war und die er selbst dann wieder ausstreute. Man kann deshalb, obwohl es eine Schule gab, gar kein Schüler von Leibniz in dem Sinne sein, daß man nachredet, was er gesagt hat. Denn Leibniz, das ist »science in the making«, Wissenschaft, während sie dauernd entsteht, zum Unterschied von der vollkommen resultathaften Geschlossenheit bei Spinoza. Für Leibniz war alles Wissenschaft, während sie entsteht, und von überall nahm er etwas auf, nicht als Sammler und nicht als Eklektiker, ganz im Gegenteil: Es war ja nicht das Fertige, das er aufnahm, sondern es war das sich weiter Bewegende. Diejenigen, die die Frechheit haben, Leibniz einen Eklektiker zu nennen, sind selbstverständlich selber armselige Nur-Epigonen, die nur die Katechismusphrasen repetieren. Sie wissen gar nicht, wie sehr sie Eklektiker sind. Bei Leibniz ist es etwas völlig anderes, wie sich von selbst versteht, und ebenso überall dort, wo das Leibnizsche gewirkt hat und weiterwirkt. Sie haben an Leibniz, wenn Sie ihn lesen, ein ganz besonderes Exempel dafür, was wirklich produktives Studium der Geschichte der Philosophie ist. Das ist nicht abgetan, das sind weiterwirkende Probleme, die dieser große Genius aufgespürt hat und nicht zu Ende brachte in seinem hin und her geworfenen Leben – auch durch seine eigene Anlage, der der Bienenfleiß fehlte, der das Ausreifen fehlte, die das Gute des Magisterhaften, des deutschen Gelehrtenfleißes mit Monumentalwerken nicht hatte. Er war ein Hofmann, kein Professor, aber ein ungeheurer Gelehrter und ein ungeheurer Forscher dazu. Hier kann man es finden, was fruchtbare Geschichte der *Philosophie* ist zum Unterschied von *Geschichte* der Philosophie. Hier kann man nichts schwarz auf weiß so einfach nach Hause tragen, sondern hier brennt's, bei vielem mindestens brennt es bei Leibniz, dessen angebliche Eklektik allerdings dieses in sich hatte, daß sie auch ein Ausdruck von Toleranz war. Es ist die Toleranz der Aufklärung, die sagt: Nichts ist eigentlich ganz falsch. Es ist die Abwendung vom Dreißigjährigen Krieg und von seinen Folgen. [...] Gegen die Religionsstreitigkeiten und gegen das, was sie gebracht haben, besaß Leibniz eine Toleranz, die sich nicht nur auf Religionen erstreckte. Er wollte zum Beispiel die große Union herstellen, er wollte das Schisma der Reformation aufheben, wollte nicht nur die lutherische und die reformierte Kirche zusammenbringen, sondern auch den Katholizismus und den Protestantismus. Er wollte auch noch die griechisch-katholische Kirche und die römisch-katholische Kirche wieder zusammenbringen in dem, worin sie einig sind. Diese Toleranz ist vielleicht Abschwächung von wichtigen Trennpunkten, aber auch wieder ein Ausdruck der großen schöpferischen Breite, die für die damalige Zeit nicht mit Objektivismus verwechselt werden kann. Ich sage: damalige Zeit, denn es war eine Gegenbewegung gegen den sturen Fanatismus des Irrtums und der Schädlichkeit da, so daß wir hier eine medicina mentis besitzen, was nicht bedeutet, daß die Konzilianz in solchen Sachen genau so weit zu gehen braucht, wie sie in Leibniz' gekrümmtem Rücken vor regierenden Herrschaften und Angehörigen erlauchter Häuser sich gezeigt hat. Aber wie gesagt, der Tribut dieses Genius an die deutsche Misere ist sehr gering oder, besser, er hat sogar aus der deutschen Misere noch etwas gemacht, etwas mit ihr angefangen, was durch die Zeiten hindurch nie in Vergessenheit kam und nie kommen kann.

Ausgangspunkt: dynamisches Barock

Ich gehe nun zu seiner Lehre über, zunächst zu dem Ausgangspunkt, dann zur Methode, dann zu dem Weltbild, der Kosmologie und der Ontologie. Ich beginne mit dem Ausgangspunkt. Von vornherein merkt man: Der Grundton in dieser Philosophie ist lebendig; ein Akzent von Tätigkeit, wenn man so sagen kann, liegt auf allem. Scharf, gespannt, aktiv ist das Denken. Diese Tätigkeit ist ein Streben zu etwas hin, eine Tendenz [Leibniz 1906, 423 u. ö.]. Tendenz ist ein Ausdruck, der erst bei Leibniz einen besonderen Klang bekommt: Die Tendenz geht darauf hin, hell zu werden. Dabei sind Tun und Vorstellen für Leibniz dasselbe. Das Tun wird hell als Vorstellen, und das Vorstellen ist tätig als Tun. Das bitte ich Sie als Ausgangspunkt festzuhalten. Das Hellwerden geht auch auf die Methode, auf die philosophische Haltung, in der man der Welt gegenübertritt. Also es gibt auch hier eine Läuterung des Verstandes, es geht rationalistisch her. Aber diese Läuterung des Verstandes ist im Verstand selbst angelegt, geht also rationalistisch vor sich, nicht wie bei Francis Bacon, wo ich die Außenwelt benutze, um mich meiner unebenen Spiegelfläche zu entledigen. Die Läuterung des Verstandes hier ist ein fortschreitendes Hellwerden tätiger Art; es ist im Menschen selbst das, was dann später als Aufklärung erschien. Wenn Sie die Worte hören »unebener Spiegel« und dann »inadäquate Affekte und inadäquate Ideen«, so steckte schon das in ihnen, daß Wolken verscheucht werden. Das Bild von dem Wetter, das sich aufklärt, ist nun auf den menschlichen Verstand und auf die menschliche Gesellschaft übertragen worden, dergestalt, daß mit dem großen Griff, mit dem durchdringenden und alles zusammenfassenden Blick, der sich nicht vor ungeheuren Kühnheiten geniert, Aufklärung ein Weltzustand wird. Die ganze Welt ist Aufklärung. Goethe spricht völlig leibnizisch, und hätte das ohne Leibniz nicht getan, von »denjenigen, die aus dem Dunkeln ins Helle streben, ein Geschlecht, zu dem wir uns auch bekennen«. [»Kurze Anzeigen« III, Goethe 1972a, 113] Es sind Individuen in der Welt, in denen es gärt, in denen es kocht, in denen Most zu Wein wird und die Nacht verbrannt wird, die hinstreben nach dem Licht. Es ist nicht ein Individuum da, das schon hell wäre. Mit Händen zu greifen ist hier die soziale Bewegung, die Basis, viel leichter zu greifen als bei vielen anderen Philosophen. Leibniz ist einer der glücklich einfachen Fälle, wo man sozusagen die sozialen Befunde und den sozialen Auftrag schon im Torfbau findet. Man braucht nur sehr wenig die Erde aufzurühren, dann hat man sie schon. Man braucht nicht wie bei Steinkohle, gar wie bei Anthrazit sehr tief herunterzugehen, sondern das ist offenbar, und die Zwischenglieder sind gar nicht sehr groß und gar nicht sehr kompliziert. Ein ähnliches, noch erstaunlicheres Beispiel ist die Musik der Renaissance. Die Entstehung der neuen Musik, des stile nuovo, Ende des 16. Jahrhunderts, in Absetzung gegen die kontrapunktische Musik, hängt eng mit der Emanzipation der bürgerlichen Wirtschaft zusammen. Hier haben wir ebenfalls den gesellschaftlichen Klang, die nahe zugeordnete Ideologie mit Händen zu greifen. Tätigkeit – das ist der Unternehmer. Leibniz lebte in Nordwestdeutschland, in Hannover, vorher im Rheinland; es schlug englische Luft herüber. Im übrigen war er lange in Paris gewesen, er kannte London, er war ein Hofmann. Er sah, wie es in der Welt zugeht, also er sah das sich emanzipierende Bürgertum durchaus. Insofern nahm er an der deutschen Misere wieder nicht teil. Diese Tätigkeit ist eine aufsteigende Tätigkeit, nicht ständisch gebannt. Aufsteigend heißt Entwicklung; statt des Hineingeborenseins in seinen Stand, um dort seines Daseins Kreise zu vollenden, gibt es eine steile Bewegung nach aufwärts in allen Individuen oder Monaden; eine stoßende Unruhe, die inquiétude puissante, ist in ihnen angelegt, damit sie hell werden, vorankommen [vgl. Leibniz 1765, 161-165 u. ö.]. Man sieht, wo die stoßende Unruhe ist: Im Unternehmer steckt sie, in der beginnenden Privatwirtschaft, Profitwirtschaft, damals noch in einem progressiven Akt. Die weitere Entwicklung ist nun, daß man das Hemmende geistig wegräumt. Aufklärung, ein großes Hellwerden, das sich von gefrorenen Vorurteilen befreit, geht also durch die ganze Welt, indem das Feste verschwindet. Die Behälter, der Raum vor allen Dingen, das Starre, Mechanische des Materiebegriffs lösen sich auf durch Einführung von fast ausschließlich intensiv-dynamischen Bestimmungen. Es geht damit nicht in der Weise wie bei sogenannter Zerstrahlung der Materie und dem Energetismus, der in unseren Tagen und schon seit Anfang des Jahrhunderts zum großen Teil auf Leibniz zurückgeht. Es geht dabei nicht die Materie verloren. Die Materie, als Raumgebilde, ist für Leibniz ein »phaenomenon bene fundatum«, ein wohlfundiertes Phänomen [vgl. Windelband 1900, 345]. Allerdings, wenn der Ursprung der Sache – wo nun erst das Wirkungsschema und der Stoff gesetzt werden –, adäquat erfaßt wird, so ist er ein Kräftesystem, aber ein immanentes. Hier kam die Kraftbewegung einer jungen, aufsteigenden Klasse ungeheuer zum Ausdruck, indem, wenn auch kein dynamischer Materialismus, so doch eine materialistische Dynamik, eine in der Welt selbst befindliche, von ihr ausgetriebene, nicht von außen angestoßene Dynamik vor sich ging und voranging. In allem ist dabei ein dynamisches Barock, eine Dynamik, die wir in der Architektur, in der Geste, in den Gebärden durchaus sehen; Bewegung, Gärung, ein Rausch, ein Hellwerden, aber ein Rausch, wie gesagt, hin zum Licht, eine dauernde Fluterregung in der Welt, eine der Sonne zugewandte Dynamik. Hier haben wir nun wieder einen Geruch von Deutschland, den wir noch von Paracelsus und von Böhme her kennen. Die Fluterregung, die durch die Welt geht, war damals bei Paracelsus und bei Böhme eine chemische, eine raunende, brauende, dunkle, geheimnisvolle, mit Folklore durchsetzte. Die Welt selbst, kann man sagen, die bei Leibniz wie Aufklärung ist, war dort lauter Folklore, lauter Volk, war das Universum als Erzgebirge. Hier ist das Universum wie das aufsteigende Bürgertum, angefüllt mit Monaden, die selbst lauter kleine, sich befreiende Citoyens sind. Aber wie diese Bewegung von einem neufeudalen, sich restauriert habenden Hof überdeckt wird und wie Leibniz selbst ein Höfling ist, so steht über all dem wieder eine Art von aufgeklärtem Despotismus, nämlich in der Zentralmonade, in der Gottheit, so daß hier ein Monarch bleibt, eine Person bleibt, als Vorsitzender, als Kurfürst, König, Kaiser des ganzen Monadensystems. Auch das ist fast ohne Zwischenglieder reflektiert. In Gott strömt alles zusammen, in ihm laufen alle Widersprüche zusammen und gleichen sich aus.

Ich möchte nun nach diesem kurzen Überblick etwas ins einzelne gehen, zunächst auf die Methode, sich diese Welt im Verstand abzubilden. Hier geht Leibniz auf Francis Bacon zurück, trotz des Rationalismus. Bei Spinoza und auch bei Descartes stand das Beweisen an der Spitze des wissenschaftlichen Denkens, wie es zum Rationalismus gehört. Bacon dagegen wollte eine ars inveniendi finden, eine Kunst, zu erfinden, also Neues zu bilden, vor allem technisch Neues. Das wissenschaftliche Denken muß stets mit Wechselbeziehung von Finden und Beweisen vor sich gehen. Das Finden ist bei Leibniz nicht technisches Erfinden, obwohl er sich dafür als Bergwerksfachmann ebenfalls sehr interessiert hat, sondern es ist das Forschen, das heißt das Finden von etwas Neuem, von etwas, was bisher noch in keines Menschen Bewußtsein war. Er will eine méthode, eine »art d'inventer« [vgl. Leibniz 1765, 428 u. ö], eine Methode, eine Kunst zu erfinden, deren Sicherheit allerdings nicht so groß sein kann wie die des Beweises. Der Beweis ist die méthode de la certitude, und das Forschen ist die méthode d'inventer. Das eine ist die Methode der Gewißheit, das andere die Methode des Aufspürens, was auch nötig ist. Aufspüren heißt nun, daß man rechnet, um mittels der Rechnung etwas herauszubekommen. Rechnen ist dabei dasselbe wie Denken. So ging Leibniz, genau wie Bacon, mit Interesse auf die Lullische Kunst, auf die ars combinatoria von Raymundus Lullus (um 1235-1315) zurück [vgl. Leibniz 1904, 41]. Genau wie Bacon und erst recht genau wie Bruno hat er sich dafür interessiert und dabei eine ungeheure Fortbildung gebracht, nämlich die Fortbildung zu einer mathematischen Logik. Es ist nicht die mathematische Logik von heute, nicht die des 19. Jahrhunderts, die William Hamilton (1788-1856), Gottlob Frege (1848-1925) und jetzt Bertrand Russell (1873-1970) und all die Logistiker seligen oder unseligen Angedenkens herausgebildet haben, die ein Zweig der Mathematik ist und eine Abkürzung von Denkprozessen, ganz nützlich in einigen Fällen. Aber wenn man die Zeit, die man gewinnt, vergleicht mit der vielen Zeit, die man braucht, um diese Abkürzung zu erlernen, macht man doch kein chronologisches Geschäft. Also bleibt man bei der alten Methode, bei der alten, natürlichen Erzeugung von Gedanken, und geht nicht zu der neuen über, indem man im Glas über einer Flamme einen Homunkulus herstellt. Aber es ist ja auch die zweifellos sehr nützliche Rechenmaschine daraus entsprungen, die ungeheuer abkürzend ist. Doch das komplizierte Denken, das inventer, das Forschen kann selbstverständlich nicht ersetzt werden, was auch nicht die Absicht von Leibniz war. Diese mathematische Logik, die Betrachtung des Denkens als einer Operation unter dem Gesichtspunkt von quantitativer Beziehung war nur ein ganz kleiner Teil des Plans. Sein Plan ging weiter, er hat ihn die ganze Lebenszeit hindurch begleitet, von siebzehn Jahren an bis zu seinem Tod: nämlich Charaktere zu finden, Grundbegriffe zu finden, die in Formeln ausdrückbar sind wegen einer durchdringenden Einfachheit, auf die man sie gebracht hat, unabhängig von dem Ausdruck einer bestimmten Sprache [vgl. Leibniz 1904, 30–38]. Eine Art von Algebra des Philosophierens wollte er finden, »ein Alphabet«, wie er sagte, »der menschlichen Gedanken« [a.a.O., 32]. Das ist echte Neuzeit, echter Galilei auch. Es muß doch elementare Bestandteile geben, aus denen durch Analyse und Synthese [a.a.O., 39 ff.] – weit entfernt von jeder Art von Psychologie – sich die Gedanken als solche zusammensetzen. Es muß also Grundkategorien geben, ebenso wie es Grundfakten gibt. Die Grundkategorien sind einfach, sie haben wir schon lange; das sind Ähnlichkeit, Ursache, Verschiedenheit und Gleichheit. Aber sie müßten sich bis auf den Grund klar in einer Formel ausdrücken lassen. Ebenso gibt es Grundfakten, die immer wiederkehren, man kann auch sagen Typen. Es gibt etwa achtzehn Landschaftstypen, die sich mehr oder minder rein ausprägen, sich oft durchkreuzen, je zwei und drei können durcheinanderfließen. So gibt es Gesichtstypen, so gibt es Temperamente, so gibt es Charaktere. Außer den Grundfakten gibt es noch die großen, zusammenhaltenden Grundkategorien. Damals ist die Algebra, die Buchstabenschrift, in der Anwendung auf Geometrie zu großen Triumphen gekommen, Descartes erfand die analytische Geometrie. Es müßte also möglich sein, eine Charakteristik zu finden, die auf alles in der Welt Anwendung hat, eine »characteristica universalis«. Damit wäre der Traum von der universalen Mathematik, von der Mathesis universalis, der Traum des 17. und 18. Jahrhunderts, erfüllt gewesen, mit Einbeziehung der Qualitäten [vgl. Leibniz 1765, 580, 592 u. ö.]. Ich sprach schon über den Ausfall der qualitativen Mathematik, die Pythagoras noch hatte [vgl. S. 81 ff.). Das könnte neu versucht werden, zwar nicht in einer pythagoreischen Weise, aber auf einem ganz anderen Weg, der jedoch offenbar nicht gangbar ist, denn er ist bis heute nicht gelungen. Dieser Traum von Leibniz wäre zugleich die Erfüllung des absurden, grotesken, querköpfigen Versuchs von Raymundus Lullus gewesen, der mit seiner Maschine, auf der drei Kreise gegeneinander gedreht wurden und dadurch das Einzelne unter das Besondere, das Besondere unter das Allgemeine subsumierten, abgekürzterweise jede mögliche Kombinatorik des Denkens mathematisch faßbar machen wollte [vgl. Bloch 1977, 191]. Wie es also ein Schachspiel gibt mit jeder möglichen Kombinatorik, die durchdacht werden könnte, so müßte es ein Schachspiel der menschlichen Gedankenbeziehungen geben, die zugleich Wirklichkeitsbeziehungen sind, was das Schachspiel ja nicht ist. Der große Mathematiker Leibniz und der große Philosoph Leibniz gingen hier in eins zusammen in diesem ungeheuren, nicht ausgeführten Plan. Ein kleiner Abgesang, wie gesagt, ist die mathematische Logik und die Rechen- und Gedächtnismaschine. Aber sie sehen, was das für eine verhältnismäßig arme Sache ist gegenüber diesem ungeheuren und nun sichtbarst utopischen Plan, ein Alphabet der menschlichen Gedanken herzustellen, so daß man in einer Generation alles das wissen könnte, was überhaupt gewußt werden kann in allen Generationen, die nach uns kommen. Das war der Faust weit übertreffende, kühne Übermutsgedanke von Leibniz, dem er sein Leben lang nachhing mit der Hochzeit des Mathematikers und des Philosophen in ihm.

Tatsachenwahrheiten und Vernunftwahrheiten

Nun aber gibt es nicht nur den Rationalisten Leibniz. Ich sagte eben schon, daß er die Kunst des Erfindens suchte. [...] Da gibt es nun auch plötzlich den Nominalismus. Seine erste Schrift heißt ja »De principio individui« [Leibniz 1663], ein erznominalistisches oder mindestens scotistisches Thema. Es gibt einmal die intuitiven Wahrheiten, die von selbst einleuchten, die klar und deutlich sind. Das ist ganz die Linie Descartes. Wenn der Verstand sich auf sich selbst besinnt, sich selbst als Verstand befragt, leuchten sie ein. Das sind vor allem mathematische Wahrheiten [vgl. Leibniz 1765, 437 und 462 u. ö.], die unabhängig sind von jedem Wechsel der Situation. Das heißt, sie gelten auf dem Mars, sie gelten im Jahr 365 vor unserer Zeitrechnung und im Jahre 876853 nach unserer Zeitrechnung. Immer ist im Dreieck, wenn es auf der Ebene gezeichnet ist, die Winkelsumme 180 Grad. Außer diesen mathematischen Gesetzen gibt es noch moralische und metaphysische Wahrheiten [a.a.O., 468 f. u. ö.], die ihnen gleichgeordnet sind. Nun gibt es aber auch, und das entdeckte Leibniz, eine Einleuchtung des sinnlichen Inhalts. Der ist nicht einleuchtend in dem Sinn, wie die rationalen Erkenntnisse einleuchten, sondern der ist Gewißheit. Sinnliche Gewißheit, wie er es nennt, gibt es durchaus; sie ist klar, wenn auch nicht deutlich, vom Verstand nicht so durchdringbar, wenn überhaupt durchdringbar, daß sie deutlich wird, das heißt konstruiert werden könnte, wie man ein Dreieck mit Bleistift und Lineal konstruieren kann. Deutlich sind die sinnlichen Gewißheiten nicht, aber klar sind sie und auch klar voneinander unterscheidbar in der Vorstellung, die wir von ihnen haben [vgl. Leibniz 1765, 96 f.]. Das ist das Sonnenklar von sinnlicher Gewißheit, ein Ausdruck, der dann immer weitergeht. Er kommt bei Leibniz vor, kommt bei Hegel vor [Hegel 1807, 79-89 u. ö.] und kommt auch bei Ludwig Feuerbach vor [vgl. Feuerbach 1839, 227, 234, 289 f. u. ö.]. Sonnenklare sinnliche Gewißheit, das sind die facts, das sind die Tatsachen, das sind die Grundfakta, das sind mit dem Leibnizschen Ausdruck die vérités de fait [Leibniz 1906, 443 u. ö.], eine besondere Art von Wahrheit. Denn was einleuchtend ist, ist wahr, und was gewiß ist, ist auch wahr. Die Tatsachenwahrheiten geben Gewißheit genauso wie die vérités éternelles [a.a.O.], die ewigen Wahrheiten, die reinen Vernunftwahrheiten, vor allen Dingen die mathematischen. Diese Tatsachenwahrheiten brauchen, um gewiß zu sein, keine Ableitung von einem anderen, genauso wenig wie die Vernunftwahrheiten. Sie sind also in sich selbst genügend. Daß Licht weiß ist, daß die Wand hier weiß ist, daß das Pult hier braun ist und daß im Augenblick ein Ton durch diesen Raum geht, das ist sinnlich gewiß, das braucht nicht erst von etwas anderem abgeleitet zu werden mit einem quod erat demonstrandum am Ende. Aber das ist nicht rational durchdrungen und unterscheidet sich auch in anderem von den Vernunftwahrheiten. Von dem Inhalt dessen, was uns die Sinne mit sinnlicher Gewißheit geben, ist auch das Gegenteil denkbar. Der Sensualismus ist in seinen Gegenständen einmalig, zufällig, nicht gesetzlich, nicht notwendig. Es ist zwar sinnlich gewiß, es bedarf keiner Ableitung dieser sinnlichen Gewißheit, um sinnliche Gewißheit zu sein, aber da es keine rationale Wahrheit ist, kann, wenn der Verstand sich darauf richtet, das Gegenteil der Sache auch gedacht werden. Diese Wand könnte doch auch grün sein, wir könnten jetzt wo ganz anders sein, alles könnte ganz anders sein. Daß es nicht anders ist, geht aus ihm selbst nicht hervor.

Dazu führt nun Leibniz ein logisches Prinzip ein, das erst von ihm so formuliert worden ist: Alles braucht, um so zu sein, wie es ist, einen zureichenden Grund [Leibniz 1906, 428 u. ö.]. Das Prinzip des Satzes vom zureichenden Grunde, *principium rationis sufficientis*, ist also kein rein logisches Prinzip, sondern ein empirisch-logisches, ein sensualistisch-logisches, infolgedessen auch nicht streng beweisbares, da es selbst noch an Zufälligkeit und Unnotwendigkeit teilnimmt und, wenn man es streng nimmt, sogar sein Gegenteil gedacht werden könnte. Es ist das, was die vérités de fait zusammenhält, ihnen zwar eine gewisse Notwendigkeit post festum verleiht, aber doch nur eine bedingte Notwendigkeit, die selbst wieder von Bedingungen abhängt. Wenn die Bedingungen sich ändern, sind sie nicht mehr notwendig, während es keine Bedingungen gibt, unter denen sich, nach Leibniz, mathematische Wahrheiten oder moralische Wahrheiten ändern. Ein Schuft bleibt immer ein Schuft, ein Recht bleibt ein Recht, und tausend Jahre Unrecht können das Unrecht nicht zu Recht machen. Das Recht, etwa das Naturrecht, ist demonstrabel, beweisbar, vorführbar, während eine vérité de fait nur hypothetisch gilt. Bei Kant kommt später der hypothetische Imperativ vor zum Unterschied vom schlechthin gebietenden [Kant 1785, 414f.]. Von Situationen, von Umständen ist es abhängig, ob etwas gut ist, im Unterschied zu dem schlechthin einleuchtenden Guten, das schlechthin in jeder Situation gebietet, durchgeführt zu werden, ohne Rücksicht auf die Folgen. Im ersteren ist dieser zureichende Grund, im ersteren wirken die vérités de fait ein. Dagegen sind die vérités éternelles, die notwendigen Wahrheiten, die rationalen Wahrheiten, deren Gegenteil nicht gedacht werden kann. Das heißt, sie sind die schlechthin notwendigen, die nicht nur klar sind – das sind die sinnlichen durchaus –, sondern auch noch deutlich.

Wir haben dieses wichtige Auszeichnungsmerkmal der rationalen Erkenntnis zuerst bei Descartes kennengelernt [vgl. S. 29ff.]. Für ihn ist das klar, was dem Geist einleuchtet, was dem Verstand einleuchtet. Deutlich ist das, was durchweg in sich selbst klar bestimmt ist. Descartes setzt also einen erkenntnistheoretischen und einen objekttheoretischen Akzent. Klar ist ein erkenntnistheoretischer Begriff. Dies wird bei Leibniz verändert [vgl. Leibniz 1765, 271-283 u. ö.]. Ich habe bereits bei Descartes die Leibnizsche Definition genannt, weil die beiden sich berühren und weil es bei Descartes auch Sätze gibt, die leibnizisch wirken. Ich habe den Gegensatz überscharf festgesetzt: Bei Leibniz ist klar die Vorstellung von einer Sache, welche zur Wiedererkennung ihres Gegenstands tauglich ist, also auch zur Abtrennung, zur Unterscheidung von anderen Gegenständen. Der Schal war grün, nicht rot. Es war Seide, nicht Wolle. Das heißt, das ist die Vorstellung, die klar ist, so daß ich den Schal, wenn ich ihn verloren habe oder wenn er mir gestohlen worden ist, wiedererkenne und nicht verwechsle. Deutlich ist das aber nicht, denn deutlich ist bei Leibniz diejenige Vorstellung, die bis in ihre einzelnen Bestandteile hinein und bis zur Erkenntnis der Verknüpfung dieser Bestandteile klar ist. Das berührt sich mit Descartes, denn dieser sagt ja: Deutlich ist das, was in sich selbst durchweg klar bestimmt ist. Trotzdem ist die Leibnizsche Definition noch schärfer, weil sie den Gegensatz zu dem Klaren anders enthält. Das Klare ist nicht nur erkenntnistheoretisch, sondern enthält auch die vérités de fait, den Rest eines »Gesetzten«, also rational nicht Ableitbaren. Das heißt, es kann etwas von dem anderen unterschieden werden, aber in sich selbst geht es noch nicht auf. Es bleibt also in dem Farbigen, in dem Braunen, in dem Roten, in dem Tönenden, in dem Warmen, in allem, was uns die Sinnlichkeit gibt, ein Rest, der nicht deutlich ist. Hingegen bleibt bei der Untersuchung dessen, was Demut oder was Liebe ist, wahre Liebe, wahre Freundschaft und so weiter, kein Rest. Das kann bis auf den Grund klargemacht werden. Man kann dabei das Vorkommen von vérités de fait benutzen, aber ohne Rücksicht darauf, ob es sich mit der oder jener vérité de fait deckt. So haben wir es vor allem im Naturrecht gehabt: Was ist Recht? Nehmt das Recht als eure Vernunft, sagt Voltaire, und seht, wie es aussieht um euch herum. So entsteht aus reiner Denkspielerei, die doch eintreten kann, wenn ich die Augen schließe und nachdenke: Was ist Recht?, ein Impuls zur Revolution, erstaunlicherweise. Dies die Bedeutung der vérités éternelles und ihres Aufrufs, der dann vor allem im Naturrecht revolutionär wurde. Bei den vérités éternelles ist das Gegenteil nun nicht denkbar, sondern eine vérité éternelle muß apodiktisch so gedacht werden, wie sie ist. Sie kann gar nicht anders gedacht werden. Hier regiert nicht der Satz vom zureichenden Grunde, sondern hier regiert der Satz vom Widerspruch in der aristotelischen Form: Etwas kann nicht zugleich und in derselben Beziehung ein anderes sein. A kann nicht zugleich und in derselben Beziehung non-A sein [vgl. Aristoteles 1966, 1005b]. Und wenn es das doch ist, läßt sich fortfahren, gibt es eine Katastrophe, gibt es eine Explosion. Da gibt es dann eben Zusammenstoß von Widersprüchen, gibt es eine Einheit von Widersprüchen, die explosibel ist und erst auf dem Weg zu der neuen Einheit von Widersprüchen sich wieder beruhigt. Dann gibt es also Dialektik, von der hier aber noch keine Rede ist. Bei Leibniz besagt der Satz vom Widerspruch, daß ein Gegenteil nicht gedacht werden kann; das wäre ein Widerspruch, und der Satz vom Widerspruch heißt ja auch der Satz vom verbotenen Widerspruch [vgl. Leibniz 1765, 419ff. u.ö.].

Wir haben hier noch zu klären, wie diese vérités de fait und die vérités éternelles [Leibniz 1906, 443 u.ö.] möglich sind. Die vérités de fait sind sture, krude Vorhandenheiten, die nicht notwendig sind, die aber nun einmal gesetzt sind und die man hinnimmt durch seine Sinne. In ihnen ist gar kein Erzeugen von uns, wir können sie nicht machen, wie wir geometrische Figuren machen. Die vérités éternelles dagegen haben ein ungeheuer Logisches und dafür nichts Intensives, Bewegendes, Tätiges, Verwirklichendes an sich. Sie schweben im Äther der schärfsten Denknotwendigkeit, aber doch in einem Äther. Wie kommt es dazu, daß die beiden sich berühren? Dieses ungeheure Problem ist zum ersten Mal aufgegangen in der Unterscheidung, die Aristoteles zwischen ὅτι und διότι macht. ὅτι ist »Daß« und διότι ist »Weil« [Aristoteles 1967, 20f.]. Das »Daß« und das »Weil« sind zwei Stämme in der Welt. Daß etwas ist, also das »existere«, das Gesetzte, ist etwas anderes als das, was hypothetisch setzt, ist etwas anderes als das Verknüpfende. Das »Daß« kann ich nur durch die Sinne verstehen; zu ihm gehört auch noch mehr, zu ihm gehört Vielheit, und sie wird mir gegeben, »sensus dat pluralitatem«. Das andere, das »Weil«, kann ich nur durch den Verstand verstehen, wenn auch vermittelt durch die sinnliche Wahrnehmung. Aber dabei handelt es sich um eine Denkfunktion, wie die Kategorie der Kausalität und alle weiteren Verknüpfungskategorien, die uns den Zusammenhang der vielen Daßheiten in der Welt sichtbar machen. Das sind zwei Stämme in der Welt, mindestens zwei Stämme in der Abbildung der Welt. Daher Sensualismus und Rationalismus, unaufhörlich geht es zwischen beiden hin und her. Es geht hier um das alte, große Problem des Nominalismus, Betonung der Einzelheit, der vorüberfliegenden Sinneseindrücke, oder der Einheit, des Gesetzes, des Genus, der zufällig zusammenhaltenden Gleichgewichtszustände, die man dann nach Meinung des Nominalismus Dinge oder Individuen nennt. Bei dem hervorragenden Kenner des großen, scharfsinnigen Scholastikers Duns Scotus (1270-1308) und des nachwirkenden Scotismus geht das Problem wieder auf. Die Zufälligkeit des Endlichen, das, was Scotus die »Haecceitas« nannte, die Dieseheit [vgl. Bloch 1977, 122 f.], also das Unableitbare, ist bei Leibniz verbunden mit dem thomistischen Begriffsrealismus. Das macht die riesenhafte Toleranz eines universalen Geistes, der so hoch auf einem Berg steht, daß diese Unterschiede plötzlich für ihn zusammenrücken. Beides ist da, aber nicht eklektisch, nicht nebeneinander, sondern aus dem Zusammenprall dieser beiden entsteht Feuer, das Feuer des Problems. Es ist nicht so, daß beides nebeneinander bestünde und hier eine Lehrmeinung und dort eine Lehrmeinung, die sich bekämpfen im Mönchsgezänk. Leibniz fragt: Wieso gibt es beides? Keine Seite hat doch ganz Unrecht.

So entsteht das Problem des Nebeneinanderseins von vérités de fait und vérités éternelles. Die vérités éternelles leben in der Schicht der Möglichkeiten. Hier tritt der Begriff Möglichkeit wieder in der Philosophie vor, leider Gottes nicht verbunden mit Materie. Es ist das δυνάμει ὄν des Aristoteles [vgl. Aristoteles 1966, 1049a, 1071a u. ö.], die objektiv-reale Möglichkeit, die bei Aristoteles eine passive ist und bei Leibniz von der Materie ganz getrennt ist. Hoch droben im Himmel der ewigen Wahrheiten gibt es unendlich viele Möglichkeiten zu einer Welt, also unendlich viele Welten, die möglich sind. Es fehlt nur der zureichende Grund dazu, weshalb sie nicht wirklich sind [vgl. Leibniz 1906, 429 f., Leibniz 1710, 101 f. u. ö.]. Dieser zureichende Grund, der verhindert, daß das Gegenteil eintritt, ist bei Leibniz, wie ich schon sagte, nicht überhaupt nicht logisch. Er ist logisch faßbar, aber er selbst ist nicht logisch. Im zureichenden Grund steckt eine Setzung, es steckt ein Willensakt darin im Unterschied zum Satz des Widerspruchs, zum Satz der Identität und vielleicht sogar zum Satz des ausgeschlossenen Dritten [vgl. Leibniz 1906, 443 f. u. ö.]. Zum zureichenden Grund gehört ein Intensives – halten Sie die Einheit dieser Begriffe fest –, Wollen, Wille, Setzung, Zureichend machen, Intensivieren, Verwirklichen, so wie zum Verwirklichen auch ein Willensakt gehört. Diesen Willensakt, der ein Mögliches in den Zustand des Wirklichen überführt, der vérités éternelles verwandelt oder einbettet in vérités de fait, setzt Leibniz mit der Schöpfung gleich. Durch den reinen, unausdenkbaren Willensakt seines Schöpfers ist aus den unendlich vielen Möglichkeiten, das heißt Kombinationen von Welt, eine einzige verwirklicht worden. Dieses Willenshafte des Verwirklichens steckt in den vérités de fait. Dieser Wille ist willkürlich, er kann nicht gedacht werden, er ist zufällig, und dieses Willkürliche und dieses Zufällige, dieses auch anders Denkbare stecken auch in der Wirklichkeit. Aber da dieser Schöpfer, die oberste Monade, der liebe Gott, gütig und weise ist, weil er ja die Helligkeit vollständig für sich besitzt, so fand hier eine »choix de la sagesse« statt, eine Wahl der Weisheit [Leibniz 1906, 430 u. ö.], indem er unter den unendlich vielen möglichen Welten die beste aller möglichen Welten realisierte. Auf diesem sehr komplizierten und tiefsinnigen Umweg kommt dieses zustande, was dann nachher ein Zitiergegenstand geworden ist: die beste aller Welten. Erstens hat Leibniz das nicht gesagt, er hat gesagt: die beste aller *möglichen* Welten, was ein sehr großer Unterschied ist [vgl. Leibniz 1906, 447 f]. Zweitens bedeutet es, daß in unserer Welt die Aufklärungsbewegung der Menschen, der Dinge und der Welt selbst noch relativ am leichtesten vor sich gehen kann, in der noch das Höchstmögliche an »compossibilité« sein kann [vgl. Leibniz 1765, 285, 341 f. u. ö.], das heißt an zusammen Möglichem, an Vereinbarkeit, an Harmonie bei etwas, das ohnehin nicht Harmonie sein kann, weil es ja auseinanderstrebende oder vielmehr voneinander abgeschlossene strebende Willenspunkte, Monaden sind, die nebeneinander ihre Tendenz haben. Diese Harmonie in der bestmöglichen Welt bewirkt, daß das Sein nicht auseinanderfällt, sondern zusammenhält.

Bei all den Schatten und Krankheiten, bei Sünde und Krieg und Pest überwiegt doch das Gute. So sieht der Optimismus des 18. Jahrhunderts aus, der Optimismus der Aufklärung, die Fröhlichkeit in diesem Jahrhundert. Leibniz hat ja nur den Anfang erlebt, aber in diesem Jahrhundert sind die Seuchen merkwürdigerweise ohne ärztliche Kunst zurückgegangen, durch Immunität wahrscheinlich. Cholera, Pest und Syphilis, die im 16. und 17. Jahrhundert wüteten, kommen im 18. Jahrhundert kaum noch vor. Also ein glückliches Jahrhundert. Ausdruck dessen ist zum Beispiel die »Schöpfung« von Haydn (1798), da lebt dieser Optimismus der besten aller möglichen Welten. Bis 1755 der große Schlag kam, das Erdbeben von Lissabon, das in die beste aller möglichen Welten stark hineinschlug und dem Aufklärungsjubel aus Vernunft einen zum Teil reaktionären Gegenschlag versetzte. Aber der vorangegangene Optimismus, den Schopenhauer entsetzlich ruchlos nennt [vgl. Schopenhauer 1819, 447 u. ö.], war nicht ruchlos, sondern Ausdruck von Kraft und Lebensgefühl einer aufsteigenden Klasse in einer Welt, mit der man sich in Einklang, in Kameradschaft versteht. Die Aufklärung wird zur Objektbestimmtheit, ist nicht nur eine Subjektbestimmtheit. Daher der Optimismus. Aber wichtig ist das andere, daß ein Willenselement die Einzelheit und die Vielheit gesetzt hat; wichtig ist weiterhin, daß die vérités éternelles den Zusammenhang garantieren, die universelle Beziehung aller Einzelheiten und Vielheiten, so daß die Welt nicht auseinanderfällt, sondern durch gleiche Gesetze und den gleichen Inhalt in aller Vielheit ebenso geeint ist.

Die Monade, der Satz von der Identität des Ununterscheidbaren und der Satz der Kontinuität

Die Wirklichkeit des gleichen Inhalts reflektiert sich in den Monaden. Die Monaden drücken den gleichen Inhalt nicht nur aus, exprimere, wie bei Spinoza die Substanz sich ausdrückt, exprimit [Spinoza 1677, 1], sondern sie spiegeln die Welt mit verschiedener Intensität wider. So haben wir gleichsam die Wurzel der beiden Stämme der Welt, der Setzung und der logischen Gehalte, weil die Monaden gleichzeitig Kraftpunkte und Seelen, Intensitäten und Spiegel sind. So ist jede einzelne Monade in ihrer Weise eine repraesentatio mundi, eine Repräsentation, eine Vorstellung der Welt, im Doppelsinn von vorstellen [vgl. Leibniz 1906, 448 ff. u. ö.]. Sie stellt vor, psychologisch, und sie stellt vor, wie ein Mann

etwas vorstellt oder eine Frau, oder wie man bei Hof etwas repräsentiert. Das Französische hat einen Doppelsinn, das Lateinische und das Deutsche glücklicherweise auch. Die repraesentatio mundi hat eine Zweckbeziehung auf das Helle hin, in dem Generalinhalt, der überall auf verschiedene Weise widerleuchtet. [...]
Gegen Spinoza entsteht Individuum, Vielheit; das scotistische Element, das principium individuationis als ein unreduzierbares Prinzip triumphiert wieder. Der Begriff »Monade« ist uns von Giordano Bruno her vertraut, wo er zuerst vorkommt [vgl. Bloch 1977, 195]. Monaden sind keine Atome, denn sie sind alle voneinander verschieden, während die Atome alle einander gleich sind. Das Vielheitsprinzip reicht also bis in die Elemente des Daseins hinein. Auch das qualitative Prinzip, im Unterschied zum quantitativ-mechanischen, reicht bis in die Elemente des Daseins hinein. Atome wie Monaden sind unteilbar, aber dem Atom fehlt in der mechanistischen Atomlehre die Tätigkeit, die die Monade wiederum hat. Die Monade ist nicht ein in unendlich kleine Teile zerstäubtes Felsbröckchen wie das Atom, sondern ein kleinstes Agens, ein Minimum von Agens. So sind die Grundelemente der Welt energisch und energetisch, und sie sind nicht nur energetisch als Kraftpunkte, denn Tätigkeit und Vorstellung sind für Leibniz dasselbe [vgl. Leibniz 1706, 425 f. u. ö.]. Aus dem Dasein des homo faber, des Menschen als Werkzeugmacher, dann des tätigen Menschen im Sinn des beginnenden Unternehmers, was damals noch eine produktive Kategorie war, reflektiert Leibniz das anthropologische und anthropomorphe Wesen des Vorstellens in die Welt hinein, so daß es sich draußen sozusagen rentiert. Das wird nicht abgestrichen, sondern es wird so, wie es ist, hinübergetragen. In der Welt ist auch ein Vorstellen, ein Repräsentieren. Also sind die psychischen *Kraftpunkte* genauso psychische *Vorstellungspunkte* oder psychische Seelenpunkte. Die res extensa, eine Urtatsache bei Descartes, ist bei Leibniz verschwunden. Die Extension, die Räumlichkeit, ist zwar ein phaenomenon bene fundatum, aber sie ist kein Prius. Sondern das Prius ist die Kraft, die ein Feld setzt, um mich moderner auszudrücken. Der Raum wird, ebenso wie die Zeit, als eine Wirkungssphäre dargestellt. Darin steckt ein Fortschritt. Sie sind keine leeren Behälter, sondern sie sind unabtrennbar mit Bewegung, mit Impulsen verbunden: Der Impuls setzt als seine Sphäre Raum und Zeit, seiner Stärke entsprechend. Das ist bei

Leibniz, dem großen Mathematiker, schon durchaus angedeutet. Zuerst im 19. Jahrhundert, bei Bernhard Riemann (1826-1866), und Nikolai Lobatschewski (1793-1856), wurde der Gedanke deutlich, daß dieser Impuls je nach seiner Art der Intensität eine verschiedenartig strukturierte Wirkungssphäre setzt. Leibniz hat noch den euklidischen Raum, aber die Verbindung von Kraft und Wirkungssphäre hebt das dynamisch Neutrale des bloß extensiven, nicht intensiven euklidischen Behälters schon auf. Der Raum ist kein starrer Behälter mehr, der gänzlich unabhängig davon bleibt, was in ihm geschieht, sondern es ist ein Raum, der eine Funktion von Tätigkeit darstellt, eine Extensionsfunktion von Tätigkeit. Ebenso die Zeit, die je nach der Tätigkeit verschiedene Struktur haben kann. Davon steht bei Leibniz kein Wort, das konnte er noch nicht wissen, aber er deutet es an, und Lobatschewski und Riemann sind in ihrer Ausdehnungslehre bewußt auf die Intentionen und die Aperçus von Leibniz zurückgegangen. Hier haben Sie ein Element von Erzstufe: Etwas ist nicht ausgeführt, aber es ist da in der Intuition und im Aperçu.

Als Individuen sind nun die Monaden so sehr Individuen, daß sie, wie Leibniz mit einem berühmten Satz sagt, keine Fenster haben [Leibniz 1906, 436]. Es gibt also für diese Kraftpunkte, die völlig zusammengezogen sind auf das Einsame, keine Außenwelt, das heißt keine Fenster. Sie haben nur ein Innenleben, wenn man ein Innenleben ohne Außenleben so nennen kann, denn das ist ein Wechselbegriff. Jedenfalls haben sie ein völlig intensives, hermetisch abgeschlossenes, energisch-physisches Dasein. Das ist die äußerste Fassung von Vielheit, die denkbar ist, die äußerste Fassung von Auseinandergefallenheit. Hier steckt das principium individui, das von Leibniz definiert wird als *principium identitatis indiscernibilium*, das heißt, es sind nicht zwei Dinge in der Welt gleich [Leibniz 1904, 145 f. und 174; Leibniz 1906, 144]. Es gibt nichts Vergleichbares zwischen den Dingen, infolgedessen können sie schon deshalb keinen Kontakt haben. Das eine ist von dem anderen total verschieden. Aber die Individuen sind auch Vorstellungen, die Monaden sind unendlich kleine Vorstellungselemente. Die Vorstellung ist lateinisch repraesentatio. Repraesentatio hat – wie schon gesagt – genau den Doppelsinn wie im Deutschen und im Französischen. Französisch représenter heißt wörtlich »vergegenwärtigen«. Das kann heißen, daß ich mir jetzt einen Baum vorstelle oder daß ich etwas repräsentiere. Zum Beispiel repräsentiert ein Botschafter die Deutsche Demokratische Republik; er ist ihr Repräsentant, so heißt es genau. Dieser Doppelsinn von vorstellen steckt auch in représenter und repraesentatio. Bei Leibniz wird er dazu verwandt auszudrücken, daß, indem die Monade vorstellt, sie zugleich den Weltinhalt selbst vorstellt. Die Weisen, in denen der Weltinhalt vorgestellt, repräsentiert wird, sind unendlich verschieden, aber der Weltinhalt, der Repräsentationsinhalt selbst ist der gleiche. Eine Monade stellt die Gesamtheit aller Monaden dar, repräsentiert sie. Obzwar sie keine Fenster hat, ist jede Monade ein Spiegel des Weltalls. Nun spiegelt sie nicht die nächste Monade. Denn wenn sie das täte, hätte sie ja Fenster, dann wäre sie so ein Spiegel, wie ihn die alten Weiblein in der Biedermeierzeit ans Fenster hängten, damit sie wohl sahen, was auf der Straße passierte. Diese Spiegel nannte man Spione. Nein, die Monade spiegelt nicht die nächsten Monadenherrlichkeiten, straßauf, straßab und nebenan im Nachbarhaus, sondern sie zeigt den Weltinhalt. Das ist die repraesentatio mundi, womit Leibniz das Prinzip des Nikolaus von Cusa erneuerte: »totum relucens in omnibus«, das Ganze strahlt in allem wider, oder »omnia ubique«, alles ist überall in verschiedenem Modus, in verschiedener Weise [vgl. Bloch 1977, 171 f.]. Das macht die Verschiedenheit der Individuen. Aber die verschiedene Weise, dieses Universum der Repräsentation verhindert doch nicht die Einheit des Inhalts. Wenn es einmal fünfzig Botschafter der Deutschen Demokratischen Republik geben wird, so repräsentieren sie alle die eine Deutsche Demokratische Republik. Deshalb gibt es noch keine fünfzig Deutsche Demokratische Republiken. Jeder Botschafter ist verschieden und jeder ist an einem anderen Ort, aber der Inhalt dessen, was er repräsentiert, ist derselbe. [...]

Durch das principium identitatis indiscernibilium wird die äußerste Zertrenntheit der Monadenwelt repräsentiert. Das, was dagegengeworfen wird durch den gemeinsamen Inhalt, heißt bei Leibniz die *lex continui*, der Satz von der durchgängigen Kontinuität [vgl. Leibniz 1904, 84-93 u. ö.]. Sie haben hier zwei völlig entgegengesetzte Denkantriebe und Apperzeptionsmassen. Auf der einen Seite radikalstes Pathos der Vielheit, auf der anderen Seite radikalstes Pathos der Universalität. Was sonst auseinandergelegt ist, strömt hier in einem einzigen Kopf zusammen und erregt selbstverständlich durch den ungeheuren Unterschied der Temperatur dieser Luftmassen ungeheure Stürme und ergibt ein seltsam gespanntes Weltbild. Diese lex continui hat als Grundregel »natura non facit saltus«, die Natur macht keine Sprünge [Leibniz 1765, 13]. Denn wenn es einen Sprung gibt, ist die Kontinuität ja aufgehoben. Sprung heißt Diskontinuität, da gibt es kein Brückchen darüber. Dies ist ein scheinbar antidialektischer Grundsatz, denn bei Hegel und bei Marx ist ja der Sprung sehr wichtig [vgl. Hegel 1807, 15 und Marx 1867, 327, 791 u. ö.]. Er macht ja den Umschlag, daß ein ganz anderes jäh ausbricht, mindestens in der revolutionären Entwicklung, nicht in der evolutionären. Ist dieser Grundsatz aber wirklich undialektisch? Das durchgehende Gesetz der Kontinuität ist doch nichts anderes als das Gesetz der durchgängigen Vermittlung zwischen den Dingen, einer Vermittlung, die das unmerkliche Übergehen von Gegensätzen in sich involviert oder impliziert. Eine Einheit der Gegensätze drückt sich in dieser Vermittlung aus. Ruhe ist eine Eigenschaft von Bewegung, eine Erkenntnis, die von Galilei in der Mechanik schon eingeleitet war [vgl. Galilei 1638, 150]. Die Welt wird also in Flüssigkeit versetzt. Das Tier zum Beispiel ist ein Mensch mit einer noch träumenden Vernunft. Wenn sie wach ist, ist das Tier ein Mensch geworden. Oder der Mensch ist ein Tier mit einer Vernunft, die aufgewacht ist [vgl. Leibniz 1765, 34 ff. u. ö.]. Zwischen Pflanze und Tier, zwischen Mensch und Tier und letzthin zwischen Anorganischem und Organischem gibt es also keine unüberbrückbaren Gegensätze und ebensowenig gibt es, wie wir später sehen werden, zwischen Bewußtem und Unbewußtem unüberbrückbare Gegensätze. Schlaf, Traum, Wachen sind durch Übergänge verbunden. Die Monaden selbst sind ja nach ihren Helligkeitsgraden, das heißt nach ihren Stärkegraden verschieden – Stärke ist Kraft, Helligkeit ist psychische Vorstellung –, und durch sie hindurch geht das Aufsteigen, die Tendenz zum Hellwerden. Die Kraft, die die Seele besonders eint, ist »la tendence« [Leibniz 1906, 423 f.], die stoßende Unruhe zum Licht, das heißt zur Intensitätssteigerung, zur Lichtsteigerung, zur Klarheitssteigerung der Vorstellung. Das ist dasselbe wie die Intensitätssteigerung der Kraft. In dieser Tendenz ist nun kein Sprung, sondern hier geht es mit lückenloser Verbindung und Verbindlichkeit weiter, das schafft eine formale Lebenseinheit. Sie ist eben zugleich die materiale Lebenseinheit durch die Identität des Kraft- oder Vorstellungsinhalts, der sich hier durch Unterschiede hindurch und unter Abdämpfung dieser Unterschiede vermittelt. An einer so hohen Stelle haben Sie also die Leibnizsche Konzilianz wieder; seine Liebenswürdigkeit, seine Hofmannsallüren sind plötzlich auch in der Welt. Aber so wie eine Rosenwurzel mit Dung versehen wird und dadurch wunderbare Rosen entstehen, so, kann man sagen, wird aus etwas höchst Bedenklichem, aus dem gebeugten Rücken, aus der alles verwischenden Toleranz bei Leibniz zum Teil ein Ungeheures, nämlich eines der Grundprinzipien der Dialektik, die totale Vermittlung, in der es keine Gegensätze gibt, die unvermittelt bleiben. Der Akzent steht bei Leibniz mehr auf der Vermittlung als auf den Gegensätzen, aber die Gegensätze sind vorhanden: Ruhe und Bewegung, Mensch und Tier, Schlaf und Wachen werden relativiert. Das gelingt ihm durch das Prinzip der Individualität und der Vielheit in den kleinen Teilchen. Die Gegensätze werden relativiert, weil lauter kleine Teilchen dazukommen, sie werden ein Summationsphänomen. Ich gebe noch ein Gramm dazu, ich gebe noch zwei Gramm dazu, dann habe ich ja schon die Vermittlung. 99 ist etwas ganz anderes als 100. 1899 ist etwas ganz anderes als 1900. Ich gebe noch ein Jahr dazu, ich brauche nicht Himmel und Hölle in Bewegung zu setzen und Riesenbrocken zu bewegen – nein, nur ganz wenig, vielleicht gar nur eine Sekunde, am 31. Dezember eine Sekunde vor zwölf, und diese eine Sekunde macht den Umschlag in das neue Jahrhundert. Wenn man Sekunden in einem solchen Weltbild zur Verfügung hat, und auch Raumsekunden, das heißt Monaden, ist das kein Kunststück. Bei Spinoza wäre das unmöglich, der gleich natura sive Deus in Bewegung setzen muß, und bei dem die Modi gar nicht real sind [Spinoza 1677, 172 und 1]. In Leibniz' zerstäubter Philosophie sieht plötzlich die Vermittlung anders aus. Doch das ganz Große verschwindet dadurch nicht. Das ist der seltsame Gewinn bei Leibniz, bei dem das Organische und das Anorganische, was materialistisch in engerem Sinn nicht uninteressant ist, ebenfalls völlig zusammenrücken. Auf Leibniz machte die Entdeckung des Mikroskops, wodurch man im Wassertropfen Infusorien sah, großen philosophischen Eindruck. Jeder Wassertropfen ist also ein Teich voller Fische, es gibt nichts Unorganisches in der Welt [vgl. Leibniz 1906, 451 f.]. Auch hier sind Übergänge da, die Trennung in verschiedene Reiche ist wissenschaftlich unhaltbar. Der scheinbar tote Stoff ist in Wahrheit ein Teich voller Fische, andererseits ist der scheinbar lebendige Stoff von dem toten Stoff gar nicht verschieden.

Prästabilierte Harmonie und die Zentralmonade

Jetzt kommt der Begriff, über den ich mich noch nicht verbreitet habe. Über die Individualität, das principium indentitatis indiscernibilium, und die lex continui macht nämlich das Gesetz der prästabilierten Harmonie einen Bogen [Leibniz 1906, 432, 453 u. ö.]. Da haben Sie drei Gesetze: Identität, Kontinuität und prästabilierte Harmonie. Das geht wieder gegen zu vieles, aber fundiert die lex continui. Ich habe das schon die ganze Zeit ausgeführt, insofern, als ich sagte: Es ist der gleiche Lebensinhalt, der gleiche Weltinhalt, der repräsentiert wird. Wenn nicht diese Übereinstimmung der Tendenzen in den Monaden vorhanden wäre, müßte ja eine vollkommen auseinanderfallende Anarchie entstehen. Dieser völlige Auseinanderfall der Monaden wird durch die repraesentatio mundi [vgl. Leibniz 1906, 448 ff. u. ö.] verhindert, durch die garantierte Übereinstimmung, die anders fundiert ist als bei Geulincx. Sie erinnern sich, daß Geulincx für die Parallelität zwischen Leib und Seele das Uhrengleichnis nahm, wonach die beiden nichts miteinander zu tun haben [vgl. Leibniz 1696, 239 u. ö.]. Da ist ein Leibnizsches Denken schon ganz in nuce, ein bißchen weht da vor. Wenn Leib und Seele nichts miteinander zu tun haben, wieso haben sie doch miteinander zu tun, wieso hebe ich die Hand, wenn ich die Hand heben will, und sie tut es und schlägt auf den Tisch in meiner Innervation und zugleich in dem für Sie und mich Sichtbaren eines solchen Schlags? Das geschieht deshalb, weil diese zwei Uhren, Leib und Seele, vom selben Uhrmacher gemacht sind und weil sie deshalb ganz gleich gehen. Mit diesem Uhrengleichnis, bezeichnend für das 17. Jahrhundert, hat sich Geulincx aus der Affäre gezogen. Bei Leibniz ist das anders und bedeutend tiefsinniger und vor allen Dingen nicht in Form eines Bildes oder eines Gleichnisses sich erschöpfend [a.a.O., 239 ff. u. ö.]. Also nicht, weil sie gleichartig gemacht worden wären, zeigen alle Monaden sozusagen die gleiche Zeit, sondern weil sie die Lebensentfaltung des gleichen Inhalts sind. Dabei zeigen sie gar nicht genau die gleiche Zeit, denn zwischen Schlafen, Träumen und Wachen, zwischen verworrener und deutlicher Vorstellung, zwischen starker Intensität und schwacher Intensität sind ja Unterschiede. Aber der Inhalt dessen, was hier gemacht wird, der Inhalt im frühesten Morgengrauen und im hellsten Brand der Sonne, die im Zenit steht, ist ganz gleich. Es ist Sonnenlicht, nur in verschiedenen Dosen, in verschiedenen Arten und dieses Sonnenlicht, das hier repräsentiert wird auf verschiedene Weise, ist das, was alles doch wieder zusammenhält. Nicht daß es gleich ginge, das wäre das Schrecklichste für Leibniz, den Philosophen der Entwicklung, sondern daß es in seinem verschiedenen Sonnenstand immer auf die Sonne weist und vor allen Dingen vom Morgengrauen zum hellen Mittag werden will.

Das, was die Welt zusammenhält, ist bei Leibniz die Zentralmonade [Leibniz 1906, 424]. Damit haben wir also einen neuen Namen für den lieben Gott, damit haben wir die religiösen Konsequenzen, die gar nicht so sehr religiös sind, denn es ist sichtbar die Repräsentation von Ludwig XIV. ins Weltall übertragen. Wie wir den Unternehmer, das aufsteigende Bürgertum, die beginnende wirtschaftliche und zum Teil auch politische Macht der Bourgeoisie im Bündnis mit der Monarchie gegen den Feudaladel in den Individuen repräsentiert sehen, so sehen wir die Zentralmonade den strahlenden Serenissimus der Welt repräsentieren. Dieser deckt sich mit Gott, da Gott ja als der eine, absolute Herr der Welt zum großen Teil nichts anderes ist als ein Reflex des absoluten Fürsten, woraus dann mit Leichtigkeit von Gott ein Gottesgnadentum vom Himmel auf den Fürsten zurückgegeben werden kann. Wenn es immer lauter Republiken gegeben hätte mit wählbaren Präsidenten, wäre die Gottesvorstellung nicht verschwunden, würde aber ganz anders aussehen. Indem wir die Republik zu spät haben, haben wir im Theismus stets den monarchischen Charakter. Die Bibel macht scheinbar eine Ausnahme, indem Saul der erste König ist und es vorher schon den Herrn gab [vgl. 1. Samuel 8-10]. Aber rundherum gab es doch Herren, die repräsentiert worden sind, und Jahwe ist ja nicht der einzige Gott, sondern er ist in der ältesten Form der Bibel nur der einzig starke Gott. Nicht also, daß es keine anderen Götter gegeben hätte. Aber die waren nicht so stark wie der Gott der Israeliten. Wer ist Baal gegen Jahwe! Das ist Henotheismus, nicht Monotheismus, in dem es nur einen einzigen Gott gibt. Der Monotheismus ist eine ganz späte Entwicklung. Das Stück über

Elia und die Baalpriester enthält den Henotheismus noch deutlich [1. Könige 18, 17-40.]. Bei Leibniz ist der Reflex nun zweifellos der des Absolutismus, und die Zentralmonade ist zugleich das Ausgleichende. Ja, es ist noch etwas anderes darin, es ist auch die Bürokratie reflektiert, die Generalität des Gesetzes, in der sich die Widersprüche ausgleichen, der Staat sich als der geschäftsführende Ausschuß der herrschenden Klasse darstellt. Die Zentralmonade ist der hellste Weltinhalt, die stärkste Kraft und das hellste Bewußtsein, die höchste Realität und die höchste Vollkommenheit zusammen. Hegel sagt einen boshaften Satz in seiner Leibniz-Darstellung in der »Geschichte der Philosophie«: »Gott ist« bei Leibniz »die Gosse, worin alle die Widersprüche zusammenlaufen« [Hegel 1836, 255]. Ein sehr boshafter Ausdruck, aber nicht schlechthin unzutreffend nach dem Negativen des gesellschaftlichen Reflexes. Das andere, was erkauft oder gewonnen wurde mittels der Hilfskonstruktion dieses Reflexes, ist eben ein Zielpunkt der Selbstverwirklichung des Inhalts, so daß dieser Gottesbegriff nicht nur der Garant der prästabilierten Harmonie ist, sondern auch zu einem Vorbild dafür wird, wie höchste Helligkeit aussieht. Das Versprechen: »Eritis sicut Deus«, ihr werdet sein wie Gott, kommt ja nicht von einem Priester, sondern von der Schlange [Goethe, Faust 1, Vers 2048]. Dies Werdenwollen wie Gott, dies durchaus Rebellische, Hybrishafte steckt auch in der Zentralmonade, die abgespiegelt wird, wobei die *Zentral*monade eine Zentral*monade* ist, also wieder durch keinen Sprung von der Welt getrennt ist. Nicht nur: natura non facit saltus, man kann auch sagen: caelum non facit saltus, auch der Himmel macht keinen Sprung. In Leibniz schläft Pantheismus, nur ein Pantheismus, der nicht eine Kugel darstellt wie bei Xenophanes [Capelle 1968, 123] und bei Spinoza, sondern barock oder kathedralisch ist, mit einer Turmspitze. Ein Pantheismus mit Turmspitzen: Die oberste Turmspitze in der Zentralmonade ist das Ziel, worauf alles hingeht.

Die Kategorie des Zwecks

Nun habe ich das Wort »Ziel« gebraucht, und damit kommt eine weitere große Unterscheidung von der ganzen Linie der Renaissance, von Bacon, von Hobbes und von Spinoza, nämlich Zweck.

In der Leibnizschen Philosophie taucht der Zweck wieder auf, den Bacon, Hobbes und Spinoza ausgeschieden haben, alle drei, als inadäquate Idee, nach Spinoza als »ignorantiae asylum« dazu, als ein »Asyl der Unwissenheit« [Spinoza 1677, 39]. Ich erspare mir die Erklärung, wenn ich sage: »Das ist zu jenem Zweck gemacht«. Die Augen sind dazu da, damit man sieht; die Hand, damit man greift; der Winter, damit man Schlittschuh läuft; der Schmerz, damit man spürt, daß man krank ist, als eine wohltätige Warnung. Mit einem solchen haarsträubenden, hanebuchenen Gebrauch von Zweck ist natürlich nichts als Pfäffischkeit gegeben und jede Untersuchung kausaler Art aufgehoben. Nun, hier bei Leibniz ist der Zweck nicht so, hier ist der Zweck die Selbstvervollkommnung der Dinge. Ihr habt ein Ziel vor Augen, wird den Monaden gesagt. Das Helle, das dies Geschlecht vor sich sieht, das vom Dunklen ins Helle strebt, ist der Zweck. Es ist immanent in allem, als Tendenz, daß es hell werden kann. In dem Wort »Tendenz« steckt implizit Zweck. Sie können nämlich nicht tendere, nicht sich spannen und eine Tendenz haben ohne ein Wohin. Wenn Sie »wohin« sagen, haben Sie doch einen Zielpunkt, zunächst geometrisch. Das Geometrische wird aber noch keine Bewegung hervorrufen. Bewegung danach hin ist Zweck. In dem ungeheuer kenntnisreichen, mit allen Wassern der großen Vergangenheit gewaschenen Geist von Leibniz erscheint also Aristoteles. Sie haben die große Renaissancekategorie des Zwecks wieder, in der Weise, wie sie von Aristoteles inauguriert worden war, und doch nicht in der gleichen Weise, denn bei Aristoteles waren die Stufen der Welt fest, und das, was sie verband, die Entelechie, hatte den Zweck nur in sich selbst. Wenn der Zweck ausgeprägt war in der Entelechie, also wenn ein Ochse ein Ochse geworden war, ein Löwe ein Löwe, ein Eichbaum ein Eichbaum, ein Mensch ein Mensch, ein Staatsmann ein Staatsmann und ein Drama ein Drama, dann war die Entelechie zu Ende. So wie auf Bahnübergängen steht: »Halt, wenn die Barriere geschlossen ist«, kann man hier sagen: »Halt, wenn die Karriere geschlossen ist«. Das ist ständisch gedacht, obwohl Sie hier eine Sklavenhaltergesellschaft haben, in der es gar keine Stände gibt. Eine seltsame Antizipation bei Aristoteles. Bei Leibniz gibt es diese Stufensperre nicht, schon wegen der lex continui. Da geht es unmerklich über. Also dem Bauer sind die Wege zum Bürger und zum Edelmann und zum König so wenig verschlossen, wie sie im Märchen verschlossen sind. Und in der ganzen Welt können diese alleruntersten Bauern, die schlafenden Monaden, die Holzmonaden, die Regenmonaden, die Tabakmonaden alles mögliche werden.

Es gibt einen Ulkbrief von einem Freund von Leibniz, namens Hantschius [nicht nachweisbar], der meines Wissens sogar in Leipzig war und der fragt, wie das wäre mit den Monaden in einem Getränk, das er coffeum cum lacte nennt, also Milchkaffee. Ob die Monaden in dem coffeo cum lacte auch einmal Menschen werden könnten. Leibniz sagt: Selbstverständlich, selbstverständlich können aus Milchkaffee Menschen kommen. Es gibt also keine Grenze. Das bedeutet: Das tapfere Schneiderlein heiratet die Tochter des Königs und wird selbst König. Es sind keinerlei Grenzen gesetzt, also nicht: Halt, wenn die Karriere geschlossen ist. Die Entelechie ist nicht in sich fest, sondern es geht weiter, es wird gesprengt bis hinauf zur Zentralmonade, wobei die Welt allerdings in diesem Ringkampf des Hellwerdens steht und stehen bleibt. Aber alles, was mechanisch ist zu der Zeit, in der Leibniz die Welt aufnimmt und noch auf lange hin, alles, was im Raum geschieht, nimmt an der Bewegung teil. Die Mechanistik wird anerkannt, weil sie dies primitive Wesen in der Welt ist, – aber in Vermittlungen dialektischer Art, mit dem »non facit saltus« und der lex continui. Und – was die Leibnizsche Spezialität ist, wieder ein Element seiner Toleranz, wieder auch ein Element seiner lex continui, seiner Vermittlung – Mechanismus und Teleologie sind gar keine Gegensätze [Leibniz 1906, 455 u. ö.]. Sondern der Mechanismus steht im Dienst eines Zwecks, so wie eine Maschine von ihrem Zweck überhaupt nichts weiß und rein mechanisch arbeitet. Die Bergwerksmaschinen etwa von Georg Agricola [vgl. Agricola 1557] und die späteren Spinn- und Webmaschinen arbeiten auf mechanischem Wege unter Benutzung der Gesetze der Mechanik, nach denen sie von uns gebaut wurden. So ist in der Welt dieser ganze Mechanismus eine Maschine, die Zwecke erfüllt, nämlich die Zwecke, die die Monaden sich setzen. Das gibt erst den ganzen Zusammenhang des Hellwerdens, so daß noch die prästabilierte Harmonie als eine Harmonie des Zwecks auftritt, und zwar rein immanent, rein als Zweck des Hellwerdens, das durch die Welt geht.

Nun wird noch ein anderes Element von Dialektik bei Leibniz sichtbar, eines, das bei diesem sehr konzilianten Mann eine große Überraschung darstellt. Es ist nicht leicht, es zu entdecken, aber wenn man es entdeckt hat, kann man nicht mehr davon wegsehen. Nämlich: Wie ist das mit dem Hellwerden, das in einer dauernden Verbindung mit Kraft, mit Vermehrung der Intensität steht? Wir müssen diese beiden wieder zusammenhalten, und das Verhältnis ist ja bei Leibniz verwandt dem von Mechanismus und Teleologie. Vermehrung der Intensität im Bewußtsein ist dasselbe wie verstärkte Aufmerksamkeit, verstärkte Intention auf etwas, und diese Intention ist Tendenz *nach* etwas. Weiterhin muß ein größeres Hellwerden auch eine größere Dimension verlangen, denn die Kraft setzt ja den Raum, und die Kraft im Hellwerden setzt daher einen größeren Raum. So sagt Leibniz auch: Die Zukunft ist nichts anderes als die größere Dimension der auf sie hin tendierenden Gegenwart selber, sie ist die nach vornhin sich erweitern wollende Gegenwart [vgl. Leibniz 1906, 285 u.ö.]. Hier haben wir echte Zukunft, die etwas Neues enthält, und das Neue ist eben die nach vornhin erweiterte Dimension. Wenn Sie von Erweiterung eines Diesseits oder Erweiterung eines Ziels sprechen, haben Sie die größere Dimension schon in dem Wort. Sie sehen also, daß Sie dauernd unbewußte Leibnizianer sind, indem Sie von Erweiterung sprechen. Die Zukunft ist die größere Dimension in jeder Monade.

Was bedeutet das nun bei Leibniz? Gehen wir wieder in die Physik, denn die Physik ist bei ihm genau dasselbe wie Kosmosophie oder Psychosophie. Ich sage absichtlich nicht »-logie«, sondern »-sophie« und ich bitte, den etwaigen Anklang von Okkultistischem wegzulassen, denn er ist selbstverständlich nicht gemeint und bei Leibniz nicht gedacht. Ein Zeitgenosse von Leibniz war Mariotte (um 1620-1684), ein großer Physiker. Sie werden sich aus Ihren Schulzeiten an Mariotte erinnern; meistens fällt er im Zusammenhang mit Gay-Lussac, dem späteren französischen Physiker. Leibniz hat Gay-Lussac (1778-1850) nicht mehr erlebt, Mariotte dagegen kannte er. Das Gesetz von Mariotte lautet einfach: Der Druck einer Gasmenge ist ihrem Volumen umgekehrt proportional. Das heißt, je größer das Volumen, desto geringer ist der Druck, und je kleiner, je zusammengepreßter das Volumen ist, desto größer ist der Gasdruck. Gay-Lussac fügte die Temperatur hinzu. Bei Erhitzung wird natürlich die Tendenz der Gasmenge, sich auszubreiten, also ihr Druck, der sich auf die Kesselwände auswirkt, noch vermehrt. Der geneigte Hörer denkt vielleicht an vieles bei dem Wort »Druck« und bei dem Wort »Volumen«, wenn er nicht nur an Gas denkt. Leibniz nimmt als Beispiel das Verhalten elastischer Körper gegen den Druck. Was physisch ist, ist auch psychisch oder gesellschaftlich Druck, Tyrannei. Leibniz sagt wörtlich: »Wie in dem elastischen Körper, welcher eingeengt ist, seine größere Dimension als Streben liegt, so in der Monade ihr künftiger Zustand« [vgl. Bloch 1947, 133]. Jetzt kommen wir zu einer tieferen Bestimmung dieses so oft gebrauchten Worts »tendence«. Tendenz wächst, wenn sie nicht überhaupt daraus entstanden ist, aus der Einengung, aus der Verhinderung. Marx formulierte das einmal so, daß Tendenz die Wirksamkeit eines verhinderten Gesetzes ist [Marx 1894, 244 und 249]; mindestens wächst die Tendenz mit der Verhinderung der Durchsetzung von Gesetzmäßigkeiten und vermindert sich mit der Verminderung der entgegenstehenden Schwierigkeiten. Für Leibniz liegt die Tendenz in der Monade, die Zukunft liegt in ihr und jetzt haben wir eine neue repraesentatio, eine repraesentatio nicht nur mundi, sondern des ganz hell gewordenen Weltalls. Die Monade repräsentiert den künftigen Zustand, zu dem sie auf dem Wege ist. Noch deutlicher wird Leibniz in einer Erwiderung von 1702 auf Pierre Bayle (1647-1706), der den großen »Dictionnaire historique et critique« geschrieben hat: [Bayle 1695/97] »Man kann sagen, daß in ihr (der Seele), wie überall sonst, die Gegenwart mit der Zukunft schwanger geht.« [Leibniz 1906, 394] Das heißt: In jedem gegenwärtigen Zustand liegt der künftige Zustand als Tendenz. Tendenz ist Repräsentantin des künftigen Zustands in Form von Schwangerschaft. Dieser Satz ist das Motto einer Utopie geworden, der Utopie »L'an 2240« von Louis-Sébastien Mercier (1740-1814) [Mercier 1770]. Sie gibt einen Vorblick auf die gesellschaftlichen Zustände im Jahr 2240, mehr ein Profil. Ein nicht uninteressantes Buch, das aber nichts grundsätzlich Neues gegenüber den Utopien des 16. und des 17. Jahrhunderts enthält. Das 18. Jahrhundert war nicht die Zeit der Utopien, sondern wesentlich die Zeit des Naturrechts, obwohl zwanzigmal soviele Utopien erschienen sind wie in den beiden Jahrhunderten zuvor, aber es waren nur Abwandlungen des gleichen Inhalts. Die neue Blüte der Sozialutopien kam mit der Industrie im 19. Jahrhundert, also mit Robert Owen (1771-1858), Charles Fourier (1772-1837), Henri de Saint-Simon (1760-1825), alle voll des Sozialismus. Merciers Utopie war eine aus dem 18. Jahrhundert mit großer Wirksamkeit und einem traumhaft gemalten Vorblick in die Zukunft, und sie hat an der Spitze dieses Motto von Leibniz. Marx kannte den Mercier, und Sie erinnern sich an einen anderen Satz, der dem nicht unverwandt ist, daß »die Gewalt die Geburtshelferin jeder alten Gesellschaft (ist), die mit einer neuen schwanger geht« [Marx 1867, 779]. Zusammenhänge wörtlicher Art zwischen Leibniz und Marx sind nicht unwahrscheinlich, doch mehr kann nicht gesagt werden. Inhaltlich ist es genau dasselbe, und auffallend ist die gleiche Wortwahl bei einem ungewöhnlichen und reichlich kühnen Bild. Das ist nun ein Element, das zu dem allmählichen Übergang hinzukommt, ein Element, das man bei Leibniz nicht erwartet: Dialektik wird nämlich mit Mariotte zusammengebracht. In die Einengung und in den Widerstand dagegen, der sich als Druck auf die Wände zeigt, kommt etwas hinein, was nicht nur so ein stiller Widerspruch ist, gemäß dem hübschen logischen Ausdruck Widerspruch, womit die Dialektik schließlich aus der Logik gar nicht herauskäme, sondern es kommt ein anderes Element hinein, das durch den Gasdruck bezeichnet ist: Explosion, ein explosives Element, das nun sozusagen – wenn das kein zu monarchisches Bild für unseren Gegenstand wäre – der stoßenden Unruhe die Krone aufsetzt. Das hat gerade noch gefehlt: Kesseldruck als Anwesenheit der Zukunft in der Gegenwart, und zwar der verhinderten Zukunft in der Gegenwart. Ein wichtiger Gegenschlag gegen die Konzilianz in Leibniz, der insofern auch hier eine Einheit der Gegensätze darstellt, indem er als konziliantester aller Philosophen der erste ist, der die Dialektik als Explosion in die Welt einführt.

Näher wieder zum Zweck, so fällt er in seinem höchsten Inhalt mit der Zentralmonade zusammen, zu der hin alles in explosiver Bewegung unterwegs ist. Das hängt damit zusammen, daß die Zentralmonade Vollkommenheit ist. Wir haben also außer dem Hellwerden die perfection, die Perfektion, die Vollkommenheit und haben die perfectibilitas, die perfectibilité, die Vervollkommnungsfähigkeit von allem, wobei Vollkommenheit und Realität wieder gradweise zusammenrücken [vgl. Leibniz 1765, 34 und 215 f. und Leibniz 1906, 446 u. ö.]. Wir haben in Leibniz soviel Scotus gesehen mit dem Individuum, wir haben so viel Aristoteles gesehen mit dem Zweck – jetzt lebt hier wieder etwas, was mit Scotus doch ganz unvereinbar zu sein scheint. In diesem unermeßlich reichen Geist lebt auch noch Anselmus von Canterbury, lebt die Gleichsetzung von Sein und Vollkommenheit, von Sein und Wert. Anselm setzt das ens realissimum mit dem ens perfectissimum gleich, also das vollkommenste Sein mit dem stärksten Sein [vgl. »Proslogion«, Anselm 1966, 204-209 und ff.]. Weil Gott ens perfectissimum ist, also das vollkommenste Sein, muß er auch per definitionem ens realissimum sein, das realste Wesen. Vollkommenheit besteht darin, daß man alle guten Eigenschaften besitzt, vielleicht auch alle schlechten, aber sicher alle guten. Da nun Anselmus Sein für eine Eigenschaft hält genauso wie Hitze, Wärme, Güte, Liebe, so würde das ens perfectissimum keines sein, wenn es nicht existierte. Also existiert es. Dieser Anselmische Beweis ist erst durch Kant vollkommen erschüttert worden, indem er nämlich bewies, daß Sein keine Eigenschaft, nichts Logisches ist, sondern eine andere Wurzel hat [Kant 1787, B 626 f.]. Bei Anselm aber gibt es Gleichsetzung von Sein und Wert. Je *mehr* etwas ist, desto mehr *ist* es, je *weniger* etwas ist, desto weniger *ist* es. Das Sein fließt sozusagen in verschiedener Dichte durch die Welt. Es gibt einen Komparativ des Seins, es ist etwas weniger und mehr seiend, je nach Wertigkeit. Wenn Sie eine Bildkomposition betrachten, vor allem eine strenge Bildkomposition, die noch an dem großen mittelalterlichen Maler Giotto (um 1267-1337) gelernt hat, dann werden Sie unbedeutend gruppierte Personen oder Gegenstände sehen, die auch ganz schattenhaft gemalt sind. Die Hierarchie der Personen bestimmt die Ferne; die wichtigen werden in die Mitte gerückt und werden auch sichtbarer. Das Licht fällt auf sie bei Rembrandt (1606-1669), wo wir nichts mehr von Giotto haben, aber das Licht ist dies Pointierende: Worauf es fällt, das ist mehr. So geht dieser Affekt – nennen wir es Affekt beim Maler – der Gleichsetzung von Sein und Wert und Unsein und Unwert und den vielen Zwischengestalten durch. Auch bei Leibniz leben noch die Gradstufen des Seins. »La perfection« est »la grandeur de la réalité positive« [Leibniz 1906, 444], die Vollkommenheit ist die Größe der positiven Realität. Wieder ein wichtiger Grundsatz, der hier erneuert ist. Er ging danach ganz verloren und kommt nur bei einem wieder vor, vermutlich mit Beziehung auf Leibniz, bei Hegel, wo in der »Logik« unterschieden werden Sein und Dasein [Hegel 1812, 66-176], Existenz und Wirklichkeit [Hegel 1813/16, 102-122 und 156-205]. Unaufhörlich tönt in der Terminologie des ersten Bands des Marxschen »Kapitals« dieses durch. Der ungeübte Leser, der das nicht weiß, läßt es unbeachtet, wann Marx Sein und wann Dasein und wann Existenz sagt [vgl. Marx 1867, 143 f., 150, 156 u. ö.]. Das ist hegelisch, das wußte man damals noch. Marx hat das in den Knochen gehabt. Die meisten Leser, und darunter verstehe ich nicht nur Eduard Bernstein (1850-1932), nicht nur die Revisionisten, die die Hegelsche Logik ablehnen, merken davon bei Marx nichts. Daher der Satz von Lenin: »Man kann das ›Kapital‹ von Marx und besonders das 1. Kapitel nicht vollständig begreifen, ohne die *ganze* Logik Hegels durchstudiert und begriffen zu haben.« [Lenin 1914/15, 170] Es gibt auch die umgekehrte Reaktion: Je mehr etwas ist, desto weniger ist es. Das ist die pessimistische Reaktion. Selbstverständlich kann das nicht gelingen, weil es ja so gut ist, oder der Prophet gilt nichts in seinem Vaterlande. Es läuft einer unbekannt herum, weil er halt der ist, der er ist, und deshalb ist er unbekannt. Mit dem Wert steht das Sein in einem umgekehrt proportionalen Verhältnis. Diese pessimistische Reaktion enthält implizit auch Gleichordnung von Sein und Wert, nur in reziprokem Verhältnis. Die optimistische, weltfreudige hat sie in einem nicht-reziproken Verhältnis. Also haben wir hier bei Leibniz – ich sage das mit einem Vorblick auf Hegel, zu dem wir ja auch noch kommen werden – die schließlich auf Platon zurückgehende, im Anselmschen Gottesbeweis kulminierende Gleichsetzung der Gradstufen von Sein und Wert mit dem Sein als einem Wesen, das mit Gradstufung verbunden werden kann.

Die Lehre von den »petites perceptions«

Noch näher zu Leibniz möchte ich noch zwei Punkte behandeln, die in seiner Erkenntnistheorie wichtig sind. Ich habe das bei der Behandlung der vérités de fait und der vérités éternelles [vgl. S. 131 ff.] absichtlich ausgelassen, um es nicht mehrmals zu sagen und Sie so zu ermüden. Wir haben das also schon gestreift, und ich werde es jetzt in dem kosmologischen Zusammenhang, in dem wir uns die ganze Zeit schon befinden, noch einmal ausführen. Zwei Dinge möchte ich noch vorbringen, die wesentlicher Inhalt seines einzigen ausgearbeiteten Hauptwerkes sind, der »Nouveaux essais sur l'entendement humain« [Leibniz 1765], nämlich die Lehre von den petites perceptions, von den kleinen Wahrnehmungen, und die Lehre von der Spontaneität des Bewußtseins, von dem subjektiven Faktor der Erkenntnis. Es handelt sich nur scheinbar um Psychologie und Erkenntnistheorie, und Sie werden sehen, was, kosmisch gesehen, alles darin ist. Man könnte diese Dinge auch an den Anfang stellen, in das rein erkenntnistheoretisch, methodisch Einleitende. Aber dann wären sie nicht ganz verständlich, weil die Monadenlehre vorausgesetzt ist und ebenso die Intensität, die repraesentatio mundi und vor allem die lex continui.

Zuerst die *petites perceptions*. Wir haben die Gegensätze hier nun im Bewußtsein zu betrachten. Wie steht es mit dem Schlafen, mit dem Träumen und mit dem Vorstellen in den vorstellenden Wesen par excellence, nämlich in den Menschen selbst? Wir sind wach, aber nicht ganz wach; ganz wach ist nur die Zentralmonade. Wir haben noch Schlaf und Traum, also sind wir nicht ganz wach, mindestens nicht immer. Wie weit reicht nun so etwas wie Schlaf und Traum in unser Wachsein hinein, in unsere cogitatio, in unser Bewußtsein? Das kann doch nicht vollständig getrennt sein, da es die lex continui gibt. Infolgedessen muß es eine Abstufung der Intensität der Vorstellungen geben, dergestalt, daß es, wie es unendlich kleine Impulse in der mechanischen Welt gibt, auch unendlich kleine Bestandteile des Vorstellungslebens geben muß. Diese unendlich kleinen Bestandteile des Vorstellungslebens sind nicht bewußt in dem Sinn, daß sie klar und deutlich wären. Sie sind sogar äußerst verworren. Aber sie sind deshalb nicht etwa im Bewußtsein nicht vorhanden. Ich kann mich an Vergessenes erinnern, also kann es doch aus dem Raum des seelischen Lebens nicht herausgefallen sein, was ohnehin unmöglich ist. Und nun kommt eine Leibnizsche Beobachtung: Wie ist das bei einer Brandung [vgl. Leibniz 1765, 10f. u. ö.] oder bei dem Gemurmel einer erregten Menge [Leibniz 1906, 57 u. ö.]. Zwei Leibnizsche Beispiele: Ich höre eine Brandung. Die Brandung ist entstanden aus dem Aufschlag sehr kleiner Wellenteilchen aufeinander. Das Gemurmel einer Menge ist entstanden aus dem Sprechen von einzelnen Personen miteinander.

Ich höre die Elementchen nicht, ich höre nicht das Aufschlagen eines Wellenteilchens auf das andere und schließlich das Aufschlagen von Molekeln auf einander, und ich höre nicht, daß Herr X und Frau Y einen empörten Austausch von Meinungen haben über das, was eben der Herr Redner gesagt hat, ich höre nicht, was gar bei einer Revolte auf einem Platz geredet wird. Aber das Summationsphänomen kommt zu mir als Brandung, als Gemurmel. Da nun eine Summe nicht entstehen kann aus lauter Nullen – wenn ich Nullen addiere, bleibt das Ergebnis Null –, so muß in meinem Bewußtsein etwas mehr als Null gewesen sein, obwohl ich es nicht wahrgenommen habe. Es ist also eine kleine Wahrnehmung, möglicherweise bis an den Rand einer unendlich kleinen Wahrnehmung gehend, es ist eine petite perception. Die großen Wahrnehmungen des Bewußtseins, die als Brandung oder als Geräusch erscheinen, sind also Summationsphänomene. Nun, jeder Kenner oder Erinnerer der höheren Mathematik wird bei den unendlich kleinen Impulsen der Bewegung vor seinem geistigen Auge das Wort »Differential« auftauchen gesehen haben. Also Differentialrechnung und Integralrechnung, Leibniz ist ja ihr Schöpfer. Man könnte auch sagen, die Brandung oder das Gemurmel seien Integrationsphänomene. Leibniz ist das nicht unbewußt, er sagt ausdrücklich, hier habe man ein psychologisches Beispiel dafür, wie nach dem Prinzip der Differentialrechnung aus der Summierung einer unendlichen Anzahl unendlich kleiner Werte eine stattliche Größe entstehe. So entstehe aus einer Masse unbewußter Vorstellungen eine bewußte Vorstellung von lebhafter Energie.

Was bedeutet diese Entdeckung? Nichts Geringeres als die Aufhebung der uralten Gleichsetzung von seelischem Leben mit Bewußtsein. Die haben Sie im Rationalismus, die haben sie ganz hell bei Descartes und bei Spinoza. Also: Die res cogitans oder das Attribut der cogitatio sind dauernd Bewußtsein, und die res extensa ist kein Bewußtsein. Das Körperliche ist so wenig Bewußtsein, daß ich es noch nicht einmal unbewußt nennen kann. Das kann ich sagen, aber es gibt keine Bestimmung dafür. In dem dialektischen Vermittlungswesen, in dem Leibniz außerordentlich groß ist, haben wir hier also das Unbewußte entdeckt. Es gibt in dem seelischen Leben, in der repraesentatio, in der Vorstellung, einen Keller, über diesem ein Haus mit Stockwerken. Und wie es in der Welt verschieden hell ist, von den schlafenden bis zu den wachen Monaden, so ist es auch in der wachen Monade, die wir sind, verschieden hell. Die lex continui gilt, es gibt gradweise Übergänge, ohne einen Sprung. Die Vorstellung kann von einer schwachen bis zu einer unbewußten herabsinken und durch Aufmerksamkeit wieder bis zur hellsten aktiviert werden, die Entdeckung des Unbewußten aus dem Begriff der Differentialrechnung. Eine ungeheure Sache, in dem ungeheuren Bogen wieder echt leibnizisch. Die unbewußte Vorstellung ist – ohne den erkenntnistheoretischen Nebensinn, den man später bei Salomon Maimon (1753-1800) gehabt hat –, die unbewußte Vorstellung ist das Differential des Bewußtseins [vgl. Bloch 1977, 304 ff.], ließe sich leibnizisch sagen, also der unendlich kleine Teil des Bewußtseins. [...]

Mit den petites perceptions ist Leibniz also der Entdecker des Unbewußten geworden. Später, im 19. Jahrhundert, bei Gustav Theodor Fechner (1801-1887), drückte man das mit Schwelle aus, Schwelle des Bewußtseins [vgl. Fechner 1859, Kap. v.]. Unten ist das Unbewußte und oben ist das Bewußte; die Vorstellungen können unter die Schwelle sinken oder über die Schwelle hervortreten. Die meisten Vorstellungen sind aus dem Bewußtsein hinuntergesunken ins Unbewußte. Man hat sie nie vergessen, oder man hat sie nach der Psychoanalyse aus bestimmten Gründen verdrängt, und sie sind unbewußt geworden. Aber nichts ist im Keller, was nicht vorher in der ersten Etage war; selbst wenn es vergessen ist, muß es doch bewußt gewesen sein. Oder es kann etwas im Keller gären und sich herausmachen und dann nach oben ins Bewußtsein steigen. Das gibt es auch, obwohl es viel seltener ist. Wie ist das nun aber mit dem Gären und Aufsteigen ins Bewußtsein? Steigt da wirklich etwas ins Bewußtsein, und trägt sich das Gären da unten im Keller zu, gibt es ein produktives Gären in dieser Mondscheinlandschaft? Wie ist das bei Ihnen, die Sie jung sind und etwas in sich stecken fühlen? Ich werde etwas Ungeheures werden, ich weiß nur nicht genau, was! Wie ist das mit unserer Zeit, in der sich etwas Neues herausbildet wie in allen Wendezeiten der Gesellschaft, zuletzt in der Renaissance und in den mißglückten Anfängen einer deutschen bürgerlichen Revolution im 18. Jahrhundert, im Sturm und Drang? Da bildet sich etwas heraus, aber es ist doch nicht petite perception, das ist doch nicht unbewußt, das ist doch nicht hinabgesunken, sondern das ist eine Dämmerung nach vorwärts, das ist ein Träumen nach vorwärts, nicht eins nach rückwärts. Und wie ist das beim Produzieren, wo etwas gestaltet wird, etwas Neues, was noch nie da war? Was sind denn das für Bewußtseinszustände? Das sind selbstverständlich keine unterbewußten. Es sind auch keine überbewußten. Das würde heißen, daß sie noch heller sind als Bewußtsein. Nein, auch sie sind Dämmerung und sind Gärung. Ich habe mir freundlichst gestattet, diese Bewußtseinszustände auszuzeichnen als das Noch-nicht-Bewußte, das dem Noch-nicht-Gewordenen in der Welt korrespondiert und es abbildet, es heraufbildet. Es gibt eine antizipierende Funktion, wenn Sie wollen, eine utopische Funktion, die in Träumen vorausnimmt, was noch nicht ist, mit den wichtigen Kategorien des Noch-Nicht und des Novum [Bloch 1954 f., Kapitel 14-17]. Das ist die zweite Etappe in der Erforschung des Nichtbewußten. Das Nicht-mehr-Bewußte ist durch Leibniz entdeckt, das Noch-nicht-Bewußte obliegt uns zu entdecken als eine neue Bewußtseinsklasse und als die Bewußtseinsklasse des Neuen. [...]

Es war, wie ich noch hinzufügen kann, sehr spät überhaupt, daß so etwas wie Bewußtsein entdeckt wurde. Das ist nicht so selbstverständlich, wie es uns vorkommt. Die Aufmerksamkeit auf die Aufmerksamkeit beginnt erst bei Aristoteles. Hier gibt es den sonderbaren Ausdruck ἀκούειν τοῦ ἀκούειν oder ὁρᾶν τοῦ ὁρᾶν, das Hören des Hörens oder das Sehen des Sehens. Das Bewußtsein selbst, also daß es überhaupt so etwas gibt wie das Bewußtsein von seelischen Akten, ist erst bei Plotin (205-270) betont worden [vgl. Windelband 1900, 190] und steht natürlich in einem geistigen Zusammenhang mit der spätantiken Zeittendenz der Verinnerlichung, wie sie dann in Augustins »Confessiones« kulminierte und in seinem Satz: »Noli foras ire; in te ipsum redi: in interiore homine habitat veritas« [vgl. Windelband 1900, 226], »Wolle nicht nach außen gehen, in dich selbst gehe ein: im inneren Menschen wohnt die Wahrheit«. Das Achten auf sich selbst, die Psyche, die Seele als Raumbezeichnung oder als Wesensbezeichnung von etwas Seelischem, das ist sehr alt. Das haben schon Primitive, die die Seele auch nach außen verlegen. Im Kongo-Gebiet, glaube ich, ist es vorgekommen, daß ein Missionar einen Neger fragte, ob er eine Seele habe. Der Neger bejahte das. – Und wo die Seele sei? Der Missionar wollte also auf die Inwendigkeit kommen, er wollte den Sprung sehr kurz machen von Aristoteles bis Plotin und Augustin und wollte, daß der Mann »innen« sagt. Der aber sah einen

Augenblick zum Fenster hinaus, wo er eine bestimmte Art von Vogel sah, der auf einen Zweig flog, und sagte: »Dort ist sie.« Dieser Vogel war ein Totemtier, weshalb das Bild von der Seele als Vogel, der aus uns herausfliegt, und ähnliches noch, darauf zurückweisen könnte. Daß es eine Seele gibt, ist also alt, mythisch. Sie war aber selbstverständlich nicht dasselbe wie Bewußtsein. So ist Bewußtsein sehr spät entdeckt worden und wurde ausgedrückt durch conscientia oder cogitatio. Im Lateinischen gibt es kein anderes Wort. Conscientia ist Mitwissen, also Gewissen im doppelten Sinn, moralisch und logisch, naturwissenschaftlich sozusagen. Cogitatio heißt nicht denken, sondern heißt Bewußtsein in dem Gebrauch, wie er bei Descartes [vgl. Descartes 1637, 28] und bei Spinoza [vgl. Spinoza 1677, 12 u. ö.] vorliegt. In der res cogitans und in der cogitatio sind die anderen seelischen Akte auch enthalten. Wir haben hier also die Entdeckung des Unbewußten als eines Summationsphänomens, im Zusammenhang mit der lex continui. Es gibt keinen Sprung in der Natur, und die unendlich kleinen Bewegungsimpulse von Galilei [vgl. Bloch 1977, 269] haben hier eine neue Wirkung hervorgerufen. Bei Descartes hatten sie hervorgerufen, daß es elementare Wahrheiten des Bewußtseins gibt, zu denen hin die Bewußtseinswelt analytisch erforscht, von denen her sie synthetisch aufgebaut wird. Bei Leibniz wird die Sache nun auch noch kosmologisch gewendet. Die Stelle, die ich Ihnen vorlesen möchte, lautet:
»Übrigens gibt es gar viele Anzeichen, aus denen wir schließen müssen, daß es in jedem Augenblicke in unserem Innern eine unendliche Menge von Perzeptionen gibt, die aber nicht von Apperzeption und Reflexion begleitet sind, sondern lediglich Veränderungen in der Seele selbst darstellen, derer wir uns nicht bewußt werden, weil diese Eindrücke entweder zu schwach und zu zahlreich oder zu gleichförmig sind, so daß sie im einzelnen keine hinreichenden Unterscheidungsmerkmale aufweisen. Nichtsdestoweniger können sie im Verein mit anderen ihre Wirkung tun und sich in der Gesamtheit des Eindrucks, wenigstens in verworrener Weise, geltend machen.« [Leibniz 1765, 10]
Die Unterscheidung von Perzeption, Reflexion und Apperzeption wird getroffen. *Perzeption* ist einfach Wahrnehmung, *Reflexion* ist die Aufmerksamkeit, die sich auf einen Akt wendet, so daß der Akt reflektiert wird, das heißt noch einmal gespiegelt, in sich zurückge-

beugt wird. *Apperzeption*, von adpercipere, ist die verstärkte Aufmerksamkeit, zu der wir nachher kommen werden, die eben der intellectus ipse in psychologischer Gestalt ist, also etwas, was nicht wahrnimmt, sondern was apperzipiert, das heißt noch hinzuwahrnimmt. Das sind die Denkfunktionen.

Hier haben Sie noch ein Motiv, das hinzukam und das Leibniz diese Entdeckung erleichterte. Ich gab an: unendlich kleine Teile oder sehr schwache Teile. Nun kommt lex continui. Es kann nicht plötzlich von dem Körperlichen zu dem Bewußten springen; es ist kein Riß zwischen beiden wie bei Descartes [vgl. S. 42ff.], es sind auch nicht getrennte Attribute wie bei Spinoza [vgl. S. 77ff.], sondern ein Entwicklungszusammenhang ist da. Das ist das zweite. Und das dritte ist der Gedanke von den schlafenden, träumenden und wachen Monaden. Alles, was da draußen schläft und träumt, schläft und träumt auch in uns. Schlafen und Träumen haben wir noch, es ist nur ungeheuer überboten und überleuchtet durch die Wachheit. Das Zitat geht weiter:

»So bringt die Gewohnheit uns dahin, auf die Bewegung einer Mühle oder eines Wasserfalles nicht mehr achtzugeben, wenn wir einige Zeit lang ganz nahe dabei gewohnt haben. Nicht als ob jene Bewegung nicht immer noch unsere Sinneswerkzeuge träfe und als ob nicht, gemäß der Harmonie von Seele und Leib, auch in der Seele eine entsprechende Änderung sich vollzöge: sondern die auf die Seele und den Körper geschehenden Eindrücke sind, wenn sie den Reiz der Neuheit verloren haben, nicht stark genug, um unsere Aufmerksamkeit und unser Gedächtnis, die von fesselnderen Gegenständen in Anspruch genommen werden, auf sich zu ziehen. Denn jedwede Aufmerksamkeit verlangt Gedächtnis; und wenn wir, sozusagen, nicht daran gemahnt und darauf hingewiesen werden, auf bestimmte gegenwärtige Bewußtseinszustände in uns zu achten, so lassen wir sie ohne Reflexion, ja ohne sie zu bemerken, vorübergehen; wenn uns jedoch jemand sofort darauf hinweist und uns z. B. auf irgendeinen Lärm aufmerksam macht, der sich gerade hören ließ, so erinnern wir uns daran und werden uns bewußt, davon soeben eine Empfindung gehabt zu haben. Also waren es Bewußtseinszustände, die von uns nicht sogleich apperzipiert wurden, vielmehr erfolgte die Apperzeption erst auf den Hinweis hin, also nach einer bestimmten Zwischenzeit, wie klein diese auch sein mag. Um diese kleinen Perzeptionen (...) noch besser zu fassen,

bediene ich mich gewöhnlich des Beispiels von Getöse oder Geräusch des Meeres, welches man vom Ufer aus vernimmt. Um dieses Geräusch, wie es tatsächlich geschieht, zu hören, muß man sicherlich die Teile, aus denen sich das Ganze zusammensetzt, d. h. das Geräusch einer jeden Welle hören, obgleich jedes dieser geringen Geräusche nur in der verworrenen Gemeinschaft mit allen übrigen zusammen, d. h. eben im Meeresbrausen selbst, erfaßbar ist, und man es nicht bemerken würde, wenn die Welle, von der es herrührt, die einzige wäre.« [Leibniz 1765, 10 f.]
Sie haben hier außer dem Schlafen noch den Parallelbegriff »verworren«. Das sind also verworrene Vorstellungen in uns selbst, keine klaren und keine deutlichen. Aus dem Logischen geht es sofort ins Psychologische. Philosophia non facit saltus bei Leibniz, wie Sie sehen. Die Begriffe sind scharf, aber dauernd fließend: »Denn die Bewegung dieser Welle muß doch auf uns irgendeinen Eindruck machen, und jedes Einzelgeräusch muß, so gering es auch sein mag, von uns irgendwie aufgefaßt werden, sonst würde man auch von hunderttausend Wellen keinen Eindruck haben, da hunderttausend Nichtse zusammen nicht etwas ausmachen. Auch im tiefsten Schlafe hat man immer noch eine schwache und verworrene Empfindung, und man würde niemals durch das stärkste Geräusch der Welt erweckt werden, wenn man nicht irgendein Bewußtsein seines, wenngleich nur schwachen, Anfangs hätte, wie man auch bei größter Kraftanwendung niemals eine Schnur zerreißen könnte, wenn sie nicht durch geringere Anstrengungen ein wenig gespannt und verlängert würde, mag auch diese kleine Spannung unmerklich sein.« [a.a.O., 11] Es geht weiter, und sie finden an derselben Stelle den Hinweis auf die Gegenwart, die mit der Zukunft schwanger ist: »Ja man kann sagen, daß vermöge dieser kleinen Perzeptionen die Gegenwart mit der Zukunft schwanger und mit der Vergangenheit erfüllt ist, daß alles miteinander zusammenstimmt (σύμπνοια πάντα – wie Hippokrates sagt) und daß Augen, die so durchdringend wären wie die Gottes, in der geringsten Substanz die ganze Reihenfolge der Begebenheiten des Universums lesen könnten: Quae sint, quae fuerint, quae mox futura trahantur.« – (»Die sind, die waren und die bald zukünftig herangezogen werden.«) – »Diese unmerklichen Perzeptionen sind es auch, die dasjenige bezeichnen und ausmachen, was wir ein und dasselbe Individuum nennen: denn kraft ihrer erhalten sich im Individuum Spuren seiner frühe-

ren Zustände, durch die die Verknüpfung mit seinem gegenwärtigen Zustand hergestellt wird. (...) Ja diese Perzeptionen geben sogar – durch periodische Entwicklungen, die einmal eintreten können – das Mittel ab, im Notfall diese Erinnerung wieder zu erwecken. Sie bewirken auch, daß der Tod nichts anderes ist als ein Schlaf, ja daß er ein solcher nicht bleiben kann. Denn in ihm hört das Bewußtsein nur auf, hinreichend deutlich zu sein und sinkt bei den Tieren zu einem Zustand der Verworrenheit herab, der die Apperzeption aufhebt: ein Zustand, der jedoch nicht immer dauern kann; von dem Menschen ganz zu schweigen.« (...) [a.a.O., 11 f.]

Daß der Tod kein definitiver Zustand ist, hängt wieder mit der Leibnizschen Konzilianz zusammen, denn es gibt nichts, was dauernd ist. Der Tod im Leibnizschen Sinn ist die mildeste Form des Lebens. Das Bewußtsein ist nur ins Verworrene und Schlafende herabgesunken, bleibt aber nicht darin, und das Fortleben gilt auch für die Tiere; auch sie ändern sich. Nichts geht verloren, nichts reißt ab, lex continui geht auch in diese Linie hinein, wobei Sie bei der Zukunft die Grenze sehen, die bei Leibniz bleibt. Es ist das eigentlich gar keine Zukunft für einen überlegenen Geist, also für den hier supponierten Gott. Für das Bewußtsein gibt es keine Zukunft, denn es ist ja alles schon da, wenn auch unendlich klein angelegt, und man könnte in der geringsten Substanz die ganze Reihenfolge der Begebenheiten des Universums nach vorwärts und nach rückwärts lesen. Diesem Zukunftsbegriff fehlt das radikal Neue, wenn es auch vermittelt ist. Der Begriff der Zukunft hat erst durch die marxistische Philosophie überhaupt einen Horizont bekommen, obwohl er noch lange nicht durchdacht ist. Auch bei Leibniz ist die Klassenschranke vorhanden und immer noch die Schranke der Platonischen Anamnesis, wo Wissen Wiedererinnerung ist. Das heißt, es ist alles schon dagewesen, auch das, was noch nicht war, ist bloß *für uns* noch nicht dagewesen.

Die Lehre von der Spontaneität

Ich gehe nun zu dem anderen Thema über, das hier gestellt ist, nämlich zu der Lehre von der Spontaneität. Das alles könnte man auch in der Leibnizschen Erkenntnistheorie behandeln, dann

würde aber wieder die ganze Kenntnis der kosmischen Monadenlehre fehlen. Die schulmäßigen Unterscheidungen, in Logik hier, Erkenntnistheorie und Mythologie dort, in Kosmologie hier und Psychologie dort, sind nicht ganz aufrechtzuerhalten, indem die unendliche Vermittlung, die das Leibnizsche Denken darstellt, eben alle diese Elemente wieder vermittelt, nicht als einen Bau, eine Architektur, wo das Fundament das erste Stockwerk, dieses das zweite Stockwerk und das zweite Stockwerk das dritte trägt, sondern wie in einem Organismus, wie in dem organischen Zusammenhang von universaler Lebendigkeit. [...]
Leibniz [Leibniz 1765] kommentiert eine Schrift von Locke [Locke 1690], die rein sensualistisch ist. – Es ist ein Mißliches, daß man Philosophen trennen muß, die zusammen gelebt haben. Locke, geboren 1632, kommt für uns erst nach Leibniz dran, aber er hat natürlich mit Leibniz zusammen lange Zeit gelebt und ist sogar schon 1704, zwölf Jahre vor Leibniz gestorben. – Leibniz kommentiert den Lockeschen Satz: »Nihil est in intellectu quod non fuerit in sensu« – nichts ist im Intellekt, nichts ist im Verstand, was nicht vorher in dem Sinn war. Also reiner Sensualismus. Unser Verstand ist eine Wachstafel, und auf diese Wachstafel schreiben die Sinne ihre Eindrücke, und im Verstand, der eine tabula rasa, eine leere Tafel an sich ist, gibt es nichts, als was die Sinnlichkeit hineingebracht hat [vgl. Locke 1690 I, 107 f.]. Der Verstand ist sonst völlig leer. Leibniz macht nun eine Bemerkung dazu, so wie man Randbemerkungen macht: »Excipe:« das heißt: »nimm aus«, und dann kommt die Hauptsache: »nisi ipse intellectus« [Leibniz 1765, 84], »Nichts ist im Verstand, was nicht in den Sinnen war, mit Ausnahme des Verstandes selber«. Der Verstand war doch sicher nicht in den Sinnen. Nun bricht das Problem auf. Was steht dahinter? Man kann es formulieren von materialistischer Geschichtsauffassung aus gegen mechanistische Auffassungen: Nichts ist im Überbau, was nicht vorher im Unterbau war, mit Ausnahme des Überbaus selbst. Die mechanistische Fassung des Verhältnisses Überbau – Unterbau, die den Überbau als bloßen Reflex des Unterbaus betrachtet und sich damit natürlich die Aktivierung des Unterbaus durch den Überbau verriegelt, hat große Verwandtschaft mit dem sensualistischen Satz von Locke. Der Reflex kann doch nicht aktivieren, er ist doch rein passiv. Hier haben Sie das gleiche innerhalb der Erkenntnistheorie, wo es auf den Begriff intellectus

geht, wo die Denkfunktion, die Kategorialfunktion betont wird gegen den Sensualismus. [...]
Daß bei Locke alle Vorstellungen von außen eingeritzt werden, ist dummer Sensualismus und sehr englisch. In uns gibt es überhaupt nichts, wir sind Spiegel, eigentlich nicht einmal richtige Spiegel. Bei Locke ist das Spiegelgleichnis durchaus nicht abbildlich. Wir sind so gut wie nicht da, wir nehmen passiv alles von außen auf, und es gibt keine Denkfunktion, die es in der marxistischen Erkenntnistheorie bekanntlich sehr gibt. Marxistische Erkenntnistheorie ist nicht sensualistisch, sondern sie setzt voraus, daß es einen subjektiven Faktor in der Erkenntnis gibt, wie man ja wohl sagen kann und auf eine ganz ungefährliche Weise sagen kann. Das ist natürlich nicht dasselbe wie erkenntnistheoretischer, subjektiver Idealismus, der die ungeheure Übersteigerung des subjektiven Faktors, die Retourkutsche gegen die Lockesche tabula rasa ist, der sagt, daß der Verstand der Natur die Gesetze vorschreibt [Kant 1787, B 159f.]. [...]
Wir haben bei Gelegenheit der griechischen Philosophie die gesellschaftliche Schranke kenntlich gemacht, daß nämlich die Arbeit fehlt, daß sie nicht reflektiert wird. Der feine Mann arbeitet ja nicht, in keiner einzigen Gesellschaft vor der kapitalistischen arbeitet er. Arbeiten mußte der Plebs. Die Arbeitstrennung, die Klassenscheidung bedeutete, daß der Adel, der doch tonangebend war, zwar Krieg und Regierung besorgte, aber nicht Arbeit. Das machte der Handwerker, der Banause. Banause heißt Handwerker, sonst nichts. Daraus kam das Schimpfwort. Arbeit als eines angesehenen Mannes würdige Tätigkeit ist erst im beginnenden Kapitalismus entstanden und möglich geworden. Bei den Griechen war die Arbeit so verachtet, daß zwar der Dichter zur guten Gesellschaft gehörte, nicht aber der Bildhauer. Phidias und Myron die großen Bildhauer, die Kränze bekamen und den Jubel des Volks genossen, wurden am nächsten Tag nicht mehr eingeladen, weil sie Handwerker waren. Und in der griechischen Mythologie ist der einzige Gott, der arbeitet, Hephaistos, der Schmied, und der ist rußig und hinkt. Das will bei den Griechen etwas heißen. Wenn ein Mensch hinkt, dann kann man ihn kaum einen Menschen nennen.
Hier kommen nun die leisen Gegenschläge. Bei Descartes steht es so, daß die sinnlichen Empfindungen und ihre Vorstellungen von außen stammen, daß es aber eingeborene Ideen gibt [vgl. S. 30]. Er

übernimmt die eingeborenen Ideen über Cicero von der Stoa. Der rechte Weg, dessen sich ein guter Mensch in seinem dunklen Drange wohl bewußt ist [vgl. Goethe Faust 1, Verse 328/29], ist so eine idea innata. Diese Goethe-Verse könnten stoisch sein, wenn sie nicht deutsch wären. So etwas ist mit uns geboren, und es wird uns zwar sehr schwer gemacht, den rechten Weg zu finden, aber wir wissen doch, was er ist. Solch eine eingeborene Idee ist auch die Idee der Vollkommenheit, aus der Descartes das Dasein Gottes folgern zu können glaubt. Wir haben eine Idee der Vollkommenheit, zu der uns doch die äußere Welt gar keinen Anlaß gibt. Das ist von Leibniz sehr weit entfernt. Leibniz geht zurück auf die Selbsttätigkeit der Monaden, auf das Dasein der Monaden als ein Dasein von Kraftpunkten, und auf die Fensterlosigkeit. Wenn die Monaden keine Fenster haben, dann können sie keine äußeren Eindrücke empfangen [vgl. S. 140]. Sie sind vollkommen isoliert, sie sind abgeschlossen, sie sind also in einer Weise inselhaft wie kein Engländer. Sie haben den universalen Weltzusammenhang, sie haben repraesentatio mundi, in jeder Monade ist auf ihre unverwechselbare Weise der gleiche Inhalt, der schläft, träumt oder wach ist. Das haben wir bereits gesehen. Es ist aber in ihnen selbst etwas, was in höchster Steigerung intellektuelle Selbsttätigkeit ist, was bei den Menschen der intellectus ist, und zwar aktiver intellectus. Daher der Satz: »excipe nisi ipse intellectus« [Leibniz 1765, 84], »mit Ausnahme des Intellekts selbst«. Das soll heißen: Die sinnliche Erfahrung ist notwendig. Mit ihr hebt alles an, aber nicht alles in der Erkenntnis entspringt aus ihr. Die Erkennungsfunktion, die facultas cognoscitiva, die Fähigkeit zu erkennen, ist nicht zu vergleichen mit einer Wachstafel, nicht mit dem passiven Intellekt, den Aristoteles annimmt [vgl. a.a.O., 46 u.ö.]. Aristoteles hat auch einen aktiven Intellekt, doch das ist etwas anderes. Hier bleiben wir beim passiven Intellekt, bei dem, was Aristoteles die Materie nennt, das δυνάμει ὄν, das passiv in Möglichkeit Seiende [vgl. Aristoteles 1966, 1049a, 1071a u.ö.]. Es kann hineingeritzt werden, dazu ist das Wachs tauglich. Aber was eingeritzt wird, kommt nicht vom Wachs, bloß die Einritzbarkeit ist wachshaft. Es ist nicht mehr da als die Empfänglichkeit für äußere Eindrücke. Leibniz nun lehnt ab, daß das Denken gleich einem mechanischen Körper wäre, gleich Wachs, bloß passiv, bloß tabula rasa, die da still liegt und es leiden läßt mit sich [vgl. Leibniz 1765, 83]. Nein, das Denken selbst lebt, es ist, da alles eine innere Selbsttätigkeit hat, eine Funktion, genauer eine Denkfunktion, eine Erkenntnisfunktion. Intellectus können Sie, nicht einmal frei, sondern in wörtlich Leibnizschem Sinn, mit Denkfunktion übersetzen. Sie gibt etwas Wichtiges zu der Wahrnehmung des Besonderen hinzu, nämlich die Beziehung. Die Beziehung ist auch draußen vorhanden, aber sie wird uns nicht von draußen gegeben, sondern wir erschließen sie mit Hilfe des Denkens. Ursache–Wirkung, Mittel–Zweck sind also nicht sichtbar. Diese Gedanken haben später wieder eine Rolle gespielt und stammen vielleicht von Leibniz. Und wenn sie nicht wörtlich von ihm stammen, so hat er doch die Atmosphäre oder die Beleuchtung so verändert, daß deutlich wurde: Man kann die Kausalität nicht sehen. Wenn zwei Billardkugeln aufeinanderstoßen, dann sehen Sie nur, daß die Billardkugel B sich bewegt, nachdem die Billardkugel A auf sie gestoßen ist. Sie sehen also nur ein post hoc. Daß die Bewegung der Billardkugel A die Ursache der Bewegung der Billardkugel B war, das sehen Sie nicht. Das propter hoc, das »weil dieses«, ist von uns erst erschlossen [vgl. Hume 1748, 41-49]. Damit ist noch lange nicht gesagt, daß das hinzugefügt wäre, daß es das objektiv nicht gäbe. Wir haben hier also schon eine sehr bestimmte *Beziehung*, die Kausalbeziehung, von der allerdings Leibniz noch nicht spricht.

Beziehungen könnten wir uns veranschaulichen durch Wege. Daß es einen Weg gibt, ist sehr merkwürdig, denn der Weg ist eine sinnliche Beziehung. Es ist also ein Städtchen mit einem anderen Städtchen durch einen Weg im Raum verbunden. Das Wegnetz der Beziehungen zwischen den Sinnesempfindungen, das die logisch-kategorialen Beziehungen ausmacht, ist unsichtbar. Die Sinne geben nur Einzelnes, sensus dant singularitatem. Etwas anderes als Einzelnes kann ich nicht sehen, während ich Einzelnes wieder nicht leicht denken kann. Wenn überhaupt, denke ich Beziehungen und nicht Einzelnes. Das ist nach Leibniz in uns als Anlage implizit vorhanden und wird tätig an dem durch die Sinne gelieferten Material, ist uns aber nicht durch das Material von vornherein unmittelbar gegeben. Ein Zitat von Leibniz: »Die Seele enthält also das Sein, die Substanz, das Eine, das Selbige, die Ursache, die Perzeption, das Denken und eine Menge anderer Begriffe, die die Sinne nicht verleihen können.« [Leibniz 1765, 84] Also selbst die Perzeption, der Wahrnehmungsakt als solcher liegt in der Seele, er wird uns ja nicht von den Dingen geliefert. Ein Gegenstand weiß doch gar nichts davon, daß er wahrgenommen wird. Als einfache Erläuterung dieses immerhin merkwürdigen Phänomens, das Ihnen vielleicht selbstverständlich erscheint, es aber gar nicht ist, soll eine kleine Sache von Johann Nestroy (1801-1862) dienen. Daran werden Sie die Hinzufügung sehen, die Hinzufügung, die wir immer machen, bei jeder Reise, und wo wir nicht immer wissen, daß das eine Hinzufügung ist. Eine ulkige Geschichte von Nestroy, in der Philosophie steckt: Columbus landet, und die Indianer kommen an den Strand gelaufen, um ihn und seine Schiffe zu sehen, und fragen nun den Admiralsritter, der mit Gefolge ans Ufer tritt: San Sie der Columbus? – Jawohl, i bin der Columbus. – Der mit dem Ei, he? – Jaja, derselbe. – Hurra, schreien die Indianer, mir san entdeckt! – Das ist eine typische Perzeption, eine Hinzufügung. Hier ist das Problem von der anderen Seite klar geworden, das Objekt selbst sagt, es sei entdeckt. Ein anderes Beispiel: Das Fluidum von Exotik über der Fremde, das bringen doch wir mit. Uns erscheint die Fremde, weil sie nicht heimisch ist, exotisch. Ich habe einmal die Formulierung gebraucht: In der Fremde ist nichts exotisch als der Fremde selbst. Er ist ein Fremdkörper, er ist exotisch. Dagegen die Palmen und das sogenannte malerische Treiben in einem orientalischen Basar sind nicht exotisch, die sind an Ort und Stelle ganz alltäglich. Das alles sind Hinzufügungen. Eine andere Hinzufügung ist Italien, und die »Italienische Reise« [Goethe 1816] von Goethe ist eine Hinzufügung. Goethe suchte aus Reinigungsbedürfnis, Heilungsbedürfnis ein Kontrasterlebnis. Italien ist aber nicht Anti-Stein, ist nicht das Gegenteil der Frau von Stein, als das es Goethe gesehen hat, ist nicht der Gegensatz zu dem Tabakpfeifenstil, wie er das Barock nennt. Was für ihn herauskam, war ein klassizistisches Italien, ein naturhaftes, sinnliches Italien, mit außerordentlich saftigen Weibsstücken, und die Christiane Vulpius ist später für ihn Italien. Das ist ein saftiges Stück Dasein im Unterschied zu der ätherischen Frau von Stein. Ist das Italien? Was geht das Italien an? Daß der Herr hier aus Weimar kommt, der ein Kontrasterlebnis sucht? Erschließt er damit Italien? Vielleicht einiges, aber anderes hat er gar nicht gesehen. Zum Beispiel das barocke Italien kommt gar nicht vor. Rom ist Barock, Florenz ist ein bißchen klassisch, Verona wirkt orientalisch. Und von dem gotischen Italien, von dem Italien der Unter- und der Oberkirche in

Assisi und den Fresken von Giotto hat Goethe überhaupt nichts gesehen. Das wird kaum erwähnt, dagegen die geschmacklose spätrömische Kopie eines griechischen Tempels, eines Minerva-Tempels in Assisi, die wird genannt [a.a.O., 276-279]. Alles Hinzufügungen, Abriegelungen und Perzeptionen. Mit diesen Perzeptionen kann etwas ungeheuer scharf gesehen werden, und zweifellos hat Goethe in Italien eine wichtige Realität von Italien gesehen, die Realität, die Albrecht Dürer (1471-1528) auch gesucht hat und die Johann Joachim Winckelmann (1717-1768) sichtbar gemacht hat, auch mit einem Kontrasterlebnis. Er hat nicht *die* Realität gesehen, die dann Wilhelm Heinse (1746-1803) gesehen hat in seinem Roman »Ardinghello und die glücklichen Inseln« [Heinse 1787], wo plötzlich das lustige, wilde, dionysische, rauschende, brausende Italien ebenfalls phantastisch übersteigert wurde und wieder einseitig herauskam. Goethe war auch sehr peinlich berührt, als er nach seiner Rückkehr dieses Buch sah. Dieses Italien geht schon leicht in den Nietzsche-Begriff hinein, ein Klangvorspiel von Dionysos, von jubelnd brausendem Fest mit orgiastischen Zuständen [»Die Geburt der Tragödie«, Nietzsche 1966 I, 7-134]. Immerhin, es ist nicht »edle Einfalt« und »stille Größe« [Winckelmann 1755, 20], wie sie dann nachher der deutsche Oberlehrer in Italien zu sehen glaubte. Ähnlich ist es im »Tannhäuser«, in der »Romerzählung« im dritten Akt: »Verschloss'nen Aug's, ihr Wunder nicht zu schauen, / durchzog ich blind Italiens holde Auen« [Wagner 1845, 35]. Holde Auen? Also wäre Italien eine Art gesteigertes Thüringen? Es gibt in Italien keine holden Auen. Deshalb sind die Hochzeitsreisenden alle enttäuscht. Es gibt Staub und Fels, es gibt zum Teil überhaupt nichts Grünes. Die Römer schon haben alles abgeholzt. Aber holde Auen werden gesucht, und noch dazu gesteigert. Die thüringischen Hochzeitsfahrenden, die nach Italien gekommen sind, waren natürlich unermeßlich enttäuscht und entsetzt und wären besser in Apolda geblieben. Meine Damen und Herren, ich sage Ihnen das für ihre hoffentlich recht bald möglichen Reisen über die Alpen: In der Fremde ist nichts exotisch als der Fremde selbst.

Und das ist die Leibnizsche Weisheit, daß er die Perzeption auch als eine eingeborene Idee bezeichnet, die zum Denken gehört und nicht mit der Sinnlichkeit bereits gegeben ist [vgl. Leibniz 1765, 7f., 53f., 78f. u.ö.]. Es muß untersucht werden, wieweit alle diese

Dinge die sinnlichen Gegebenheiten aufschließen, wieweit sie also kritisch-realistisch sind. Klar ist jedenfalls, daß das nicht in ihnen steckt und daß wir zweifellos sehr vieles an sie heranbringen. Das ist, wie Leibniz sagt, ein virtuelles Eingeborensein. Also nur virtuell, das heißt, es ist eingeboren, der Anlage nach da. Es ist nur virtuell eingeboren, aber dieses ist es unbedingt. Es gibt also virtuelle Tätigkeitsformen des Denkens, und das sind, mit einem modernen Ausdruck gesagt, die Kategorialfunktionen, die Funktionen, die sich aus der Beziehung entwickeln. Nicht die Allgemeinbegriffe nur im alten Sinn von Kategorien, sondern hier erscheint der neue Begriff, im Zusammenhang mit der neuen Mathematik, erscheint die Funktionskategorie. Ursache und Wirkung sind nicht dasselbe wie Brot oder Buch oder Lampe oder Haus, das heißt sie sind nicht wie bei Aristoteles Genusbegriffe, unter die ich die einzelnen Brote und die Bücher und die Lampen und die Häuser subsumiere. Sondern es beginnt die Funktionskategorie, das heißt, Ursache und Wirkung sind Ausdruck einer Funktion, und die anderen genera, die der Nominalismus und der Begriffsrealismus im Mittelalter allein behandelt haben, werden eine Spezialgruppe, die nicht besonders interessiert. Bei Leibniz wird der Wind von Funktionsbegriffen in die Kategorienlehre hineingejagt, und auf diese Weise ist die Beweglichkeit der Kategorien untereinander fundiert. Statt der bloßen Einschachtelung des Einzelnen in kreishaft umfassende Kategorien wie bei Aristoteles [vgl. Aristoteles 1966, Fünftes Buch] und in der scholastischen Logik, mit reziprokem Verhältnis von Inhalt und Umfang, findet sich bei Leibniz die Erkenntnis der fließenden Beziehungen der Kategorien untereinander. Da sich Kategorien auf Dasein beziehen, sind sie auch objektiv daseiend, nach Engels Daseinsweisen und Daseinsformen [vgl. Engels 1878, 33, 55 u. ö.]. Das Besondere wird dialektisch auf das Allgemeine bezogen und umgekehrt. Das ist erst durch die Urkategorie der Beziehung verständlich geworden, nicht durch die Umfassungsform bei Aristoteles, dessen Kategorien Kant empirisch aufgerafft nennt [vgl. Kant 1787, B 107]. Beziehung ist die leibnizsche Urkategorie [vgl. Leibniz 1765, 123, 127f. u. ö.], Umfassung die aristotelische. Aus der Relation entsteht das System der übrigen Kategorien oder Relationsweisen. Das Herstellen von Beziehungen ist eine Tätigkeit des Bewußtseins, deshalb sehen wir hier den subjektiven Faktor in der Erkenntnis deutlichst hervortreten.

Das sieht nun sehr gefährlich aus, besonders nachdem die Neukantianer, an der Spitze Ernst Cassirer (1874-1945), den ganzen Leibniz als einen jüngeren Bruder von Kant dargestellt haben, als eine Art verunglückte oder etwas verfrühte Kant-Ausgabe, sozusagen das Böttger-Porzellan zum Unterschied von dem richtigen Meißner Porzellan [vgl. Cassirer 1902]. Leibniz soll etwas angefangen, aber nicht ganz herausgebracht haben, was erst Kant vollendet habe. Nichts ist falscher. Dabei wird natürlich der ganze Aspekt verwischt. Es gibt eine frühe Schrift von Kant, »De mundi sensibilis atque intelligibilis forma et principiis«, [Kant 1770], »Von der Form und den Prinzipien der sinnlichen und der intelligiblen Welt«, aus der vorkritischen Periode, da ist er noch leibnizisch. Aber das sieht ganz anders aus, es sind aus sehr vielen Gründen Unterschiede. Die Beziehungen, also Gesetzesdenken, Kategorien und so weiter werden ja bei Leibniz nicht wie bei Kant vom Geist den Dingen aufgeprägt, Kant macht die Umkehrung, daß der Geist dem Draußen, dem X der Bestimmbarkeit seine Bestimmungen aufprägt. Bei Leibniz ist es der ganze Weltinhalt, der in einer verworrenen Weise durch die Sinne repräsentiert wird, während der Verstand den gleichen Weltinhalt auf eine klare und deutliche Weise repräsentiert. Das ist doppelte repraesentatio mundi. Wieder ein Beweis dafür, daß bei Leibniz die Erkenntnistheorie von der Kosmologie nicht getrennt werden kann. Die repraesentatio mundi ist wichtig, sie läßt den objektiven Charakter in dieser Entdeckung der Spontaneität des Bewußtseins und der Erkenntnis nicht untergehen. Sinnlichkeit und Verstand haben den gleichen Inhalt. Die Trennung, die in der Erkenntnistheorie sichtbar geworden ist zwischen vérités de fait und vérités éternelles, ist nicht die kantische Trennung zwischen Sinnlichkeit und Verstand [Kant 1787, B 29], sondern es gibt die vérités de fait in der Sinnlichkeit und im Verstand. Die vérités éternelles gibt es vielleicht nur im Verstand, aber sie hängen mit dem Verstand nicht zusammen. Das heißt, die vérités de fait sind die Wahrheiten des Zufalls, die Wahrheiten der Kontingenz, die Wahrheiten, deren Gegenteil auch gedacht werden kann. Daß etwas so ist, wie es ist, muß einen zureichenden Grund haben, aus seinem Begriff heraus ist es noch nicht zureichend, daß es ist und daß es so ist [vgl. Leibniz 1906, 443 f]. Daß diese Brille hier liegt und daß das Etui hier liegt und nicht woanders, muß einen zureichenden Grund haben. Das Gegenteil kann auch gedacht werden. Wenn es woanders läge, wäre das kein Widerspruch. Der unnachdenkliche Akt der Verwirklichung hat sowohl die Kontingenz als auch die vérités de fait in die Welt gebracht. Dagegen, daß 2 mal 2 gleich 4 ist, oder daß ein Verbrecher kein Heiliger ist, das braucht nach Leibniz keinen zureichenden Grund. Das ist durch sich selbst evident, das heißt, das Gegenteil kann nicht gedacht werden, das Gegenteil ist unmöglich. Ein Verbrecher kann kein Heiliger sein und ein Heiliger kein Verbrecher. 2 mal 2 kann nicht 377 sein und 377 nicht gleich 2. So etwas kommt nur im Hexeneinmaleins vor. Das Reich der Sinnlichkeit deckt sich also nicht mit dem Reich der vérités de fait, denn in der Sinnlichkeit gibt es doch Beziehungen, gibt es doch Logisches, das wir ja entdecken. Es wurde bei der Verwirklichung nicht mit in den Zustand der Kontingenz, der Zufälligkeit gerissen und bildet das Fundament der mathematisch-naturwissenschaftlichen Gesetzlichkeit. Andererseits ist diese Gesetzlichkeit doch stark mit vérités de fait vermengt, und es ist sehr interessant, daß Leibniz auch die mechanischen Gesetze als kontingent erklärt [vgl. Leibniz 1906, 225 u. ö.]. Die Mathematik dieser Gesetze ist nicht kontingent, sie gehört zu den ewigen Wahrheiten. Aber in der Mechanik, in der Parabel als Wurfparabel, ist ein Element von Kontingenz enthalten; es könnte auch anders sein. Das ist alles sehr schwierig, und darauf kann ich jetzt nicht eingehen, es würde ein eigenes Leibniz-Kolleg sehr komplizierter Art verlangen. Ich wollte Ihnen nur sagen, daß der Gegensatz zwischen den beiden Wahrheiten nicht unbedingt derselbe ist wie der zwischen Sinnlichkeit und Verstand. [...]

Wenn auch der Verstand sich nicht aufprägt wie in dem neukantischen extremen Idealismus, so hat er doch eine andere Tätigkeit. Er ist nämlich aufklärend und zwar in doppeltem Sinn: Er klärt sich selbst auf, indem er sich zum Beispiel als Apperzeption apperzipiert. Es klärt sich auf über sich selbst, indem er sich als Spontaneität entdeckt. Und zweitens, was den objektiven Faktor sichtbar macht, klärt er die Sinnlichkeit auf, in der ebenfalls die Beziehungen eingeboren sind in dem Sinn, daß sie in ihr schlafen. Indem nun der Verstand hinzukommt, leuchten sie auf wie Katzenaugen aufleuchten oder, besser, sie werden auferweckt, sie werden aufgeklärt. Das Verworrene kommt selbst in den Zustand der Helligkeit hinein, indem die Objekte erkannt werden. Es schlägt sich etwas auf, nicht in ihnen selbst, es ist keine Erweckung darin, sondern es schlägt sich etwas für uns an ihnen auf. Sie werden sich dessen nicht bewußt, aber wir werden uns dessen bewußt, und es ist nicht nötig, daß sie es wissen. Es genügt, wenn wir es wissen, um trotzdem die logische Beziehung daran sichtbar zu machen. Ich möchte Ihnen das wieder illustrieren an einer heiteren Geschichte von einem Mann, der – ohnehin eine schüchterne Natur – sehr zitterte, als ein ziemlich starker Hund ihn anbellte. Da kam ein anderer auf ihn zu und sagte: »Herr Müller, was brauchen Sie sich da so zu fürchten und in acht zu nehmen. Sie wissen doch, ein Hund, der bellt, beißt nicht.« Darauf Herr Müller: »Ich weiß es, aber ich weiß nicht, ob der Hund es weiß.« In all diesen Geschichten steckt natürlich alte Philosophie. Das sind Studenten- und Diskussionsgegenstände, darüber wurde im Mittelalter in den großen Disputationen gesprochen, das wurde als Beispiel dargestellt, erfunden. Die großen Disputationen und die ganze scholastische Subtilität ist verschwunden, aber diese Sachen haben sich erhalten. Es ist ein Leichtes, sie wieder zum Leben zu erwecken. Hier steckt ein erkenntnistheoretisches Problem: »Ich weiß es, aber ich weiß nicht, ob der Hund es weiß.« So ist es nicht nötig, daß die Dinge es wissen, sondern das Gesetz ist so, daß sie ihm folgen. Die Spontaneität und die Objektivität sind nun geeint in der repraesentatio mundi, in der Vorstellung der Welt, was bedeutet, daß der Inhalt der Welt gespiegelt wird. Die Spontaneität, also die ganz außerordentlich wachsende Perzeption, die Apperzeption mit höchster Aufmerksamkeit und Wachheit verbunden, ist nur die hellste Spiegelung des gleichen Inhalts. Immer Spiegelung und nicht Erzeugung, was Leibniz scharf von Kant unterscheidet, bei dem das Element der Erzeugung eine Rolle spielt [vgl. Kant 1787, B 74 u. ö.]. Wenn man einen Philosophen haben will, auf den Kant zurückgeht, so ist es nicht Leibniz, sondern Hobbes, der sagt, daß die Gegenstände nur soweit erkannt werden können, als wir sie erzeugt haben [vgl. Bloch 1977, 293 f.]. Danach könnten mathematische Gegenstände am besten erkannt werden. Und daß nur so viel eigentliche Wissenschaft in jeder besonderen Naturlehre angetroffen werden kann, als in ihr Mathematik anzutreffen ist, was Kant auch sagt [Kant 1786, 470], ist mehr Hobbes als Leibniz oder überhaupt nicht Leibniz. Bei Leibniz ist diese Entdeckung der Spontaneität noch nicht zu dem transzendentalen Idealismus übersteigert. Der Verstand schreibt der Natur nicht die Gesetze vor, wie bei Kant, er prägt sie nicht auf. Er macht sie sichtbar an den Dingen. Durch das, was an ihm durch Selbsttätigkeit, die der der Dinge doch verwandt ist, höher entwickelt ist, erkennt er nun aus dem vollen Mittag das Morgenrot, könnte man sagen, hat er das Maß des Lichts, um Licht zu erkennen. Er hat einmal hellen Mittag gesehen, also kann er Licht erkennen in jeder Form, wo es erscheint, auch in den schwachen Formen, wo man es sonst nicht merkt, wo man es leicht übersieht. Soviel über diesen Satz: Nihil est in intellectu quod non fuerit in sensu.

Die Lehre von den ersten Möglichkeiten

Das dritte, worüber noch zu sprechen wäre, was wenigstens bisher zu kurz kam, ist im Zusammenhang mit den ewigen Wahrheiten die Lehre von den primae possibilitates, von den ersten Möglichkeiten [vgl. Leibniz 1710, 125, 129f., 226, 257 u. ö.]. Wir befinden uns jetzt wieder in der Kosmologie, natürlich immer mit Querverbindungen zur Erkenntnistheorie und sogar zur sogenannten »Theodizee« [Leibniz 1710]. Das schwingt und lebt und pulst ineinander. Sie sehen hier das, was Mephisto dem Studenten sagt, von der scharfen Abteilung der Wissenschaften. »Der Philosoph, der tritt herein / Und beweist Euch, es müßt so sein: / Das Erst wär so, das Zweite so / Und drum das Dritt und Vierte so /« [Goethe Faust I, Verse 1928/31]. Hier spielt der junge Goethe den lebendigen Blick aus: »Zwar ist's mit der Gedankenfabrik / Wie mit einem Weber-Meisterstück, / Wo ein Tritt tausend Fäden regt, / Die Schifflein herüber hinüber schießen, / Die Fäden ungesehen fließen, / Ein Schlag tausend Verbindungen schlägt.« [a.a.O., Verse 1922/27.] Es ist die Arbeit eines Webstuhls, die hier verrichtet wird, eine großartige Damastweberei der Natur in der Welt, und nie gibt es einen Anfang, nie ein Ende, und alles hat wieder Beziehungen miteinander. Das macht die Schwierigkeit der Darstellung aus. Aber Sie werden schon langsam die Vertrautheit bekommen, wenn ich Ihnen fünfzig Mal die gleichen Kategorien von anderen Stellen aus wieder zeige. Sie werden ein Raumgefühl für dieses großartige Ineinander bekommen.

Die primae possibilitates hatten wir auch schon gehabt bei der Frage der vérités de fait und der vérités éternelles. Sie spielen eine

Rolle in der Leibnizschen »Theodizee«, der Rechtfertigung Gottes. Diese Schrift entstand auf Anregung der Königin Sophie Charlotte von Preußen; sie enthält einige hundert Paragraphen, Paragräphchen, keine gute Schrift. Aber wo Leibniz irrt, ist er immer noch wichtiger und interessanter als dort, wo Herr X oder Herr Y recht haben. Von Beethoven wurde gesagt, daß ein falscher Takt von ihm immer noch besser sei als ein guter von Mendelssohn. Diese »Theodizee« hatte einen altmodischen Auftrag, der nicht mehr ganz in die Aufklärung hineinpaßte. Gleichzeitig wurde in Frankreich schon über die Rechtfertigung Gottes gesagt, was auch Epikur im Grunde meinte: Die einzig mögliche Rechtfertigung Gottes für eine Welt, die so aussieht, wie er sie geschaffen hat, die so viel Übel, so viel Dummheit enthält: die einzige Rechtfertigung Gottes ist die, daß er nicht existiert. Das ist französische Aufklärung. Leibniz dagegen nimmt die alte Linie, die von Augustin her; er muß große Apologetik machen. Der Hofphilosoph war ja geübt, Apologetik und Hymne zu schreiben, und so muß für den obersten Monarchen, für die Zentralmonade, auch eine Hymne gemacht werden, das Endliche muß erklärt werden, das Übel und die Sünde. Nun nimmt er das alte Motiv, das bei Augustin vorkommt, das auch Giordano Bruno braucht, der ja in seinem Pantheismus einen Theismus hat; das Spinoza hat, der gar keinen lebenden Gott zu verteidigen hat, sondern seine causa sui, seine natura sive Deus [Spinoza 1677, 1 und 172]. Spinoza benutzt zur Erklärung inadäquate Ideen. Das Übel gibt es eigentlich gar nicht, das ist bloß eine verworrene Vorstellung, eine verworrene Auffassung [vgl. a.a.O., 227]. Wenn also ein guter Freund plötzlich an Krebs erkrankt, dann ist das bloß eine inadäquate Idee von mir, es gibt gar keinen Krebs. Sub specie aeternitatis [a.a.O., 261 u. ö.] ist alles in Butter. Das ist auch eine Theodizee. Bei Leibniz gehen diese Dinge alle nicht. Das ist eine Weißwäscherei von Schmutz. Bei Leibniz kommt das Übel aus dem Endlichen, was logisch nachgewiesen wird. Eine Welt kann nicht vollkommen sein, eine Welt ist etwas Endliches und ist gefüllt mit endlichen Wesen. Wenn endliche Wesen vollkommen wären, so wäre das ein Widerspruch. Das Endliche kann nicht vollkommen sein, das Endliche ist endlich, weil ihm etwas fehlt [vgl. Leibniz 1710, 110f. u. ö.]. Nur das Unendliche kann vollkommen sein, also gibt es schon deshalb keine vollkommene Welt. Wenn Gott eine Welt schafft, muß sie mit Fehlern behaftet sein.

Aus dem Endlichen, das sozusagen den logischen Sündenfall darstellt, kommen die Übel, die Krankheiten, die Kriege und kommt die Pest. Das ist per definitionem erklärt, das kann die Allweisheit nicht ändern, denn die Allweisheit ist ja gebunden – hier ist Leibniz nicht scotistisch – an die ewigen Gesetze. Sie kann nur nach Gesetzen, nur nach dem logisch Möglichen schaffen [Leibniz 1710, 263 u. ö.]. *Daß* sie schafft, ist Willkür, ist Freiheit, *was* sie schafft, geht nach logischen Inhalten; hier gibt es keine Willkür. Da nun Gott dasselbe wie Weisheit ist, handelt er ja nicht gegen sich, indem er die Gesetze der Weisheit befolgt, nach denen es zum Beispiel keine vollkommene Welt geben kann, weil eine Welt von Endlichkeit – und Welt ist Endlichkeit – nicht vollkommen sein kann. Wir haben hier den Schöpfungsakt in der seltsamsten und tiefsinnigsten Weise interpretiert, die denkbar ist. Er ist eine »choix de la sagesse«, eine Wahl der Weisheit [Leibniz 1906, 430]. Es gibt unendlich viele mögliche Welten im Geiste Gottes, das heißt unendlich viele Kombinationsgruppen. Da haben Sie wieder den großen Mathematiker. So wie es zahlreiche Kombinationsmöglichkeiten beim Schachspiel gibt, so gibt es hier unendlich viele mögliche Kombinationsverbindungen, compossibilitates, Miteinanderverträglichkeiten zwischen Endlichkeiten [vgl. Leibniz 1765, 285, 341 f. u. ö.]. Endliches geht durch alle Welten hindurch, das ist per definitionem gegeben. Von diesen unendlich vielen Möglichkeiten wählt nun die Weisheit Gottes eine aus, nämlich die, in der relativ noch am wenigsten Übel sind. Die anderen haben mehr Übel, da gibt es also lauter Hitlers und lauter Krebskrankheiten und unbekannte Dinge noch in Menge. So ist diese Welt die beste aller *möglichen* Welten [Leibniz 1710, 101 u. ö.], nicht die beste aller Welten, wie das früher und vielleicht auch heute noch manchmal zitiert wird, sondern die beste aller möglichen Welten, worin eine Einschränkung steckt.

Damit kommen nun andere Probleme in Gang, die mit der Rechtfertigung Gottes nichts mehr zu tun haben. Also die Kategorie Möglichkeit vor allem interessiert uns hier, die uns in dieser Form noch kaum begegnet ist. Möglichkeit kennen wir von Aristoteles her als das δυνάμει ὄν der Materie [vgl. Aristoteles 1966, 1049a, 1071a u. ö.]. Die Möglichkeit wird dann in der Aristotelischen Linken [Bloch 1972, 479-546] aktiv, wird der sich ausgebärende Schoß der natura naturans [vgl. Spinoza 1677, 27], in der das Noch-nicht-Vorhandene als eine Möglichkeit schlummert, und die Verwirklichung die Verwirklichung von Möglichkeiten im gleichen Subjekt ist. Die natura naturans verwirklicht das in ihr Schlummernde. Selbstbefruchtung, könnte man sagen, findet hier statt. Das alles ist eng mit der Materie verbunden. Bei Leibniz haben wir nun die nicht glückliche Wendung, daß die Möglichkeit von ihrem Ort, wo sie von Aristoteles zuerst gedacht wurde, losgerissen und in die äußerste Spiritualität verpflanzt wird, nämlich in die ewigen Ideenzusammenhänge und die Kombinationstheoretik. Das kommt bei Leibniz zweifellos aus dem Mathematischen, aus der Kombinationstheorie. Damit ist eine Unfruchtbarkeit eingetreten, indem das Mögliche ja nun nicht mehr Noch-nicht-Gewordenes ist, sondern schlechthin nur ein Unverwirklichtes. Es ist die Kategorie der Zeit daraus verschwunden, es ist die Zukunft daraus verschwunden. In der Zukunft Schoß ruhen für uns Möglichkeiten. Möglichkeit ist für uns seit Aristoteles und später erst recht mit großen Erwartungen, mit Zukunft tingiert. In der Vergangenheit ist eine Änderung, eine Verwirklichung nicht mehr möglich. Die Scholastiker der scotistischen Richtung hielten in äußerster blasphemischer Zuspitzung selbst das für möglich. Die Allmacht Gottes kann bewirken, daß es kein Römisches Reich gegeben hat. Sehr leicht dagegen kann in der Zukunft etwas anders sein oder vielmehr: Die Zukunft hängt ja zum großen Teil von uns ab, sie ist nicht total bedingt. Die Vergangenheit ist so total bedingt, daß sie abgeschlossen ist. Diese Zukunftsverbindung von Möglichkeit ist bei Leibniz abgeschnürt, und die Verbindung mit der Materie ist abgeschnürt. Wir haben also einen mathematischen Begriff von Möglichkeit, der davon verschieden ist und den Sie auch nicht mit den vérités de fait und den vérités éternelles zusammenbringen können. Die unendlich vielen möglichen Welten sind zwar lauter Welten mit vérités éternelles, es fehlt ja nur das Fakt der Verwirklichung. Aber das Mögliche ist nicht dasselbe wie die ewige Wahrheit. Möglichkeit selbst ist eine ewige Wahrheit, aber ihre Inhalte als Beziehungsinhalte oder Inhaltsbeziehungen sind nicht vérités éternelles, auch nicht vérités de fait, sondern ein drittes. Das ist bei Leibniz nicht genügend ausgedacht, aber ungeheuer viele Probleme sind hingestellt. So wird ein Begriff, der stets als Aschenbrödel behandelt wurde, nämlich die Möglichkeit, bei diesem großen Denker nun äußerst ernst genommen und bekommt einen äußersten Ort. In den

Gedanken über die primae possibilitates steigert er sich bis zu der schwindelerregenden und abenteuerlichen Vorstellung, daß es unendlich viele mögliche Welten gibt, nicht endlich viele, sondern unendlich viele. Aber die Möglichkeit wird sozusagen entmannt. Gleichzeitig wird sie als Kategorie sichtbar gemacht, nur hat das nichts geholfen. Dieser Samen von Leibniz fiel auf steiniges Feld, ist nicht aufgegangen. Die Kantische und die deutsche klassische Philosophie beschäftigen sich mit Möglichkeit in diesem Sinn fast überhaupt nicht. Wenn Kant sich damit beschäftigt, so unter einem ganz anderen Aspekt [vgl. Kant 1787, B 106 u. ö.]. Hier wäre objektiv-reale Möglichkeit [Bloch 1954 f., Kapitel 18]. Trotz der fehlenden Realität ist wenigstens objektive Möglichkeit gedacht, doch ist das nicht ins Licht gestellt worden.

4. DIE NACHWIRKUNGEN DER LEIBNIZSCHEN PHILOSOPHIE UND DIE DEUTSCHE AUFKLÄRUNG

Leibniz und der Sturm und Drang

Ich gehe nun auf die Nachwirkungen von Leibniz ein. [...] Die »Nouveaux essais«, in denen die Entdeckung der petites perceptions, der dunklen Partien im Bewußtsein niedergelegt ist [Leibniz 1765, 10ff. u.ö.], sind von Leibniz nicht selbst veröffentlicht worden, weil er das Andenken Lockes nicht stören wollte und weil er sowieso Streit genug mit den Engländern hatte, wegen der Priorität der Differentialrechnung zwischen ihm und Newton und wegen des feindlichen Einflusses und des kümmerlichen Hasses, den die Hofclique und der neue König von England, sein nicht sehr gnädiger Landesherr, ihm entgegenbrachten. Das Werk blieb als Manuskript in der Wolfenbütteler Bibliothek liegen, wurde durch einen Zufall 1765 entdeckt – also fast fünfzig Jahre nach seinem Tod – und zur rechten Zeit herausgegeben, nämlich zur Zeit des beginnenden Sturm und Drangs. Und nun der Einfluß auf Deutschland und auch auf Europa! Der Heros der Aufklärung, der Mann, in dessen riesiger Nachwirkung sich alles befand, was mit Aufklärung zu tun hatte, in dem schlechten, verstandesdürren Sinn, den das in Deutschland hatte, nicht in Frankreich – dieser Mann hat so etwas geschrieben. Gegen Johann Christoph Gottsched (1700-1766) und auch gegen Christian Fürchtegott Gellert (1715-1769), gegen die Verständigkeit und die billige Ratio und den billigen Gemeinplatz des Spießers, gegen die als Aufklärung verkleidete Zipfelmütze, die es auch gab in dem verqueren, kuriosen Deutschland, ging nun Sturm und Drang los, der bei Gott kein Ausbruch von Irratio war, sondern dieselben Themen wie die Aufklärung hatte: Kindesmord, den »Hofmeister« bei Jakob Michael Reinhold Lenz (1751-1792) [Lenz 1774], Doppelehe, Polygamie. Bigamie kommt bei Thomasius vor, der sie mittels der Vernunft untersuchte und erklärte, nach Naturrecht wäre sie erlaubt [vgl. Bloch 1961, 316]. Bigamie kommt beim jungen Goethe im »Clavigo« vor [Goethe 1774]. Aber die Tonart war verschieden. Die neue Tonart war Dampf, Sturm, wilder Apollo. »Sprang aus dem Bette wie ein Toller, nie war mein Busen seelenvoller«, schreibt der junge Goethe, also wild hinschmierendes, wild hinjagendes Intuitionieren. Das ist Sturm und Drang mit Einfluß von Johann Georg Hamann (1730-1788) gegen Gottsched, gegen die drei Regeln des französischen Theaters und die französischen Klassiker. Dieses, wo das Gewölk herkommt und der Ruf und die Lava, der Vulkan, der hier sein Feuer wirft, das ist genannt in den »Nouveaux essais« als das Unbewußte, als petites perceptions, als Differential des Bewußtseins. Also der Heros der Aufklärung, hinter dem sich die Christian Wolffs und die Gottscheds und die vielen Kleineren verbargen, mit dem Zopf und mit der rationalistisch-kümmerlichen, halb puritanischen Bürgerturnüre, die die Schulmeister in Deutschland angenommen hatten, um ja nicht gegen die Regel und den Anstand zu verstoßen, – Leibniz also war auf der Seite der Jugend, die ausbrach. Ein Jubel bei Hamann, ein Jubel bei Herder, ohnegleichen. Wäre das Manuskript 1716 erschienen, dann wäre es in Vorlesungen mit zwei bis drei Bemerkungen abgetan worden. Hier ergriff es die Nation. Das kommt daher, wenn ein Manuskript zu spät entdeckt wird, was nicht bedeutet, daß unsere Bücher auch fünfzig Jahre zu warten haben, bis sie gedruckt werden.

Das Gärende, der wildhin schaffende Genius, das sich Auswühlende unter möglichster Ausschaltung des Bewußtseins, fand in Leibniz' »Nouveaux essais« scheinbar einen Patron, denn der Gegensatz gegen das Bewußtsein ist im Sturm und Drang der Gegensatz gegen die Regel, gegen das, was durch den Polizeistaat und durch die Perücken ausgeübt wurde. Das macht den Sturm und Drang, eine deutsche bürgerliche Revolution, so schwierig, und deshalb war es so leicht, ihn falsch zu erklären und ihn zu einer Vorläuferbewegung der Romantik oder der Irratio zu machen, weil solche Elemente in ihm sind. Man könnte den Sturm und Drang Deutschlands im 18. Jahrhundert vergleichen mit den Verhältnissen zum Beispiel auf der Insel Ischia, wo es einen Vulkan, Epomeo, gibt, der seit dem 14. Jahrhundert erloschen ist. Es ist aber dort noch ziemlich heiß, und wenn man in den Boden sticht, kommt eine kleine Wasserdampfsäule oder auch Kohlensäure heraus. Von Zeit zu Zeit finden immer wieder Erdbeben statt. Das stärkste war 1883, als Casamicciola in Trümmer fiel. Es wurde wieder aufgebaut. Diese Erdbeben sind mißglückte Vulkanausbrüche. So kann man den Sturm und Drang einen mißglückten Vulkanausbruch und eine mißglückte Revolution nennen. Ideologisch ist alles da, aber ein Erdbeben ist kein Vulkanausbruch. Und es sind eben Elemente darin, die nahegelegt wurden durch geringe Reflexion, die bewirkten, daß das bekämpft wurde, was eigentlich unsere Sache ist, nämlich Verstand, Vernunft, Helligkeit. Die bürgerliche Revolution will Licht, und die Stoffe im Sturm und Drang sind alles Stoffe, wie sie auch in der deutschen Aufklärung und erst recht in der französischen Aufklärung eine Rolle spielten. [...] Wenn aber auch die meisten Stoffe die gleichen sind, [...] so ist doch das Tempo ein ganz anderes. Es geht gegen die Herrschaften mit der Allongeperücke oder mit dem Zöpfchen, gegen das Reglement, gegen das Bündnis der ursprünglich progressiven Bürokratie mit dem Neufeudalismus, das in Deutschland besonders eng war, so daß der wirkliche Gegner nicht mehr gesehen wurde. Der wirkliche Gegner war nicht Gottsched, sondern die wirklichen Gegner waren August der Starke oder die vielen Grundherrschaften. Das wild Hinwühlende, das immerhin zur Produktion gehört, wurde nun gesteigert, der erste Typ des großen Bohémien taucht auf, Zimmermann aus Winterthur in der Schweiz, »Gottes Spürhund«, wie er sich nannte und genannt wurde, der Urtyp des Stürmers und Drängers, ohne Werke. Das bekam sein Licht oder vielmehr sein Dunkel eben durch die Entdeckung der petites perceptions, durch das Unbewußte.

Es kommt aber noch ein zweites hinzu. Die Möglichkeit, von der ich eben sprach, richtete sich jetzt auch bei den Schweizern Johann Jakob Bodmer (1698-1783) und Johann Jakob Breitinger (1701-1776) als Brechstange gegen Gottsched, gegen die Ertötung von Phantasie, gegen den Kampf, den Gottsched gegen das Shakespearesche führte; denn wenn es Mögliches gibt, sogar unendlich viele mögliche Welten, und wenn in dieser Welt nicht alles durch Gott verwirklicht ist, so sind also Fabeln, abenteuerliche Gestalten, Ritterromane und die bekanntgewordenen orientalischen Märchen aus »Tausendundeiner Nacht« eines Poeten nicht unwürdige Gegenstände, mindestens eine eines Poeten nicht unwürdige Lektüre, statt für Kinder, für Ammen, für Unmündige und für Weiber in dem Sinn zu sein, wie man das damals noch sagen konnte. Also das Mögliche fand einen Platz. Das war alles sehr platt, aber es war ein Leibniz gegen Leibniz, das heißt, ein Leibniz gegen das, was aus Leibniz von der Regelschule gemacht worden war, und zwar – die ganze Zeit liegt dieser Name ja auf den Lippen – gemacht worden war von Christian Wolff.

Christian Wolff

Wolff (1679-1754) war sozusagen der Systematiker der Leibnizschen Philosophie. Er hat allerdings alles, was in ihr schwierig und tiefsinnig und bedeutend ist, vorher säuberlich ausgeschieden. Der Rest wurde von einem großartigen und bewunderungswürdigen Schulmeister und einem großen Systematiker in Ordnung gebracht, eingeklebt, zu Tabellen verwandelt, handlich, zum philosophischen Bürogewerbe gemacht. Es hatte nun alles seine abgeschnürten Portionen und konnte an die Studenten abgegeben werden. Gegen dieses Wesen richtet sich die Stelle im »Faust« [vgl. Goethe Faust 1., Verse 1907-1963]. Da hat man die Welt, die der junge Goethe an den Universitäten kennenlernte, wenn er ein Collegium logicum hörte und Ontologie, Kosmologie, Psychologie, natürliche Theologie und philosophia moralis und philosophia oeconomica, die es auch gab. Das ist aber nicht Wirtschaftslehre, sondern Hauslehre von οἶκος, das Haus. Was ein derber, rechtschaffener Hausvater zu tun hat, damit das Haus gut in Gang ist, das war die praktische Wissenschaft der Ökonomie. Ich möchte nun über Christian Wolff nicht nur Schlechtes, sondern auch Gutes sagen. Schlechtes überhaupt ist über den Mann nicht zu sagen. Er war das Urbild des deutschen Familienvaters, des rechtschaffenen Mannes, des rechtschaffenen, ehrbaren Handwerkers in der Philosophie, des Musikus Miller [vgl. »Kabale und Liebe«, Schiller 1965 f. Bd. 1] in der Philosophie, der deutsche Bürger, derb und bieder, der auftaucht und durchaus zur bürgerlichen Revolution einen ungewollten Beitrag liefert durch die Verständlichkeit und die Forderung nach Gemeinverständlichkeit, durch die Fähigkeit, deutlich zu unterteilen, zu systematisieren, daß etwas behalten werden kann, daß man weiß, wo man etwas findet. Also der Praeceptor Germaniae, der Schulmeister Deutschlands, der zum großen Teil das hervorgerufen hat, was dann im 19. und im 20. Jahrhundert, bis die Irratio kam, die deutsche Ehre war, nämlich die Begriffshaftigkeit, die Ordnungsliebe, die Pünktlichkeit, die Genauigkeit, besonders im wissenschaftlichen Denken. Vor

Wolff gab es hier keine Traditionen. Er verbürgerlichte die Scholastik nach ihrer guten Seite, wenn auch nicht ihre Subtilität. Denn ist er auch nicht subtil, so besitzt er doch einen soliden, einen matten Scharfsinn. Er gehört in einer großartigen Weise zur deutschen Aufklärung.

Daß das auch bewußt gefühlt wurde, geht aus seinen Lebensschicksalen hervor. Er lehrte in Halle, und es wurde eines Tages dem Tabakskollegiumschef Friedrich Wilhelm I. von Preußen, einem vollkommen ungebildeten märkischen Stück Vieh, erzählt, daß in Halle ein Professor lebe, der erklärt, daß die Menschen keine Freiheit des Willens hätten und daß demzufolge ein Deserteur eigentlich nicht bestraft werden könnte. Darauf befahl dieses Stück Vieh am 8. November 1723 Wolff bei Strafe des Strangs, Halle binnen achtundvierzig Stunden zu verlassen. Wolff ging nach Marburg, wo er aufgenommen wurde, Michail Lomonossow (1711-1765) war dort sein Schüler. Eine der ersten Regierungshandlungen Friedrichs II. von Preußen war, daß er Wolff in ehrenhaftester Weise wieder zurückrief, wo seine Erfolge aber nicht mehr die waren, weil die Zeit sich unterdessen schon geändert hatte.

Wolff schrieb lateinisch und deutsch, vor allen Dingen schrieb er deutsch, nämlich »Vernünfftige Gedanken«, vernünfftig mit zwei »f«, über sämtliche Gegenstände in der Welt und noch einige andere, kann man sagen. Eine unermeßliche Geschwätzigkeit breitet sich aus, eine unermeßliche Pedanterie, die dauernd Komik enthält. Er benutzt dazu noch die mathematische Methode; von Descartes und Spinoza hat er etwas läuten hören, und Tschirnhaus hat ihm die Schulbubenmethode des »quod erat demonstrandum«, zu der die Mathematik geworden war, noch nahegebracht. Dieses und nicht die große neue französische Mathematik hat Wolff auf alles angewandt. Zum Beispiel in der Architektur: Da gibt es eine Voraussetzung, dann gibt es die Behauptung und dann gibt es den Satz. Ein Fenster ist dazu da, daß man auf die Straßen sehen kann. Wenn man nun auf die Straße sieht, möchte man sich, laut Lehrsatz 8, auch gern unterhalten über das, was man auf der Straße sieht. Folglich muß das Fenster so breit sein, daß zwei Personen gemächlich in demselben lehnen und hinaussehen können. Darunter steht stolz: Quod erat demonstrandum, was zu beweisen war [vgl. Hegel 1813/16, 475]. Das ist dann wieder ein Lehrsatz, der später als

Begründung für andere Lehrsätze ähnlicher Art verwendet werden kann. Oder im Naturrecht, da gibt es Abhandlungen, ob lautes Schmatzen bei der Tafel mit zum Naturrecht gehört. Das wird ernsthaft untersucht. Dazu gab es in seiner Schule auch einen Wissenssprung, der nicht mehr nach Aufklärung aussah, sondern den Graben zwischen den Gebildeten und den Ungebildeten, also zwischen der Intelligenz und dem Volk noch vertiefte. Ein Dokument haben Sie in dem frühen Stücklein, dem wahrscheinlich allerersten Drama, Dramolettchen von Lessing, »Der junge Gelehrte« [Lessing 1968, Bd. 1]. Lesen Sie einmal, was dieser Bursche alles von der Universität mitgebracht hat, was der alles weiß und wie hochmütig er gegen den Bedienten spricht. Doch ist dieses der geringere Schaden, verglichen mit der weiten Verbreitung, die durch Christian Wolffs Einfluß klares und deutliches Denken, dazu noch in deutscher Sprache, im deutschen Publikum gefunden hat kraft der »Vernünfftigen Gedanken«, mit denen Wolff schon auf dem Titel seine deutschen Hauptschriften eröffnete. [...] Die Philosophie lernte endlich, nach dem großen Vorbild von Christian Thomasius fünfzig Jahre vorher, wieder deutsch sprechen und zwar auf dem Katheder. Bei Meister Eckhart, bei Paracelsus und bei Jakob Böhme, bei letzterem nolens volens, hatten wir ja deutsche Sprache, aber außerhalb der Universität. Es war nicht mehr das Deutsch von Paracelsus und nicht mehr das Deutsch von Jakob Böhme, es war das plumpe, ungeschickte, unelastische, subalterne Kanzleideutsch, das Christian Wolff gebrauchte; immerhin, es war Deutsch, und die Umständlichkeit dieser ungefügen Wort- und Satzbildungen kam der Umständlichkeit der Gedanken ganz zupaß.

Die Wolffsche Philosophie hat zwei Teile, eine philosophia rationalis und eine philosophia empirica, begründet durch die Trennung von Vorstellungs- und Begehrungsvermögen nach altem scholastischem Vorbild, beginnend bei Thomas [vgl. Bloch 1977, 89ff.]. Die philosophia rationalis umfaßt zunächst die »Ontologie« [Wolff 1729]. Es ist Wolffs Verdienst, sie wieder eingeführt zu haben als die Lehre von dem allgemeinsten Grund- und Beziehungsbegriff des Seins [vgl. a.a.O., 1]. [...] Sie wurde dann vermutlich eines der Vorbilder für Hegels »Logik« [Hegel 1812 und 1813/16], indem Kategorien, die sonst in der Logik nicht vorkommen, wie die Grenze, die Schranke, das Eine und das Viele [Hegel 1812, 119f.

und 154ff.] und so fort, hier pünktlich, schulgerecht und pedantisch an Ort und Stelle eingeräumt sind, bei Wolff nicht eben erschöpfend behandelt. Danach die Kosmologie [»Cosmologia generalis«, 1731], dann die Psychologie [»Psychologia empirica«, 1732] und die natürliche Theologie [»Theologia naturalis«, 2 Bde. 1736/37]. Die praktische Philosophie, die Regeln für das Handeln aufstellt, gliedert sich in Ethik [»Philosophia moralis sive Ethica«, 5 Bde. 1750/53], Politik [nicht ausgeführt] und Ökonomik [»Oeconomica«, 2 Bde. 1754/55], denen die allgemeine praktische Philosophie [»Philosophia practica universalis«, 2 Bde. 1738/39] und das Naturrecht [»Ius naturae«, 8 Bde. 1740/48] vorausgehen. Eingeleitet werden die beiden Teile durch die formale Logik [»Philosophia rationalis sive Logica«, 1728, alle Bände in Frankfurt erschienen].

Alles, was in verständiger Art aus dem Verstand abgeleitet werden kann durch das Hellwerden verworrener Ideen, gehört zur philosophia rationalis. Alles, was dann empirisch bestätigt wird, gehört zu der entsprechenden Parallelerscheinung, der empirischen Philosophie. So gibt es eine theoretische Physik und eine experimentelle Physik, eine Unterscheidung, die wir gehalten haben. Bei ihm geht diese Unterscheidung durch alles hindurch, ebenfalls undeutlich und nicht tief. Wolff hat die Verbindung hergestellt zwischen Rationalismus und Empirismus, indem er beides nahm. Wenn man beides entspannt, ist es miteinander verträglich. Das hat nun die Bedeutung gehabt, daß das Rationale, das Spekulative einen Halt an der Erfahrung fand, und der Blick aus dem Rationalen, aus dem angeblich reinen Verstand ohne sinnliche Zutaten mußte sich nun bar ausweisen, sozusagen eine Deckung in der Empirik finden wie ein Scheck. Das ist innerhalb der theoretischen Philosophie im allgemeinen Sinn, also in Ontologie, Kosmologie, Psychologie, Theologie politisch gefahrlos. Es würde anders werden in der Rechtsphilosophie, wo sich das aus der naturrechtlichen Satzung rational als das richtige Recht Entwickelte mit dem vorgefundenen Recht in dem damaligen feudalen Polizeistaat Deutschland nicht deckt. Darin bestand ja die revolutionäre Bedeutung des Naturrechts. Der innerhalb der Naturwissenschaften katastrophale Satz »Um so schlimmer für die Tatsachen« hat hier eine völlig legitime Bedeutung. Wenn das Fallgesetz mit dem wirklichen Fall eines Körpers nicht übereinstimmt, ist das Fallgesetz falsch. Wenn ein naturrechtliches Theorem mit dem vorhandenen Recht nicht übereinstimmt, ist nicht das Naturrecht falsch, sondern das vorhandene Recht ist falsch und muß daraufhin verändert werden. Und da die Hüter und Nutznießer des vorhandenen Rechts sich gegen diese Korrektur sperren, müßte das Ende gewaltsame Entfernung dieser Hüter sein, also Revolution. Wir sind aber in Deutschland Mitte des 18. Jahrhunderts mit einer, verglichen mit Frankreich und gar mit England, völlig zurückgebliebenen wirklichen Ökonomie. Wir sind in einem schlafenden Bürgertum, das noch die ungeheuren Katastrophen des Bauernkriegs und des Dreißigjährigen Kriegs in den Knochen hat. Also kommt Übereinstimmung heraus: Das Naturrecht wird bei Wolff und Samuel Pufendorf (1632-1694) zum großen Teil Apologie der bestehenden Rechts- und Staatsverhältnisse. In diesem Gebiet ist die »solide naturwissenschaftliche Übereinstimmung von Theorie und Tatsache« katastrophal.

Alexander Gottlieb Baumgartens »Ästhetik«

Sie werden vielleicht bemerkt haben, daß in dieser praktischen Philosophie aus Ökonomie, Naturrecht und Ethik etwas fehlt, nämlich Ästhetik. Dies wurde in der Wolffschen Schule aufgeholt, und zwar in Zusammenhang mit der Lehre von der sinnlichen Erkenntnis als einer verworrenen und der rationalen Erkenntnis als der klaren, deutlichen, hellen, aufgewachten, im Sinn der Leibnizschen Monadenlehre aufgewachten. Erst Alexander Gottlieb Baumgarten (1714-1762) inaugurierte die Ästhetik als eine selbständige philosophische Wissenschaft. [...] »Aesthetica« heißt auch die zweibändige Schrift von Baumgarten, die 1750 bis 1758 erschien [Baumgarten 1750/58]. Nicht, als ob es vorher keine ästhetischen Untersuchungen gegeben hätte. Die Platonischen Dialoge sind voll davon. Aber es ist keine eigene Wissenschaft. Die Stoiker haben keine Ästhetik ausgebildet. Es gibt eine bedeutende Schrift »Über das Erhabene« aus neuplatonischer Zeit [Anonymus 1903], die früher dem Rhetor Cassius Longinus (um 213-273) zugeschrieben wurde. Die ästhetischen Anschauungen des Altertums sind zusammengetragen in einer dicken »Geschichte der Ästhetik im Altertum« von Julius Walter [Walter 1893]. Augustin hat »De musica« geschrieben [Augustinus 391]. Es gibt die große »Poetik« des

Aristoteles [Aristoteles 1974], es gibt ästhetische Considerationen, nicht ohne Bedeutung, bei Dionysius Areopagita, dem byzantinischen Mystiker aus dem 5. Jahrhundert [vgl. Dionysius 1911/1933]. Aus diesen Erwägungen und Ordnungen kommen zum Beispiel die farbigen Glasfenster in den Kirchen her, die eine Symbolik haben. Ebenso ist die Symbolik des Kirchengebäudes auch eine Ästhetik. Es gibt das Malerbüchlein vom Berge Athos aus dem 15. Jahrhundert. Bei Descartes gibt es keine Ästhetik, bei Spinoza auch nicht. Es gibt selbstverständlich die Kunstschriften aus der italienischen Renaissance, von Giorgio Vasari (1511-1577) [Vasari 1550] und anderen, die Poetik von Julius Caesar Scaliger (1484-1558) [Scaliger 1561], die französischen Kunstschriften, Poetiken, zum Beispiel die Schrift »Einschränkung der schönen Künste auf einen einzigen Grundsatz« von Charles Batteux (1713-1780) [Batteux 1746]. Es galt aber im großen ganzen als eines reifen Mannes, eines Philosophen unwürdig, sich mit diesem Zeug abzugeben. Das ist so, wie wenn ein Geheimrat mit einem Zigeuner spazierenginge. Er läßt sich vielleicht von ihm die Karten schlagen, und seine Köchin läßt sich das Zinngeschirr flicken, aber man zeigt sich nicht »Unter den Linden«. So kann man Kunst genießen, aber über etwas, was eigentlich für Frauen und Kinder ist und beinahe so etwas wie Märchen, kann ein ernster Mann, ein Denker, ein Professor nicht nachdenken. In der Tat beginnt die Schrift des Professors Baumgarten mit einer Entschuldigung, daß er sich mit einem solchen eines Philosophen unwürdigen Gegenstand befaßt hat [vgl. Baumgarten 1750/58, § 6]. Der Name »Aesthetica« ist auch merkwürdig. Er ist neu, von ihm gemacht. Es bedeutet wörtlich nichts anderes als »Wahrnehmungslehre«, αἴσθησις heißt Wahrnehmung, αἰσθάνομαι heißt wahrnehmen. Und der Sinn von Wahrnehmungslehre ist am Ende des 18. Jahrhunderts noch so wenig verdrängt worden, daß Kant in der »Kritik der reinen Vernunft« mit einer transzendentalen Ästhetik [Kant 1787, B 33 ff.] beginnt. Dann kommt eine transzendentale Logik [a.a.O., B 74 ff.], dann eine transzendentale Dialektik (a.a.O., B 349 ff.]. Diese transzendentale Ästhetik hat mit Ästhetik überhaupt nichts zu tun [vgl. a.a.O. B 35 f., Anmerkung]. Das ist transzendentale Wahrnehmungslehre, und transzendentale Logik ist Denklehre. Baumgarten beginnt mit einer Entschuldigung, weil Wahrnehmung nach Leibniz – und Wolff hat das reglementiert – eine verworrene Erkenntnis ist [vgl.

Leibniz 1765, 271-283 u. ö. und Baumgarten 1750/58, § 7-8]. Die Wahrnehmung ist eine diffuse conceptio veritatis, eine verworrene Konzeption der Wahrheit. Nun ist das Schöne Empfindung [vgl. Baumgarten 1750/58, § 1, § 6 u. ö.], und das Wort »Empfindung«, das sehr doppeltönig ist, hat im 18. Jahrhundert einen durchaus unentschiedenen Sinn. Es ist Sinnesempfindung und es ist auch Empfindung, so wie Schiller als Regievorschrift angibt: »mit Empfindung gesprochen«. Thekla im »Wallenstein« spricht meistens »mit Empfindung«, von Amalia aus den »Räubern« gar nicht erst zu reden. Das geht im 18. Jahrhundert fast gewollt ineinander, und dem nicht unverwandt geht bei Ludwig Feuerbachs (1804-1872) Sinnlichkeit etwas ineinander, das Sinnliche, die Emanzipation des Fleischs, und das Grüne und das Braune und so weiter. Das ist beides Sinnlichkeit. Im 18. Jahrhundert wird diese Doppelheit aber nicht in diesem emanzipierenden Sinn gebraucht, sondern in dem schmelzenden, dem schönen Sinn. Also ist die Sinneswelt gleichzeitig die Welt des Schönen, nicht nur, weil die sinnlichen Qualitäten – Farbe und Ton – das Material der Kunst bilden, sondern auch, weil darin das nur Empfundene, noch nicht Verstandene sich umtreibt. In dieser Sinnlichkeit, das haben wir gesehen, schlafen die Monaden, und die spontane Erkenntnis läßt nicht nur unseren Verstand aufwachen, sondern sie läßt auch den Gegenstand für die Erkenntnis aufwachen, daß er nicht mehr verworren ist, sondern, wenn schon nicht deutlich, so doch klar wird. Er wird nicht bis auf den Grund klar, das ist nur das Deutliche, das mathematisch Erfaßte, aber er wird so klar, daß ich ihn von anderen unterscheiden kann. Also ist die Lehre von der Ästhetik, von der Wahrnehmung eine nachgeborene, eine untergeordnete Schwester der Logik [vgl. Baumgarten 1750/58, § 13], ein Aschenbrödel, eine inferiore Erkenntnisart, aber als diese hat sie nun ihre relative Ehre.

Sie haben hier säkularisiert das Gleiche, was mit der Religion bei den Arabern geschah und auch in der englischen, auch in der französischen, auch in der deutschen Oberschicht. Religion ist etwas fürs Volk; ihre Verheißungen und Schrecken müssen fürs Volk festgehalten werden wie Galgen und Rad. Der Weise, und das heißt dann der gelehrte Mann, auch der Mann der Oberschicht mit einem Ordensstern, der braucht sie nicht, der hat Wissenschaft und Kunst. Das geht bis zu Goethes Spruch: »Wer Wissenschaft und Kunst besitzt, / Hat auch Religion; / Wer jene beiden nicht besitzt, /

Der habe Religion.« [»Zahme Xenien IX«, Goethe 1966, 383]. Der Patrizier und Aristokrat Goethe hat hier ganz in diesem Ton gesprochen. Das war ursprünglich aufklärerisch revolutionär, bei den Arabern und relativ auch noch in der europäischen Oberschicht, aber es hatte auch starke Schranken. So ging es plötzlich mit der Kunst: Die Kunst ist nun etwas verworrenes Schönes, das zu herabgesetztem Preis, auf einschmeichelnde Weise, ohne Anstrengung des Begriffs dem Volk eine Sentenz, den Frauen, den Kindern und auch den würdigen, ehrenfesten Männern in Stunden der Erholung etwas gibt, was sie woanders viel besser haben können, aber nicht auf so anmutige Weise. So also ist die Kunst lehrhaft, sie muß Sentenzen enthalten und muß auf die Erkenntnis vorbereiten. Das ist wieder echte Aufklärung. Ästhetik ist völlig gebeugt unter Erkenntnis, und Erkenntnis selbst ist wieder gebeugt unter Moral. Kunst war dann direkt gebeugt unter Moral, viel direkter noch als philosophische Erkenntnis. Das kommt von Gellert und von Gottsched. »Aut prodesse aut delectare« soll die Kunst schon nach Horaz, wobei das prodesse wichtiger war als das delectare [vgl. Horaz 1962, Vers 333]. Eine solche Unterordnung der Kunst geht immer mit Zeiten der Aufklärung zusammen, und es ist gegen sie an sich nichts zu sagen. Sie haben hier in einer selber verworrenen und undurchdachten Weise ganz fern etwas davon, was wir in dem marxistischen Theorie-Praxis-Verhältnis haben. Daß etwas sich in seinem verändernden Effekt erweisen muß, dieses ist das relativ Berechtigte an der Beugung der Kunst unter Moral in der Aufklärung. Es kommt allerdings darauf an, welchen Rang und welchen Inhalt der Effekt der Praxis hat. Die hausbürgerliche Orientierung, wie sie selbst bei Gellert vorliegt, gibt zweifellos nicht das Rechte, gar Erschöpfende im Effekt ab, so zum Beispiel, wenn damals die Odyssee gepriesen wurde, weil sie zeige, daß ein Hausvater, und wenn er noch so weit von den Seinen verschlagen und in die Netze schlimmer Weiber wie der Kalypso verstrickt ist, alles hintansetzt im Vergleich mit dem Bestreben, in die Arme seiner Gattin zurückzukehren. Aber von diesem völlig amusischen, ja kunstmörderischen Unsinn einer Praxisbeziehung abgesehen, haben Sie die wirklich moralische Praxisbeziehung dieser Zeit noch nachklingen – wenn auch auf vor wie nach bedenkliche Weise – in Schillers Vorrede zu den »Räubern« [Schiller 1965 f., Bd. 1, 484-488] und seinem Aufsatz »Die Schaubühne als eine moralische

Anstalt betrachtet« [Schiller 1965 f., Bd. 5, 818-831]. Je größer dann die Vereinsamung des Künstlers im 19. Jahrhundert wurde und je mehr der auf Genuß ausgehende Amüsierpöbel und die auf ihre Apologetik ausgehenden Machthaber im französischen Kaiserreich die Kunst meuchelten, mit desto größerer, belustigter Verachtung wurde dann auf diese aufklärerische Ansicht heruntergesehen. Die Wahrheit an sich und die Kunst an sich! hieß der Ruf, und er war die stärkste Gegenbewegung gegen das Hausbackene, Biedere, Platte. Ende des 19. Jahrhunderts hatte das seine Berechtigung, nur liegt das Übel in den Inhalten der Moralität und nicht an der Unterordnung selbst.

Um Ihnen zu zeigen, daß das mit der Aufklärung in allen Zonen zusammenhängt, brauche ich nur die »Lehrstücke« von Brecht zu nennen, wo ja ebenfalls ein Zweck verfolgt ist und wo man nicht nur hineingeht, um sich zu vergnügen. Brecht gibt in letzter Zeit mehr als je zu, daß auch das Kulinarische seine Rechte hat, eigentlich die Hauptsache ist, der Genuß nämlich, der Kunstgenuß, das Vergnügen, was ja einem Materialisten nie fern liegt. Aber es sind Lehrstücke, man muß etwas nach Hause tragen, man muß etwas vorexerziert bekommen haben, man muß auf der Bühne ein Experiment gesehen haben: Wie geht es aus, wenn ich mich so und so verhalte? Wäre es möglich, daß es anders ausginge und besser, wenn der sich anders verhielte? Also Maßnahmen müssen überlegt werden, der »Kontrollchor« muß sprechen, ob es richtig war, wie einer sich verhalten hat [vgl. »Die Maßnahme«, Brecht 1967, Bd. 2, 631-664]. Das hat zum Zweck die Beförderung der Revolution. Dieser Inhalt von Moral in der Kunst ist natürlich unendlich weit von dem Gellertschen und Gottschedschen Inhalt entfernt.

Die Unterordnung von Kunst unter Erkenntnis in der Wolffschen Schule zeigt allerdings regelrechte Verachtung. Kunst ist für Frauen und Kinder und eines Mannes unwürdig. Er nimmt gönnerisch und schmunzelnd daran teil wie an einem Kinderspiel, Besuch in einem Kinderzimmer, Besuch in der Kemenate, Besuch im Schauspielhaus. Man legt für einen Augenblick gönnerisch und schmunzelnd seine Würde ab, aber dann kehrt man zu dem Ernst des Lebens und zu seiner barocken Gravität wieder zurück. So also ist Ästhetik geboren, auf deren Inhalt ich ja nicht weiter einzugehen brauche. Halten Sie fest, sie ist scientia inferior, untergeordnete Wissenschaft, untergeordnete Erkenntnis.

Eine weitere Nachwirkung von Leibniz, die aber nicht nur über Wolff kam, ist bei Kant, dessen Lehrer alle Wolffianer waren. Kants »Kritik der reinen Vernunft« [Kant 1787] richtet sich gegen die Wolffsche Philosophie, gegen die reine Vernunft des theoretischen Dogmatismus. Es ist keine Kritik, die von der reinen Vernunft ausgeht. Das ist wohl überflüssig zu sagen. Das Ungeschick hat Heinrich Heine angerichtet in seiner »Geschichte der Religion und Philosophie in Deutschland« [Heine 1968, Bd. 3]. Heine nennt Königsberg die Stadt der reinen Vernunft [nicht nachweisbar]. Er hat also nie mehr gelesen als den Titel. Es ist die reine Vernunft, die kritisiert wird, nämlich ausgemessen wird, deren Schranken festgestellt werden sollen. Wenn Kant »Metaphysik« sagt, meint er die Wolffsche Metaphysik. In seiner ersten Zeit war Kant nicht von Wolff, aber durchaus von Leibniz abhängig, als er seine Schrift schrieb, die ich schon angab, »De mundi sensibilis atque intelligibilis forma et principiis«, »Von der Form und den Prinzipien der sinnlichen und der intelligiblen Welt« [Kant 1770]. Er gebraucht die Lehre von dem virtuellen Eingeborensein der Ideen. Sie erinnern sich an die Lehre von der Spontaneität: »nisi intellectus ipse« [Leibniz 1765, 84]. Es gibt eine individuelle Eingeborenheit der Beziehungen zwischen den sinnlichen Erfahrungseinheiten: »Die Dinge können den Sinnen unter irgendeiner Gestalt nur mittels der Kraft des Gemüts erscheinen, das alle Empfindungen nach einem festen und seiner Natur eingepflanzten Gesetz einander beiordnet« ist ein Kantischer Satz aus dieser vorkritischen Zeit [Kant 1770, 404]. Das geht schon in die Linie von der in sich eingeriegelten Spontaneität hinein, nur fehlt die Leibnizsche repraesentatio mundi [vgl. S. 138f.]. Es fehlt, daß hier ein aufgeschlagener Weltinhalt zum Vorschein kommt und nicht nur die Verstandestätigkeit. Es kommt nicht darauf an, daß die Verstandesbeziehungen zum Gegenstand und Inhalt der Erkenntnis werden, sondern darauf, daß das, was durch Verstandesbeziehungen aufgeschlossen worden ist, nämlich der Weltinhalt, in Abbildung der Welt, in Repräsentation der Welt, zum Gegenstand der Erkenntnis wird. Das ist leibnizisch, und dieses Element ist bei Kant bezeichnenderweise bereits verschwunden.

Wenn ich auf die weiteren Nachwirkungen eingehe, so möchte ich auf etwas hinweisen, was sehr selten beachtet und berücksichtigt wird und doch sehr wichtig ist. Ich sprach von der Baumgartenschen Ästhetik, deren Grundzüge ja in Leibniz schlafen, in der Unterscheidung von confusa et distincta conceptio, von verworrener und deutlicher Wahrnehmung. Der junge Schiller ist von Leibniz, genauer von Baumgarten abhängig. In seinem Gedicht »Die Künstler« finden Sie Verse, von denen die einen heißen: »Nur durch das Morgentor des Schönen / Drangst du in der Erkenntnis Land«, und die anderen: »Was wir als Schönheit hier empfunden, / Wird einst als *Wahrheit* uns entgegengehn« [Schiller 1965 f, Bd. 1, 174 f.]. Da haben Sie die Unterordnung der Schönheit als einer vorläufigen, verworrenen Wahrnehmung, als eines bunten, aber auch trüben Spiegels, unter die Wahrheit. Das ist trotzdem von Baumgarten weit entfernt, denn hier spricht ja ein großer Dichter, der sein Metier nicht verachtet. Doch haben Sie hier immerhin die Leibniz-Baumgartensche Zuordnung, die von der späteren ästhetischen Begriffsbildung Schillers sich wesentlich unterscheidet. Die spätere kam durch die »Kritik der Urteilskraft«, durch Kant [Kant 1790]. Diese erste, vollkommen leibnizsche Begriffsbildung steht uns näher, weil in ihr das, was die Kunst im Bild ausdrückt, der gleiche Gegenstand ist, der in anderer Weise, weniger anschaulich, wissenschaftlich und philosophisch, im Begriff ausgedrückt wird. Das eine geht dem anderen vorher, beide vereinen sich. Es wird also wieder in einer aufgeklärten Weise an die Kunst die Wahrheitsforderung gestellt, die Schönheit muß die Wahrheit virtuell enthalten, und was die Wahrheit nicht enthält, ist auch nicht schön. Diese Beugung unter Wahrheit verarmt die Kunst nicht. Die Kunst hält sich nur nicht im Gebiet von Allotria auf, sie hält sich nicht im Gebiet von verantwortungsloser Phantasterei oder verantwortungslosem Nervenkitzel auf. Diese Einengung von Kunst im Stil der Aufklärung ist zugleich eine ungeheure Verantwortung und eine ungeheure Erhebung, ein Wichtignehmen der Kunst, im Unterschied vom bloßen Spaß, wo man sich einfach nur unterhält und zerstreut wie in einer Varietévorstellung. Später sieht das bei Schiller anders aus: »Ernst ist das Leben, heiter die Kunst« [»Prolog« zu »Wallenstein«, Schiller 1965 f., Bd. 2, 274] ist nicht mehr dasselbe. Da ist der reale Gegenstand verschwunden, da ist die Kunst eine bedeutende Illusion, ein Als-ob, da haben wir die Kantische Ästhetik: »Freiheit in der Erscheinung« unter Absehung von ihrem Inhalt [»Kallias«, Schiller 1965 f., Bd. 5, 401 u. ö.]. Für den jungen Schiller ist der Inhalt sehr wichtig. Die Abhängigkeit des frühen Schiller von Leibniz auf dem Umweg über Wolff und Baumgarten und seinen eigenen Lehrer in der Karlsschule, der ein Wolffianer war, wenn ich mich nicht irre, ist viel zuwenig beachtet worden. Wieweit lebt dieser leibnizsche Schiller in dem späteren, dem kantischen Schiller noch fort? Denn ganz ohne Bruch und mit gänzlichem Abschied kann das schwerlich vor sich gegangen sein.

Die Unterordnung der Schönheit unter die Wahrheit im Schillerschen Sinn, im Sinn der Verse aus den »Künstlern«, zeigt eine großartige Seite der Aufklärung. Nehmen wir als Beispiel Honoré de Balzac (1799-1850). An seinem Werk geht eine geschichtliche Epoche auf. Dieselbe Epoche kann auch in der marxistischen Untersuchung aufgehen. Der französische Kapitalismus, die Gesellschaft des Bürgerkönigtums, all diese Gestalten aus der Balzacschen Comédie humaine, die Wucherer und die Bankiers, die unter die Räder kommen, die Huren und die Künstler, die zugrunde gehen, ist das alles künstlerisch genau dasselbe, was in einer wissenschaftlichen Untersuchung herauskäme? – Nun, wahrscheinlich nicht. Wenn es denn eine gute Darstellung der Zeit des Bürgerkönigs Louis-Philippe gäbe, könnte man die hundert Romane von Balzac verbrennen? Hätte niemand etwas verloren? Hätten wir nur eine Art von Illustration verloren, nur eine Art Bilderfibel für Minderbegabte, die sich damit beschäftigen? Wir sehen, wir hätten mehr verloren. Shakespeare ist auch nicht ganz dasselbe wie die Darstellung der Ideologie der elisabethanischen Gesellschaft. So ist ein Fruchtbares darin, daß jedenfalls Schönheit und Wahrheit nicht getrennt werden können, sondern auf verschiedene Weise verschiedene Sektoren der Wirklichkeit erschließen, die nicht dasselbe zu sein brauchen. Kunst und Wissenschaft treffen verschiedene Schichten der Wirklichkeit, die eine die mehr bildhaft zugänglichen, die andere die mehr begrifflich zugänglichen. Sie sind Abbildung von einem Realen, aber das Reale ist nicht das Vorhandene allein, sondern, wie ich ja nicht müde werde zu sagen, an seinen Grenzen ein Noch-Nicht, umgeben von objektiv-realer Möglichkeit, die davor und drumherum liegt, die wir zu realisieren haben; als eine gute, die wir zu finden haben; als eine schlechte, die wir zu vermeiden haben [vgl. Bloch 1954 f., Kapitel 15 und 18].

Dies auf Kunst und Wissenschaft bezogen, zeigt das Große an der Aufklärung. Sie hat aber auch etwas Kümmerliches, nämlich die Misere, die geduckten Bürgerhäuser, die Schlacht bei Frankenhausen 1525. Das geht im Hausbackenen aus, das Licht ist dann klein, die Moral wird klein, spießig, es ist keine Anmut darin, es ist hart, es ist »Maria Magdalena« von Friedrich Hebbel (1813-1863), Meister Anton, dieser Kleinbürger, der die Tochter mit seinen kümmerlichen Moralanschauungen in den Tod treibt und dann die Welt nicht mehr versteht [Hebbel 1963f., Bd. 1]. Ein ziemlich enger Horizont von Wahrheit entspricht dem, ein moralistisch verengter Horizont. Das ist Gottsched, der noch ein großer Mann war und vieles getan hat, aber blind gegen das Shakespearesche, auch von Natur, das ist Gellert, ein herzensguter Mann, ein ausgezeichneter Steuerzahler und Aufforderer, gut Steuer zu zahlen, ein Mann, der die höflichen, feinen, guten, stillen, lautlosen Sitten des untertänigen Bürgers mit Bildung herrlich darstellte. Aber das ist nicht der Weisheit letzter Schluß und nicht die höchste Erscheinung des Menschentums.

Leibniz und das Geschichtsbewußtsein der Aufklärung

In den weiteren Nachwirkungen von Leibniz komme ich auf die Hauptsache, nämlich auf die deutsche klassische Philosophie. Hier hat nun Leibniz mit ungeheurer Energie zum ersten Mal seit Aristoteles wieder mit Deutlichkeit den Begriff der Entwicklung eingebracht. Spinozismus ist Objektgesinnung und hat als solche gewirkt. Er war die Wendung nach außen, die Wendung zu den Sachen, die Wendung zu der von den Menschen unabhängig bestehenden Welt und Substanz der Welt. Gegen die Metaphysik des Wissens, die angeblich seit David Hume die Metaphysik der Dinge abgelöst hat, gegen die reine Erkenntnistheorie und das Erkennen des Erkennens, gegen diesen übersteigerten subjektiven Faktor der Erkenntnis warf Spinoza das Gewissen des Objekts. So hat er gewirkt auf Fichte [vgl. Fichte 1794, 100f., 120ff. u.ö.], auf Schelling [vgl. Schelling an Hegel, 4. Februar 1795. In: Hegel 1969, Bd. 1, 22]. Eine selbstverständlich spinozistische Gestalt war ohnehin Goethe, und Spinozas Anblick, mit natura sive Deus [Spinoza 1677, 172], Gott-Natur, hat als Objektgesinnung und Gesinnung der Einheit auf Hegel gewirkt. Nun sahen wir, was bei Spinoza nicht ist, die Vielheit, die Fülle, die Tendenz, die Fortbewegung, die Dialektik, die Explosion, das Mit-der-Zukunft-schwanger-Sein, Zukunft als größere Dimension der Monade [vgl. S. 149ff.], alles inmitten der angeblich so unhistorischen Aufklärung.

Das ist auch ein Schwindel und ein Betrug, den die Reaktion gemacht hat, daß die Aufklärung völlig unhistorisch gewesen wäre und das historische Bewußtsein erst in der Romantik erwacht sei im Zusammenhang mit der Lust, gegen die Jakobiner, die alles umgestürzt haben, historischen Sinn auszubilden, vor allem Sinn für die mondbeglänzte Zaubernacht, in der die Ritterburgen standen. Die Heere des Bauernkriegs hat man nicht gesehen in der mondbeglänzten Zaubernacht, desto besser die Ritterburgen, die angestammte Peitsche. Historischer Sinn ist also entstanden aus der Notwendigkeit, den Menschen lebenden Leibs auf das Kreuz der Geschichte zu nageln. Das ist der Dung gewesen, woraus die Rose des historischen Bewußtseins, woraus Germanistik, Rechtsgeschichte und so weiter entstanden. Kein Zweifel, das historische Bewußtsein in dieser Fülle ist – mit und ohne reaktionäre Romantik – erst im 19. Jahrhundert entstanden. Ein Unsinn und eine vollkommene Fälschung ist es aber, zu sagen, daß das 18. Jahrhundert keinen historischen Sinn gehabt hätte. Es gab große Historiker, Voltaire [vgl. Voltaire 1731 und 1751] ist einer, Edward Gibbon (1737-1794), einer der größten Historiker, die überhaupt gelebt haben, schrieb »The History of the Decline and Fall of the Roman Empire«, »Geschichte des Verfalls und Untergangs des Römischen Reiches« [Gibbon 1776/88]. Gibbon beginnt erst mit dem Tod Marc Aurels (180 nach Chr.) und geht bis 1453, bis zum Untergang Konstantinopels. Ein Meisterwerk der Geschichtsschreibung. Wir haben Hume, der sechs Bände englische Geschichte geschrieben hat [Hume 1754f.]. Voltaire, Hume, Gibbon, die allein schon reichen, und es gibt noch mehr. Also wir haben ein historisches Bewußtsein durchaus, das sich aber von dem der Romantik dadurch unterscheidet, daß es auf Gesetze ausgeht und einen gewissen feindlichen Blick gegen die Geschichte hat, indem die Geschichte ja die schlechten Zustände, die feudalen Zustände hervorgebracht hat. So kann dem großen Gibbon gar nicht genug zugrunde gehen. Das alles steht aber im Dienst der Gesetze, entweder des Niedergehens oder des sich durchsetzenden Fortschritts, indem die Tendenz zum Besseren doch durchgeht, was leibnizischer Optimismus ist. Dem Geschichtsoptimismus steht der Geschichtspessimismus gegenüber, der am stärksten bei Rousseau augebildet ist, der Geschichtsoptimismus am stärksten bei Voltaire und bei Hume. Daß Gesetze gefunden werden sollen, zeigt das Naturwissenschaftliche, das auch in die Geschichtsschreibung des 18. Jahrhunderts hineinkommt. Eine Formulierung dafür ist die bereits dargestellte große Entwicklungslehre von Leibniz mit der Lehre von dem Progreß als dem Hellwerden der Monaden. Dieses Progreßhafte kam nun in die deutsche klassische Philosophie, vor allem dort, wo sie nicht romantisch ist, wie bei Hegel, denn Hegel gehört kaum zur Romantik. Schelling gehört dazu, Fichte sowenig wie Hegel. So weit her mit der Romantik ist es in der deutschen klassischen Philosophie nicht, wobei nichts gegen das Große, Produktive, Bedeutende und Hinreißende der Romantik gesagt werden soll, auf der Seite, wo sie nicht reaktionär ist. Diese Seite ist ziemlich groß, da ist sie Folklore, da entdeckte sie Volksboden, die Grimmschen Märchen und das Volkslied, »Des Knaben Wunderhorn« [Arnim/Brentano 1805], da entdeckte sie auch die Rechtsgeschichte und am Ende hat sie auch die Bauernkriege doch nicht übersehen, denn Wilhelm Zimmermanns »Allgemeine Geschichte des großen Bauernkrieges« kommt aus dieser Zeit vor der achtundvierziger Revolution [Zimmermann 1841/43]. Etwas kommt in der deutschen klassischen Philosophie und zum Progreß hinzu, was bei Leibniz fehlt, nämlich der Prozeß. [...] Das Wort »Weltprogreß« ist gar nicht üblich, das Wort »Weltprozeß« klingt Ihnen immerhin vertraut. Dieser Unterschied kommt durch die Rezeption nicht von Leibniz, sondern von Paracelsus und Jakob Böhme. Es ist das Alchymische, Chemische, das im Prozeß steht, es ist das Hellwerden im Sinn vom Hellwerden eines Mosts, der zu Wein wird, einer trüben, gärenden Flüssigkeit, einer trüben Schmelze, in der sich der Silberblick des Metalls am Ende zeigt, aber aufgetragen eben auf den Progreß, so daß die Geschichte eine Odyssee des Hellwerdens wird. Eine Ilias und eine Odyssee des Geistes, sagte Schelling, das heißt Kampf und Rückkehr [vgl. »Philosophie und Religion«, Schelling 1856/61, Abt. I/6, 57]. Bei Leibniz ist es eine einzige Odyssee mit dauerndem Kampf, nämlich mit Explosion des Hellwerdenwollens, mit Sperre, mit Kampf gegen die Sperre, mit schließlichem Landen in dem absoluten Urlicht,

Grundlicht, Zentrallicht des Allsehens, was für ihn durch die Zentralmonade Gott bezeichnet ist.
Noch etwas ist darin, das Wichtigste, das auch erst in dieser Intensität durch Leibniz objektiv realistisch gefaßt wurde, nämlich la tendence, die Tendenz [Leibniz 1906, 423 u. ö.]. Die Tendenz, die stoßende Unruhe, das Hinstreben auf etwas, nämlich aufs Hellwerden, ist ein Nerv im Leibnizschen Philosophieren schlechthin. Es schließt an den Eros in Platons »Symposium« an [Platon 1957a], an die ὁρμή [vgl. Aristoteles 1966, 1072b], an den Drang der Materie zur Form bei Aristoteles. Aber während der Eros bei Platon psychologisch, ethisch, ästhetisch bleibt, nämlich in dem Menschen, in dem Philosophen, in der Liebe zur Weisheit, und während die ὁρμή bei Aristoteles ein Beziehungsbegriff ist, der nicht die gleiche Rolle spielt wie Stoff und Form, die beiden Elemente der Beziehungen, ist la tendence fast das ein und alles bei Leibniz. Ich brauche auf die Bedeutung des Begriffs Tendenz im Marxismus nicht hinzuweisen, worin dasselbe steckt. Marx definierte Tendenz als verhindertes Gesetz, das heißt verhinderte Durchsetzung eines Gesetzes [vgl. Marx 1894, 244 und 249]. Etwas drückte einmal ein Gleichgewicht gesetzmäßiger Art aus, nun aber ist ein anderes fällig, das sich gesetzhaft fassen läßt, eine andere Anpassung der Produktionsverhältnisse an die Produktivkräfte. Da gibt es dann die Explosionsspannung der Produktivkräfte gegen das, was einmal Vernunft war und Unsinn geworden ist, gegen das, was einmal Wohltat war und nun Plage geworden ist. Gegen Zunftschranken oder privatkapitalistische Aneignung des Produkts und so weiter gibt es also die Tendenz. Dieser Tendenzbegriff und das Hinhören auf die Tendenz, das Sich-Vermitteln mit der Tendenz, Befördern der Tendenz, Wegräumen von Schwierigkeiten und so weiter – alles Grundbegriffe der marxistischen Theorie und Praxis – das wäre nicht da, wenn es von Leibniz nicht formuliert worden wäre. Durch ihn ist es erleichtert worden, daß diese neue Philosophie nicht in einem Urwald herumläuft, den sie erst roden muß, sondern ungeheures Genie-Erbe antreten kann, vor allen Dingen eben im Begriff der Tendenz und, wie wir gesehen haben, auch dem der Zukunft, mit der die Gegenwart schwanger ist als der größeren Dimension, was ja zur Tendenz gehört.
So gibt es bei diesem Philosophen eine ungeheure Fülle vielseitiger, tiefliegender Denkmotive. Es ist abenteuerlich, wie viele Philoso-

phen auf einmal, und zwar bedeutende, hier versammelt sind und einen großen Kongreß abhalten, der Leibniz heißt und Leibnizsche Philosophie. Das ist das Plus aus der Konzilianz dieses Mannes. Unausgeführt zum großen Teil, aber wie man sagen kann, ein noch unverhüttetes Erz, ein Erzvorkommen, an dem man am besten sehen kann, was wirklich Erbe in der Philosophie ist, was wirklich Kulturerbe ist, nämlich nicht Nachkäuen dessen, was schon vorgekaut ist, sondern ungeheurer Gewinn an Rohstoffen und nichtgeschliffenen Diamanten und was sonst man an Bildern brauchen will.

Noch etwas ist sehr merkwürdig. »Das römische *Reich* – daß Gott erbarm! / Sollte jetzt heißen römisch *Arm*«, sagt der Kapuziner in »Wallensteins Lager« [Schiller 1965 f., Bd. 2, 293]. In der Wirklichkeit Elend und Zersplitterung ohnegleichen, nur im Gedanken wird das Reich wiedererrichtet. Es ist das sehr Seltsame, daß nur die deutschen Philosophen – und hier muß Leibniz mit Hegel genannt werden – diejenige systematische Bildung des Allumfassenden gehabt haben, die wir als eine Forderung mit philosophischem System verbinden. Das finden wir nicht bei Descartes, das finden wir nicht bei Spinoza, von den Engländern, von Locke oder gar Berkeley oder auch Hume gar nicht zu reden. Wir finden es auch bei Kant nicht in dieser Form, wo es unterbrochen ist. Wir finden es üppig bei Leibniz und wir finden es bei Hegel wieder. Bösartig ausgedrückt, ist es ein Reflex der alten Universalmonarchie, ein Reflex aus dem Höhepunkt des Mittelalters im 11. bis 13. Jahrhundert, wo Universalmonarchie und Universalpapismus miteinander gekämpft haben, wo jedenfalls die große Umfassung der Christenheit vorhanden war – wie es dann romantisch ausgeträumt wurde – unter einem Kaiser und unter einem Papst, als Mond und als Sonne, wie das Papst Gregor VII. (reg. 1073-1085) dargestellt hat. Der Nachtraum von diesem Reichsgedanken ist mitten in der Zersplitterung bei Leibniz erhalten mit dieser eigentümlichen Weltweite, bis hinauf zu der Weltenzyklopädie der Hegelschen Philosophie. Solche unbestreitbare Großheit in einem Land, in dem die Basis vollkommen fehlte! Der große Wirtschaftskörper, der sich in Frankreich und England unter einer Monarchie hergestellt hatte, fehlte vollkommen. Statt dessen Zollschranken und Zersplitterung, Auseinanderfall ohnegleichen. Und hier ist das Reich im Gedanken zusammengehalten, eine Reichsbildung der Philosophie, die System ist, wie es in der Antike nur wahrscheinlich bei Demokrit, von dem wir nur Fragmente besitzen, und sichtbar bei Aristoteles vorhanden ist, dessen Philosophie ein würdiges Pendant zum Alexanderreich ist. Imperialismus ist das noch nicht, sondern es ist die große Zusammenfassung der Gesichter nach einem Ziel. Auch der Marxismus spricht ja von einem »Reich der Freiheit [Marx 1894, 828]. Ein neutestamentliches Wort, wie Sie wissen, das Reich der Freiheit der Kinder Gottes [vgl. Römer 8, 14.-21]. – Die Kinder Gottes sind inzwischen weggefallen. Ich bitte Sie, bei dem eigentümlichen Ausdruck »Reich« all die beispiellosen Verdreckungen und Niederträchtigkeiten, die unter Hitler damit verbunden waren, vollständig wegzulassen. Das wäre unwürdig unseres Gegenstands. Hier ist es Ausdruck einer Zusammenfassung, Ausdruck einer Ordnung, deren Inhalt im Reich der Freiheit die Freiheit ist. Reich der Freiheit ist ein paradoxer Begriff, denn Reich ist Ordnung. Es soll aber heißen: Ordnung der Freiheit, mit dem Inhalt der Freiheit, die Ordnung soll nicht der Inhalt sein, nur der Rahmen. Der Reichsinhalt ist also die Freiheit. Jedenfalls ist die Kategorie Reich, die sehr seltsam ist und durchaus einer Durchdenkung so fähig wie vor allem bedürftig, befeuert worden durch die universale Enzyklopädie, die hier als Philosophie aufgetreten ist und die Einzelwissenschaften fast zu verschlucken drohte. Das stellte selbstverständlich eine große Gefahr dar, vor allen Dingen bei den Epigonen. Dann bitte ich Sie, im Begriff zu behalten, gegen alle neukantianischen Verfälschungen, vor allen Dingen das intellectus ipse, die repraesentatio mundi [vgl. S. 162f.]. Das ist ja das, was das Reichsbewußtsein, das Weltreichsbewußtsein, das Weltallbewußtsein der Monaden hält: nicht in sich hinein blicken, nicht in sich hinein grübeln, keine Erkenntnistheorie als Nabelbeschau, als Erkennen des Erkennens, als Stricken des Strickens, am Ende und schließlich als Stricken des Strickens des Strickens, wo es niemals einen Gegenstand gibt, wo der Gegenstand immer Erkenntnis ist und immer wieder nichts als Erkenntnis selbst. Statt des transzendentalen Idealismus also repraesentatio mundi mit der Spontaneität der hellwerdenden Monaden als einem Schlüssel oder als einem tunlichst reinen Spiegel. Das ungefähr und noch vieles mehr ist das Erbe an dem riesigen Erzvorkommen der Leibnizschen Philosophie. [...]

Die Gegenden, in die wir uns heute und in den nächsten Stunden begeben werden, sind merkwürdige, nicht ferne dem Sonnenaufgang, sogar dasselbe wie Sonnenaufgang, wenn man weit genug vorgeht, bis 1789. Das Bild Aufklärung kommt ja von der siegenden Sonne, von den Strahlen der Sonne, die die Nacht vertreiben, wie es in Mozarts »Zauberflöte« heißt [Sarastro im Finale des zweiten Aufzugs], einer zauberhaften Aufklärungsoper, mit fortwirkenden Meinungen und Problemen. Hemmungen, Mattigkeiten freilich waren genug da, das hängt aber nicht mit dem *revolutionären* Bürgertum zusammen, sondern mit dem revolutionären *Bürgertum*. Ich spreche von der deutschen und von der englischen Aufklärung, nicht vom französischen Materialismus, der auch Aufklärung ist, aber noch etwas dazu, wie sich von selbst versteht. Ich spreche also von diesem verhinderten französischen Materialismus, diesem durchkreuzten, diesem salonhaft, mit Cant gedämpften Materialismus. Erst recht in dem unentwickelten Deutschland kam die Aufklärung nur mühselig zum Vorschein, kraft der Misere. Andererseits sind wir weit davon entfernt, dieses Schlagwort von der deutschen Misere zu sehr zu pressen. Das liegt in kosmopolitischem Interesse, das liegt nicht in unserem Interesse. Es ist schon großartig, was trotz dieser Misere und sogar stellenweise mit einem Gegenzug gegen diese Misere an deutscher Musik entstanden ist, an deutscher Vergrübeltheit, an deutscher Tiefe, an deutscher Sehnsucht, etwas, was uns niemand nachmacht. Das wäre alles ohne diese Misere so gar nicht möglich gewesen. Ein Kind, dem es im Elternhaus übermäßig gut geht, ist doch auch in einem gewissen Nachteil gegenüber einem Kind, das von frühauf sich in Revolte befunden hat. Dieses hat einen lebendigen Traum vom Bessersein, es hat geübte Muskeln und Nerven der Opposition, während das andere Kind in Gefahr steht, immer zurückzusehen, von diesem Eltern- und Hauskomplex nicht so leicht loszukommen, Muttersöhnchen höheren Stils zu werden. Kräftige Naturen setzen sich zur Wehr, zum Beispiel wäre bei Goethe etwas nicht zum Ausdruck gekommen, wenn er nicht zum alten Johann Kaspar Goethe in Protest gestanden hätte. So etwas kann mit Misere zusammenhängen und gegenüber der wohllebigen Existenz der Intellektuellen in England und zum Teil in Frankreich kann das ein Vorteil sein. In der Opposition allerdings können wir uns nicht sehen lassen, auch im 18. Jahrhundert nicht. Die Schlacht bei Frankenhausen 1525 ist noch nicht ausgeheilt, auch im 18. Jahrhundert noch lange nicht. Wir haben den Bürger, wir haben den Bourgeois, und wir haben den Citoyen, was entschieden nichts mit dem Bourgeois zu tun hat, streckenweise etwas mit dem Bürger. Wir haben den mittelalterlichen Bürger, den Kleinbürger von heute und den, der im 18. Jahrhundert in der Aufklärung lebte. Wie soll man ihn nennen, den Kleinstadtbürger? Das ist doch wieder eine ganz andere Type. Ist der Musikus Miller in Schillers »Kabale und Liebe« bezeichnet, wenn ich ihn Bürger nenne, ist er bezeichnet, wenn ich ihn Kleinbürger nenne? Das Gedrückte, Gehemmte bricht in der größten Explosion bei dem Musikus Miller wieder aus: »Ohrfeig um Ohrfeig«, schreit Miller den Präsidenten an, und dann gleich wieder das »Halten zu Gnaden!« [Schiller 1965 f., Bd. 1, 795] Das ist deutsch, das ist die Schlacht bei Frankenhausen, das gibt es in Frankreich und England in der ähnlichen Schicht nicht. So wurde das Oppositionelle gedämpft, zugleich aber die Tiefe erbohrt. Das Bachsche, das Leibnizsche, später das Hegelsche, das Beethovensche, Brahmssche, Schubertsche wäre alles ohne die Misere nicht so entstanden, aber es überschwemmt auch die Misere. Und wir sind weit davon entfernt, daß wir die Misere in der Weise, wie das sehr oft gemacht worden ist und wie es wahrscheinlich durch Franz Mehring (1846-1919) in Schuß kam, so zu übertreiben [vgl. Mehring 1893]. Erstens sind großartige Protestgestalten dagegen erschienen, zum Beispiel Christian Thomasius, und zweitens hat es eine große Bedeutung gehabt, daß eine Unzufriedenheit, wenn nicht politisch kräftiger Art, so doch philosophischer Art, die Entwicklung von großartigen und ebenfalls rebellierenden Traumwelten in Musik, in Philosophie, in Dichtung befruchtet hat. Zweifellos zum Teil als Flucht, aber immerhin, man kann sich die Fluchtländer der Bachschen Musik und des Goetheschen »Faust« und der Schillerschen Erhabenheit doch wohl gefallen lassen. Das ist etwas anderes als die Flucht ins Nichts im gegenwärtigen Westdeutschland. So gehe ich nun zu diesem seltsamen Phänomen deutscher Aufklärung. Ich bin davon überzeugt, daß in ihm noch viel zu finden ist, da im 19. und im 20. Jahrhundert die deutsche Aufklärung mit einem bösen Auge angesehen wurde, mindestens von 1880, 1890 an, vorher hat man sich wenig mit ihr befaßt. Dann komme ich zur englischen Aufklärung, bis wir zu dem Durchbruch des darin Gemeinten, nämlich dem französischen Materialismus gelangen. [...]

Christian Thomasius

Ein Wort noch zu Thomasius, obwohl der nicht ganz in die Geschichte der Philosophie gehören mag, da er wesentlich Jurist, Publizist und Naturrechtler ist, aber eine Gestalt, die in Erinnerung gebracht werden muß, damit die Legende von der Unfruchtbarkeit der deutschen Aufklärung und von der Servilität und der Gedämpftheit doch an einem entscheidenden Punkt durchstoßen wird. Er lebte von 1655 bis 1728. Ich habe eine kleine Schrift geschrieben, »Christian Thomasius, ein deutscher Gelehrter ohne Misere« [Bloch 1961, Anhang]; wer sich dafür interessiert, kann danach greifen. Ich kann mich hier etwas kürzer fassen. Er ist der erste, der eine deutsche Vorlesung am Schwarzen Brett angekündigt hat, und zwar hier, sozusagen in diesem Haus oder nicht weit davon entfernt, was noch nie dagewesen war. Zweitens ist er der erste große deutsche Publizist. Seine Zeitschrift »Teutsche Monate« erschienen seit 1688, lange vor den Gottschedschen »Vernünfftigen Tadlerinnen« von 1725. Vorläufer gibt es im »Journal des Sçavans«, das seit 1665 in Paris bestand. Aber die »Teutschen Monate« sind wiederum zwanzig Jahre früher als die große englische Zeitschrift »The Tatler« (1709) von Richard Steele (1672-1729) und Joseph Addison (1672-1719). Sie sind entzückend an Witz und an Laune, früher Lessing ist darin, Swift ist darin. Thomasius wurde 1690 aus Leipzig hinausgeekelt wegen seiner außerordentlichen Unbequemlichkeit und Unbeugsamkeit und wegen seines Rückgrats. Leipzig muß damals eine furchtbare Universität gewesen sein, pietistisch regiert, obwohl sie einige nicht unbedeutende Fachgelehrte hatte. Die Eiferer aber überwogen und sie haben dem jungen Privatdozenten das Leben sauer gemacht, ein Haftbefehl war schon gegen ihn in Dresden ausgewirkt, er floh nach Halle an die neugegründete kurbrandenburgische Universität, die eine Brechstange gegen Habsburg sein sollte und der neuere Typ einer Universität gegenüber Frankfurt an der Oder. [...] Dort hatte er Freiheit und schrieb vor allem seine naturrechtlichen Schriften, in denen besonders interessant ist, daß er eine Verbindung zustande brachte zwischen dem Impetus von Sozialutopie und dem davon verschiedenen Impetus von Naturrecht. Ich habe das so formuliert: Die Sozialutopien haben das menschliche Glück im Auge, die Naturrechtstheorien haben die menschliche Würde im Auge [Bloch 1961, 13 u. ö.]. Der Stoiker mit Ataraxie, Cato von Utica, Verrina, Odoardo, würdige Gestalten, das ist der Wille des Naturrechts, und diese Gestalten kommen in die Dichtung aus dem Naturrecht. Vom Glück ist bei Odoardo oder bei Verrina oder bei Cato nicht viel zu spüren und so sehr haben sie die rauhe Haut einer dorischen Säule, daß von weichen Glücksempfindungen wenig die Rede ist. Utopien dagegen sind auch in ihrer Form dem Glück verwandter, indem sie romanhaft sind. Naturrecht ist eine juristisch-mathematische Deduktion, Utopie ist weiblicher, freundlicher. Thomasius nun ist ein Naturrechtslehrer von Rang und hat als Ziel das Glück. Es ist das Ziel des Staats, Glück herzustellen, und das richtige Recht muß Glück erzeugen, nicht nur Würde. Das ist ein gewisses Novum, angedeutet bei Hugo Grotius (1583-1645), der ja auch einen freundlicheren Ton hat mit seinem appetitus socialis [vgl. Bloch 1977, 289]. Aber der typische Akzent Glück fehlt bei ihm, indem nämlich sein Naturrecht – wie alles neuere Naturrecht schließlich – von Cicero herkommt, der es von der Stoa hat. Das stoische Naturrecht wurde entsprechend dem aufsteigenden Bürgertum und dem jungen Kapitalismus sinngemäß verwandelt, aber es ist immer die Stoa darin, Spartanisches ist darin. Deshalb sprach ich ja vom stoischen Weisen, von der Ataraxie, von der rauhen Haut einer dorischen Säule. Dagegen kommt Thomasius nicht von der Stoa her, sondern er preist Epikur, lehnt aber die Atomlehre ab, die er nicht verstanden hat. Er hat also auch von der gleichzeitigen Physik nichts verstanden. Der Preis Epikurs zeigt das materialistische Element, denn Glück ist ein materialistischer Grundzug: Erzeugung von Glück und Befreiung von Furcht ist ja außer der Atomtheorie das, was im antiken Materialismus, vor allem bei Lukrez lebt. Das Gedicht »De rerum natura« von Lukrez beginnt mit einem Ruf an Venus, an die Göttin der Liebe und die Allmutter [Lukrez 1977, Verse 1-61]. Dieses Weiche, Weibliche, Glückhafte, Freundliche, Gönnerische, Menschliche, angenehmst Humane ohne erhobenen Zeigefinger, Lachende, Strömende ist das, was eine ebensolche Natur, die Natur des streitbar-strömenden, des zornig-glücklichen Thomasius ins Naturrecht hineingebracht hat, nicht mit besonderen Folgen. [...]

Es gibt zweifellos noch manche andere deutsche Aufklärer. Man ist in Berlin mit der Laterne auf der Suche nach ihnen. So sehr bedeutend scheinen sie nicht zu sein, sonst hätte man sie nicht dermaßen übersehen, immerhin könnte das vorkommen. Wir haben ja schließlich Exempel in der Geschichte der Philosophie. Plotin war zwölfhundert Jahre lang verschollen, bis er in der Renaissance entdeckt wurde, dann war er wieder verschollen bis zu Hegel. Spinoza war zweihundert Jahre lang nicht verschollen, aber beschimpft, nicht geachtet, und nicht gekannt. [...] Es gab einen Mann im 17. Jahrhundert, der jetzt vielleicht ausgegraben werden kann, namens Wolfgang Ratke (1571-1635), Ratichius, der bisher nur in der Geschichte der Pädagogik ein kümmerliches Dasein führte. [vgl. Ratke 1892 f.] [...] Er soll eine Enzyklopädie geschrieben haben, ein Unternehmen, das schon im Titel auf die Verbreitung gesammelter Erkenntnisse hindeutet. Da könnte etwas sein, Enzyklopädie muß sich eo ipso mit Aufklärung verbinden. Pädagogik und Aufklärung können schließlich nicht so weit entfernt sein, wenn es keine jesuitische oder lutherisch-melanchthonhafte Pädagogik ist. Doch glaube ich, daß es mehr literaturgeschichtliches als philosophiegeschichtliches Interesse hat und ein selbstverständliches Interesse innerhalb der nationalen Tradition. – Wir haben kein Interesse daran, daß es in Deutschland keine Aufklärung, keinen Materialismus gegeben hat und wir wollen das nicht auch noch mit besonderer Wollust betonen und übertreiben. Aber in das entgegengesetzte Extrem dürfen wir auch nicht fallen. Es werden eben nicht alle Gemüse zur gleichen Zeit reif, und was der deutschen Aufklärung im 17. und 18. Jahrhundert gefehlt hat, haben Marx und Engels im 19. Jahrhundert, denke ich, mehr als gutgemacht.

5. DIE ENGLISCHE AUFKLÄRUNG

Historischer und gesellschaftlicher Hintergrund

Nun gehe ich über zu einigen Erscheinungen der englischen Aufklärung, um dann wieder in die eigentliche Philosophie einzubiegen, nämlich zu Locke, Berkeley und Hume. Die englische Aufklärung ist, wie sich von selbst versteht, von der deutschen reichlich verschieden. Wir haben ein Land, in dem das Bürgertum gesiegt hat, am triumphalsten gesiegt hat in ganz Europa. Nur in den Generalstaaten von Holland waren ähnliche Verhältnisse. Die Armada wurde 1588 zurückgewiesen, die Versuche Ludwigs XIV. von Frankreich und des Papstes, eine Gegenreformation zu starten mittels der verschiedenen Jakobe und des Hauses Stuart, sind gescheitert. Es gab 1649-1660 eine vorübergehende Republik unter Oliver Cromwell (1599-1658), es gab die sogenannte Glorious Revolution von 1688, in der das England, das wir noch heute haben, sich konstituierte. Nach der Ausrottung des alten Adels aus der Zeit der Kreuzzüge entstand ein neuer Feudaladel, der nicht mehr ganz echt war und der sich sozusagen erfrischte durch Nobilitierung der großen Bourgeois. Das geht weiter bis heute. Doch behielt dieser Adel große ökonomische Macht und auch, im Unterschied zu Frankreich, politische Macht. In dem Kuhhandel von 1688 trat ein großer Ausgleich ein, die Bourgeoisie konnte sich ökonomisch entwickeln, es wurden ihr keine Hindernisse in den Weg gelegt, ihren neuen Lebensstil zu entwickeln: Fleiß, Pünktlichkeit, Geldanhäufen. Das alte fröhliche England, merry old England, das Falstaff-England, aber auch das freundliche, gönnerische, ritterliche, lebenslustige England wurde vernichtet. Statt dessen eine sauertöpfische, wollene Tugend, und ein Denken, das sich nicht mehr allzu kühn macht, weil man nicht weiß, was für Konsequenzen herauskommen. Kühn ist es nur im reaktionären Sinn, bestenfalls bei George Berkeley, sonst nicht. Die Oberschicht nun, der gebliebene oder falsifizierte Feudaladel genießt zum großen Teil nicht seine Privilegien, aber seine Pfründen, seine Ämter, auch seine Gerichtsbarkeit im kleinen Kreis. Er konnte nichts dagegen haben, wenn man ihm zum Beispiel die Bauern wegnahm, da er selbst schon kaufmännisch beteiligt war an der beginnenden ungeheuren Entfesselung der Produktivkräfte, die dann in der industriellen Revolution kulminierte. Er brauchte ja die Bauern nicht mehr wie die deutschen und die französischen Barone, sondern man konnte die Bauern legen, und das Schaf konnte den Bauern fressen. Schafe wurden denn auch die Grundlage der Textilindustrie.

Die Hemmungen für die kapitalistische Entwicklung der Produktivkräfte waren in England die geringsten, was bedeutet, daß Aufklärung Platz hatte, das heißt: die Ideologie der bürgerlichen Befreiung. Das bedeutet aber wieder, daß diese Aufklärung ab ovo auch *keinen* richtigen Platz hat, da das Bündnis zwischen Adel und Bourgeoisie bestand, das wir mit unvergleichlich anderen Inhalten 1848 in Deutschland beginnen sehen und das nach 1870 in der »Nationalliberalen Partei« eine Gestalt, Fleisch und sozusagen Blut gewonnen hat. Radikal wurde die Aufklärung erst in Frankreich, und nicht im Volk, sondern in der Oberschicht, einschließlich des hohen Bürgertums. Dort gab es einen aristokratischen Materialismus, ein aristokratisches Freidenkertum. Wir haben den Nachklang davon in Deutschland in der Gestalt von Franz Moor [»Die Räuber«, Schiller 1965 f., Bd. 1]. Der ist selbstverständlich ein Schüler der französischen Enzyklopädisten. Dieses aristokratische Freidenkertum hat eine sehr seltsame Geschichte innerhalb der bürgerlichen Revolution. Franz Moor glaubt nicht an Gott, Maximilien Robespierre (1758-1794) glaubte an ihn als Deist. Dieses ist in der Oberschicht in England vorexerziert. Die Privilegien der Oberschicht sind zwar abgeschafft, doch ist das House of Lords erhalten und gesellschaftlich hoch angesehen, und es gibt das ungeheure Vorbild der Manieren. Ein Land wurde dadurch erzogen, in dem auch der Bürger ein Gentleman sein wollte. Der Gentleman ist so das Zwischenglied zwischen dem Bürger und dem Lord, der Gentleman ist das, was dann auf dem Kontinent »der Mensch« wurde: Jeder ist ein Mensch, und der Kaiser ist auch nur ein Mensch. Darin haben wir eine gewisse Vermischung der Klassen, und in ihr, wo sich die Widersprüche zweier Klassen abstumpfen, geht dann auch Aufklärung vor sich und Freimaurertum. Auch in Mozarts Zauberflöte ist der Prinz Tamino mehr als Prinz, er ist Mensch [2. Aufzug, 1. Auftritt]. Das war in England gesellschaftlich sehr viel bestimmter und bis ins einzelne in den Manieren, in dem Verhalten ausgearbeitet. Der Gentleman ist nicht der Kavalier, das wäre feudal, und nicht der Citoyen, das wäre revolutionär, sondern eben der Gentleman, wo Sie beides darin haben, mit compromise, was ebenfalls englisch ist. Dieses Kompromißhafte kommt von 1688.

Bei Cromwell haben Sie keine Kompromisse, bei den Millenariern und den Diggers und den Quintomonarchisten auch nicht. Alles, was Thomas Münzer und die deutschen Täufer im 16. Jahrhundert an Ideologie hinübergeworfen haben, verträgt keinen Kompromiß. Aber von 1688 an breitet sich dieses aus, der Ausgleich, die Verzögerung, das Suchen der Mitte als englische Tradition, die eine genaue gesellschaftliche Wurzel hat. Das Parlament selbst – und die Engländer haben das bürgerliche Parlament ausgebildet – ist ja das Herausfinden einer gewissen mittleren Meinung; die Mehrheit ist ungefähr die mittlere Meinung, in der Extreme nicht vorkommen. Ein kerngesunder Grundsatz, wenn die Mitte, bon sens, nun wirklich auch die gute Mitte ist, das Gesunde darstellt, aber ein schlechter Grundsatz, wenn überall etwas abgehandelt wird, wenn überall die Spitzen weggebrochen werden, wenn überall der Ernst der Sache weggelassen wird und man Wasser auf beiden Achseln trägt und das Maul voll hat mit humanitären Phrasen und Generalissimo Franco unterstützt durch Nichteinmischung. Da haben Sie überall den Kompromiß, da haben Sie überall Mister Anthony Eden, den Außenminister, da haben Sie überall die, die Hitler bezahlt haben und die Tschechoslowakei freigegeben haben und dann die Opfer mit ungeheuer gerührtem Tantenherzen in englischen Familien unterbrachten. Sie hatten die Emigranten erst in diese Lage gebracht, denn wenn England nicht gewesen wäre, hätte Hitler nicht in die Tschechoslowakei einmarschieren können. Das ist 1688, und das trägt sich auch in der Philosophie zu, in dem Sinn, wie ein englischer Philosophieprofessor in einer Vorlesung ungeheuer englisch über die Unsterblichkeit der Seele gesagt hat: »So, meine Herren, ist die Seele weder sterblich noch unsterblich, sondern die Wahrheit liegt auch hier, wie überall, in der Mitte.« Dazu sind englische Denker wirklich imstande gewesen.

Dies ist das eigentümliche Phänomen, das sich nirgendwo auf der Erde so vorfindet, und nirgends kann man so mit Händen greifen, was Unterbau ist, was Politik und was gesellschaftliche Ideologie ist. Das geht bis heute in die Wissenschaft und in die philosophische Haltung hinein. Dasselbe England war einmal das Shakespeare-England gewesen, spritzend vor interessanten Originalen, die sich bei Charles Dickens (1812-1870) noch erhalten haben, in kleinen Städten und in bedrückten Verhältnissen, wo man nicht hinsieht. Bei Dickens wimmelt es von solchen Originalen seltsamster Art, die bei dem großen Sturm übriggeblieben, aber ganz klein geworden sind, sozusagen nur Bauernblümchen von Originalen sind übriggeblieben in einem Bauerngarten. Dann hat dieses England die kühne Philosophie von Roger Bacon (um 1214-1294) gehabt, dem ersten Aufklärer überhaupt, mit Spuren von Materialismus, es hat Duns Scotus (um 1266-1308) und gar Wilhelm von Occam (1300-1349/50) gehabt, der vollkommen extrem in seinen Konsequenzen war. Occam, ein Engländer bejahte die Frage, ob Jesus auch als Ochs, Esel oder Ziegelstein sich hätte im Stall von Bethlehem inkarnieren können [vgl. Bloch 1977, 134]. Mit diesen ungeheuerlichen Konsequenzen, voll von Blasphemie, ein Engländer! Einiges davon, wie gesagt, lebt in den Dickens-Typen weiter, einiges lebt weiter im englischen Witz. Sie finden das bei Oscar Wilde (1854-1900), bei George Bernard Shaw (1856-1950) und erst recht bei Gilbert Keith Chesterton (1874-1936), also in dem großen englischen Humor, wenn man Wilde und Shaw großen englischen Humor nennen will. Erst recht bei Jonathan Swift (1668-1745) im 18. Jahrhundert haben Sie noch diese Sucht, ins Extreme zu gehen und einen ungeheuer boshaften Witz vom Stapel zu lassen. Aber es ist ein enges Gebiet, in dem sich das zuträgt, und es hat auch, indem es ausgesprochen ist, seinen Lohn dahin: Man lacht und hat abreagiert, und es geschieht nichts.

Ich gehe nun auf das einzelne ein, wobei ich die »kleinen Leute«, von denen es in der englischen Aufklärung wimmelt, sinngemäß weglasse und nur das nehme, was trotzdem erstens Aufklärung ist, die jede Ehre und sämtliche abgezogenen Hüte verdient, und zweitens trotz des juste milieu, das nun ganz England erfaßt, bedeutend hervorragt.

Bernard Mandeville

Bevor wir zu John Locke kommen, möchte ich auf Mandeville, von der philosophischen Seite her auch auf den großen Adam Smith, dann auf Shaftesbury und dann auf Toland hinweisen. Mandeville

(1670-1733) verfaßte »The Fable of the Bees«, »Die Bienenfabel« [Mandeville 1704], die berühmte, über die Marx sich ausgelassen hat [Marx 1867, 375 und 642 f.]. Mandeville fingiert einen Bienenstock, in dem die Bienen nicht mehr aus individuellem Antrieb, aus Gier nach Honig arbeiten, sondern zu rein sozialen Wesen werden, wodurch die ganze Produktion im Bienenstock erliegt. Daher hat die Fabel der Bienen den Untertitel »Private vices, Publick benefits«, »Private Laster, öffentliche Wohltaten«. Nur indem die Menschen Egoisten und Schweinehunde sind, nur indem sie ihren Nachbarn den Hals abschneiden wollen, nur indem sie ihre Ellenbogen gebrauchen, nur auf diese Weise hält sich das Wirtschaftsleben in Gang. Und durch diese Art von freier Konkurrenz, die gar keine Zunftschranken mehr haben will, sondern wirklich anarchisch loslegt, wird die kapitalistische Wirtschaft in Gang gehalten und entstehen Konsumtionsgüter. Ist das nun eine Satire, ist das ein Verzweiflungsschrei, oder ist das eine zynische Rechtfertigung? Es ist sehr dunkel, was damit gemeint ist. Der Titel schon wollte etwas heißen, private vice, private Laster, denn in dem frommen England klingt Laster ganz anders als bei uns in der Übersetzung. Dahinter steht immer etwas Höllenschlund. In dieser seltsamen Lehre macht sich zugleich etwas kenntlich, vielleicht unter Einwirkung der Leibnizschen Philosophie, was bei Adam Smith dann ganz enorm wird, nämlich prästabilierte Harmonie. Alles muß sich im Ganzen, entsprechend der Konzilianz in der Leibnizschen Welt – die Leibnizsche Konzilianz hat hier eine Konzilianz der Welt erschlossen –, in der großen Zahl wieder ausgleichen. Die Individuen suchen ihr Eigenes und sie treiben Allgemeines und zwar allgemein Gutes. Sie haben hier nicht nur das Leibnizsche der prästabilierten Harmonie darin, Sie haben auch bereits die »List der Vernunft« darin, indem der Weltgeist sich durch die Individuen die Kastanien aus dem Feuer holen läßt [Hegel 1837, 49]. Die Individuen glauben ihre privaten Angelegenheiten zu betreiben, ihre Rachsucht, ihren Neid, ihre Ruhmsucht, ihren Ehrgeiz, und es geschehen weltgeschichtliche Ereignisse. Die List der Vernunft, wie sie von Hegel formuliert ist, hat auch hier eine Wurzel. Sie sehen also, ein sehr interessantes Buch, in dem viel steckt.

Im Zusammenhang mit der prästabilierten Harmonie steht nun auch Adam Smith (1723-1790) in dem philosophischen Teil seines berühmten Buches »An Inquiry into the Nature and Causes of the Wealth of Nations«. »Eine Untersuchung über Natur und Wesen des Volkswohlstandes« [Smith 1776], des Grundbuchs der klassischen Nationalökonomie im bürgerlichen Sinn, der Ökonomie, die einen philosophischen Grund hat. Smith hat auch eine Ethik geschrieben [Smith 1759], die seiner Ökonomie scheinbar widerspricht, und trotzdem sich mit ihr verbindet. Die selbstsüchtigen Bienen, das ist hier der homo oeconomicus, der selbstsüchtig wirtschaftende Mensch, der Kapitalist. In keinem anderen Land als in England konnte so etwas Mitte des 18. Jahrhunderts überhaupt dargestellt werden. Das selfish system nun ergibt durch den Mechanismus von Angebot und Nachfrage trotz Aufhebung der Zunftschranken einen geordneten Markt. Der offene Markt ist trotzdem ein geordneter Markt, indem die freie Konkurrenz zwingt, billig zu produzieren, erst recht zu einem angemessenen Preis zu verkaufen. Und angemessen ist *der* Preis, der den Anteil des Kapitalisten an dem Produkt angemessen berücksichtigt. Des Kapitalisten Anteil gehört auch zum Arbeitswert [vgl. Smith 1776, Bd. 1, 61 ff. u. ö.]. In der Arbeitswertlehre von Smith, die Marx ja übernommen und praktisch umfunktioniert hat [vgl. Marx, 1867, 52 ff., 5. Kapitel u. ö.], kommt der Kapitalist auch als Person vor. Bei Marx nicht mehr. Er kommt damals sogar nicht ganz mit Unrecht noch vor, denn die Entfesselung der Produktivkräfte hat doch Kerle gebraucht. Dieser Kapitalismus war ja noch kein dekadenter, noch kein Rentnerkapitalismus, noch kein Drohnenkapitalismus allein. Kerle, Pioniere, nicht solche verfressene Bourgeois, haben die Produktivkräfte entfesselt. Diese Unternehmer hatten durchaus etwas Pionierhaftes, abgesehen davon, daß sie Schweine waren, und was für Schweine! Aber die Schweinerei – »private vices made public benefits« [Mandeville 1704] – war damals dialektisch notwendig, so daß Engels sich gegen den Satz »Der Mensch ist gut« wendet und mit Zustimmung Hegel zitiert, daß man unendlich viel Richtigeres und historisch Fruchtbareres sagt, wenn man sagt »Der Mensch ist böse« [vgl. Engels 1886, 287]. Diese realistische Erkenntnis Engels' und Hegels paßt etwas auf diese Zeit,

wobei der englische Cant den Räuber natürlich nicht zugelassen hat. All diese Kapitalsbestien waren reizende, patente Leute, Gentlemen mit Zylinder und Bügelfalte, wenn es das damals schon gegeben hätte, mit fabelhaften Manieren und außerordentlich freundlich zu jedem, der ihnen begegnete. Bloß in den Bergwerken verreckten die Menschen, die für sie arbeiteten. Es gibt da nun prästabilierte Harmonie, die Adam Smith auch mit dem Planetensystem vergleicht. Wie die Erde sich um sich selbst dreht und um die Sonne, so dreht sich jedes Individuum um sich selbst und außerdem um die Sonne des Gemeinwohls. Und es würde sich nicht um sich selbst drehen können, wenn es nicht um die Sonne herumführe, die es beleuchtet, hält und anzieht. Das Ziel der Produktion ist nur die Befriedigung der Bedürfnisse des Konsumenten. Das hat nun natürlich den Nebeneffekt, daß man auf diese Weise Kapital anhäuft. Von diesem Nebeneffekt wird aber nicht als wesentlich gesprochen; als wesentlich – das ist wieder die volle Ideologie – wird gesprochen von der Befriedigung der Bedürfnisse des Konsumenten. Das natürliche Wirtschaftssystem ist endlich entdeckt, lauter Jubel darob bei Smith [vgl. Marx 1867, 95 f.].
Sie haben also eine Parallele zu dem Natürlichen als Wertbegriff im ganzen 18. Jahrhundert, das hier auch in der Ökonomie auftaucht. Es gibt Natursprache, es gibt Naturrecht – das ist sogar das Modell –, es gibt Naturreligion. Diese hat man immer gesucht, und sie ist künstlich durch Pfaffenbetrug und die Unwissenheit der Menge verhindert worden. Das Naturrecht ist verhindert worden durch die Roheit der Eroberer, durch die Gemeinheit, Niedertracht und Inhumanität der Machthaber in einem Staat. Ebenso die Sprache. Es sollte nur eine Sprache geben. Nun gibt es leider unglückliche Zufälle in der Geschichte, mythisch ausgedrückt durch den Turmbau von Babel, daß die einheitliche Menschensprache, die im Paradies gesprochen wurde, verwirrt wurde. Wir müssen aber zu der einen Sprache wieder hin. Ähnlich gibt es nur eine einzige Weisheit, denn alle Weisheiten der Welt sagen in verschiedener Form, je nach den Umständen, eigentlich alle dasselbe. Dasselbe gibt es nun in der Wirtschaft. Endlich ist das natürliche System der Wirtschaft entdeckt, der Kapitalismus. Das war immer gemeint, nie hat man es so weit gebracht, und Halleluja, es ist gelungen. Das ist der utopische Charakter in dem großen ökonomischen Werk vom »Reichtum der Nationen« und zugleich das gute Gewissen des

Bourgeois, das sich darin ausdrückt. Dann wird das größtmögliche Glück für die größtmögliche Zahl verbreitet werden, wenn die paar Kinderkrankheiten des Kapitalismus, die nur aus dem Kampf mit dem Feudalismus stammen, überwunden sind. Dies hat Adam Smith fest geglaubt, und einzig der Konsument war wesentlich in seinem Blick. Bei anderen ist es eine Heuchelei geworden als Tribut des Lasters an die Tugend. Das Gute am Kapitalismus, am progressiven Kapitalismus wurde ungeheuer übersteigert, und das Schlechte wurde als etwas Vorübergehendes betrachtet, während es umgekehrt ist: Das Gute, Progressive am Kapitalismus ist das Vorübergehende, und »Die Lage der arbeitenden Klasse in England« [Engels 1845] ist das Dauernde, das sich Mehrende, ist das Wesen des Kapitalismus. Die Ausbeutung und nicht die Befriedigung der Konsumenten, die natürlich mehr befriedigt wurden als vorher, wie sich von selbst versteht, ist wesentlich am Kapitalismus. Zehnmal mehr Menschen hat Europa gehabt als im Spätmittelalter, weil der Kapitalismus sie brauchte und weil man sie relativ satt machen konnte, was vorher nicht möglich war. Aber wie haben die zehnmal mehr Menschen gelebt, nicht nur in England! Zur Zeit von Smith war das nicht zu sehen, und er hat das gute Gewissen einer anima candida, keines Apologeten des Kapitalismus wider gutes Wissen, sondern eines Theoretikers einer aufsteigenden, gesellschaftlich notwendigen und fälligen Gesellschaftsform. Nun, diese Illusionen gehörten dazu, die wir als Illusionen durchschauen und die Adam Smith nicht durchschauen konnte.

Anthony Shaftesbury

Ich komme weiter zum natürlichen System, bei Rousseau ist es später noch einmal ganz stark. Reste der Renaissance sind noch vorhanden, ein Atem der Renaissance weht immer noch durch das Grauenhafte von Puritanismus hindurch; durch diese ganz amusischen Wollhändler und ihre Ideologie weht immer noch etwas heitere Luft Italiens in Ansehung der Natur, unterstützt dadurch, daß die englische Oberschicht schon damals sehr gerne nach Italien reiste und Besuche von Nobili in der englischen Gesellschaft schon zur Zeit von Elisabeth I. (reg. 1558-1603) nicht selten waren. Wir haben also einen solchen neuen und alten, uns wohlbekannten

Einschuß von Naturbegeisterung nicht nur bei Adam Smith, wo sie sehr nüchtern ist, sondern auch bei einem Engländer, dessen Stichwort überraschenderweise Enthusiasmus ist, bei Lord Shaftesbury, einem sehr feinen Herrn. Shaftesbury (1671-1713) ist unzweifelhaft eine sehr englische Renaissancegestalt im englischen Nebel und in der englischen Verspießbürgerlichung und Puritanisierung. Er gab dem Wort »Natur« den Goldklang, den das Wort dann im 18. Jahrhundert bekam [vgl. Shaftesbury 1909, 60, 63 u. ö.], mehr, als es die Erinnerung an Giordano Bruno vermocht hatte. Beim jungen Schiller, in den »Philosophischen Briefen« von 1786, die völlig von Shaftesbury abhängig sind [Schiller 1965 f., Bd. 5], vorher sehr viel entscheidender bei Diderot, dann bei Goethe wirkt Shaftesbury in der Anbetung einer Natur, die eine ganz andere Kategorie ist als die mathematisch-naturwissenschaftliche Natur bei Galilei. Wenn man die beiden bis zu Ende verfolgt, gibt es zwar in beiden ein Walten, eine Ordnung, aber in der Galileischen Natur fehlen völlig die qualitativen Bestimmtheiten. Hier nun ist Atem darin, und das Einatmen des Weltodems geschieht durch Enthusiasmus. Der Enthusiasmus, das ist eroico furore, die Brunosche Begeisterung [vgl. Bloch 1977, 204], in der ich mich dem Ganzen, dem All erschließe in griechischer Offenheit (was es natürlich in Griechenland nie gegeben hat). Dies lebt nun noch einmal auf bei Shaftesbury. So gibt es eine Schrift, »Enthusiasm«, 1708 [Shaftesbury 1909], und eine Schrift, die nicht entgegengesetzt ist trotz des puritanisch klingenden Titels, »The Moralists«, 1709 [Shaftesbury 1909]. Sympathie ist der Grundgedanke, aber nicht allein den Menschen gegenüber, sondern auch dem All gegenüber. Adam Smith erkannte den Menschen neben ihren Affekten des Egoismus auch Affekte der Sympathie zu, die er beide für eingeboren hielt. Diese Sympathieaffekte bringen moralische Gefühle selbst paradoxer Art zustande, dergestalt, sagt Adam Smith, daß wir moralische Eigenschaften an Feinden notwendig bewundern [vgl. Smith 1759, 323 ff. und 544]. Auch wenn die Feinde mittels dieser Eigenschaften uns vernichten, bewundern wir sie doch. Das ist sehr scharf gegen Egoismus. Man erkennt die Feinde widerwillig an, und sei es auch nur in Grimm, Neid oder Herabsetzung. Aber die Herabsetzung ist nicht echt, sie ist ein Schutz vor vernichtender Bewunderung.

Dieses Element der guten Natur richtet sich nun bei Shaftesbury gegen das ganze Weltall und erneuert Pantheismus, so daß wir die italienische Naturphilosophie Giordano Brunos noch einmal völlig in England haben. Es geht eine einzige strahlende Kraft, ein einziger Atem durch uns hindurch, der schafft Blut, schafft Gedanken, Entschlüsse und schafft Licht, Wärme, den Frühling und den Löwen und alles gut Geratene, Stolze, Strahlende, Gesunde, Heitere, Gutgelaunte. Das ist aufsteigendes Leben, das ist alles dasselbe, und das ist auch der Inhalt der Naturreligion als einer heiteren und gutgelaunten Religion, wie Shaftesbury sagt, zu der dann auch das Christentum gehört [vgl. Shaftesbury 1909, 100, 106ff., 113 u. ö.]. Das Christentum wird nun – das ist wieder das Sonderbare – zu einer ausschließlichen Religion der Oberschicht, der es behaglich geht: reizende Menschen, vollendete Gentlemen. Seine Lordschaft hatten nichts zu klagen, waren wohlgelitten und wohl angesehen in jedem Salon und kannten keine trübe und mürrische Miene. Das Puritanische, Kaufmännische, Kapitalistische gehört bei denen ja nicht dazu. Er war ein Großgrundbesitzer, kein Fabrikant, mit denen er nur durch die Klasse ein Bündnis hatte. Aber er konnte das Sauertöpfische der Puritaner gar nicht ertragen, sondern in ihm lebte das Heitere und Französische. So wurde auch das Christentum von ihm dargestellt. Von der Religion der Mühseligen und Beladenen war natürlich nichts mehr übrig, das Christentum wurde englisch-aristokratisch präzisiert. Es war Naturreligion, eine Naturreligion des Pantheismus mit einer Prävalenz der Schönheit. Das vor allen Dingen ist wichtig, und das ist ein, wenn nicht neuer, so doch gegen die italienischen Naturphilosophen außerordentlich verstärkter Zug. Es ist griechischer, als Italien sein konnte, es ist καλοκάγαθία, das Schön-Gute. Das Gute, das Schöne und das Wahre sind eins. Es ist nicht so wie bei den Deutschen Baumgarten und Schiller, daß das Schöne ein Morgentor ist und daß wir später das Wahre entdecken [vgl. S. 190], sondern beides bildet eine so große inhaltliche Einheit, daß sie sich auch in der Form ausprägt. Wissenschaft muß also eine schöne Form haben, oder es ist keine exakte Darstellung und das Schöne muß einen sachlichen Gehalt haben, sonst ist es nicht schön. Es muß sofort heiter, gut- und wohlgelaunt machen; es muß die Welt und die Gesellschaft in ein Ensemble von Freunden verwandeln und die, die man nicht kennt, in anziehende Fremdlinge, dann ist man auf der richtigen Spur. Schöne Rede, schöne

Kleider, schöne Speisen, schöne Manieren, schöne Frauen, schöne Umgebung, das macht gut und ist gut, das ist wahr und ist im Einklang mit dem ebenso schönen, galanten, fröhlichen und gutgelaunten Weltall, in dem es keinen Gott von außen gibt, sondern der Gott ist in ihm. Das ist wieder Giordano Bruno, vielleicht ein verschwiegener Einfluß von Spinoza. Wir haben aber keine Tiefe, sondern einen Weltmann, der sich keine Mühe macht. Auch die Mühe würde doch einen Gram, eine Falte in das glatte Gesicht bringen, sie würde häßlich machen. Diese Philosophie ist durchaus weltmännisch, leicht und ohne Spur von einem Magistergeruch oder von deutschem akademischem Fleiß. Lord Shaftesbury gibt aber ein schönes Menschenbild; man kann sehen, daß aus dem Dung, aus dem Mist dieser Gesellschaft eine Rose gewachsen ist. Rosen werden ja mit Mist angemacht, aber sie entstammen nicht dem Mist. So ist Shaftesbury eine gutgeratene Natur, hochgeboren, mit einer Aura von Italien um sich und einem sehr großen Einfluß auf die revolutionär werdende Aufklärung durch das Pathos der Natur, was vor Rousseau nicht so da war, auch nicht bei Giordano Bruno.

John Toland

Wie ernst das doch sein konnte, geht noch aus den Gedanken eines Mannes aus dem Freundeskreis von Shaftesbury hervor, eines, der mindestens von Shaftesbury beeinflußt war, John Toland (1670-1722) mit seiner Schrift »Pantheisticon« [Toland 1720], anonym erschienen in einem fingierten Verlag, was ja schon Bände spricht, und den »Letters to Serena«, den »Briefen an Serena« [Toland 1704]. Serena, die Erlauchte, das ist niemand anders als die Königin Sophie-Charlotte von Preußen, die Freundin von Leibniz, die Toland empfing, den verfemten Mann, der sein Werk anonym erscheinen lassen mußte, an ihrem Hof zuließ und einen zweifellos höchst ketzerischen Briefwechsel mit ihm führte, die Frau also von Friedrich I., dem dicken Rindvieh, dem ersten König von Preußen. Das »Pantheisticon« nun, das versteht keinen Spaß. Es erschien 1720 und ist sozusagen das Dogmenbuch der Undogmatik, nämlich des Kults der Wahrheit, der Freiheit und der Gesundheit, der drei höchsten Güter des Weisen. Wahrheit, Freiheit und Gesundheit, diese drei Worte sind sehr verblasen in ihrer Allgemeinheit. Was ist Wahrheit, was ist Freiheit, was ist Gesundheit? Das letzte ist vielleicht noch am klarsten. Aber der Inhalt war evident durch die Interessen des damaligen aufsteigenden, zum Licht drängenden Bürgertums, das unter Wahrheit Antipfaffentum verstand – durch das Gegenteil war das völlig definiert –, unter Freiheit Aufhebung der Zunftschranken und des Meinungszwangs und unter Gesundheit etwas, was das Gegenteil war von Eingesperrtsein in Gewölbe, in Bergwerken, in Manufakturen. Also ein griechisches Rebellieren, auch in diesem Punkt. Das soll nun der Inhalt der Naturreligion sein, worin alle Weisen sich einig sind, der Religion also, welche mit der Philosophie übereinstimmt [vgl. Toland 1720]. Dabei ist Toland kein Vertreter des Materialismus in dem Sinn, wie er sich in Frankreich ausbildete, selbst Toland nicht. Er verwarf zwar die Atomlehre, aber in den »Letters to Serena« steht der Satz »The motion is essential to matter«, die Bewegung ist wesenhaft mit der Materie verbunden [Toland 1704, 120]. Also statt des Klotzes, zu dem die Materie im mechanischen Materialismus sehr oft geworden ist, der einfach angestoßen wird, dann wieder liegen bleibt, sich durch die Bewegung gar nicht ändert, erscheint eine Materie, die ohne Bewegung gar nicht gedacht werden kann. Also ein helles Licht des originalen mechanischen Materialismus, der noch anders ist als der vulgärmechanistische Materialismus.

Aber selbst Toland, zweifellos mit Freimaurern verbunden, meinte, die Religion müsse dem Volk erhalten bleiben [vgl. Windelband 1900, 427]. Ein Freund aus der gleichen Gegend, ein englischer Staatsmann, Lord Bolingbroke (1678-1751), der mit der Lehre Tolands völlig übereinstimmte, erklärte, als die Lehre von Toland durch freidenkerische Traktätchen dem Volk bekannt wurde, daß das eine Pest für die Gesellschaft sei, und ließ durch den Scharfrichter die Traktätchen aufkaufen. Bei Strafe der Ausstäupung war es den kleinen Bürgern und kleinen Leuten verboten, so etwas im Hause zu haben. Also wieder die gesellschaftlich bedingte Schranke der Aufklärung, selbst bei einem so weit vorpreschenden Mann wie Toland mit seinem »Pantheisticon«. In der Zeit von Bacon und auch noch in der Zeit von Hobbes sah das anders aus. Obwohl Hobbes weit in diese Zeit hineinlebte, haben wir bei ihm einen ausgeprägten mechanischen Materialismus. Auf ihn hat man sich aber nicht mehr bezogen, wie man dem Inhalt nach denken sollte, vom Bezug auf Descartes ganz zu schweigen, der eben erst in Frankreich so stark werden konnte. In Frankreich war es anders, weil es kein 1688 gab, weil das Bürgertum in einer politischen Spannung zu Thron und Altar stand, weil der Absolutismus in dem ökonomischen Bündnis, das er streckenweise mit dem Bürgertum gegen den Feudaladel machte, dem Bürgertum keine politische Gewalt gab, sondern nur ökonomische. Die Ideologie des Absolutismus war feudaltheologisch, klassizistische Neuscholastik. Descartes war gefährlich, seine Bücher wurden dem Henker übergeben und durften auch in der Oberschicht nicht verbreitet werden bis in die letzten Jahrzehnte vor der Französischen Revolution. Deshalb wird der Materialismus dort die Oppositionswissenschaft des dritten Standes, während in England seit 1688 der dritte Stand es nicht nötig hat, eine eigene Oppositionswissenschaft mit aller Schärfe der freidenkerischen Entgegensetzung auszubilden. Darum ist das in England anders als in Frankreich, und darum läßt sich die englische Philosophie, die auch eminent politisch ist – fast alle Philosophen waren in England auch Ökonomen, im Unterschied zu Deutschland –, gesellschaftlich besonders leicht verstehen und erklären. [. . .]

John Locke

Die freundliche Vorgeschichte der englischen Aufklärung haben wir kennengelernt, wieder ein Morgenrot, wenn auch keines wie bei Francis Bacon. So strahlend sieht es mit dem Bürgertum nicht mehr aus wie im 16. Jahrhundert, aber immerhin gab es Shaftesbury. Nun, nach diesem Morgenrot folgt nicht gerade ein nasser Tag, aber zweifellos einer mit viel Kühle und auch mit Verstand, allerdings nicht mit dem höchsten Verstand: »An die deutschen Esel« »Dieser braven Engeländer/Mittelmäßige Verständer/Nehmt ihr als ›Philosophie‹?/Darwin neben Goethe setzen/Heißt: *die Majestät verletzen* –/majestatem Genii!« sagt Nietzsche [Nietzsche KGW, VII/3, 28 [45], 25 f.]. Nun, das ist hoch übertrieben, vor allem Darwin-Goethe ist kein unbedingter Gegensatz, das ginge gegen die Wahrheit, aber ein wenig Richtiges ist daran. So etwas kommt bei einem so groß beginnenden Gedanken, wie er in England war bei Roger Bacon, Johannes Duns Scotus und Wilhelm von Occam, heraus durch den Kompromiß, durch die Verbindung des Bürgertums mit dem restlichen alten und dem neugebildeten Adel, der Großgrundbesitzerklasse. Daher nun delay, compromise, Mittelweg, Bürgerlichkeit in einem ganz anderen Sinn als dem des Bourgeois allein, im Sinn eben von Bürgertum, von wollener Tugend, von Puritanischem, Abgestumpftem, Abstumpfendem, Spießigem, einem Spießertum höchster Ordnung, wie man sagen kann. Das geht hier nun durch und läßt die englische Philosophie als eine gründliche, als eine tiefsinnige doch vom Schauplatz abtreten. Proteste sind da, zum Beispiel Shaftesbury. Shaftesbury ist ein Mann, der, mit einer Erinnerung Bacons [vgl. Bloch 1977, 262 f.], das ganz unenglische Unternehmen vollendet hat, den Prometheus-Mythos in dem Sinn, wie wir ihn durch den jungen Goethe kennen [»Prometheus«, Goethe 1972, 327 f.], zu erneuern [vgl. Shaftesbury 1909, 46]. Bei den Griechen war Prometheus nur ein Rebell, der das Feuer gestohlen hat. Prometheus als der vornehmste Heilige und Märtyrer im philosophischen Kalender, wie Marx sagt [Marx 1841, 263], als der Rebell gegen Zeus, das beginnt erst in der bürgerlichen Neuzeit begriffen zu werden. Die ersten Spuren sind in der italienischen Renaissance, in der sehr späten Renaissance, bei Julius Caesar Scaliger, dem großen Philologen [vgl. Bloch 1977, 262 f.]. Die zweite, schon mehr und deutlich betretene Rettung des Prometheus findet sich bei Francis Bacon, und die dritte ganz deutliche und von hier aus auf den Kontinent und auf den jungen Goethe wirkende findet sich bei Shaftesbury. Das ist ein anderes England. Doch von diesem heißt es nun Abschied nehmen, und wir gehen in das Land einer nicht tiefen, nicht sehr gründlichen, aber sehr umsichtigen, sehr praktischen Verständlichkeit ohne Zipfelmütze, aber doch Verständlichkeit als einer Verständigkeit. So haben wir nun die drei Philosophen Locke, Berkeley und Hume, wobei bei dem mittleren, wie Sie gleich sehen werden, das, was ich sage, eine kleine Ausnahme erleidet, aber nicht etwa durch Tiefe, sondern durch eine Art von Irrsinn.

Wir beginnen mit Locke, dem gemäßigten Denker, dem zahmen Empiriker, 1632 bis 1704. Sein erkenntnistheoretisches Hauptwerk heißt »An Essay Concerning Human Understanding«, »Ein Versuch, den menschlichen Verstand betreffend« [Locke 1690]. Das ist die Schrift, zu der Leibniz in den »Nouveaux essais« [Leibniz 1765]

fortlaufende Randbemerkungen machte. Die »Nouveaux essais« sind wahrscheinlich aus solchen Randbemerkungen, Marginalien, entstanden. So haben wir Lockes Schrift bereits als Anlaß zu einer allerdings weit, weit größeren kennengelernt. Dann gibt es pädagogische Schriften, »Some Thoughts Concerning Education«, »Einige Gedanken über Erziehung« [Locke 1693], dann 1690 die politische Schrift »Two Treatises of Government«, »Zwei Abhandlungen über die Regierung«, über Regierungssachen [Locke 1690a]. Government ist nicht dasselbe wie state, Staat, sondern heißt Regierung; diese Trennung hat natürlich eine Bedeutung.
Gehen wir zunächst auf die Hauptsache ein, auf das erkenntnistheoretische Wesen bei Locke. Dieses ist nun wesentlich sensualistisch, nicht allein, aber wesentlich sensualistisch. Der Grundzug, den Sie festhalten müssen, ist die Lehre von dem Verstand als einer *leeren Tafel* oder einem dunklen Raum, in den erst durch Sinnesempfindungen Licht fällt [vgl. Locke 1690, Bd. 1, 107 f.]. In ihm selbst ist niemand, nichts. Es gibt also, und das ist nun scharf gegen die rationalistische Linie von Descartes, keine sogenannten *eingeborenen Ideen* [a.a.O., »Erstes Buch«]. Die »ideae innatae« sind eine sehr alte Kategorie. Zuerst in der Stoa wurde behauptet, daß es in den menschlichen Verstand eingeborene Ideen gebe. Noch völlig gleichgültig ist, wie sie entstanden sind, ob aus Vererbung von unendlich vielen Erfahrungen, die das Menschengeschlecht gemacht hat, wodurch nun eine eingefahrene intellektuelle Reflexbahn, wenn man so sagen kann, vorliegt, oder ob sie von Gott eingepflanzt sind nach theologischer Deutung. Das ist erkenntnistheoretisch ja auch völlig gleichgültig für den Anfang. Es genügt, wenn man annimmt, es gebe solche eingeborenen Ideen, die nicht dasselbe sind wie angeborene Ideen. Bei Descartes, bei den Rationalisten, besitzen sie einen höheren Erkenntnisrang als die sinnlicherfahrungshaft erworbenen. Eine solche eingeborene Idee war bei Descartes, wie Sie wissen, die Idee eines unendlich vollkommenen Wesens, also Gottes [vgl. S. 35 ff.]. Unausweichlich kommt man darauf; ja, wir könnten unsere Endlichkeit und Beschränktheit nicht einmal merken, das heißt nicht messen, wenn wir nicht die eingeborene Idee von einem Unendlichen, Unbeschränkten hätten. Diese Ideen sind vor allen Dingen allein klar und deutlich, im Unterschied zu den sinnlichen Wahrnehmungen, die nicht klar und erst recht nicht deutlich sind, das heißt nicht bis auf den Grund

verstanden werden können. Die eingeborenen Ideen – das Mathematische, das Moralische, das Metaphysische nach Descartes und auch nach Leibniz – besitzen unausweichliche Evidenz, Einleuchtung. Ganz umgekehrt nun bei dem Empiristen und Sensualisten Locke und erst recht später bei Hume. Nach Locke gibt es keine eingeborenen Ideen. Wir haben überall hier Philosophie zu herabgesetztem Preis. Er versteht das rein psychologisch, er versteht eingeborene Ideen überhaupt nur als angeborene Ideen. Er treibt also Psychologie und gar keine Erkenntnistheorie. Es gibt keine angeborenen Ideen, die Seele ist tabula rasa, eine leere Tafel. Das ist ein Zitat und eine lateinische Übersetzung aus dem Aristoteles, wo sich die Sache mit dem Wachstäfelchen, in das nichts eingeritzt ist, aber ganz anders verhält. Aristoteles sagt: »Mens est tabula in qua nihil est actu scriptum.« Ich bringe die lateinische Übersetzung, weil die von Locke benutzt worden ist. Also der Geist ist eine Tafel, in die nichts im Aktus geschrieben ist [Locke 1690, 107]. Aktus ist bei Aristoteles die verwirklichende Entelechie, und der Gegensatz ist potentia, δύναμις, also die Möglichkeit, also die Materie. In ihr, die in Möglichkeit ist, wird durch den Aktus die in ihr schlummernde Möglichkeit verwirklicht. Also ist die menschliche Seele im Verhältnis zu der entwickelten Seele, zu dem Verstand, eine Materie im Aristotelischen Sinn, nämlich ein δυνάμει ὄν [vgl. Aristoteles 1966, 1049a, 1071a, u. ö.], eine Möglichkeit. So ist die Bronze gegenüber dem Erz eine Entelechie, denn das, was in dem Erz als Möglichkeit schlummert, ist durch die Verhüttung herausgekommen, durch sie in Form gebracht. Also ist die Bronze keine Materie, sondern das Erz ist eine Materie, und die Bronze ist die Form dieser Materie. Aber im Verhältnis zu einem Bildwerk ist die Bronze wieder Materie, und erst der Künstler macht die Form, die die Materie der Bronze zu ihrer Entelechie entbunden hat. Daher ist die Seele eine tabula in qua nihil in actu scriptum est, in die nicht in Wirklichkeit, in Aktwirklichkeit eingeschrieben ist. Das ist etwas ganz anderes als die unbeschriebene Wachstafel, das leere Stück Papier bei Locke.

Genug davon. Zu diesem Preis eben ist der Sensualismus entbunden, daß die Seele oder das Denken selbst keinerlei Vermögen hat, der Welt nichts entgegenbringt, sich der Welt gegenüber wie ein unbeschriebenes Stück Papier verhält oder wie ein dunkler Raum, in dem nur zwei Fenster sind, wovon das eine das Hauptfenster ist,

nämlich die »sensation«, die *Sinnesempfindung*, und das zweite die »reflection«, die *Reflexion* [Locke 1690, Bd. 1, 108 ff.], aber nur als Selbstwahrnehmung, als Wahrnehmung wieder der Weisen der Verstandestätigkeit, jener Verstandestätigkeit, die erst durch die sensation in Gang kommt und aus ihr ihre Nahrung zieht oder die Bausteine nimmt, die dann hin und hergetragen oder verbunden werden. Sie haben also zwei Fenster in der dunklen Kammer der Seele, durch welche das Licht der Empfindungen und weiterhin der abgematteten Empfindungen, also der Vorstellungen, dringt, und zwar eine nach der anderen. Die sinnlichen Empfindungen, die äußeren Vorstellungen, die Empfindungen der äußeren Wahrnehmung, sind allemal zeitlich früher als die der inneren Wahrnehmung oder sagen wir: der logischen Wahrnehmung, der verstandeshaften Wahrnehmung, der Wahrnehmung von Verstandesgesetzen, die erst in Gang kommen, wenn sie etwas an den Sinnesinhalten zu nagen und zu beißen haben. Freilich ist es nicht so, als ob wir ganz radikalen Sensualismus hätten. Die Sinnesempfindung, die äußere Erfahrung, die sensation, sagt Locke, ist die ältere Schwester, aber nicht die Mutter der reflection, der inneren Erfahrung. Es sind also zwei selbständige Quellen, von denen aber die zweite nicht springt, wenn die erste nicht in Gang ist [vgl. a.a.O., 111 f.]. Wenn die sensation nicht in Gang ist, gibt es keine reflection, und auch die reflection ist ja nichts anderes als eine Zusammenfügung von Sinnesinhalten. Reflexion ist die Verstandestätigkeit, deren Primat, wie er im Rationalismus vorliegt bei Descartes, bei Leibniz, später in anderer Weise bei Kant, vollständig abgelehnt wird. Wir haben also nicht etwa, wie sie wohl zu Recht bestünde, eine Gleichordnung von Sinnesempfindungen und Denkfunktionen, sondern einen Primat, ein zeitliches und sachliches Prius der Sinnesempfindungen über die Reflexion.
Das geht weiter. Auch innerhalb der Verstandestätigkeit, innerhalb dessen, was nun zusammengefügt wird, was einen Rang bekommt, wodurch es mehr oder weniger die Wirklichkeit erfaßt, gibt es Unterschiede, wieder mit einem Primat der unmittelbaren Sinnesempfindungen, und zwar in Gestalt der berühmten Lehre von den *primären* und den *sekundären Qualitäten* [a.a.O., 147 f. u. ö.], wovon kein Wort von Locke stammt, der sie vielmehr nur formuliert hat, erstens nach Galileis »Il saggiatore« von 1623 und zweitens nach Demokrit [vgl. Capelle 1968, 430-440]. Locke unterscheidet zwi-

schen Wirkungsweisen der äußeren Dinge und ihrer Abbildung. Die Wirkungsweise der äußeren Dinge, das ist Hitze oder Duft oder Farbe. Die Abbildung der äußeren Dinge ist das, was uns durch den verläßlichsten Sinn, nämlich durch den Tastsinn zunächst gegeben wird, also räumliche Unterschiede, Unterschiede der Form und der Gestalt. All das ist von Demokrit her bekannt. Hier kommt nun der mechanische Materialismus hinein, der vom aufsteigenden Bürgertum ja nicht zu trennen ist. Mit englischem Schleier kommt er hinein. Es steckt im Sensualismus ein stark Materialistisches, es sind Erinnerungen nominalistischer Art im Sensualismus mit Herabsetzung der Idee. Hier bricht es nun deutlich, aber, wie gesagt, immer gedämpft ein, und zwar mit einer Dämpfung, die stellenweise einer Verfestigung gleichkommt. Die primären und die sekundären Qualitäten haben die mechanische und auch die mechanistische Denkweise weit stärker als bei dem echten, großen Materialisten Demokrit in das populäre Bewußtsein und auch zum Teil in das philosophisch-materialistische Bewußtsein eingehämmert. Wenn das Qualitative, das uns zwar durch die Sinnesempfindungen vermittelt wird: Wärme und Kälte durch die Sinnesempfindungen der Haut, Licht, Farbe durch unser Auge, Töne durch unser Ohr, wenn dieses nun nicht den gleichen Rang hat wie das, was uns durch die Sinnesempfindung des Tastsinns gegeben wird, so ist darin doch eine ähnliche Herabsetzung des sozusagen Höherentwickelten, wie wir es in der Herabsetzung der Denkfunktion gegenüber der Sinnesempfindung im allgemeinen haben. Denn der Tastsinn ist ein primitiver Sinn, auch entwicklungsgeschichtlich gesehen. Ihn gab es lange, bevor sich bei den Tieren Ohren und Augen gebildet hatten. Auf dieses Ursprünglichere nun geht Locke zurück, indem er wie die mathematische Naturwissenschaft, wie auch Newton, die Qualitäten für subjektiven Schein hält. Es gibt keine Farbe, gibt keinen Ton und gibt keine Wärme, das sind alles bloß Weisen der Wirkung auf uns. Wenn wir uns abziehen, ist nichts davon übrig, es gibt nur quantitativ-mechanische Verhältnisse. [. . .] Die Welt draußen ist taub, ist kohlschwarz, ist völlig stumm, ist geschmacklos, ist geruchlos. Alles andere ist Schwindel, ist, man weiß nicht wie, bloß in unserem Bewußtsein erzeugt. Wenn ich die Augen schließe, ist alles weg, auch wenn ich sie offen lasse, ist alles weg, es ist nur in mir. Die Welt ist nichts als Ätherschwingung, nichts als Finsternis, nichts als Tonlosigkeit. Das bezeichnete Goethe in »Dichtung und Wahrheit« dann als »cimmerisch« [Goethe 1811 f., 528]. Die Kimmerier sind die, die im höchsten Norden wohnen, wo es kein Licht gibt und es sehr kalt ist. Das ist der Bann der Mechanistik, der sich über eine sich entspannende Welt gelegt hat. Als großartige Brechstange gegen Adel und Geistlichkeit steht das auf einem ganz anderen Blatt als seine Wahrheit, als seine Abbildung der Wirklichkeit. Hier ist der Hort für die immer noch unausgetragene, unerledigte Kontroverse Goethe-Newton. Bei allem naturwissenschaftlichen Unsinn, der in der »Farbenlehre« [Goethe 1810] steckt, hat Goethe darin das ungeheure Programm einer qualitativen Naturwissenschaft, einer Ausdehnung der Geographie oder der Geologie, die beide auch qualitative Naturwissenschaften sind – es gibt doch Landschaften, Landschaftsformen –, auf qualitative Gebiete, deren sich ja die Landschaftsmalerei annimmt. Durch Locke ist dieser Weg auf eine populäre Weise verriegelt worden. Damit war zugleich ein Freibrief gegeben für eine ungehinderte weitere progressive Ausbildung der mathematisch-quantitativen Naturwissenschaft, die ihr Werk noch lange nicht getan hatte, wie die großen Entdeckungen rund einhundertfünfzig Jahre später, im 19. Jahrhundert, gezeigt haben, Entdeckungen von Hermann Helmholtz (1821-1894), von Julius Robert Mayer (1814-1878) und anderen. Trotzdem, philosophisch ist dieses Blatt selbst noch eine tabula rasa; unausgemacht und ungeschrieben ist, was darauf steht.

Weiter nun bei Locke. Er kennt auch einfache und komplexe Ideen [vgl. Locke 1690, Bd. 1, Zweites Buch Kap. II ff., Kap. XII ff.], die ihren Inhalt gänzlich von Sinnesempfindungen zu Lehen tragen, die nur Zusammensetzungen von Sinnesempfindungen sind. Deren gibt es nun – wir haben da ganz schwachmütige Ansätze zu einer Kategorienlehre – drei Gruppen. Es gibt *Modi*, also Weisen, es gibt *Substanzen* und es gibt *Relationen*. *Modi* sind einfache Abstraktionen, zum Beispiel ein Dutzend oder Buchdruck oder Diebstahl oder Vatermord, aber auch einfache quantitative Zusammenfassungen wie Entfernung, Figur, Ort [vgl. Locke 1690, Bd. 1, 187 f. u. ö.]. Viel solider geht es bereits bei den *Substanzen* zu, die Einheiten zusammen erscheinender Qualitäten sind [a.a.O., 188 f., 367 ff. u. ö.]. Plötzlich gibt es dann Qualitäten, aber das sind keine sinnlichen Qualitäten, das sind keine Farben, keine Töne, sondern das sind Dinge wie Seele, Ich, Person, auch Ding. Zucker zum Beispiel ist eine Einheit, eine Substanz, die ja nicht nur aus Staub oder aus einem Viereck besteht, sonst wäre ja Zucker auch Mehl oder Kalk, wenn man ihn preßt, sondern die außerdem noch süß ist und schmelzbar. Süß ist nun sicher eine sekundäre Qualität, gilt hier aber trotzdem. Also ist ein Zuckerding etwas anderes als schlechthin Buchdruck, ist schon eine inhaltlichere Zusammenfassung, auch eine etwas kompliziertere Zusammenfassung. Das dritte sind die sogenannten *Relationen*, wo es nun ganz hoch und abstrakt hergeht, zum Beispiel Ursache und Wirkung, Identität und Verschiedenheit [a.a.O., 189, 404 ff., 410 ff. u. ö.]. Es zeigt die Schwäche oder den geringen Scharfsinn des Lockeschen Denkens an – den Meißel aus Seife, wie man hier sagen könnte –, daß er in Modi, Substanzen und Relationen unterteilt. Das ist doch alles Relation, auch der Modus ist doch eine Relation. Wenn ich sage »Vatermord«, habe ich einen Sohn und einen Vater, einen Sohn, der den Vater umbringt. Das ist eine Relation. Ebenso wenn ich »Person« sage, habe ich doch ein Vorstellungsbündel, ein Empfindungsbündel, also eine Relation, die sich in der Struktur von Identität, Verschiedenheit, Ursache und Wirkung nicht unterscheidet. Im Gegenteil, ich habe ja Gleichheit oder Verschiedenheit als Relation schon längst vorausgesetzt, bis ich nur einen Modus habe. Wie könnte ich denn sonst ein Ding von einem anderen durch einen Modus unterscheiden? Wie unterscheidet sich denn ein Dutzend von einem Buchdruck, wenn ich nicht Gleichheit oder Verschiedenheit habe? Hier ist der Meißel aus Seife, hier fehlt die Einheit des Einteilungsprinzips. Deshalb nannte ich das einen schwachmütigen Versuch einer psychologistischen Kategorienlehre.

Das ist das Bild von Locke im großen ganzen: guter bürgerlicher Menschenverstand, einwandfreie materialistische Züge, sehr auf dem Boden der Tatsachen, sehr mit beiden Füßen, nicht gerade gewölbte Füße, aber auch nicht platt, sehr verständlich, urban, Unterhaltung am englischen Kamin. Seine Dienste für die englische kapitalistische Praxis als eine noch fortschrittliche kommen schöner und menschlicher als in dieser sogenannten Erkenntnistheorie in seinen *pädagogischen* und in seinen politischen *Schriften* heraus. In seinen pädagogischen Schriften, in den »Gedanken über Erziehung« [Locke 1693], ist Rousseau vorweggenommen. Nichts soll in den Zögling hineingetragen werden, nichts soll ihm aufgezwungen werden, er soll sich vielmehr entwickeln, alles in stufenweisem Aufbau aus sich heraussetzen. Sie sehen den sonderbaren Gegensatz zu der tabula rasa. Wenn der Mensch eine tabula rasa ist, läßt sich aus ihm doch nichts herauslocken, auch keine guten Eigenschaften. Abgesehen von den Sinnesempfindungen muß alles erst hineingeschrieben werden. Trotzdem, das Gute, das Urbane, das Englisch-Liberale im angenehmsten Sinn zeigt sich darin, daß wir hier zweifellos einen kleinen Bruch oder mindestens einen Unterschied zu Lockes Erkenntnistheorie finden. Also gibt es doch etwas Eingeborenes in dem Schüler, in dem Jungen oder dem Mädchen, das der Erzieher vor sich hat, und statt ihm etwas aufzupressen, muß er es herauslocken, er muß – und hier haben wir wieder das kapitalistisch Gute, Progressive – die Individualität, das unverwechselbare Sosein dieses Jungen oder dieses Mädchens entwickeln. Das ist nun gegen die mittelalterliche Erziehung und gegen die puritanische, wie sie in Halle in den Franckeschen Anstalten praktiziert wurde, und gegen die Prügelmethode der abgedankten Feldwebel aus der preußischen Armee ein ungeheurer Unterschied. Dieser warme Ton ist es, der dann weiterklingt bis zur Rousseauschen Pädagogik, bis zu Rousseaus »Emile« [Rousseau 1762].

Politisch, in dem Essay über die Regierung, vertritt Locke einen noch viel deutlicheren und schon nicht mehr so sehr gemilderten kapitalistischen Liberalismus noch progressiver Art. Gegen den beschränkten Untertanenverstand, eine Kategorie, die Anfang des 19. Jahrhunderts in Preußen geprägt worden ist als konziser Ausdruck der neufeudalen Verachtung des Bürgertums, steht hier der Satz: Der Untertan und der Monarch sind sich gleich im Vernunftgebrauch. Hier gibt es keinen Vorrang. Das »subject«, der Untertan, kann seine Vernunft genauso gebrauchen wie der Monarch; in der Vernunft stehen das Staatsgesetz und das Sittengesetz, die einander nicht widersprechen dürfen. Wenn der Monarch gegen das Gesetz verstößt, so kann der Untertan rebellieren, aber nicht gegen den Monarchen, sondern gegen dessen Gesetzesbruch [vgl. Locke 1690a, 293-301 u. ö.]. Das Gesetz ist auch naturrechtlich beschlossen worden durch einen Vertrag [vgl. a.a.O. 260ff., 278f.], der beide bindet, den Unterworfenen und den Unterwerfer, der aber kein Unterwerfer ist im Sinn von Hobbes, sondern ein Einiger im Sinn von Hugo Grotius [vgl. Bloch 1977, 289f.]. Infolgedessen kann der Monarch abgesetzt werden, wenn er das

Gesetz verletzt. Das ist genau die Formel, nicht etwa – was noch zu ergänzen –, weil ein neues Gesetz, eine neue Verfassung, eine neue Ordnung der Produktionsverhältnisse geschaffen werden soll, sondern weil die urgegebene Ordnung der Produktionsverhältnisse, die von Natur aus immer kapitalistisch war und es jetzt endlich geworden ist, verhindert wird. Revolution ist also gleichzeitig Restauration.

Die Revolution von 1688 hat uns einen Geschmack von dieser englischen Auffassung gegeben. Die eigentliche Revolution ist die von Cromwell, aber nicht sie wird Revolution genannt, sondern die Glorious Revolution, die unblutige, in der das Haus Stuart und die Katholisierung und Neufeudalisierung von England abgewehrt wurden und wieder der alte puritanische Ton kam, die anglikanische Herrschaft, vor allen Dingen die anglikanische Kirche. Glorious Revolution, das heißt eigentlich Wiederherstellung des Gesetzes, das durch die Obrigkeit verletzt worden ist. Das ist auch der Tenor der amerikanischen Revolution von 1776, die man nur eine sogenannte Revolution nennen kann nach dem Bewußtsein derer, die sie ausgeführt haben. Im Unterschied zu der Französischen von 1789, die eine bisher nicht dagewesene Form von bürgerlicher Gesellschaft gegen die feudal-theokratische herstellte, ist die amerikanische Revolution eine Herstellung von etwas, was eigentlich immer da war und nur durch die von King George III. verhängten Einfuhrzölle gebrochen worden ist. Deshalb wurde rebelliert. Das ist etwas völlig anderes als die Bauernrevolution von 1525 mit der Wiederherstellung der Urgesellschaft, der Freiheit des Fischfangs und der Jagd und der Allmende, des Gemeineigentums an Acker, wo Erinnerungen an frühes Mittelalter und noch fernere Legenden vom Goldenen Zeitalter mitspielten. Das war eine rückwärtstransportierte Utopie, während man in Amerika vor der Nase hatte, was man meinte, und genau das wiederhergestellt wurde, unter Führung von Großgrundbesitzern (einer der größten Großgrundbesitzer war George Washington). Sie rebellierten gegen den König, weil er sozusagen nicht genug König war, das heißt Verwalter des alten Gesetzes. So wird Revolution in allen bürgerlichen und großbürgerlichen Kreisen in den Vereinigten Staaten bis heute aufgefaßt. Und die rabiatesten Bestien, die alten Weiber, geradezu Ratten in weiblicher Gestalt, die es in Amerika gibt in höherer Stellung, die gegen Charlie Chaplin waren, die alles verfolgen, die, lange bevor es etwas gab wie Antibolschewismus, ihn schon hatten, diese Ratten nennen sich deshalb »daughters of the american revolution«, »Töchter der amerikanischen Revolution«. Ganz klar, daß man die amerikanische Revolution nicht etwa mit der gottverdammten bolschewikischen oder auch nur mit der sittenlosen Französischen – Paris ist natürlich ein Sündenbabel – in einem Atem nennen kann. Das war die Wiederherstellung des alten bürgerlichen Gesetzes gewesen, hier ist Locke. Kein Zweifel daran ist, daß zwischen der amerikanischen Revolution und auch den Frauen, die die amerikanische Revolution mitgemacht haben, und diesen sogenannten »Töchtern der Revolution« ein sehr großer Unterschied ist. Die hätten George Washington gehängt. Der Unterschied ist doch sehr groß und macht vieles in Amerika auch von der Urzeit, die nicht nur verraten wurde, verständlicher. Ein Fest des 14. Juli, des Sturms auf die Bastille, ist das amerikanische Konstitutionfest am 4. Juli nicht. Von der Erstürmung der Bastille gingen Konsequenzen weiter, von der amerikanischen Konstitution nicht. Doch gibt es die Linie Thomas Jefferson (1743-1826), Abraham Lincoln (1809-1865), Walt Whitman (1819-1892). Das kann anschließen, hat sich aber erst aus dem Pionier im 19. Jahrhundert entwickelt, aus dem Zuschuß der Revolution von 1848, der aus Europa nach Amerika kam, und aus dem Einfluß des Sozialismus. In der Washington-Welt selbst, einem hochfahrenden englisch-amerikanischen Großgrundbesitzertum, konnte sich das nicht entwickeln. Daher sind die Reaktionäre nicht etwa in ihrem Bewußtsein viel schlechtere Amerikaner, sondern sie stellen das Gesetz dar, das sie erhalten wollen. Die amerikanische Revolution ist in deren Bewußtsein nicht ein overthrowing of the government, nicht eine gewaltsame Entfernung der Regierung gewesen, wie es die bösen Kommunisten wollen, sondern es ist nur eine sehr kraftvolle Mahnung an das government gewesen, doch die alten, beschworenen Gesetze zu halten. Dieses ist ein Element in der amerikanischen Verfassung, das von Locke herkommt. Andere Elemente sind auch noch darin, vor allem utopische, die von dem großen englischen Utopisten James Harrington (1611-1667) stammen, dessen utopische Schrift »Oceana« [Harrington 1656] nachweislich für die amerikanische Konstitution benutzt wurde. Bei Locke findet sich auch zum ersten Mal, nur ohne die Schärfe, die Montesquieu gegeben hat [vgl. Montesquieu 1748, 212-226], und ohne historische Wirkung, die

Trennung der drei Gewalten, Exekutive, Legislative und Föderative [vgl. Locke 1690, 291 ff. u. ö.].

George Berkeley

Ich lasse nun Locke links liegen, aber links, wo er hingehört, und gehe zu einem gänzlich absurden Phänomen über, das aber in der gleichen Reihe steht, nur ungeheure Ausbiegungen gemacht hat, ein Phänomen namens George Berkeley (1685-1735). Berkeley hat mehrere Bücher geschrieben, auch Alterswerke sonderbarer Art, in denen einiges zurückgenommen ist, was in seinem Hauptwerk behandelt wurde. Diese Zurücknahmen wurden aber nicht wirksam. Sein Hauptwerk heißt »A Treatise Concerning the Principles of Human Knowledge«, »Eine Abhandlung über die Prinzipien der menschlichen Erkenntnis« [Berkeley 1710]. Ich will Ihnen gleich das Stichwort geben, daß alle diese Geister ruft: »Esse est percipi«, »Sein ist Wahrgenommenwerden« [a.a.O., 26], and nothing else, und nichts anderes. Das percipi können Sie durch Vorstellen noch ergänzen, denn Empfinden und Vorstellen ist hier dasselbe. Damit ist jede abbildliche Beziehung irgendeiner Idee auf die Außenwelt aufgehoben. Es bleiben nur sensations [vgl. a.a.O., 25, 27 u. ö.]. Es gibt nicht einmal die psychologische Vorstellung eines Allgemeinbegriffs. Es ist unmöglich, daß ich mir etwas anderes vorstelle, als genau das Einzelne, das ich gesehen habe. Ich kann mir zum Beispiel die Nase von Fräulein Müller vorstellen, und ich kann mir auch die Nase vom Herrn Schulze vorstellen, die eine ist eine Kartoffelnase, die andere eine Sattelnase. Aber eine Kartoffelnase an sich oder eine Sattelnase an sich oder gar die Nase überhaupt, die kann ich mir nicht vorstellen, nicht einmal psychologisch. Ich kann mir nach Herrn Berkeley ein stumpfwinkliges, ein rechtwinkliges oder ein spitzwinkliges Dreieck vorstellen, ich kann mir die verrücktesten Dreiecke vorstellen, mit einer ganz schmalen Basis und riesengroßen Seitenlinien und einem ganz spitzen Winkel oben, aber ein Dreieck an sich, das weder stumpfwinklig noch rechtwinklig noch spitzwinklig ist, kann ich mir nicht vorstellen. So sehr, sagt Berkeley, bin ich auf die sinnlichen Daten angewiesen, auch wenn ich etwas vorstelle [vgl. a.a.O., 92 ff.]. Es gibt also nicht einmal psychologisch – geschweige denn mit irgendeinem Erkenntniswert –

irgendeine allgemeine Vorstellung. Ebensowenig gibt es irgendein allgemeines Gesetz, das ist nur Schein, ist so blaß und so leer geworden, daß ich mir eben nichts mehr darunter vorstellen kann, was Ursache und was Wirkung ist. Und wenn ich es nicht exemplifiziere an Einzelheiten, ist es vollständig leer, bedeutet gar nichts und lebt nur in dem Dampf, der in mir aus meinem Empfindungs- und Vorstellungsleben aufsteigt. Aber auch die Empfindungs- und Vorstellungssphäre ist nichts anderes als Dampf oder Spuk. Es ist ein sinnlicher Dampf, es ist ein sinnlicher Spuk, denn alles besteht bloß aus Empfindungen und Vorstellungen. Nichts in ihnen weist auf eine von ihnen verschiedene oder, wie man zu sagen pflegt, unabhängige Außenwelt hin. Es gibt überhaupt nur Innenwelt, wobei auch das Wort »Innenwelt« schon wieder zu realistisch ist. Denn Innen gibt es nicht ohne Außen, und Innen ist ja schließlich auch etwas in der Welt Seiendes. Es gibt nur einen Hexenraum von Empfindungen und Vorstellungen mit rein zu Empfindungen, zur Vorstellung gehörenden Sinnes- und Vorstellungsinhalten. Sonst gibt es nichts, die Inhalte sind nie etwas anderes als Sinnes- und Vorstellungsinhalte. So steht alles Sein nicht nur unter der allgemeinsten Bedingung wahrgenommen zu werden, sondern das Sein ist selbst nicht, es besteht aus nichts anderem als aus Wahrgenommenwerden, es besteht unter der allgemeinsten Bedingung Inhalt meines Bewußtseins zu sein. Es herrscht also als einziger Satz ausschließlich der Satz der Phänomenalität: Alles ist Erscheinen und nichts erscheint darin. So werden auch die primären Qualitäten subjektiv [vgl. a.a.O., 29 ff.]. Die Wirkung ist so, daß damit die ganze Welt sich in einen nicht einmal mehr subjektivistischen Rauch auflöst, denn es gibt ein Ich nur insofern, als das Empfindende und das Vorstellende ganz eng zusammengefaßt sind, so daß wir also bei dem Satz »die Welt ist nichts als meine Vorstellung, das heißt nichts als meine Empfindung« das Gefühl von einem Käfig haben. Der Käfig aber darf nicht als ein Innen gefaßt werden, denn dies wäre ein Wechselbegriff zu einem Außen. Es gibt kein Welt, sondern nur einen Brei von Empfindungen, wie der Berkeleyaner Ernst Mach (1838-1916) das später einmal ausdrückte, eine Art von Mehlbrei der Empfindungen, der in meinem sogenannten Ich etwas dichter zusammenhängt [vgl. Lenin 1909, 21-39, 45 f. u. ö.]. So läßt es sich vielleicht ausdrücken.

Das Ganze nun – und hier komme ich auf den sozialen Auftrag –, ist geschehen im sozialen Auftrag der anglikanischen Kirche, deren Bischof Berkeley war, die ein neues Verhältnis zu dem neuen Staat suchte, zwischen Whigs und Tories schwankte, so wie Berkeley zwischen Liberalen und Konservativen, zwischen der Bourgeoisie und der Großgrundbesitzerklasse, die auch aus der Bourgeosie kam, schwankte. Sehr entschieden war aber die anglikanische Kirche im Kampf gegen zwei Gefahren: Erstens gegen die alte Gefahr der Katholisierung Englands, der Gegenreformation, des Stuartismus, der Einmengung zuerst von Spanien und dann von Frankreich, der Refeudalisierung, die auf dem Kontinent gelungen war. Dies war abgewehrt durch Cromwell und durch 1688, dadurch aber war die Sache nicht viel progressiver geworden. Zweitens gegen die Gefahr, die im Bürgertum steckte, den Materialismus. Er war noch nicht abgewehrt, und er liegt ja im frühbürgerlichen englischen Denken. Er steckt schon bei Roger Bacon, wie wir gesehen haben [vgl. Bloch 1977, 103-110], er steckt bei Francis Bacon, er steckt bei Locke, gegen ihn mußte ein Gegenschlag geführt werden. Das war der Auftrag. – Man muß sagen, der Bischof Berkeley hat sich dieses Auftrags großartig entledigt. Er war der einzige radikale Engländer, den es überhaupt gab, der dafür nun mit einem Radikalismus vorging, der in der Weltgeschichte – auch bei den Sophisten nicht, wo es zuweilen manche Anklänge gab – nirgends ein Vorbild findet. Der Bischof Berkeley versteht keinen Spaß. In dem Kampf gegen die Materie als das Substrat der vom Menschen unabhängigen Außenwelt geht er unaufhörlich bis an den Abgrund des Solipsismus. Selbst da noch ist Vorsicht gegenüber dem Wort ipse, ich selbst, angeraten. Es gibt im Solipsismus nichts als dies Bündel von Empfindungen und Vorstellungen, das ich »mich« nenne, es gibt nichts auf der Welt als mich. Die Realität einer Außenwelt ist geleugnet. Das ist nicht die Lehre von Berkeley, aber das ist der Abgrund, in den seine Lehre führt und vor deren Konsequenz ihn nur einige theologische Flausen schützen. Wenn ich also, wie ich schon oft sagte, die Augen zumache, ist alles verschwunden. Jetzt gibt es keinen Bahnhof in Ulm, wo ein Zug abgeht, jetzt gibt es kein Delhi, kein Timbuktu, kein Moskau, denn esse est percipi, Sein ist Wahrgenommenwerden. Wenn allerdings auch mein Wahrnehmen verschwindet während ich schlafe, dann ist überhaupt nichts mehr da, nicht einmal Nacht, denn das ist auch wieder ein Wechselbegriff. Ich habe Ihnen schon einmal die blutige Scherzfrage vorgelegt: Wie sieht denn jetzt Ihr Zimmer aus? Woher wissen Sie, daß es Ihr Zimmer gibt? Wenn Sie hinkommen, gibt es das wieder, das ist kein Kunststück, esse est percipi. Dann taucht es aus dem Nichts wieder auf. Die Katze und die Mäuse, die vorher auf dem Tisch herumgelaufen sind, gehen wieder in die Ecken. Da stehen wieder Ihr Schreibtisch und Ihr Bett, Gott weiß, was die unterdessen getrieben haben, waren Sie dort? Vielleicht auch gibt es Ihr Zimmer gar nicht, wenn Sie nicht darin sind, denn wenn Sie nicht wahrnehmen, ist kein Sein. Also bis an diesen Abgrund von Wahnsinn hat Berkeley die Philosophie getrieben, um dem Materialismus eins zu versetzen.

Und jetzt kommt das andere Abenteuerliche: Diese Lehre ist im strengsten Sinn philosophisch unwiderlegbar. Kant nannte das den »Skandal der Philosophie« [Kant 1787, B XXXIX]. Es gibt nirgends größere Konsequenzen als in einem Irrenhaus. Sie können mit einem Irren, der in seinem Begriffsgefängnis gefangen ist, auch nicht diskutieren; er kommt nicht heraus, und Sie kommen nicht hinein. Dieser Gedanke hat natürlich die Unwiderlegbarkeit einer völligen Narretei, aber er ist im strengsten Sinn unwiderlegbar. In der Tat steht Sein unter der Bedingung, wahrgenommen zu werden. Daß im Ofen in Ihrer Abwesenheit Feuer gebrannt hat, ist nicht schlüssig bewiesen, wenn Sie nach Hause kommen und noch etwas warme Asche vorfinden. Der Schluß ist ein Induktionsschluß, er hat eine hochgradige Wahrscheinlichkeit, die praktische Gewißheit ist. Aber ganz streng ist er nicht.

Die Hauptsache ist: Es soll keine von uns unabhängige Außenwelt geben. Das ist der heimtückischste, der abgefeimteste Schlag gegen den Materialismus [vgl. Berkeley 1710, 77 ff. u. ö.], viel gefährlicher als der des subjektiven oder gar des objektiven Idealismus, von dem aus es sehr leicht – mit einem Umschlag an vielen Stellen – zum Materialismus geht, wie die Hegelsche Philosophie beweist. Schwieriger ist der Umschlag vom subjektiven Idealismus aus, aber auch da gibt es noch eine Außenwelt, nur die Bestimmungen der Außenwelt fallen dem Bewußtsein zur Last. Hier gibt es keine Außenwelt mehr, hier ist also die Umdrehung, daß ein gemeingefährlicher Irrer einem Materialisten oder einem Realisten oder bereits einem objektiven Idealisten auf die Schulter klopft und »armer Irrer« zu ihm sagt, wie das dann die Empiriokritizisten getan haben. Diese »armen Irren« glauben auch noch, daß es so etwas wie Atome gibt, wo das doch reine Denkmodelle, selbstverständlich nur gedankliche Hinzufügungen sind, denen in der Realität nichts entspricht. Die glauben an Kausalität, wo es doch nur Funktionsbeziehungen gibt, Beziehungen zwischen x und y [vgl. a.a.O., 38 f., 41 f. u. ö.]; ändert sich x, ändert sich y, ändert sich y, ändert sich x. Mehr bleibt nicht übrig, alles andere wird von uns hinzugefügt, wird hinzugedacht. Die Außenwelt ist nicht nur unerkennbar, sondern es gibt gar keine, es gibt nichts als eine Wolke von Sinnesempfindungen, eine einfache Zeitfolge, ein einfaches Raumnebeneinander von Farben und Tönen, von Drücken, von Geräuschen, von Süßigkeiten, von Bitterkeiten, von metallischem Geschmack und so weiter. Am lächerlichsten ist es, gar noch von so etwas ungeheuer Anthropomorphen, von einem solch vollständigen Irrenhauswahnsinn zu reden wie, daß es in der Welt so etwas wie Widerspruch gäbe. Ich kann einen Widerspruch haben, wenn ich mich mit jemand herumstreite, aber zu glauben, daß etwa Atome ein Widerspruchsverhältnis hätten, na, man muß sich da einen Ast lachen über Narren, die behaupten können, daß es eine sogenannte Dialektik gäbe, gar noch eine reale Dialektik. Denn wie kann es sie geben, wenn es nicht einmal eine Materie gibt. Der gehört doch auch ins Narrenhaus, der annimmt, daß es eine Materie gäbe. Materie, das ist nur eine Summe von Empfindungen in einem gewissen vorübergehenden Gleichgewichtszustand, sonst nichts. Und darauf wollen nun diese aus einem Narrenhaus Entsprungenen eine Weltanschauung aufbauen. So nennen also die Irren die Gesunden Narren. Das alles kommt von Berkeley her und ist der massivste Angriff auf den Materialismus, der möglich ist, zugleich mit der großen Merkwürdigkeit, daß hier der Sensualismus, der doch dem Materialismus viel näherzustehen scheint als der Rationalismus, der Träger des stärksten Idealismus wird, wie es der Rationalismus in diesem Ausmaß nie geworden ist. Ein großes Paradox, daß der Nominalismus – denn das ist sensualistisch radikaler Nominalismus, der die Allgemeinbegriffe für flatus vocis hält – sich zur ärgsten Feindschaft gegen den Materialismus entwickelt, während der Materialismus als dialektischer Materialismus, bei Lenin, die Denkfunktion wieder völlig in seine Rechnung setzt [vgl. Lenin 1909]. Nur ist sie keine aus mystischen Quellen stammende, sondern eine im Laufe von Jahrmillionen ausgebildete Fähigkeit zur Abstraktion. Die Abstraktion erschließt Gesetze, nicht die Sinnesempfindungen. Ich kann kein Kausalverhältnis und kein dialektisches Verhältnis sehen, ich kann nicht mit der Nase auf ein ökonomisches Gesetz stoßen, sondern nur durch Denken und Erschließen. Wenn die ungeheure realistische Kraft der Denkfunktion exaggeriert, übertrieben wird, geht es zum objektiven Idealismus: Die Welt ist Geist. Hier haben wir durch umgekehrte Exaggerierung ein gefährliches Irrenhaus mit gefährlichen Amokläufern gegen den Materialismus, die noch dazu ganz zivil als Gentlemen gekleidet sind und auftreten – was sie um so gefährlicher macht – bis in die neuesten idealistischen Physiktheorien hinein, wo überall Neu-Berkeleyanismus die Parole ist, vor allen Dingen bei Arthur Eddington (1882-1944) [vgl. z. B. Eddington 1939, 334 f.]. Das sind die Nachwirkungen.

Ich sagte, Solipsismus wäre das Ende. Dem entgeht der Bischof Berkeley noch, indem er nämlich statt des solus ipse, das ich oder Sie wären, sozusagen ein solissimus ipsissimus setzt, einen allereinzigen Selbstisten, das ist Gott, das Ur-Ich, das die wirklichen Wahrnehmungen, das heißt die sinnlichen Empfindungsinhalte, hervorbringt und in dem sie sich aufhalten [vgl. Berkeley 1710, 65 f., 85 ff., 109 ff. u. ö.]. Wir nehmen nur daran teil, indem wir uns mit unserem Wahrnehmen, mit unserem Bewußtsein unaufhörlich in diesem Ur-Ich befinden. Wir schmarotzen in Gott, könnte man sagen. Die sogenannten Gegenstände leben ausschließlich als sinnliche Vorstellungsbilder in Gottes Geist, was schon damals zu dem Spott führte: Wenn Mister Berkeley ein Beefsteak ißt, so ißt er in Wahrheit die Idee von einem Beefsteak in Gottes Geist. Wozu hat der liebe Gott schon alles dienen müssen! Auf dem Umweg über die Theologie wird der solus-ipse-Standpunkt, also der Solipsismus scheinbar vermieden. Daß das Wahnsinn ist, war den Zeitgenossen bewußt. Es hat aber in dem spleenigen England, das es auch gibt – dem Spießer entspricht natürlich der Mann mit einem Sparren, mit einem Spleen –, doch gezündet. Abgesehen von dem ausgezeichneten sozialen Auftrag und der ausgezeichneten Erfüllung dieses sozialen Auftrags, daß hier der Materialismus angegriffen wurde (der vor allen Dingen in Frankreich sich gefährlich entwickelte, wohin er exportiert wurde), hat auch der Wahnsinn einer Leugnung der Außenwelt an sich Schule gemacht. Es gab einen Mann namens Arthur Collier (1680-1732), der eine Schrift herausgab, »Clavis universalis« [Collier 1713], Universalschlüssel, mit dem Untertitel

»A new inquiry after truth being a demonstration of the non-existence or impossibility of an external world«, »Eine neue Untersuchung der Wahrheit, enthaltend eine Demonstration, eine Beweisführung der Nichtexistenz, ja der Unmöglichkeit einer Außenwelt«. Das ist von einem sonst gesunden Mann geschrieben worden. Dies also ist kein englischer Kompromiß, hier ist eine scharfe Gegenparole und eine, die bei Ernst Mach, Richard Avenarius (1843-1896), Hans Cornelius (1863-1947) und so weiter die fescheste, um mich wienerisch auszudrücken, die fescheste Art von Kontra- und Antimaterialismus ist, die es je gegeben hat, weit besser als jeder Spiritualismus. Dieser Sieg über den Materialismus ist scheinbar gelungen, um den Preis des allerhöchsten Unsinns, den je ein Mensch gedacht hat. Unabhängig davon ging in Frankreich das weiter, was Descartes, und das, was doch auch noch Locke enthalten hatten. In Frankreich fand der Kompromiß eines Ausgleichs mit der Oberschicht nicht statt, oder höchstens in Gestalten wie dem »bourgeois gentilhomme« in der Komödie von Molière (1622-1673) [Molière 1670]. Es gelang den Strebern nicht, aufzurücken, weil die vornehme Sitte gar nicht zu kopieren war. Unmerkliche Feinheiten des Tonfalls, unmerkliche Feinheiten der Wortwahl haben ja im 17., erst recht im 18. Jahrhundert die Stände viel mehr geschieden als die Kleider und haben die Gleichheit des Geldes wieder aufgehoben, daher der bourgeois gentilhomme. Die Art, wie ein Mann ein Wort setzte, verriet sofort, aus welcher Klasse er stammte, selbst wenn er genauso angezogen war wie ein nobleman und selbst wenn er sogar eine Zeitlang genau die Manieren hatte – irgendwo gab es einen Punkt, wo er entweder zu pedantisch war, es zu gut, es zu treu nach der Etikette ausführte, was auch falsch ist und den Barbaren verrät, oder gänzlich daneben geriet. Das nebenbei gesagt. Ich wollte damit darauf hindeuten, daß, während der Ausgleich in England stattfand, indem der Bourgeois ein Gentleman wurde und der Gentleman ein Bourgeois und der jüngere Sohn der gleichen Familie ins Geschäft ging und der ältere ein nobleman auf dem Land wurde, in Frankreich nach wie vor das Geschäft schändete und die geschäftsführende Klasse nicht die herrschende, nicht die die Staatsgeschäfte führende Klasse war. So konnte in Frankreich die Bourgeoisie ohne Kompromiß ihre materialistische Ideologie ausmitteln, was in England unmöglich war. Darum konnte in Frankreich auch der Pelz naß gemacht werden, wenn er gewaschen wurde, was in England, wie Sie sahen, bei Locke vermieden wurde.

David Hume

Wir gehen nun zu einem wieder ernsten Mann über, einem gesunden, sehr gesunden Mann, David Hume (1711-1776). Sehr wichtig ist, daß er nicht nur ein Philosoph, sondern auch ein Staatsmann, kleineren Stils allerdings, aber doch in der Regierung beschäftigt, ein Nationalökonom und ein bedeutender Historiker war. Suchen Sie einmal in Deutschland einen Philosophen, der ein Nationalökonom gewesen wäre, mit Ausnahme des großen Leibniz, der alles war. Aber suchen Sie unter den Professoren des 17., 18. und auch noch des 19. Jahrhunderts einen, der sich mit etwas so Armseligem wie dem Handel und Wandel und dem Preis des Sauerkrauts abgegeben hätte. In England war das dagegen selbstverständlich. Der Ausgleich, der zwischen Nobility und Bourgeoisie stattfand, fand auch zwischen der vornehmen Philosophie und dem Geschäftsleben, fand auch theoretisch statt. Weiter, ein Historiker. Er schrieb eine sechsbändige »Geschichte Englands von der Invasion Julius Cäsars bis zur Abdankung von James II. 1688« [Hume 1754f.].

Hier nun noch einmal ein Wort über das sogenannte unhistorische 18. Jahrhundert. Wir haben also den Historiker Hume, wir haben in Frankreich den bedeutenden Historiker Voltaire, der die großen Werke über das Jahrhundert Ludwigs XIV. [Voltaire 1751] und über Karl XII. [Voltaire 1731] – den Schwedenkönig aus dem Haus der Wittelsbacher, der den Feldzug gegen Rußland gemacht hat – geschrieben hat. Wir haben den großen englischen Historiker Edward Gibbon, einer der größten, die je gelebt haben, ebenfalls im 18. Jahrhundert, »The History of the Decline and Fall of the Roman Empire«, »Geschichte des Verfalls und Untergangs des Römischen Reiches« [Gibbon 1776/88]. Angesichts dessen ist es absolut romantische Reaktion zu sagen, das 18. Jahrhundert sei unhistorisch gewesen. Es ist klar, der sogeannte historische Sinn erwachte erst mit der Romantik, indem man gegen die Jakobiner, gegen das vollkommene Zerschlagen der Vergangenheit, gegen die ausschließliche Erklärung der Vergangenheit zum Pfaffen- und

Königsbetrug vorging und wo vor allen Dingen der reaktionäre Auftrag kam, das Angestammte zu ehren, den angestammten Landesherrn und die Ritterburgen. Da erwachte historischer Sinn um den Preis, daß der Fortschrittswille und der kritische Wille gegenüber der Vergangenheit verlorengingen, die in der Aufklärung im 18. Jahrhundert enorm waren. Statt der Verehrung der Vergangenheit, statt der mondbeglänzten Zaubernacht, in der allein die Ritterburgen ragen, statt zu vergessen, daß es Verliese gab, was die Bauern auf den Burgen ausgehalten haben und daß die Bauern die Burgen gebaut haben, gab es im 18. Jahrhundert einen kritischen Sinn, übertrieben kritisch selbstverständlich, aber politisch notwendig, zum Beispiel gegen das sogenannte finstere Mittelalter, von dem man überhaupt nichts mehr wußte, das man schlechterdings verachtete. Ein solche Einstellung hatten die Historiker des 18. Jahrhunderts gegen große Teile der Geschichte. Das läuft weiter bis Rousseau, der ja von seiner Natur-Ur-Zeit her nur eine Verschlechterung sieht, die eintretende Ungleichheit der Menschen, die aufgehoben werden muß [vgl. Rousseau 1750/55]. Neue Gesetze aus der Vernunft geschöpft ohne ausreichende historische Vermittlung, das ist jakobinisch im schlechten Sinn. Aber in dieser Kritik ist ein Progressives enthalten, und es ist ja nicht das einzige Verhalten zur Geschichte. Gibbon ist verliebt in das Zugrundegehen, Geschichte ist Gericht. Das ist die eine Seite. Die andere Seite, die wir bei Herder sehen, die wir auch bei Gibbon sehen, erst recht bei Voltaire und bei Hume, ist die: Die Geschichte ist zwar zum großen Teil schlecht, aber sie ist deshalb schlecht, weil man immer jene verfolgt und verbrannt hat, die Licht wollten. In den unverdorbenen Menschen und in einigen ihrer Führer, die zu allen Zeiten verfolgt und beschimpft und gekreuzigt worden sind, gibt es den Trieb zur Vervollkommnung, zum stetigen Fortschritt des Menschengeschlechts in moralischer und kultureller Richtung. Also ist Geschichte Beförderung der Humanität, was gesetzmäßig geschieht. Gesetzmäßig, das ist Aufklärung. Es gibt Gesetze in der Geschichte, während es in der romantischen Geschichtskonzeption wachsend keine Gesetze mehr gibt, nur ein buntes Kaleidoskop, ein Spiel von reizendem Zufall, von reizender Verwirrung der Linie, von reizender Persönlichkeit und von großen Ideen, die aber nicht gesetzmäßig wirken. Das aus der Naturwissenschaft genommene Wesen »Gesetz« ist allerdings in der Geschichtsschreibung des

18. Jahrhunderts als ein Gesetz des gleichförmig beschleunigten Fortschritts verstanden. Sie haben bei Hegel, der nicht zur Romantik gehört, mindestens in großen Partien nicht, die Aufklärung noch völlig lebendig in der Formulierung »Die Weltgeschichte ist der Fortschritt im Bewußtsein der Freiheit« [Hegel 1837, 32]. Das ist Atem von Herder, das ist Atem von Kant, das ist Aufklärungsgeschichtsschreibung. Diese unterscheidet sich von der romantischen in wesentlichen Punkten, indem alles rational gemacht wird, indem aber auch alles, was man nicht versteht, ein rationaler, ausgedachter Betrug ist. Genau der gleiche Hegel sagt gegen Voltaire, wenn auch dieser die Lehre von dem Pfaffenbetrug bei den ägyptischen Priestern vorbringt, das hieße die ägyptische Priesterschaft aufs höchste überschätzen [zu Priestertrug vgl. Hegel 1807, 271 f., 385 f., 391 f.]. Damit unterstellt man, daß die ägyptischen Priester vor sechstausend Jahren bereits die Weisheit der Herren Voltaire und La Mettrie besessen haben, die sie aber, weil sie für das Volk nicht gut war und weil sie ihre Herrschaft erschüttert hätte, unterschlagen haben und sich in Betrug hüllten. Nein, an Ort und Stelle waren diese Priester selbstverständlich völlig im Vorstellungskreis ihrer Zeit befangen und wenn sie bei Wundern und ähnlichem nachgeholfen haben, war es ein frommer Betrug, weil sie glaubten, das Wunder sei nur durch Zufall nicht gelungen. Es gab selbstverständlich auch Gauner und Betrüger, aber das ist doch nicht die Regel und nicht das Konstituierende. »Wer den Dichter will verstehen,/ Muß in Dichters Lande gehen« [»West-Östlicher Divan«, Goethe 1819, 161] und nicht vom 18. Jahrhundert aus alles beurteilen, damit es nicht der Herren eigener Geist ist, in dem die Zeiten sich bespiegeln. Historisches Gewissen ist sicher erst im 19. Jahrhundert entstanden, aber um den Verlust der Gesetzeshaftigkeit, der Tendenz, der Bewegung, eben all dieses aufgeklärten Wesens. Auch marxistisch sehen wir Geschichte als eine Festigung der Produktivkräfte an, als Klassenkampf, mit aufsteigenden Klassen, die Produktivkräfte entfesseln und mit neuen Produktionsverhältnissen hinstreben zu einem von Menschen betreibbaren Ziel, nämlich zur Herstellung der Bedingungen zum Sieg der Arbeiterklasse. Die Arbeiterklasse ist nicht die Hauptsache dabei, sie muß aber ihren Sieg erringen, damit es das klassenlose Reich der Freiheit gibt. Auf dieses wird Geschichte bezogen. So wird eine materielle und konkrete Tendenz in der Geschichte entdeckt, und ihr wird

nachgegangen, bei aller Anerkennung von Zufall. Das ist auch alles Aufklärung und steht gegen die romantische Auffassung der Geschichte, die sich dann bei Wilhelm Dilthey (1833-1911) und bei Wilhelm Windelband (1848-1915) erneuert hat. Das zu den sechs Bänden Humes über die Geschichte Englands von der Invasion Cäsars bis zur Revolution, wo eine solche Zielrichtung bürgerlich gesehen wird und eine solche Gesetzgebung angedeutet ist. [. . .]
Ich gehe nun zu der Hauptsache über, nämlich zu Hume als Philosophen. Erstens seine philosophischen Schriften. Sein großes Jugendwerk heißt »A Treatise of Human Nature«, »Traktat, Abhandlung über die menschliche Natur«, entstanden 1734 bis 1737 [Hume 1737]. Dieses Jugendwerk, in dem der größte Teil seiner Philosophie bereits enthalten ist, wenigstens in deutlichen übersehbaren Umrissen, blieb völlig unbeachtet. Habent sua fata libelli. Erst dessen Umarbeitung im Zusammenhang mit seinen »Essays Moral, Political and Literary« [Hume 1742], »Moralische, politische und literarische Essays«, machte Epoche. Erst als das Publikum einen leichten Zugang hatte durch diese gesammelten Aufsätze ist der Groschen gefallen. Im übrigen hat Hume, vielleicht nach dem Bedürfnis des Publikums oder mit einer leichteren Hand im Laufe vorgerückter Übung, den Inhalt seines Jugendwerks noch einmal gefaßt, umgegossen, und daraus wurde das bekannteste und wahre, historisch wirksam gewordene Hauptwerk: »Inquiry Concerning Human Understanding«, »Eine Untersuchung über den menschlichen Verstand« [Hume 1748]. Es ist schwierig, mit dem rechten Blick auf Hume zu beginnen, was die parteiliche Haltung angeht, die bei ihm, genau wie bei Locke, wenn auch nicht im gleichen Maße wie bei Berkeley, durchaus am Platze ist. Man muß sich vor Bausch- und Bogenurteilen hüten. Skepsis ist nicht immer Skepsis in einem dauernden Sinn. Es kommt hier, wie bei der Freiheit *von* etwas, sehr darauf an, wogegen sich die Skepsis richtet. Wenn die Bauern einen gesunden Agnostizismus gegen den Gutsherrn bewiesen haben, ist gegen diese Art Agnostizismus nicht viel einzuwenden. Etwas anderes ist es, wenn man gegen naturwissenschaftliche Erkenntnis berühmtester Art Skepsis und Agnostizismus ins Feld führt. Außerdem kommt es darauf an, wogegen sich die Skepsis richtet, gegen die Sinne oder gegen den Verstand. Damit bin ich schon mitten in einer Schwierigkeit. Es wird verlangt, daß man Wörter wie Skepsis und selbst Positivismus nicht

unhistorisch, nicht abstrakt, nicht starr in Bausch und Bogen behandelt. Man muß immer sehen: In welcher Epoche ist denn diese Haltung im Schwang gewesen? Es kann sein, daß etwas, was im Lauf der Zeit mit einem anderen Auftrag völlig reaktionär wurde, an Ort und Stelle nicht unprogressiv aussieht. Solche Erfahrungen sind wir ja zu machen gewohnt, etwa am aufsteigenden Kapitalismus, am aufsteigenden Unternehmertum, das durchaus progressiv war. So ist es schwierig, hier den rechten Stand zu finden, vor allen Dingen, weil doch wieder bedacht werden muß, daß die Folgen nicht hätten herauskommen können, also in diesem Fall der Positivismus, der sich unmittelbar auf Hume als einen seiner Ahnherrn beruft, berufen kann, berufen muß, wenn die Sache nicht schon damit angemacht gewesen wäre. In dem noch so progressiven Unternehmer steckt der Ausbeuter, auch im 17. und 18. Jahrhundert; und in dem Skeptiker, Positivisten steckt eben der Skeptiker und der Positivist; es ist damit angemacht, und was eingezahlt wurde, kommt am Schluß auch wieder heraus. Das ist das andere, was dazu gesagt werden muß. Jedenfalls ließe sich das nur im einzelnen ausmachen. Die Hauptsache aber ist einmal die: Diese Skepsis bei Hume ist ganz deutlich – im Unterschied zu der antiken Skepsis, mindestens der beginnenden antiken Skepsis – keine an den Sinnen, sondern nur am Verstand, am Verstandesurteil. Zweitens: Diese Skepsis ist nicht müde. Sie ist nicht die Skepsis einer niedergehenden Klasse, wozu im 18. Jahrhundert in England ja gar kein Anlaß besteht. Sie ist auch nicht wie die vorhergehende der Renaissance bei Pierre Charron (1541-1603), bei Pierre Poiret (1646-1719), bei Blaise Pascal (1623-1662) eine, die in Mystik übergeht, sie ist keine, die den Verstand aufhebt und relativiert, um dem Glauben wieder Platz zu machen. Auch damals war die Skepsis nicht immer so. Ich erinnere an Michel de Montaigne (1533-1592) mit seiner weltmännischen Skepsis: sich nicht zu stark engagieren, das macht Schweiß, das macht die Haltung starr und unschön, lieber eine leichte, weltmännische Haltung, mit hoher Intellektualität, also die Skepsis der gebildeten und hochgebildeten Oberschicht. Da ist es wieder eine andere Sache, wo die Skepsis keineswegs in Glauben übergeht, gegen den sie vielmehr außerordentlich gesund ist. Aber wir haben es bei Poiret und bei dem großen Mathematiker und großen Mystiker Pascal, einem der reinsten Typen, die gelebt haben, daß die Skepsis in der Tat diese

Funktion hat. Wir werden das bei Kant mit Maßen wiedersehen als Zweifel am Wissen, um dem Glauben Platz zu machen [Kant 1787, B xxx]. Davon ist bei Hume gar keine Rede. Hume steckt dick in der Aufklärung, Hume ist vollkommen kalt gegen Religion, ja er zeigt deutliche Züge von Religionsfeindschaft, so daß man nicht sagen kann, er habe dem Glauben Platz gemacht.
Aber ein anderes ist da, und dies ist sehr merkwürdig und weiterer Überlegungen fähig und bedürftig, nämlich eine Hypothese, und sie ist einer der nicht sehr zahlreichen Punkte, in dem ich mit meinem Freund Georg Lukács völlig einig bin, vorausgesetzt, daß er noch auf diesem Punkt beharrt. Es ist ein interessante und nicht unwahrscheinliche Vermutung: Jean-Charles de Sismondi (1773-1842) ist der erste in der kapitalistischen Gesellschaft, in dem ein Bewußtsein von Krisen erwachte. Es gab zwar Krisen, die aber nicht wahrgenommen wurden. In diesem steilen Aufstieg des natürlichen Systems, wie Adam Smith den Kapitalismus nannt, gab es nun plötzlich Krisenerscheinungen. Entdeckt wurde das aber erst Ende des 18. Jahrhunderts von Sismondi in Genf. Es hätte sich nun hier bei Hume – das ist die interessante Parallele – ein ideologisches Krisenbewußtsein schon vor dem ökonomischen Krisenbewußtsein gezeigt. Das ist ja möglich bei der seismographischen Eigentümlichkeit des Begriffs, daß fein vorhergespürt wird mit einem feinen Instrument, was an Erschütterungen im Unterbau vor sich geht und vor sich gehen wird. Damit hätten wir nun eine Rückkehr zu der Frage, wogegen sich die Skepsis richtet. Die Skepsis bei Montaigne, bei Francis Bacon, der sie benutzt, um bürgerliche empirische Wissenschaft freizulegen, auch schon die Skepsis der Nominalisten richtet sich gegen den ideologischen Überbau der Feudalgesellschaft, also gegen die Scholastik. Die vier Idole bei Bacon, das idolon theatri besonders, meinen deutlich die Scholastik, die damals noch sehr mächtig war [vgl Bloch 1977, 249ff.]. Aber die lebte doch nicht mehr in dem aufgeklärten England des 18. Jahrhunderts. Das war eine verschollene Erinnerung, die, wenn irgend etwas davon auftauchte, mit so fremden Augen betrachtet wurde, wie man dic gotischcn Dome betrachtet hat, die man barbaresco, unförmige Gebäude nannte, geschmückt und verunreinigt – ich zitiere aus der Zeit – mit dem wunderlichsten Mönchszierat. Damit ist das gotische Ornament, ist die gotische Baukunst gemeint. »Krausborstige Ungeheuer« nannte man

die gotischen Dome, wie Goethe in dem Aufsatz »Von deutscher Baukunst« sagt [Goethe 1973, 33]. Nun, so ähnlich wurde die Scholastik betrachtet. Also dagegen richtet sich die Humesche Skepsis nicht. Wogegen dann? Sie richtet sich auch nicht – wie die Zerstörung der objektiven Welt bei Berkeley – gegen den Materialismus, obwohl das ein Nebeneffekt ist. Denn der Materialismus ist ja mehr empiristisch, so daß eine Verstandesskepsis sich nicht in erster Linie und mit entscheidender Stoßkraft gegen den Materialismus richten kann. Hume würde gar nichts dagegen eingewendet haben, daß sie sich auch gegen den Materialismus richtet, davon bin ich überzeugt. Aber es ist nicht die primäre Richtung. Primär richtet sich diese Skepsis gegen die reine Vernunft, gegen das, was dann mit entscheidendem Anstoß durch Hume eine Kritik bei Kant erfahren hat. Hume ist der, der Kant aus dem »dogmatischem Schlummer« erweckte, wie Kant selbst sagt [Kant 1783, 260]. Die Skepsis richtet sich also gegen den Dogmatismus der reinen Vernunft, Kant gebraucht das Wort »dogmatischer Schlummer«. Was ist denn nun hier das Dogma? Das ist nicht das Kirchendogma, das wäre scholastisch, sondern es ist die Erneuerung abgestandener und künstlich erfrischter Kirchenlehren mittels des Rationalismus, wie wir ihn am stärksten bei Christian Wolff vorfinden. Es ist aber auch der Glaube, daß man aus der reinen Vernunft den Weltinhalt herausspinnen könnte. Dieser erzenglische Angriff ist also ein Angriff gegen den kontinentalen Rationalismus von Descartes, nicht so sehr von Leibniz, aber von Christian Wolff und auch von Spinoza. Wir haben bei Spinoza eine majestätische Fassade nach dem Modell der Universalmathematik. In ununterbrochener Notwendigkeit, mit völliger Einheit von logischer und kausaler Notwendigkeit, also ohne Trennung von Erkenntnisgrund und Realgrund [vgl. S. 75 ff.], haben wir hier ein System der reinen Vernunft. Das ist Dogmatismus, das heißt, wie Kant später sagte, mit Vernunft rasen [Kant 1783, 383]. Das bedeutet nach jenen fernen Weltgegenden, in die kein Sinn hintasten kann, die metaphysischen Gläser richten. Das bedeutet, sich mit Dingen abgeben – nun kommt das Praktische heraus, das sich auch bei Voltaire findet –, für die wir nicht gebaut sind, die wir weder zu erkennen fähig sind noch die zu erkennen unsere Aufgabe ist. »Wir müssen unseren Garten bestellen«, heißt es am Ende von Voltaires »Candide« [Voltaire 1759]. Das heißt: bleiben wir hier, überlassen wir die metaphysischen Weltgegenden sich selbst, wir können sie nicht sehen, und wir können sie nicht mit reiner Vernunft erkennen. Sie haben in diesem Agnostizismus, der sich ja nicht gegen die naturwissenschaftliche Erkenntnis richtet, mindestens nicht primär, und sich nicht primär gegen den Materialismus richtet, Aufklärung, so wie Sie in dem »Candide« von Voltaire Aufklärung haben. »Ich sag es dir: ein Kerl, der spekuliert,/Ist wie ein Tier, auf dürrer Heide/ Von einem bösen Geist im Kreis herumgeführt,/Und ringsumher liegt schöne, grüne Weide./«, sagte Mephisto zu Faust [Goethe Faust I, Verse 1830-1833). Auch darin ist bürgerliche Aufklärung. Es geht gegen das Spinnen, gegen das Spekulieren, gegen das Wiedergebären von Glaubensvorstellungen aus der Scholastik mittels reiner Vernunft, nicht mittels der Vernunft des Syllogismus, wie in der Scholastik, sondern mittels einer strahlenden, durchgehend klar und deutlich, rational erscheinenden Vernunft, nämlich der Vernunft der universalen Mathematik. Gegen die universale Mathematik, die scheinbar Grundwissenschaft aus reiner Vernunft ist, die bloß in sich selbst spinnt und ein einziges Konsequenzmachen ist ohne Blick auf die Außenwelt, die ohne Sinnesdaten Erkenntnisse höherer Welten dogmatisch gewinnen will, dagegen geht primär die Humesche Skepsis. Sie ist ein Krisengefühl. Es dämmert, daß diese rein rationalen Zusammenhänge die Wirklichkeit nicht treffen, daß keine historisch realen Inhalte darin sind. Dies ist auch eine Wirkung von Hume gewesen, wenn zwar von Hume selbst nicht ausgesprochen. Aber so, wie das Schlechte, das nachher herauskommt, schon eingezahlt gewesen sein muß, so gilt das auch für das Bessere und Versöhnlichere, daß das darin steckt. Krisenbewußtsein ist immer gut in einer Klasse, die sich so stolz bläht und glaubt, es herrlich weit gebracht zu haben und mittels der reinen, abstrakten mathematischen Vernunft sämtliche Geheimnisse des Himmels und der Erden nicht nur gelöst zu haben, sondern sie noch neu zu bilden. Dieses muß gesagt werden, und ich weiß nicht, ob das Bild nun deutlicher geworden ist. Ich sagte ja, die Sache ist sehr verfilzt, und die Parteilichkeit hat es hier zum Teil sehr schwer, und sie hat es noch schwerer, weil im Unterschied zu Locke Hume ein tiefer Denker ist, der sich eben nicht einer verruchten Sache hingibt oder, wenn er sich einer verruchten Sache hingibt, Bileam gleicht, der segnen muß, wo er fluchen will [4. Mose 22.23.]. Es kommt dabei etwas Seltsames heraus, das in

der Nachfolge auch vielfach gebraucht werden konnte, außerhalb des Positivismus.
Humes Skepsis richtet sich wesentlich gegen zwei Kategorien und macht daran ein Problem kenntlich, das eben durch ihn in Gang kam, das Problem der Kausalität und das der Substantialität [vgl. Hume 1748, IV. Abschnitt u. ö.]. Wenn sich eine Skepsis gegen diese beiden Kategorien richtet, ist es wieder klar, daß sie sich auch gegen den Materialismus richtet, denn was ist Materialismus, vor allen Dingen der mechanische von damals, wenn er nicht kausal ist, und was ist Materie, wenn sie nicht als Substanz gefaßt wird? Es ist so wie mit Waffen, die als Defensiv- und als Offensivwaffen gebraucht werden können. Hume wird im 18. und Anfang des 19. Jahrhunderts unmittelbar gegen den metaphysischen Dogmatismus der Ratio gebraucht; sein Gebrauch als Positivist beginnt erst in den sechziger und siebziger Jahren des vorigen Jahrhunderts; um 1890, 1900 steht er dann zusammen mit Berkeley. Zunächst gibt es bei Hume eine Unterscheidung ähnlich der von sensation und reflection, der beiden Stämme oder Fenster, die wir von Locke her kennen, also der Empfindungen und der verbindenden Vorstellungen. – Empfindungen heißen aber bei Hume nicht sensations, sondern »impressions«, Eindrücke, Impressionen, und Vorstellungen nennt er »ideas«, Ideen [a.a.O., 32], wobei er auf folgenreiche, aber völlig entspannte Weise die Platonischen Begriffe erneuert. Ein Satz wie dieser: »Ich habe davon so eine blasse Idee«, entspricht genau diesem Sprachgebrauch, der wesentlich erst durch Hume ermöglicht worden ist. Unter Idee hat man bis dahin, auch noch bei Berkeley [Berkeley 1710, 38f. u. ö.], ein Platonisches verstanden, also einen sehr hoch über den einzelnen Gegenständen liegenden Gattungsbegriff, verdinglicht, metaphysiziert, hoch idealisiert, etwas, was in dem τόπος οὐράνιος, in dem himmlischen Ort west. Bis diese Art Idee herauskam, mußte erst die englische Verblassung kommen. »Idea« bedeutet auch im Englischen heutzutage nichts als »Vorstellung«. Die impression nun ist frisch, stark, lebhaft, Ölgemälde. Die idea ist mehr ein Aquarell oder eine Bleistiftskizze nach einem Ölgemälde, also blaß, und vor allen Dingen ist sie ausschließlich aus Empfindungen entstanden unter Mithilfe des Verstands, der aber nichts zu tun hat, als ein Nachbild oder ein Abbild von Empfindungen zu geben. Die Empfindungen sind als unmittelbare Wahrnehmung völlig gewiß, einleuchtend,

sonnenklar. Hume hat das als erster so stark betont. Wir haben dieses Pathos der Sinnlichkeit wieder bei Ludwig Feuerbach, das Sinnliche ist das Sonnenklare, woran es überhaupt keinen Zweifel geben kann. Man kann sich täuschen, aber diese Täuschung liegt nicht in der sinnlichen Wahrnehmung, sondern in meinem Urteil über die sinnliche Wahrnehmung, in dem, was der Verstand dazu sagt. An dem Sinnlichen gibt es überhaupt keinen Zweifel. Das ist eine paradoxe Umkehrung von Descartes und Leibniz, denen die mathematische Erkenntnis, die moralische Erkenntnis intuitiv sind, aber doch nicht die sinnliche Erkenntnis, die mir aufgedrängt ist, bei der ich gar nichts zu tun habe, die unmöglich einleuchten kann. Einleuchten kann ein mathematischer Lehrsatz oder ein moralischer Satz, aber doch nicht eine sinnliche Wahrnehmung, der jede Deutlichkeit fehlt. Die sinnliche Wahrnehmung ist im Rationalismus verworren, eine confusa conceptio, die erst aufgeweckt werden muß, die zur Erkenntnis nicht einmal gehört wird, sondern *verhört* wird wie ein Verbrecher, weil sie voll von Fallstricken ist und ungeheure Vorsicht der Beobachtung notwendig macht, auf daß ich mich nicht irre. »Wie anders tragen uns die Geistesfreuden/Von Buch zu Buch, von Blatt zu Blatt!« [Goethe Faust 1, Verse 1104/05], das ist Ratio; das andere hängt mit den wilden Trieben zusammen, mit vorüberfliegender Hitze, Empfindungen. Seit dieser völligen Umkehrung sind in der englischen Sprache zwei Synonyme für einleuchtend vorhanden: »evidently«, einleuchtend auf evidente Weise, kann genauso gesagt werden wie »as a matter of fact« [vgl. Hume 1748, 41 u. ö.], als ein Fakt, eine Tatsache. Für den Rationalismus ist das unvereinbar. A matter of fact ist nicht evident, das ist mir aufgedrängt, ich muß es erst langsam verstehen, ich muß es durchdringen, evident kann es überhaupt nie werden. Daß zwei mal zwei vier ist, oder was Demut ist oder Liebe oder Treue oder Rechtschaffenheit, das kann einleuchtend definiert werden. Aber was ein Füllfederhalter ist, kann doch nicht einleuchten; ich kann nur empirisch herausbekommen, wie der gebaut ist. Ganz umgekehrt ist hier das Sinnliche sonnenklar, intuitiv, klar und deutlich, nur in den Kombinationen des Verstandes findet sich eine unaufhörliche Quelle von Irrtum, die es in der Sinnlichkeit aus angegebenen Gründen nicht gibt. Dabei ist kein Inhalt in den Verstandesbeziehungen, die zwischen sinnlichen Daten angestellt werden, der nicht in den sinnlichen Daten sich vorfände, also wieder Lockes

»Nihil est in intellectu quod non fuerit in sensu.« Der Geist ist tabula rasa [Locke 1690, Bd. 1, 107 f.], aber so, daß der Verstand sich ebenfalls in dieser Tafel findet und die Beziehungen herstellt. Hume könnte also den tiefen, großartigen Satz von Leibniz gegen Locke, gegen die tabula rasa, nihil est in intellectu, quod non fuerit in sensu, nisi intellectus ipse [Leibniz 1765, 84], mit Ausnahme des Verstandes selbst, wiederholen: mit Ausnahme der Relationen; die sind nicht in der sinnlichen Wahrnehmung, die sind in der tabula rasa [vgl. Hume 1748, 41 ff. u. ö.]. Relationen stiften, Wege machen zwischen facts, das ist durch den Verstand gegeben.
Diese Relationen nun faßt Hume als Assoziationen [vgl. a.a.O., III. Abschnitt]. Das Ganze ist vollständig psychologistisch verdreckt, immer mit Psychologie zusammen, nach englischem Muster. Es sind Assoziationen, womit ich zum Beispiel auch in Phantasievorstellungen ungeheuer kühn zu sein scheine. Ich spreche von einem goldenen Berg – etwas Kühneres ist Hume nicht eingefallen [a.a.O., 33] –, da ist selbstverständlich Gold und da ist selbstverständlich Berg als sinnliches Datum vorausgesetzt, und der Verstand hat beide kombiniert. Goldene Berge aber sind eine Täuschung, das gibt es in der Welt nicht, und deshalb ist der Erkenntniswert solcher Begriffe an der Sinnlichkeit so zu messen und zu beurteilen, wie die Bleistiftkopie eines Gemäldes nach dem Original zu beurteilen ist, ob es getroffen, ob es abbildlich richtig ist. Die Art nun, wie die Verknüpfungen vor sich gehen, ist assoziativ, und hier greift Hume die kurz vorher ausgebildete englische Assoziationspsychologie auf und nimmt sie zu Hilfe. Die Assoziationspsychologie, also die Vergesellschaftung der Vorstellungen, wurde ausgebildet von David Hartley (1705-1757) und Joseph Priestley (1733-1804), letzterer übrigens außerdem der Entdecker des Sauerstoffs. Diese Assoziationspsychologie hat zwei Arten von Vergesellschaftung ausgezeichnet, das eine ist das Nebeneinander und das Nacheinander, also räumliche und zeitliche Nachbarschaft. Wenn ich Dimitroff-Museum sage, fällt mir Amtsgericht ein, nicht wegen des Prozesses, sondern wegen der Nachbarschaft, also der räumlichen Nähe. Oder etwas liegt zeitlich nacheinander. Ich habe gestern nach dem Mittagessen den Fritz getroffen. Werde ich ans Mittagessen erinnert, erinnere ich mich an den Fritz, weil ich den nachher gesehen habe. Das sind leere, räumliche oder zeitliche Assoziationen des Nebeneinanders und des Nacheinanders. Die

zweite Art der Assoziation ist die der kausalen Verknüpfung: daß, wenn ich eine Wirkung sehe, ich an ihre Usache erinnert werde, oder wenn ich eine Ursache habe, ich sehr leicht an die Wirkung komme. »Na also, wenn du das tust, das wird aber den Fritz ärgern!« – das ist natürlich keine räumliche oder zeitliche Nachbarschaft, sondern eine kausale Verbindung. Es ist ja typisch, daß so etwas in England ausgebildet wurde, Assoziation als Vergesellschaftung von Vorstellungen. Schon das Wort »Assoziation« in der Psychologie ist sehr sonderbar. Der Begriff einer kaufmännischen Vereinigung, einer Gesellschaft, zum Zweck eines Erwerbs natürlich, Kautschuk-Kompanie und so etwas, wird in die Psychologie hineingebracht, es geht also auch da bürgerlich vergesellschaftend her. So gehen die kaufmännischen Begriffe in England in die Psychologie hinein, und wir haben das übernommen, zusammen mit aller Ideologie übrigens, ungeprüft. So werden die Vorstellungen miteinander in Beziehungen gesetzt, und infolgedessen muß ihre Wahrheit immer an der Sinneswirklichkeit geprüft werden – mit einer einzigen Ausnahme, der Mathematik.

Die Mathematik nämlich geht überhaupt nicht aus dem Begriffs- oder Vorstellungsgefängnis heraus. Im Unterschied von allen anderen Wissenschaften, die Wissenschaften von Erfahrungstatsachen sind und von Schlüssen aus Tatsachen wieder auf Tatsachen gehen, ist sie eine Wissenschaft, die sich wesentlich nur innerhalb der Vorstellungen selbst bewegt [vgl. Hume 1748, 41, 82 f., 134 f.]. So wird sie von Hume gerühmt, aber eben nicht etwa, weil sie das Organ der mathematischen Naturwissenschaft wäre, sondern weil sie auf nichts anderes sich bezieht als auf die möglichen Verhältnisse für den Vorstellungsinhalt und weil sie gar nichts über die Beziehung dieser Beziehungen zu einer realen Außenwelt aussagt. Mathematik ist rein intuitiv im schlechten Sinn, ist in den reinen Verstand eingesperrt, gegen den doch Hume sonst vorgeht. Der damalige ungeheure Triumph der mathematischen Naturwissenschaft ist in Humes Einschätzung der Mathematik gar nicht verständlich. Andererseits ist Humes Abgrenzung wieder der stärkste Schlag gegen die Anmaßung einer rationalen Universalmathematik, die Welt aus reiner Vernunft zu begreifen. Auf der einen Seite also der Schlag gegen die mathematische Naturwissenschaft, damit gegen den Materialismus, und auf der anderen Seite der Schlag gegen den Rationalismus, gegen die universale Mathematik. Sie ist die einzige Wissenschaft, die sich nicht auf sinnliche Originale beziehen muß, um ihre Evidenz zu erweisen oder zu beweisen. Aller Beweis ist, wie Sie sehen, schließlich nur ein Erweis empirischer Art. Die Mathematik hat das nicht nötig, aber nicht, weil sie so vornehm wäre, sondern weil sie nach Hume so armselig ist, daß sie ohnehin des Vergleichs mit dem Originalgemälde erstens nicht bedürftig, zweitens aber auch nicht fähig ist. Alle anderen Assoziationen oder Sinnesinhaltsverknüpfungen beziehen sich auf eine Außenwelt, und zwar auf eine Außenwelt, deren Realität Hume wiederum nie geleugnet hat. Die Realität der vom Menschen unabhängigen Außenwelt steht ihm fest, seine Skepsis geht nicht gegen das, was man ja auch kaum eine Kategorie nennen kann, also gegen die »Kategorie« Realität. Sie geht gegen die Kategorien Kausalität und Substantialität in dieser Realität. Dagegen allerdings ist er nun skeptisch oder agnostisch, ja noch viel mehr als agnostisch, nämlich nihilistisch: Er löst auf. Da Hume nun aber kein Locke ist, hat er ein tiefes Problem erfaßt. Nämlich: Wieso denken wir denn notwendig kausal, vor allem kausal, aber auch substantial, da dies der Erfahrung gar nicht gegeben ist, sondern bloß eine Vorstellungsverknüpfung unerweisbarer Art ist?

Ich gehe nun auf das einzelne ein. Die Kritik der Kausalität ist nichts Neues. Die gab es schon in der antiken Skepsis, bei Karneades (214-129 v. Chr.), bei Ainesidemos, dem Vertreter der jüngeren Skepsis, der um 40 v. Chr. in Alexandria lehrte; wir haben sie bei den Motekallemin, den arabischen Skeptikern, die gleichzeitig Mystiker waren, Feinde von Avicenna und Averroës. Hier bei Hume nun taucht das völlig neu auf, mit einem neuen gesellschaftlichen Auftrag [vgl. Hume 1748, IV. Abschnitt]. Die Kritik geht dahin: Wahrnehmen können wir nur ein post hoc oder ein ante hoc, ein Nachher oder ein Vorher. Wenn eine Kugel A die Kugel B anstößt, und die Kugel B läuft, nennen wir die Bewegung der Kugel A die Ursache für die darauffolgende Bewegung der Kugel B. Wir sehen aber doch nur, daß die Kugel A vorher gelaufen, dann an Kugel B gestoßen ist. Dann bleibt die Kugel A liegen oder läuft langsamer weiter, und die Kugel B bewegt sich. Wir machen also aus einem *post hoc* ein *propter hoc*, aus etwas, was zeitlich nacheinander folgt, machen wir eine Ursachenwirkung [vgl. a.a.O., 45 f.]. Wieso machen wir das? Wieso haben wir diese notwendige Assoziationsverbindung gedanklicher Art? Denn das ist doch auch eine Assoziation, ein sich bildender Assoziationszusammenhang von Bewegung A mit Bewegung B. Ein Erwartungszusammenhang tritt unausweichlich auf: Alles in der Welt geht mit rechten Dingen her, das heißt kausal. Ich kann ihn an dem Originalgemälde nicht erweisen, denn das Originalgemälde zeigt mir nur zeitliche Abfolge. Diesen Erwartungszusammenhang nun – und mehr ist danach Kausalität nicht, sie ist aber auch nicht weniger –, den nennt Hume »belief« [a.a.O., 66 f.]. Englisch heißt das Glaube, man soll es aber nicht mit Glaube übersetzen. Glaube in unserem Sinn heißt »faith«, von »fides«. »Belief« ist für wahr halten, vermuten, annehmen, sehr stark annehmen. Der »belief« ist theoretisch nicht beweisbar, aber – nun kommt wieder der Engländer heraus – praktisch durchaus richtig. Hume ist ja kein Narr wie Berkeley, er ist Staatssekretär gewesen, der durchaus kausal gedacht hat. Also muß man sich verhalten, *als ob* es Ursache und Wirkung gäbe, es gibt sie ja praktisch durchaus, nur theoretisch sind sie nicht erweisbar. Hier sind nun selbstverständlich sehr große Probleme angerührt, indem wir ja wirklich Ursache und Wirkung erschließen mittels einer Denkfunktion und nicht sehen wie grün und blau. Die Sinnesbasis für diese Katagorie ist wirklich bloß ein zeitliches Nebeneinander. Nun aber: Was gibt denn den Anstoß in den einzelnen Arten oder in den einzelnen Elementen, die sich nacheinander berühren, daß ich in einem Fall nicht an kausale Verknüpfung denke und im anderen unausweichlich daran denke? Bei den Billardkugeln ist es unausweichlich, daß wir uns ihre Bewegung als kausal verknüpft denken, aber die Aufeinanderfolge von Tag und Nacht denken wir uns nicht kausal. Selbst wenn wir die Kausalität als eine in Jahrtausenden eingefahrene Assoziationsbahn ansehen, so hat sich doch nie in so langer Zeit die Kausalverknüpfung eingehämmert, daß die Nacht die Ursache des Tages wäre oder der Tag die Ursache der Nacht. Dabei kommt das doch viel häufiger vor, als daß wir zwei Billardkugeln aufeinanderstoßen sehen. Woran liegt es, daß hier die Kausalitätsfunktion nicht in Gang kommt? Die Sinnesinhalte haben zweifellos einen Einfluß; aber warum ist die Kausalitätsfunktion hier notwendiger, dort weniger notwendig, ja, warum kommt sie denn überhaupt mit diesem »belief«, mit diesem Zwang zum Glauben in Gang, worin ist denn das begründet? Aber der common-sense-Philosoph Hume hatte praktischen Menschenverstand genug, daß er die Kausalität für praktische, physikalische Zwecke

bestehen ließ; er hat sie nur philosophisch aufgelöst. Er ist ja kein Skeptiker, der in ein sausendes Auto hineinstürzt, weil er seinen Sinnen nicht traut und nicht glaubt, daß da ein Auto kommt. So einer wird überfahren und hat auf diese Weise eine solide Quittung für die Realität des Autos. Diese Art Skepsis gibt es bei dem Staatsmann Hume nicht. Wenn die Kausalität eine theoretisch nicht erlaubte Kategorie ist, so muß sie doch bei Strafe des Untergangs praktisch erlaubt sein, sonst könnten wir nicht handeln.
Wie nun die Kausalität im strengsten Sinn eine unbegründbare Hinzufügung zu dem Nacheinander ist, so ist die Substantialität eine ebensolche Hinzufügung zu dem Miteinander von Sinneseindrücken. Was wir Ding nennen, aber auch Materie, Seele, Person, Ich, Geist, das ist alles nur ein Summenzeichen für zugleich erscheinende und in relativem Gleichgewichtszustand befindliche Sinnesinhalte. Das Ernst Machsche haben Sie also durch den Nominalismus auch hier. Das Ganze ist ja völlig nominalistisch, die Auflösung von Gattungsbegriffen und Kategorien großer, umfassender Art, der Substantialität vor allem, die im Mittelalter viel mehr angegriffen wurde als die Kausalität, weil Kausalität kein mittelalterlich-realer Begriff war. Substantialität ist also ebenfalls eine hinzugefügte Assoziationskategorie, die aber ebenso für das Ich und für die Seele gilt, die ebenfalls ein Bündel von Vorstellungen genannt wird und keine Wirklichkeit hat.
Das Abgefeimte daran ist etwas, was sich im Empiriokritizismus wiederholt: Hier werden in einem Eintopfgericht von Skeptizismus die Materie und die Seele zusammengekocht, Hume ist gegen den Materialismus, aber er ist auch gegen den Spiritualismus, mit der Seele hat er auch nichts zu tun, und vom lieben Gott ist überhaupt keine Rede. Dieses ist das Abgefeimte in Hume, was im Anfang nicht darin war, was dann aber später herauskam. In diesem Nominalismus berührt sich Hume mit Berkeley, dem es allerdings von Anfang an auf einen Schlag gegen den Materialismus ankam. Bei Hume ist die Stoßkraft noch primär gegen die rationale Psychologie, rationale Kosmologie, rationale Theologie gerichtet. Ohne Hume hätte sich Kant in der »transzendentalen Dialektik« seiner »Kritik der reinen Vernunft« [Kant 1787, B 349-B 736] nicht mit den Antinomien der reinen Vernunft beschäftigt. Rationale Psychologie ist das Herausklamüsern des Wesens des Seelischen aus reiner Vernunft [a.a.O., B 399-B 433], die rationale Kosmologie

stellt über das Wesen der Welt die Fragen, ob die Welt einen Anfang in der Zeit oder keinen Anfang in der Zeit hat, ob sie im Raum unendlich oder nicht unendlich ist [a.a.O., B 454-B 461] und so fort, und die rationale Theologie beschäftigt sich mit der Beschaffenheit Gottes, der Schöpfung, der Weltregierung [a.a.O., B 595-B 670]. Das alles sollte durch die Vernunft erkennbar sein und schwimmt nun durch Kant alles unbewiesen und unbeweisbar in seinem Blute [vgl. Heine 1968, Bd. 3, 604]. Die Skepsis hat Kant übernommen. Die Stoßrichtung geht gegen Materialismus, soweit Materie in der Substantialität gemeint ist, aber zu dieser Zeit geht sie fühlbarer gegen den Rationalismus. Ein erstes Beben geht durch diese großartigen Konstruktionen der universalen Mathematik, eine erste Einsicht, daß das abstrakt ist, daß es die Inhalte dessen, was es behandelt, mittels der reinen Vernunft nicht trifft, daß es nicht materiell ist, ja, man kann sagen, daß es nicht materialistisch ist und vor allem nicht historisch-materialistisch. Ich wiederhole noch einmal: Die Realität der Außenwelt wird damit nicht angefochten, nach Hume besteht sie unabhängig von unserer Wahrnehmung, auch bei Unterbrechung der Wahrnehmung fort. Allerdings ist es wieder nicht beweisbar, daß es eine von uns unabhängige Außenwelt gibt. Das ist im strengen Sinn ja nicht unrichtig, wie ich bereits bei Berkeley sagte [vgl. S. 229], so wie Sie einem Irren ja auch nicht widerlegen können, daß er aus Glas ist und deshalb zerbricht, wenn er hinfällt, oder daß die Sonne durch ihn scheint. Widerlegen Sie einmal einem Irren, der mit einem anderen aus dem Fenster eines Irrenhauses heraussieht und, da er einen Regenbogen sieht, sagt: »Für so etwas hat der Staat Geld, aber um uns studieren zu lassen, dafür hat er keins.« Wo kämen Sie denn da hin, wenn Sie widerlegen wollten, daß der Staat Regenbogen finanziert. In dem wirren System eines Irren ist das aber logisch völlig zusammenhängend. So auch ist der Solipsismus nicht zu widerlegen, da hilft nur das Schwert wie für den Gordischen Knoten. Für Hume nun sind Ansichten über die Welt jenseits dessen, was sinnlich beweisbar ist, was mit der Barzahlung der sinnlichen Wirklichkeit gedeckt werden kann, nur faule Schecks – ich rede jetzt englisch –, ungedeckte Schecks, mit denen sich diejenigen strafbar machen, die sie ausstellen, und das sind die Pfaffen. Alle Dinge also, die sich auf unerfahrbare Gegenstände beziehen, Fortleben nach dem Tode, Jüngstes Gericht, Wesen Gottes, Engel, sind ungedeckte Schecks [vgl.

Hume 1748, XI. Abschnitt]. Das ist die weitere Folge dieses Kampfes gegen rationalen Dogmatismus. Sie sehen wieder, wie schwierig das ist, wie hier etwas durcheinandergeht in den verworrenen Aufträgen und wie eine Bausch- und Bogenablehnung des Skeptizismus sich den Zugang und vor allen Dingen auch die Einsicht in die historische Wirksamkeit Humes versperrt. Natürlich war Hume auch ein Urheber des Positivismus, er hat nur nicht ganz so schädlich gewirkt wie Berkeley, weil er nicht so ansteckend irrsinnig ist wie Berkeley selbst, der Vater des Positivismus.

Ich fasse zusammen. *Erstens:* Hume ist gefährlich mit Berkeley vereint im Kampf gegen rationale Erkenntnis der Welt durch die radikale Kritik an den Kategorien der Kausalität und Substantialität, also im Kampf gegen den Materialismus.

Zweitens: Progressive Kritik an der rationalistischen Fassade, an der universalen Mathematik, an der Fetischisierung des kaufmännischen Kalküls mit der Absicht, die alte Glaubenswelt in einer reduzierten Form mittels der reinen Vernunft wieder einzusetzen, wobei die Vernunft, das Räsonieren entmannt werden. Die Studenten auf den Universitäten wurden ja mittels der reinen Vernunft wieder zu den Glaubensinhalten zurückgeführt, an denen die aufsteigende bürgerliche Klasse kein Interesse mehr hatte, weil sie Ideologie für die feudale Unterdrückung waren. An den deutschen Universitäten, den Universitäten von Christian Wolff, wurde mittels der reinen Vernunft, mittels der Aufklärung, die echt war, die Vernunft wieder kastriert und aus sich selbst heraus sozusagen betrogen und belogen. Sie bewies wieder das Dasein Gottes, die Unsterblichkeit der Seele, die Herrschaft der Weltregierung und, daß die Fürsten von Gottes Gnaden sind. Dagegen geht Humes Skepsis und insofern ist sie eine nicht ganz ungesunde Skepsis. Dieses hat die Kantische Kritik in Gang gebracht. Johann Georg Hamann (1730-1788), der Freund von Kant, rief Kant auf und sagte: »Werde unser preußischer Hume!« Kant ist bedeutend etwas anderes geworden und mehr geworden, aber der Anlaß zum Erwachen aus dem dogmatischen Schlummer war nach der eigenen Mitteilung Kants durch Hume gesetzt.

Das *dritte* ist etwas Merkwürdiges, es ist das Problem der Notwendigkeit. Warum denn ist es unausweichlich, kausal zu denken, die Kategorie der Kausalität auf Sinnesempfindungen anzuwenden, viel unausweichlicher, als substantial zu denken, um mich dem

Tenor der Sache gemäß idealistisch auszudrücken. Man kann diese Notwendigkeit empirisch erklären als Jahrtausende lang eingefahrene Assoziationsbahn. Aber bei der Kausalität besteht die Frage, wieso die Bahn eingefahren ist. Beim ersten Mal ist man doch noch nicht darauf gekommen, daß etwas kausal ist, erst ganz allmählich hat sich der Topf gefüllt mit Kausalerkenntnissen. Da ist etwas vorausgesetzt, was sich erst nachher gebildet hat, nämlich doch eine kausale Erkenntnis. Aber wie wird allmählich aus einer Erkenntnis von nach-einander eine Erkenntnis von durch-einander? Wir nehmen den Fall entwicklungsgeschichtlich. Der erste Sinn war der Tastsinn, und alle unsere Sinnesorgane haben sich aus Tastsinnesnerven entwickelt, aber es ist sehr schwer vorstellbar, wie aus Tastsinn ein Auge entstanden sein soll. Das ist ein dialektischer Umschlag, und wie ist es nun mit dem dialektischen Umschlag hier, bei dem Entstehen von kausalem Denken? Hier steckt ein Problem, wobei im übrigen, wenn es auch gelingen sollte, es als eingefahrene Assoziationsbahn zu begreifen, die andere Frage überhaupt noch nicht erledigt ist, nämlich die, ob die Kategorie der Kausalität eine realistische Abbildungskategorie ist. Es ist alles mögliche genetisch entstanden, es entstehen auch Krebsgeschwülste genetisch, die für die Gesundheit nicht gut sind, es entstehen auch Irrtümer genetisch. Wir haben hier wiederum die Unterscheidung zwischen quaestio facti und quaestio juris, zwischen der Tatsachenfrage und der erkenntnistheoretischen Rechtsfrage [vgl. Kant 1787, B 116]. Lenin übernimmt die Annahme, daß die Kategorien durch eingefahrene Assoziationen genetisch entstanden sind [vgl. Lenin 1909, 32, 37 u. ö.], aber das Problem ist damit doch noch nicht erschöpft.

Das *vierte* ist – trotz des scheußlichen Psychologismus von Hume, der dauernd in Assoziationspsychologie arbeitet –, daß das Problem der Entstehung von Kategorien da ist. Das gibt einen Ausblick in eine erst kommende Tiefe, nämlich eine Genesislehre der Kategorien, nicht eine biologische oder historische Entwicklungsgeschichte, sondern eine Genesislehre der Kategorien, die Lehre, daß Kategorien selbst entstehen, ein Reich bilden, daß eine Ordnung in der Abfolge der Kategorien ist. Objektiv-idealistisch hat das ein Mann zu lösen gesucht, der denkbar weit von Hume entfernt ist, nämlich Hegel. Ihm entspringen die Kategorien dialektisch auseinander [Hegel 1812 und 1813/16]. Davon ist bei Hume gar keine

Rede, das ist erst möglich in der zweiten Epoche des bürgerlichen Rationalismus, also nicht bei Descartes, nicht bei Spinoza, nicht bei Leibniz, sondern bei Kant, Fichte, Schelling, Hegel. Diese zweite Epoche ist wieder rationalistisch, aber es ist etwas ganz anderes eingetreten: Mehr als bisher ist der homo faber, der subjektive Faktor zur Geltung gekommen, das erkenntnistheoretische Erzeugungsproblem, der Anteil des Menschen an der Erkenntnis durch Arbeit im letzten Grunde. Und es ist zur Geltung gekommen, daß rationale Kategorien null und nichtig sind, wenn sie nicht inhaltsbezogen sind, wenn also die genetisch-dialektische Entwicklung der Kategorien nicht die genetisch-dialektische Entwicklung der Kategorieninhalte, die geformten Weltinhalte, mit erfaßt und abbildet. Das alles steckt in diesem merkwürdigen Anreger Hume, der ein kompletter philosophischer Schädling ist, aber ein großer Anreger, ohne den die Geschichte der Philosophie, vor allem der deutschen klassischen Philosophie, schwerlich genau den Gang genommen hätte, den sie genommen hat. Die Übergangsvermittlung von Hume zu der weiteren deutschen Philosophie ist eben gegeben durch Kant, der mit Humescher Problemstellung seine »Kritik der reinen Vernunft« [Kant 1787] begonnen hat. Wir können dieses nicht ganz leichte Kapitel schließen, es bleibt ja weiteren Überlegungen vorbehalten, und wir werden immer noch von Zeit zu Zeit auf Hume stoßen, einen Mann, der wieder etwas von dem sonst in England so völlig verschollenen Scharfsinn der großen englischen Philosophen aus der Spätscholastik enthält. Es ist ein merkwürdiger, vieldeutiger Mann, dessen Charakterbild in der Geschichte nicht einmal schwankt, aber zum Schwanken gebracht werden könnte. Jedenfalls spricht man über David Hume in einem anderen Ton als über Locke.

6. DIE FRANZÖSISCHE AUFKLÄRUNG

Historischer und gesellschaftlicher Hintergrund

Wir begeben uns nun zu »Schiff nach Frankreich« [Schiller 1965 f, Bd. 2, 686], wir gehen also wieder auf den Kontinent. Wir haben die deutsche, wir haben die englische Aufklärung gehabt mit dem Gegenschlag Berkeley und gehen nun dorthin, wo die Konsequenzen bis zur Schärfe des Beils gegen die herrschende Klasse gezogen worden sind, wir gehen zu der französischen Aufklärung, die nun endlich unverblümt den ehrlichen Namen tragen kann »französischer Materialismus«. Die Zeiten der Halbheit sind vorbei. Die Zeiten der deutschen Schlafmütze und die Zeiten des englischen wattierten Schlafrocks mit der summenden Teemaschine und der Angleichung des Bürgers an die Großgrundbesitzerklasse und der Großgrundbesitzerklasse an den Bürger, mit dem lauen Frieden mit einer Kirche und dem lieben Gott zu herabgesetztem Preis, die sind aus. Es geht nun scharf her, es geht französisch her, es ist eine Entschiedenheit da, die in des Wortes großartigster und schrecklichster Bedeutung keinen Spaß mehr versteht. So ist der französische Materialismus von Anfang an verbunden mit einer revolutionären Bewegung, mit der revolutionären Bewegung der Bourgeoisie gegen den Feudalismus und die Kirche. Ich brauche Sie nicht noch einmal an den Grundunterschied zu erinnern: in England Bündnis, in Frankreich Opposition, auch ein Bündnis, aber ein ganz anderes, das Bündnis der Monarchie mit der Bourgeoisie gegen den Feudaladel, und die Bourgeoisie machte den durch die Monarchie, durch den Absolutismus lange erlaubten Stoß gegen alle feudalen Rückstände selbstverständlich mit. Was nun eintritt und was die Aufklärung in Frankreich zunächst scharf macht, das ist nicht nur die rücksichtslose Konsequenz, wie wir sehen werden, sondern es ist die Einfachheit. Man braucht Losungen, man braucht Weltanschauungsplakate, um revolutionäre Politik zu machen, man läßt politisch überflüssige, die Handlung im Augenblick hemmende Probleme, Zweideutigkeiten, Nachdenklichkeiten, Tiefsinnigkeiten weg um der Schlagkraft willen, um der Einseitigkeit willen, die genauso wie die Einheit stark macht, nämlich zu diesem Ton, zu diesem Schlag. So haben wir also Weglassungen in Menge, haben auf diese Weise aber auch Klarheit und haben eine Herausholung und eine Pointierung des politisch Notwendigen und des weltanschaulich leicht, scharf und durchdringend Faßbaren. Ein Gefühl kann entstehen wie: das ist klar, das ist richtig, das ist ehrenhaft, das trifft den Nagel auf den Kopf, das hat Hand und Fuß. Das eben macht den Materialismus zur endlich entdeckten Philosophie des bon sens, nicht des gesunden Menschenverstandes, nicht des common sense, sondern des französischen bon sens, der sich auf Essen und Trinken versteht und der weiß, daß kein Tanz vor dem Essen geht, – bäurische Elemente, in denen eine Ordnung von Basis und Überbau ist. Das Essen kommt zuerst als die solide Grundlage. Auf dieses trifft der französische Materialismus auf. Der Adel war längst schon in eine Zange genommen, und das Bürgertum brachte zu diesem Materialismus die Kraft mit. Es ist nicht das gedrückte, armselige deutsche Bürgertum mit der Schlafmütze in den spitzwinkligen kleinen Häuschen, das jedesmal, wenn es eine Uniform sieht, sich verneigen und »Halten zu Gnaden, gnädiger Herr« sagen muß. Nein, das ist ein ökonomisch bereits zur Macht gelangtes Bürgertum, ein mindestens zur Reichtumsmacht gelangtes Bürgertum. Es stiegen aus der Bourgeoisie durch Bestechung oder durch Studium große Teile auf in den Adel, die die noblesse de robe bildeten. Sie, der bürgerliche Amtsadel, hat gewiß die Bourgeoisie immer wieder entspannt. Wie es eine Verkleinbürgerlichung des Proletariats gibt, so gab es eine Feudalisierung der Bourgeoisie. Aber auf andere Weise hat diese noblesse de robe die Feudalität wieder entspannt und entgiftet und sie überdies noch völlig zugänglich gemacht für das, was als bürgerliche Ideologie sich ausgebildet hat gegen das eigene feudale Interesse.

Politisch ist schon viel Rationales geschehen. Der Rationalismus beginnt ja nicht 1789. Ihn haben wir, von der Renaissance ganz zu schweigen, schon im 17. Jahrhundert völlig ausgebildet gesehen. Dieser Rationalismus kommt aus dem Kalkül, aus der bürgerlichen Haltung, aus der bürgerlichen Rechenhaftigkeit, aus der Notwendigkeit, einen offen gewordenen oder offen werdenden Markt zu beherrschen. In der Französischen Revolution wurden die Namen der angestammten französischen Provinzen, die guten alten, gewachsenen, romantischen Namen Normandie, Picardie, Provence, Burgund und so fort aufgegeben und an ihre Stelle die nüchternen Departements und Arrondissements gesetzt. Das war schon vorbereitet durch die Etatisierung der alten Provinzen unter Colbert (1619-1683), die rationalistische Verwaltung, zentral von Paris abhängig. In der gleichen Linie wurden auch die organischen Maße abgeschafft, also Elle, Fuß, Zoll, und die alten astrologischen Bezeichnungen, die 3, 6, 9, die alle von der babylonischen Zahl 360 stammen. Im englischen Geld ist das noch erhalten, und auch bei uns herrschte bis 1870 in den Briefmarken des norddeutschen Postbezirkes noch das Dreiersystem. Wir haben das aufgehoben und durch 5, 10, 20, 100 ersetzt, auf der Grundlage des Meters. In England, das nicht mitmacht, das immer wieder mit einem Fuß im Alten stehen will und die Perücke bei Gerichtsverhandlungen noch trägt, haben Sie auch die alte Form im Geld und in den Maßbezeichnungen: inch, Zoll und food, Fuß. In Amerika haben Sie die Mischung, im Geld das Dezimalsystem, das ist die amerikanische Revolution, und in den Maßen das englische System, das sind die »Töchter der amerikanischen Revolution«, die reaktionäre Bagage, die geblieben ist, die nicht bis zu Ende geht. Auf dem Kontinent aber siegte nach französischem Vorbild das rationale Dezimalsystem, einfach, schnell, klar. Weg mit Babylon, weg mit dem Astralmythos, aus dessen Teilung des Kreises in 360 Grad die Dreizahlen kommen.

Ebenso ist es mit dem Theater. Lange vor der Französischen Revolution und auch eigentlich vor dem Materialismus sind die Inhalte des höfischen, klassizistischen Dramas bürgerlich. Die Bourgeoisie hat gar keinen gesellschaftlichen Rang, wenn sie sich ihn nicht durch Geld erkauft hat und als noblesse de robe geadelt wurde. In das Theater dürfen die Bürger nur hinein, wenn sie sehr viel Geld haben. Aber die Themen, die in den Dramen Jean Racines (1639-1699) und Pierre Corneilles (1606-1684) abgehandelt werden, von Molière ganz zu schweigen, sind bürgerliche Themen, bürgerliche Konfliktstoffe in antiker Verkleidung. Die da auftreten, sind keine Adligen, das ist nicht mehr das, was in mittelalterlichen Epen war, nicht das, was im spanischen Theater gleichzeitig bei Pedro Calderón (1600-1681) vorkommt, Probleme der Ehre und des Glaubens. Nein, das sind bürgerliche Konflikte, Liebeskonflikte, Konflikte der Pflichten gegen seinen Nächsten und gegen sich selbst, also Dinge, die zeigen, daß die bürgerliche Ideologie schon sehr weit vorgedrungen ist, noch weit über die Dezimetermaße hinaus, und den Adel sehr durchlöchert, beeinflußt hat, ja den Adel zum Träger der eigenen Ideologie gemacht hat auf Grund des Bildungsprivilegs und des Privilegs der Muse.

So haben wir den Atheismus vorschreitend in der Schicht, der er nachher den Kopf abschneidet. Der Adel ist der Träger gewesen, das Volk machte gar nicht in dem Maße mit, das liebte diese Konsequenzen aus bestimmten Gründen gar nicht. Die sehr große Sonderbarkeit und auch wieder Schwierigkeit in dem Entwirren der Basis des französischen Materialismus ist die, daß diese Basis nicht nur dritter Stand ist. Ich sage mit Bewußtsein »Basis«, ich sage nicht »Mitläufer«. Das wären dann bloß die Mitläufer aus dem Adel, der schon zerfressen war. Nein, es sind Basiselemente im untergehenden Adel. Maximilien Robespierre (1758-1794) war Deist, und der Atheismus galt in der Jakobinerzeit als staatsgefährlich und verdächtig, denn damit konnte man nicht siegen. Im gewissen Sinn ist ein Problem der Agrarrevolution darin. Die Bauern waren nicht mit dem Atheismus, dieser rein städtischen Sache, zu gewinnen – der Atheismus war die Weltanschauung des Wüstlings. Das könnten wir nicht mehr nacherleben, wenn wir nicht die klassischen Dramen hätten. Franz Moor ist ein französischer Materialist, er hat die französischen Materialisten gelesen. »Habt Ihr im Sinn, über die Religion zu spotten, oder fangt Ihr an, vor ihr zu zittern?« fragt der Pastor Moser Franz Moor in seiner letzten Stunde [»Die Räuber«, Schiller 1965 f., Bd. 1, 603]. Und der Traum vom Jüngsten Gericht, diese Glaubensvorstellung, hatte für das Bauernvolk eine Fluchtbedeutung, eine Ersatzbedeutung, war aber zugleich etwas, was die Erbitterung wachhielt. Ich habe die Stelle aus »Kabale und Liebe« wohl schon genannt, um das Problem für die damalige Zeit sichtbar zu machen: »Es leb unser Landesvater – am Jüngsten Gericht sind wir wieder da!« rufen die nach Amerika verkauften Untertanen [Schiller 1965, Bd. 1, 781]. Das Jüngste Gericht hat im großen eine Bedeutung wie Rübezahl oder der Räuber, der den Bauern beisteht gegen die Blutsauger im kleinen. So gibt es auch einen Gott, der ihnen beisteht, der verbirgt sich noch, aber der wird es ihnen schon zeigen. Beim Jüngsten Gericht sind die Sünder die Herren und die Gerechten sind wir. Das hielt wach, im Unterschied zu der ägyptischen Religion, wo es im Jenseits genauso weitergeht wie auf Erden, wo die Schnitter schneiden und die Bauern säen und die Könige auf Prunkschiffen auf dem unterirdischen Nil immer weiterfahren. Im christlichen

Glauben dreht sich beim Jüngsten Gericht alles um, die Hohen werden niedrig, und die Niedrigen werden erhöht. Wenn das nun wegfiele, dann fiele die Angst der Herren weg, dann könnten sie machen, was sie wollen, dann gäbe es keine Rache, sie stürben eines seligen Todes in einem seidenen Bett, kämen ins Mausoleum und alles wäre vorüber. Das waren religiöse Elemente, die das Volk sich nicht entziehen lassen wollte, denn Träger dieses Epikureismus – jetzt bekommt das Wort »Epikureismus« einen Sinn, den es zu Schillers Zeit hatte, den Sinn des Wüstlings – war der Adel. Nun, der Ernst des Aufstands des dritten Stands 1789 hat alle diese Eventualitäten, Spitzfindigkeiten und Schwierigkeiten im Nu weggeblasen, da war kein Zweifel mehr, für wen er geschah, nämlich nicht für Franz Moor. Aber in der Entstehungsphase ist es so gewesen, weshalb damals aus politischen Gründen der Deismus den radikalen Atheismus gemildert hat. In England war das Feigheit, während es hier Klugheit oder Kompliziertheit war. So war Voltaire ein Deist, das heißt: Es gibt einen Gott, der hat zwar nicht viel mit uns zu tun, aber es gibt ihn wenigstens. Und Robespierre, als Deist, führte 1794 den Kult der Vernunft ein, denn Gott ist auch wieder die Wahrheit. Das war alles sehr freimaurerisch verblasen, aber das Element war geblieben, und ursprünglich hat die herrschende Klasse nichts davon gemerkt, nicht nur, weil sie angefressen war, das steht sowieso fest, sondern weil etwas da war, das dahin zog, daher der königlich preußische Hof-Atheist La Mettrie, wie Voltaire gespottet hat, daher die Einladung Diderots durch die Zarin Katharina nach Petersburg, wo es auch eine ganz dünne Schicht der Aufklärung gab. Auf diesem Ohr hat der Hochadel immerhin auch noch sehr gut gehört und er hat nicht seinen Untergang herausgehört. Das ist das sehr Seltsame, das, um die Sache historisch richtig zu sehen, erwähnt werden muß. Wir sprechen hier immer nur von Überläufern, entsprechend den Überläufern aus der bürgerlichen Klasse auf die Seite des Proletariats, aber die ersten Überläufer waren Marx und Engels, die ja nicht aus dem Proletariat kamen. Die sogenannten Überläufer aus dem französischen Adel dagegen hatten gar nichts von irgendeinem versteckten bürgerlichen Interesse, sondern sie hatten zum Teil selbst diese Ideologie, und das bestimmte eben die Ideologie im Gang der Französischen Revolution.

Die weitere Vorbereitung brauche ich Ihnen nicht mehr besonders ausführlich in Erinnerung zu rufen. Wir haben Pierre Gassendi (1592-1655), der die Atomlehre, auf französischem Boden schon im 17. Jahrhundert erneuert; wir haben Hobbes mit der Lehre, daß die Philosophie die Wissenschaft von der Bewegung der Körper ist, der mechanischen und der politischen Körper [vgl. Hobbes 1655, 11 f.]. Die qualitativen Bestimmungen, der pausbäckige Materialismus, wenn man so sagen kann, verschwindet bei Hobbes, es tritt der hagere, aber auch der muskelhafte, energische, der rationelle, der puritanische Materialismus ein, der die »rücksichtslose Konsequenz des Verstandes« entwickelt, wie Marx sagt [Marx/Engels 1845, 136]. Wir haben auf dem Festland Descartes, der Rationalist ist, der einen Gottesbeweis macht und der gleichzeitig die Welt völlig mechanisch faßt und die Tiere Maschinen nennt [vgl. S. 44]. La Mettrie nannte sich einen Schüler des Descartes, er hat die Kategorie der Maschine vom Tier nur mit Konsequenz auf den Menschen übertragen, also »L'homme machine« [La Mettrie 1748]. Wir haben Spinoza, bei dem das Attribut der Ausdehnung (als des Raums) zweifellos in seiner Darstellung ein Übergewicht hat über die res cogitans [vgl. S. 85 f.], gegenüber Descartes, der beide gleichordnet. Spinoza ordnet sie zwar auch gleich, aber indem er Mathematik, Geometrie, Erdraummessung als Organ nimmt für seine Philosophie, muß ein Primat des Raums herauskommen, denn die res cogitans hat ja keine Geometrie. Raum, Ausdehnung, Welt, Kosmomorphisches, eben bei Spinoza deutlich mit Ablehnung des Zwecks, mit Ablehnung jeder Schöpfung, mit Ablehnung jeder Endabsicht, also jeder Vorsehung, ein Grundelement des mechanischen Materialismus wie bei Hobbes – das sind alles Elemente, die längst schon das Feld für den französischen Materialismus vorbereitet haben. Ein scheinbarer Rückschlag erfolgt bei Leibniz durch den Begriff der Monaden als Kraftpunkte, als Seelenpunkte, womit ein psychisches Element hereinkommt und der Raum wieder zurücktritt. Der Raum wird ein phaenomenon bene fundatum [vgl. S. 128]. Das ist aber nur scheinbar, denn dafür haben wir den ungeheuren Gedanken der Entwicklungsgeschichte der Welt, der sich als dauerndes Gewissen anmeldet. Er ist zwar großenteils nicht durchdringend im mechanischen Materialismus, er ist aber da. Aufsteigen, Qualifizieren der Materie, sagt La Mettrie deutlich mit Leibnizscher Form. Das alles sind die Vorbereitungen, an die ich nur zu erinnern brauche. [...]

Wir haben also einige Quellen des französischen Materialismus aufgesucht: erstens französische Entschiedenheit, zweitens französische Ratio, drittens Erbe an einer ungemilderten Vorgeschichte der nationalen Weise des tiefen Denkens. Vieles war schon vorbereitet in Form der Bürokratisierung und der Rationalisierung des Daseins durch den Aufstieg des französischen Bürgertums. Dazu kommt die bedeutende Rolle, die die Mathematik spielte als die Wissenschaft der Rationalisierung par excellence, entsprechend der Kalkulation, die der Unternehmer auf dem offenen Markt nötig hatte. Wie stark naturwissenschaftliche Begriffe in ihrer mathematischen Formulierung durch das kapitalistische Interesse bestimmt waren, geht zum Beispiel aus dem Ursprung des Begriffs PS, Pferdestärke, hervor, den wir ja noch verwenden. Wissen Sie, warum man PS sagt? Die englischen Bergwerke waren am Ersaufen, und die Pferde, die armen Kreaturen in der Finsternis da unten, die die Göpel drehen mußten, um das Pumpwerk in Betrieb zu halten, reichten nicht mehr aus. So empfahl sich die Entwässerung der Bergwerke durch die neu erfundene Dampfmaschine, die später durch Schieber und Schwungrad verbessert wurde. Um aber den Bergwerksbesitzern die Anschaffung einer Maschine schmackhaft zu machen, machte James Watt eine Berechnung. Er berechnete nämlich die Arbeit eines Pferdes in einer Minute oder einer Viertelstunde und die Arbeit seiner Dampfmaschine in einer Minute oder einer Viertelstunde, er machte eine Kalkulation der gleichen Arbeitsleistung und stellte eine Kostenberechnung auf des Futters für den Gaul und der Kohle für die Maschine. Es stellte sich heraus, daß die Maschine viel mehr arbeitete und daß sie viel rentabler war als der Gaul. Also PS hat gesiegt, der Gaul wurde abgesetzt, und PS wurde die Arbeit einer Dampfmaschine. So entstand die bis heute geltende PS aus dem kapitalistischen Rechnungsinteresse, dem Vergleich von Futterkosten und Kohlekosten. Sie sehen also, wie eng die Übergänge von der Rentabilitätsberechnung bis zur Mathematik und dann zu naturwissenschaftlichen Begriffen sind, Dinge, auf die im Mittelalter und in der Feudalgesellschaft niemand gekommen wäre. Das alles beförderte – und damit bin ich immer wieder im französischen Materialismus – enorm das quantitative Denken und die Tendenz der Gesellschaft, tunlichst alle Qualitäten auf Quantitäten zurückzuführen. Über das politische Interesse habe ich mich noch nicht weiter ausgelassen, das davon nicht unabhängig ist, aber in einer anderen Gangart geht. Also Brechstange gegen die Geistlichkeit und gegen die Feudalität und gegen den Monarchen von Gottes Gnaden. Soviel über die Bedingungen des französischen Materialismus als der Ideologie der revolutionären Bourgeoisie.

Pierre Bayle

Ich möchte Ihnen nun einige Männer nennen, die nicht im engeren Sinn Materialisten sind, sondern eben die französische Aufklärung im größten Stil einleiten oder darstellen, also erstens Pierre Bayle (1647-1706). Sein Hauptwerk, einem Aufklärungswerk par excellence, ist der große »Dictionnaire« [Bayle 1695/97], das »Wörterbuch«. Ein Wörterbuch nicht in dem Sinn, daß es die Bedeutung eines Worts angibt wie ein Fremdwortverzeichnis, auch nicht eigentlich ein Lexikon, das eine neutrale Haltung oder eine scheinbar neutrale Haltung einnimmt, sondern eine Erklärung von Wörtern im Sinn der deistischen Aufklärung, das heißt: Es gibt Gott, aber er mischt sich in die Welt nicht ein, und die Welt wird darum zum großen Teil rational, nicht gerade materialistisch, aber rational, mit Hilfe von Descartes' Kategorien, aus sich selbst zu erklären versucht. Es finden sich dabei (im Artikel »Spinoza«), damit das »nicht materialistisch« klar wird, die heftigsten Invektiven gegen den Gottesleugner Spinoza [vgl. Altkirch 1924, 69ff.]. Andererseits stellt Bayle eine interessante Frage, die dann später von La Mettrie aufgenommen worden ist. Er fragt nämlich, ob es richtig ist, daß es keinen Staat mit Gottesleugnern geben könne [vgl. Bayle 1682, § 172ff., § 133ff. u.ö.]. Eine naheliegende Sache, wenn man an den Eid denkt, vom Gottesgnadentum ganz zu schweigen. Nun kommt die ungeheuer französische und ungeheuer boshafte Antwort Bayles: Die Frage ist falsch gestellt. Man darf nicht fragen: Kann ein Staat bestehen mit Atheisten, sondern: Kann ein Staat bestehen mit Christen? Bayle verweist auf die Bergpredigt und sagt, daß der Staat den Weisungen unseres Herrn Jesus Christus, der Liebeskommunismus verkündete, vollständig widerspricht. Aber wir können völlig beruhigt sein, fährt Pierre Bayle fort, es hat ja überhaupt seit dem Verschwinden der Apostel niemals mehr einen Christen gegeben, und deshalb können die Staaten mit denen, die man so

Christen nennt, sehr gut bestehen. Der gegenwärtige Staat, heißt das, kann eigentlich nur mit Atheisten bestehen; sie gestehen nur nicht ein, daß sie keine Christen sind, sie sind Heuchler.

Voltaire

Dann der große, vielseitige Schriftsteller, Historiker, Philosoph, Romanschriftsteller, Kritiker, Essayist, die damals öffentlich leuchtendste Gestalt Europas, das Toleranzgewissen Europas, Voltaire (1694-1778). Der Glanz Voltaires ist für uns etwas verblaßt. Seine Dramen, die bei Lessing noch eine so große Rolle spielen, mindestens quantitativ in der »Hamburgischen Dramaturgie« [Lessing 1968, Bd. 6], sind uns unbekannt und nur noch für Romanisten und Spezialisten lesbar. Seine Geschichte, etwa die Geschichte Karls XII. [Voltaire 1731], gehört in die Geschichte der Geschichtsschreibung und ist ebenfalls kein lebendiges Literaturgut mehr. Lebendig geblieben ist wohl noch »Candide« [Voltaire 1759], der Hohn auf die beste aller Welten, mit dem Ende: »Wir müssen unseren Garten bestellen«, also einer Hinwendung von müßigen Spekulationen zur Arbeit im Garten des Lebens, im Garten der Menschheit, um dort Unkraut auszurotten, um zu okulieren und die Baumfrüchte zu verbessern. Er hat aber mit dem Ruf »Ecrasez l'infâme!« [häufig in Voltaires Briefen zwischen 1759 und 1768], also »Schafft diese Infame, diese Infamie ab!«, nämlich die Kirche, und zwar die katholische Kirche in Frankreich, eine ungeheure Wirkung ausgeübt. Er hat die Wirkung im ganz großen Stil ausgeübt, die Zola im Dreyfusprozeß am Ende des 19. Jahrhunderts so sehr viel schwächer und mit kleinem Erfolg in einer gewissenlos gewordenen und eingeschlafenen Bourgeoisie auszuüben versuchte. Stellen Sie sich Voltaire unter Hitler vor, was dann gewesen wäre. Voltaire war der Sprecher für alles, was opponierte, alles, was das sogenannte Menschheitsgewissen darstellte – eine unsäglich abgedroschene Kategorie heutzutage, aber in der revolutionären Bourgeoisie nicht abgedroschen, sondern etwas ganz Neues und Großartiges.

Er selbst war kein Materialist, auch kein Atheist, sondern ein Deist mit dem berühmten Satz: »Wenn es Gott nicht gäbe, müßte man ihn erfinden« [Voltaire 1771, 258]. Gott ist also notwendig für ihn zum moralischen Halt. So etwas war schon bei Bayle zu finden, und hier gibt es sonderbare Beziehungen zu Kant, wahrscheinlich eine Abhängigkeit Kants von diesem Voltaireschen Aperçu. Es ist ein Postulat in uns, daß es etwas wie eine Gottheit gibt. Kant sagt nicht »Gott«, er gebraucht das Wort, das Beethoven auch gebraucht, die »Gottheit«. »Überm Sternenzelt / Muß ein lieber Vater wohnen«, heißt es bei Schiller [»An die Freude«, Schiller 1965 f., Bd. 1, 133] und in Beethovens IX. Symphonie. »Muß er wohnen«, das in Form einer ängstlichen Bitte. Wenn es doch so wäre, damit die moralische Handlung, die in der Welt sich nicht rentiert, einen Sinn hat in dieser Welt. Deshalb muß in dieser Welt auch noch dieses Licht brennen, aber nicht das Licht der Kirche und nicht das Licht des Priesterbetrugs. Hier ist Voltaire völlig Aufklärer. Hier geht es also nicht um Gott, sondern um das andere, um das, was schließlich zu Kants Postulat von Gott, Freiheit und Unsterblichkeit hinführt [Kant 1787, B XXX u. ö.]. Das ist bei Voltaire nicht philosophisch interessant, weil er nicht mit der Schärfe von Kant gefragt hat, was denn an dieser Sache eigentlich sei. Jedenfalls nicht das, wie Heinrich Heine es darstellt, daß Kants armer Diener Lampe seinen lieben Gott wiederhaben mußte und Kant durch eine Hintertür den lieben Gott wieder eingeführt hat, damit der Lampe seinen Gott besaß [Heine 1968, Bd. 3, 604 f.]. Es steckt schon etwas anderes darin, auf dem Boden der materialistischen Weltanschauung vielleicht eine schlechte Entzaubertheit, vielleicht ein Problem, nicht eines Daseins, sondern eines Postulats, eines Als-ob, und dieses ist interessant. Bei Kant ist das zum Teil bestimmt durch die deutsche Misere. Bei Voltaire, dem unabhängigsten Geist Europas, gibt es keine deutsche Misere, bei ihm gibt es auch keine französische Misere, also muß dafür eine andere Quelle gesucht werden, keine gesellschaftswissenschaftliche. Die Ähnlichkeiten zwischen Voltaire und Kant sind in diesem Punkt oft verblüffend. Es ist nur das Problem des Postulats [vgl. Kant 1788, 122-134], wobei von Existenz nichts übrigbleibt, wobei aber etwas, was als existentiell bezeichnet wurde, aufgelöst wird, anthropologisiert wird in ein Ideal. Das hat sehr viele Bedenklichkeiten, die sich vor allen Dingen im nationalliberalen Neukantianismus als reine Feigheit und Drehscheibe der Unentschiedenheit dargestellt haben, daß man das so drehen kann oder so, daß man den Pelz wäscht und nicht naß macht, daß man Materialist und doch kein Materialist ist, daß man werktags Materialist ist und sonntags Kirchgänger, mit doppelter Buchführung. Das steckt auch bei Kant darin, sonst wäre es ja nicht herausgekommen, wenn auch unentwickelt. [...]

Etienne Bonnot de Condillac

Ich gehe nun zu den eigentlichen Philosophen und beginne mit Condillac, (1715-1780). Er erkennt nur eine einzige ursprüngliche seelische Tätigkeit an, die des Empfindens [vgl. Condillac 1754, 39]. Wir haben also hier reinen Sensualismus, aber einen, der materialistisch ist und nicht zu vergleichen mit dem Berkeleyschen, wo klar wurde, daß mit Sensualismus extremste Reaktion getrieben werden kann. Aus dem Tastsinn, dem Ursinn unter den Sinnen [vgl. a.a.O., zweiter Teil], sind alle anderen seelischen Tätigkeiten wie Fühlen, Wollen, Vorstellen, Denken entstanden, sie sind aus Empfindungen erworben und abgeleitet. Das bedeutet auch, daß das, was empfunden wird, nämlich das Greifbare, Faßbare, der Stoff, das Primäre ist und daß alles andere, was sich aus dem Stoff dann herausbildet an Vorstellungsartigem oder Geistartigem, von ihm abgeleitet ist [vgl. a.a.O., 213 ff.]. Sie haben also einen Widerschein von äußerem Materialismus in dem psychologischen Sensualismus und umgekehrt. Condillac ist berühmt geworden durch die Fiktion einer Bildsäule, in der ein Sinn nach dem anderen erwacht, eine Fiktion, die der »Abhandlung über die Empfindungen« zugrunde liegt. Condillac sucht an der Bildsäule zu zeigen, daß sich alles, was wir an seelischem Leben haben, in ihr einfach dadurch entwickelt, daß die *Sinne* in ihr aufwachen, und zwar in der Reihenfolge des Tastsinns als des Primären, als der Grundempfindung des Menschen schlechthin, dann des Geschmacks, des Geruchs, des Gehörs, des Gesichts. Zuletzt erwacht die Selbstempfindung, die bereits einen Gefühlscharakter annimmt, der aber rein aus der Empfindung entstanden ist, nämlich Selbstliebe. Damit ist nach Condillac der komplette Mensch hergestellt. Das ist eine Fiktion.

Fiktion ist ein sehr seltsamer Begriff. Sie ist keine Hypothese, auch keine Annahme. Fiktion ist dieses, wenn man sich in Gedanken einen chemisch reinen Fall herstellt. Das Wort »chemisch« bitte ich aber wieder auszustreichen, es ist ein Bild. Man fingiert also einen völlig reinen Fall ohne jede Störung, wie es ihn gar nicht gibt. An diesem gedanklich reinen Fall können Sie sich nun in einer besonders klaren Weise das verdeutlichen, was sonst durch äußere Störungen, durch den Widerstand der Luft beim freien Fall zum Beispiel, beeinträchtigt wird. Sie kommen also auf die Grundgesetzlichkeit der Sache, rein durch Weglassungen. Da es das aber nicht gibt, nennt man das eine Fiktion, ein Als-ob. Das ist kein Spiel des Gedankens, sondern ein methodisches Wesen, das dann nachher, wenn Sie die Sache herausgebracht haben, sozusagen wieder wegradiert wird. Die Fiktion hat ihre Schuldigkeit getan und kann gehen. Solche Fiktionen gibt es in der Physik bis heute, immer wieder wird das schwerelose Pendel fingiert, bei dem der Faden nichts wiegt, an dem es aufgehängt ist und der Faden auch keine Reibung an der Stelle hat, wo er aufgehängt ist, und keinen Widerstand in der Luft. Das ist ein fiktives Pendel. – Oder bei Adam Smith der homo oeconomicus, ein Mensch, der nur Verdienen im Kopf hat, gar nichts anderes, Tag und Nacht, pausenlos, hundertprozentig in jedem Augenblick. Einen solchen Menschen gibt es nicht. Selbst Hugo Stinnes und John Foster Dulles rauchen einmal eine Zigarette, wobei sie nichts verdienen. Ob sie sonst Gefühle haben, weiß ich nicht. Das sind sehr starke homines oeconomici, aber es gibt doch Pausen.

Eine solche Fiktion ist nun auch diese Bildsäule, sozusagen ein physiologischer Robinson. Robinson ist ja auch eine Fiktion, an der gezeigt wird, wie ein Mensch aus sich selbst heraus alles findet, vor allen Dingen bei dem ursprünglichen, dem arabischen Robinson, »Ḥayy Ibn Yaqẓān«, »Der Lebende, des Wachenden Sohn« [Tufail 1726]. Diejenigen unter Ihnen, die die arabische Philosophie gehört haben, werden sich mit Vergnügen an diese Tausendundeine-Nacht-Atmosphäre erinnern. Ibn Tufail (vor 1110-1185) hat im 12. Jahrhundert den ersten Robinson geschrieben. Dort ist Robinson ein Junge, der auf eine Insel kommt und dort sich selbst lehrt, die Sterne zu verstehen, das Meer zu verstehen, der sich ein Schiffchen baut und auch die Vernunftreligion findet, aus reiner Vernunft, ohne jede Offenbarung. Das war damals schon, in der arabischen Aufklärung, gegen den Klerus gerichtet. Hier haben Sie eine Rückkehr, mehr noch zu dem arabischen Robinson als zu dem »Robinson Crusoe«, von Daniel Defoe (um 1660-1731) [Defoe 1719]. Der Robinson von Defoe ist ja schon ein Erwachsener, der sich an vieles erinnern kann, der vieles aus der Welt mitgebracht hat auf seine Insel. Condillac will an dieser Statue beweisen, daß man nichts anderes braucht als die Sinnlichkeit, um den Menschen zu erklären. Man braucht nicht die Hypothesen von Gefühlen, Vorstellungen, Gedanken und auch von Einflößungen, Offenbarungen, Inspirationen, nicht den Finger Gottes, der den Menschen anrührt. Das ist selbstverständlich eine Schnapsidee, es läßt sich natürlich aus der Sinnlichkeit, aus den Sinnesempfindungen, nicht der Mensch aufbauen.

Der Marxismus ist ja vom Sensualismus ziemlich weit entfernt, indem er der Denkfunktion eine ungeheure Rolle zuerkennt, und es besteht auch materialistisch gar kein Interesse, das abzusetzen. Der Marxismus ist mit dem Sensualismus nicht verheiratet, und der Sensualismus ist ja schon entsetzliche Wege gegangen, wie Berkeley zeigt, also schützt er nicht vor Idealismus der ärgsten und wahnsinnigsten Art.

Claude Adrien Helvétius

Ich gehe nun über zu einem anderen, bedeutend wirksameren Denker, zu Helvétius, 1715 bis 1771 (Sie sehen, diese Denker waren ontologisch alle im Morgengrauen der Französischen Revolution), Hauptwerk »De l'esprit«, »Über den Geist« [Helvétius 1758]. Helvétius schloß sich an die Lehre von der Selbstempfindung als der Selbstliebe an. Sie erinnern sich, Egoismus war das Letzte und das Wichtigste, wozu der Bildsäulenmensch kam. Helvétius hat so den Sensualismus als regierende Lustempfindung und Streben nach Lustempfindung gleichsam inwendig gemacht, er hat den Sensualismus sozusagen moralisch gemacht. Dadurch berührt er sich mit Epikur, also mit dem Betonen der Lust als unseres wesentlichen Grundtriebes und unserer wesentlichen Beschaffenheit [vgl. Helvétius 1772, 117 ff. u. ö.]. Wie in der physischen Welt, sagt Helvétius, die Gesetze der Bewegung, so sind in der moralischen Welt die Gesetze des Luststrebens geltend. Hier nun geht die Fiktion – denn das kommt auch noch von Condillacs Bildsäule her – in außerordentliche Erfahrenheit der kapitalistischen Umwelt über und in eine schonungslose Notierung dessen, was im kapitalistischen Menschen allerdings regierend der Fall ist. Nämlich: Was ist Streben nach Lustempfindung in dem einfachsten, sinnfälligsten, sinnhaftesten, sensualistischsten Sinn? – Das ist Interesse, Interesse an Gewinn, mit dem man sich Lust verschaffen kann, Interesse am Gewinn selbst, der eine Lust an sich ist. Nicht »suum esse conservare« wie bei Spinoza [Spinoza 1677, 188f. u. ö.], wo das Sein außerordentlich weite Implikationen hat, sondern in seiner Selbsterhaltung sich halten als einer kapitalistisch interessanten Selbsterhaltung, wobei ein Blick entzauberter Art angeht, der sich nicht mehr ein X für ein U vormachen läßt.

Das geht durch die elegante französische Aufklärung ohnehin durch. Ihnen ist vielleicht die Erinnerung an Mandeville mit der Bienenfabel aufgestiegen, mit »private vices, public benefits« [Mandeville 1704], also: die privaten Laster sind die öffentlichen Wohltaten. Wenn die Bienen nicht rein egoistisch handelten, würde das Leben und Treiben im Bienenstock stillstehen. Also es gibt keine Gesellschaft, die nicht einen egoistischen Stachel hat. Jedenfalls ist es in Ansehung der kapitalistischen Gesellschaft realistisch, daß Egoismus als der einzige Wirtschafts- und Gesellschaftsantrieb festgestellt wird. Wir haben große französische Aphoristiker wie Jean de La Bruyière (1645-1696) und François de La Rochefoucauld (1613-1680), bei denen ebenfalls ein kalter, pessimistischer Blick auf die menschliche Kreatur gerichtet ist. Den pessimistischen Blick gibt es auch christlich, und wie! – »Das Dichten des menschlichen Herzens ist böse von Jugend auf« [1. Mose 8, 21]. Ebenso der Sündenfall, vor allen Dingen in der protestantisch-radikalen Fassung. Aber christlich wurde das verworfen; es sollte nicht sein, es sollte die Wiedergeburt kommen, es sollten die Gnadenwege der Kirche gebraucht werden gegen den Sündenfall und gegen den alten Adam; der alte Adam sollte ausgezogen und Jesus sollte angezogen werden. Davon ist hier gar keine Rede mehr. Der böse, der pessimistische Blick bleibt, ohne irgendein Interesse, diesen Zustand aufzuheben. Im Gegenteil, er ist ja notwendig, damit es die Gesellschaft gibt, damit sie weitergeht. Also etwa der Satz von La Rochefoucauld: »Im Unglück der besten Freunde finden wir immer etwas, das uns nicht mißfällt« [Schalk 1973, 99]. Das wäre in der mittelalterlichen Welt selbstverständlich interpretiert worden als Einflüsterung des Satans oder daß wir bis zum Mund in dem Höllenwasser stehen. Nun, in der kapitalistischen Gesellschaft fand das Nahrung, wo ja bei Strafe des Untergangs ein Mensch egoistisch sein muß, wo sich die Kollegen aus dem gleichen Stand aus

Standesgenossen in Konkurrenten verwandelt haben. Ein x-beliebiger Sieur, ein großer Herr in der feudalen Welt, der auf seiner Burg lebt oder in seinem Palais in der Stadt, der ist doch für einen anderen Vicomte oder Baron ein Standesgenosse und kein Konkurrent. Als Höfling kann er vielleicht Konkurrenzen haben mit ihm, aber das sind ganz andere, das sind keine geschäftlichen, bei denen er dem anderen den Hals zuschnüren müßte, damit er selbst leben kann. Sondern der eine Höfling kann leben, indem er seine Bauern ausbeutet, und der andere kann leben, indem er seine Bauern ausbeutet. Die Turniere in der Glanzzeit des Rittertums sind auch keine Konkurrenz, sowenig wie die Olympia-Festspiele eine geschäftliche Konkurrenz sind, sondern es sind noch Standesgenossen, man reicht sich die Hand. Unter Kapitalisten gibt es auch Standesgenossen, indem sie alle Warenbesitzer sind, aber es gibt doch den Krieg aller gegen alle. Die freie Konkurrenz bedeutet, daß ich hochkomme: »Hebe dich hinweg, damit ich mich auf deinen Platz setze«. So hat dieser sozusagen christliche Pessimismus ein besonderes Objekt, ein Jagdgebiet gehabt, und dieses wurde eben von den großen französischen Aphoristikern durchaus wahrgenommen, und das steckt auch in der Betonung des Interesses. Nur wird das von Helvétius ohne jeden Pessimismus genommen, denn es ist wieder eine progressive Kraft und wird deshalb von den Philosophen des aufsteigenden Kapitalismus durchaus bejaht. Auch Montesquieu schließt sich dem an.

Das Problem wird nur: Wie geht es von dieser Selbstliebe, von diesem Egoismus, von dieser Selbstempfindung, von dem auf sich selbst angewandten Sensualismus, in dem es keine regierenden Gefühle gibt, über zur Gesellschaft? Wie geht es über von dem privaten Interesse zu dem öffentlichen Interesse, zu der Wahrnehmung des öffentlichen Interesses? Die Antwort ist noch sehr idealistisch, sehr einfach: Durch Eitelkeit und Ehrgeiz, durch das Wohlbehagen, das unsere Selbstliebe empfindet, wenn sie öffentlich gelobt wird, wenn sie als berechtigt anerkannt wird, wenn ihr etwas Schmeichelhaftes gesagt wird auf Grund einer Handlung, die wir begangen haben. Dadurch gehen das Eigeninteresse und die Selbstliebe in so etwas wie Nächstenliebe über. Es ist nicht gerade reine Nächstenliebe, aber die Nächsten haben auf diese Weise auch etwas von meinem Egoismus [vgl. Helvétius 1772, vierter Abschnitt]. Das liest sich auch bei Goethe: »Wie verfährt die Natur, um Hohes und

Niedres im Menschen / Zu verbinden? Sie stellt Eitelkeit zwischen hinein.« [»Herbst« 60, Goethe 1972, 263] Das ist noch Helvétius, das kommt aus der Aufklärung. Dadurch sind die Menschen geneigt, ihr persönliches Wohl mit dem öffentlichen Wohl besonders zu verknüpfen, und dieses Kitzeln oder Beleidigen der Eitelkeit muß kodifiziert werden durch Gesetze. Eitelkeit wird in der sichtbarsten, solidesten Weise durch Strafen beleidigt und durch Lob, durch Belohnungen, durch Auszeichnungen, durch Titel, durch Orden, durch öffentliches Ansehen gekitzelt. Auf diese Weise, also rein psychologisch, geht es von einem ins andere, ohne daß der Egoismus im mindesten nachließe oder im mindesten umschlüge. Wir haben hier, was klar ist, Berührungen mit dialektischem Denken. Es geht etwas mit einem Umschlag vom Privaten über in das Öffentliche. Ich handle unter Umständen gegen mich, um erst recht für mich zu handeln, indem ich mir etwas versage. Denn ich denke: Das wäre nicht gut, das würde für mich im Augenblick zwar gut ausschlagen, aber das dicke Ende käme nach, und das dicke Ende ist immer sozial. Hier sind Spuren von dialektischer Beziehung, nicht im mindesten durchdacht, von Spuren von Hegels Dialektik ist überhaupt nichts zu sehen. Aber es ist unvermeidlich, daß hier Dialektik in Gang kommt. Es ist sogar Dialektik des Einen und des Vielen und des Besonderen und des Allgemeinen darin. Natürlich kommt keine prästabilierte Harmonie heraus, da es in der atheistischen oder deistischen Philosophie keine Zentralmonade gibt, aber es kommt etwas Prästabilierbares heraus. Es muß also so gehandelt werden, daß es aussieht, wie wenn es vorbestimmt doch allgemein nützlich wäre, obwohl es nur persönlichen Nutzen abwirft. Sie haben hier einfach die Reflexion des bürgerlichen Profits mit seinem Doppelgesicht: Ich verdiene dadurch, daß ich eine Ware herstelle, die gerade noch so gut ist, daß sie gekauft wird. Wenn sie nicht so gut ist, muß dem durch Reklame nachgeholfen werden. Je weiter sich der Kapitalismus entwickelt, desto schlechter werden deshalb die Waren, weil das Profitinteresse an dem raschen Verschleiß der Waren interessiert ist und nicht an ihrer Haltbarkeit. Überall dort, wo Sie noch frühkapitalistische Verhältnisse haben, Handwerkserinnerungen in kleinen Ländern, sind deshalb die Waren besser beschaffen. Zum Beispiel in der Schweiz, zum Beispiel in Skandinavien. Überall dort, wo Sie einen entwickelten Kapitalismus haben, muß die Qualität der Ware abnehmen. Für das Auge muß sie wunderbar gebaut sein, damit der Kassenmagnet entsteht, aber sie muß sich rasch verschleißen. Es besteht auch kein Interesse daran, daß die Ware repariert werden kann, deshalb gibt es in Amerika keine Handwerker. Wenn ein Boiler im Badezimmer kaputt ist, nur eine Kleinigkeit ist zu löten, muß er weggeschmissen und ein neuer muß gekauft werden. Die Industrie will auch leben. Schreibmaschinen haben eine Lebensdauer von einem halben Jahr. Die Exportmaschinen nicht, denn die kommen ja in Konkurrenz mit einem etwas älteren Kapitalismus in Europa. Aber im Land selbst sind sie so schlecht gearbeitet, so dünn, daß sie bei Zugluft vom Tisch fliegen. Die Underwood, die Royal, die berühmten Schreibmaschinen, taugen im Land selbst gar nichts, sind schlecht, dünnes Blech. Damit komme ich immer wieder zu Helvétius und zum Interesse zurück. Es ist eine Dialektik da, daß das Profitinteresse sich verbindet mit dem Konsumenteninteresse. Noch Adam Smith als ein ehrlicher, gutgläubiger Mann, als ein Utopist des Kapitalismus, hatte den Glauben, daß consumers interest die Hauptsache ist, auch für den Kapitalisten. Dazu ist er ja da, das ist ja seine öffentliche Rechtfertigung, daß er die Menschen mit Gütern versorgt, more and better things for more people, mehr und bessere Dinge für mehr Menschen. Nun, wir haben herausgebracht, daß dies nicht der Sinn ist, mindestens daß der Kuchen nicht damit angemacht ist. Hier in Frankreich ist das zum Unterschied von Adam Smith nicht verschmiert mit Sympathiegefühlen als ebenfalls urtümlich Menschlichem, wie wir sie bei Adam Smith kennengelernt haben, der eine Moral geschrieben hat [Smith 1759]. Hier bleibt es beim Egoismus, gibt es keine altruistischen Feigenblätter.

Interessant ist noch, was Helvétius von dem Verhältnis zwischen Mensch und Umwelt hält. Er erkennt der Umwelt einen entscheidenden Anteil an der Umwandlung von privatem in öffentliches Interesse oder Brauchbarkeit für öffentliches Interesse zu, eben durch Gesetzgebung, auch durch die Erziehung, durch die Leitung des Charakters und des Verstandes, durch Abschaffung alles dessen, was von der Arbeit abhält [vgl. Helvétius 1772, neunter und zehnter Abschnitt]. Feudale Gewohnheiten, feudale Einrichtungen, feudale Ideologie, die die Arbeit als schändlich oder als des Gentleman und des Kavaliers nicht würdig darstellen, müssen also weg. Dafür müssen Erziehung und Gesetze her, die der menschlichen Natur entsprechen. Eine etwas milde Art, die Gesellschaft in Ordnung zu bringen, wie Sie sehen, von Revolution noch sehr weit weg. Ideologie des aufgeklärten Despotismus ist darin, der nicht von König und Kaiser auszugehen braucht, der auch von einer Republik oder einem Parlament gemacht werden kann. Es handelt sich nur darum, den Menschen gut zuzusprechen durch Erziehung und ihnen mit Orden und Ehrenzeichen oder mit Gefängnis zu winken. Je nachdem, wie sie es wollen, wird eine Speisekarte ausgelegt. Und dann wird das Interesse der Menschen schon sagen: Ich schlage mich auf die Seite, wo ich möglichst viel Orden und Ehrenzeichen, hohe Gehälter und Ansehen gewinne. Auf diese Weise werden wir eine humane Gesellschaft herstellen. Hier ist bei Helvétius noch der naive und utopische Glaube lebendig, daß die Menschen durch Einsicht ins Bessere besser werden. Er glaubt auch, daß die menschliche Intelligenz von Natur aus gleich ist, so daß der Feudalherr und gar der Monarch gar keinen natürlichen Vorzug haben können. Die »menschliche Natur« nun, die dabei herauskommt, ist die Natur des Bourgeois. Eine andere ist für Helvétius nicht sichtbar. Die Natur des Menschen ist völlig interessehaft, es ist die Natur des privaten Wirtschafters, dessen, der seinen eigenen Garten bewirtschaftet. So soll nun der Staat bestehen, aus solchen Individuen soll er sich aufbauen.

[An dieser Stelle des Typoskripts ist eine Lücke von 19 Seiten (S. 1849-1867). Es findet sich ein Vermerk: »hier fehlt Montesquieu bis Anfang La Mettrie«.]

Julien Offray de La Mettrie

Wir waren bei La Mettrie, ganz am Anfang, und ich gab Ihnen einen kleinen Stimmungsbericht über die doppelte Wirkung des »L'homme machine« oder des Automaten im 18. Jahrhundert. Man sah in dem Menschen als Maschine wieder ein Unheimliches oder auch Irrationales, und wahrscheinlich zu Recht, gemäß der Darbietung, die von dieser Maschine gegeben ward, eine Reaktion, die nun nicht im Sinne der Aufklärung und des Materialismus liegt. Immerhin muß dies bemerkt werden: Auch von dieser Seite her und genau von dieser Seite her kam ein nicht vernunftgemäßes Grauen, das dann in der Romantik ausgenutzt wurde. Wir haben nun mit der anderen Seite zu tun, also mit der Aufklärung oder im Fall La Mettrie mit der radikalen Fortsetzung des Cartesianismus. La Mettrie (1709-1751) war Arzt und ein Mann, der unverfroren und auch mit unverkennbarer Freude an Paradoxie das zu Ende sagte, was die anderen dachten. Sie müssen bedenken: Den mechanischen Materialismus im 19. Jahrhundert haben die Friseurlehrlinge in Treuenbrietzen sich an den Schuhsohlen abgelaufen. Also: Der Mensch stammt vom Affen ab, und es gibt nichts als Materie, und die Materie ist rein physisch gefaßt, rein mechanisch im mechanistischen Sinn. Alles dieses, was wir als den heruntergekommenen Materialismus des 19. Jahrhunderts kennen, bei Ludwig Büchner (1824-1899), dem unwürdigen Bruder des großen Georg (1813-1837), bei Karl Vogt (1817-1895) und bei Jacob Moleschott (1822-1893), was hier zur Trivialität abgestanden und abgestunken war und nur noch zu einem sehr kleinen Teil eine politisch rebellische Wirkung hatte, das war damals völlig frisch, das war völlig epatierend, damit sind Jahrtausende alte Denkgewohnheiten erschüttert oder aufgehoben worden. Damals war der mechanische Materialismus eine Paradoxie, bevor er eine offene Tür wurde. Und alle Grenzen, die wir heute an ihm sehen, wurden damals nicht gesehen, wegen der Frische, der Morgenluft, des Abtuns von Muff und faulem Spuk und Betrugsmaterial zur Unterdrückung. Es war damals genauso da, aber der Zuschuß überwog, der ein ungeheures Gefühl der Befreiung zugleich von Spuk, Angst, Hölle und Jenseits, das wesentlich aus Grauen serviert worden war, brachte. Wenn es damals eben schlechthin epatant war, so war es doch noch kein »épater le bourgeois«, weil es ja noch revolutionäre Bourgeois waren, die davon ergriffen wurden. Immerhin war es ein »épater l'homme«, und zwar den alten Menschen, man kann sagen: den alten Adam. – La Mettrie war Schüler von Herman Boerhaave (1668-1738) in Leyden, einem der größten Kliniker der damaligen Zeit, mit kühner, induktiver Diagnose, der eine erstmalige genaue Untersuchung machte über den Zusammenhang psychischer Zustände mit physiologischen Zuständen, also über die Beziehung zwischen Blutdruck und seelischer Erregung. Dieses und noch Weitergehendes wurde von Boerhaave wenn nicht untersucht, so doch zum ersten Mal als untersuchungsfähig notiert. 1748 veröffentlichte La Mettrie seine Schrift »L'homme machine«, »Der Mensch eine Maschine«, anonym in Leyden [La Mettrie 1748].

Holland war zum Teil noch immer das alte Holland, das Land der Toleranz, immer noch etwas das Holland von Johan de Witt. Das Buch hätte nicht in Paris erscheinen können wegen seiner boshaften Klarheit bereits im Titel. Holland reichte zwar aus, daß das Buch erschien, aber es reichte nicht aus, um La Mettrie ein Asyl zu geben. Er mußte aus Holland fliehen. Da erreichte ihn die Einladung von Friedrich II., König von Preußen. Er ging Februar 1748 nach Berlin und war ein gern gesehener Gast in Sanssouci. Voltaire spottete über ihn und über Friedrich II., indem er Friedrich den »Marquis de Brandenbourg« und La Mettrie den »königlichpreußischen Hof-Atheisten« nannte.
Wie ist das nun möglich, daß er ausgerechnet in Potsdam ein Asyl fand? Sie kennen Mehrings »Lessing-Legende« [Mehring 1893] und Sie kennen die Richtigstellung des Nimbus, den eine liberale Bourgeoisie, von der hohenzollernschen Geschichtsschreibung ganz zu schweigen, um das Haupt Friedrichs II., der dann Friedrich der Große genannt wurde und in einer noch nicht gerade weit zurückliegenden Vergangenheit Friedrich der Einzige, gewoben hatte. Aber hier scheint doch mehr dahinterzustecken. Ich möchte den bekannten Brief von Lessing an Friedrich Nicolai vom 23. August 1769 zitieren, den auch Mehring angibt über dieses Land der Freiheit: »Sagen Sie mir von Ihrer Berlinischen Freiheit zu denken und zu schreiben ja nichts. Sie reduziert sich einzig und allein auf die Freiheit, gegen die Religion so viel Sottisen zu Markte zu bringen, als man will. Und dieser Freiheit muß sich der rechtliche Mann nun bald zu bedienen schämen. Lassen Sie es aber doch einmal einen in Berlin versuchen, über andere Dinge so frei zu schreiben (...), lassen Sie einen in Berlin auftreten, der für die Rechte der Untertanen, der gegen Aussaugung und Despotismus seine Stimme erheben wollte (...): und Sie werden bald die Erfahrung haben, welches Land bis auf den heutigen Tag das sklavischste Land von Europa ist.« [Lessing 1968, Bd. 9, 327] Das heißt, dieser königlichpreußische Hof-Atheismus ist für Friedrich II. eine Ideologie, eine Brechstange gewesen gegen Habsburg, gegen die frömmelnde Maria Theresia. Friedrich gewann Bundesgenossen im gesamten liberalen Bürgertum Europas dadurch, daß er sich als den aufgeklärten Monarchen darstellte, als den Schüler der französischen Aufklärung, und zwar nicht nur sporthaft oder snobhaft, sondern mit relativem Ernst. Er ist subjektiv davon überzeugt

gewesen. Ich sagte ja bereits, daß die gesellschaftliche Grundlage des französischen Materialismus nicht ganz so einfach ist, wie sie auf den ersten Blick erscheint. Er war auch zum Teil eine Ideologie des Adels, ja sogar zu einem großen Teil, und nicht nur eine Ideologie des revolutionären Bürgertums oder des Bürgertums allein. Er war eine Ideologie des Adels nach Seiten der Libertinage. Ich erinnerte an Franz Moor aus Schillers »Räubern«. Es gibt eine Anekdote, wie zwei Herren in Lissabon auf der Straße vor einem Laden standen und deutsch sprachen, worauf sie ein gebildeter Portugiese erschüttert anhielt und fragte, woher sie kämen. Als sie sagten, sie kämen aus Berlin, zog der seinen Hut aus Hochachtung vor dem Land des aufgeklärten großen Friedrich, des Beschützers der Denkfreiheit, des Heros der Aufklärung auf dem Thron. So glaube ich also, daß der Aufenthalt von Voltaire und Pierre Louis Moreau de Maupertuis (1698-1759), dem Präsidenten der Berliner Akademie, und gar von La Mettrie in die ideologischen Zusammenhänge Hohenzollerns contra Habsburg oder des Marquis de Brandenbourg gegen den Römischen Kaiser sehr gut hineinpaßte. Immerhin, La Mettrie war dort und leider fand er auch dort sein Ende; nach der Legende erstickte er an dem Genuß einer Pastete. Es war höchstwahrscheinlich eine Fleischvergiftung, aber das Pfaffentum hat das so dargestellt, als ob er als Materialist, der ja bloß aus Fressen und Saufen bestehen kann, sich an der Pastete in toller Völlerei überfressen habe und daran gestorben sei. Das war natürlich zugleich ein Gericht des Himmels. Man kann also sagen, für die Pfaffen war das selbst eine Pastete, mit der sie auch reichlich Staat gemacht haben. Genug davon.
Ich gehe nun zu der Lehre La Mettries über, zuerst zu seiner physikalischen und dann zu seiner moralischen Lehre, also zuerst zum physikalischen und dann zum moralischen Materialismus. Die Tiere sind Maschinen, hatte Descartes gesagt [vgl. Descartes 1637, 46]. Auch wir sind sichtbarlich mit allen seelischen Regungen vom Nervengeflecht, vom Gehirn, von Nervenströmen abhängig. Nachdem nun die große Autorität Descartes den Tieren die Seele abgesprochen hat – auch nach der Bibel haben ja die Tiere keine Seele, trotz der Hunde, die so ungeheuer seelenhaft wirken –, reserviert La Mettrie auch dem Menschen keine eigene leibfreie Seele. Was dem Hund recht ist, ist dann dem Menschen billig. Der Mensch ist ein physiologisches Konglomerat; man kann nicht davon

sprechen, daß es außer stofflichen Bewegungen, außer der organisierten Materie in unserem Leib noch so etwas wie eine Seele oder gar eine Seelensubstanz gäbe. Aus der Materie kommt alles, nicht nur die Seele, auch das Leben, auch die Lebendigkeit [vgl. La Mettrie 1748, 58, 61 u. ö.]. Nun kommt aber eine interessante Wendung: Also ist die Materie selbst nicht tot. La Mettrie vertrat, wie alle mindestens bis Ende des 18. Jahrhunderts, noch die Theorie der Urzeugung. Daß sich in Mehl Mehlwürmer bilden und auf Kartoffeln Schimmelpilze, das erschien wie ein bruchloser Übergang, bei dem man stündlich sehen konnte, wie sich aus sogenannter anorganischer Materie organische Materie bildet. Der Nachweis der Unrichtigkeit dessen ist vielleicht der einzige Fall, wo die Fortschritte der Naturwissenschaft den Materialismus erschwert haben, statt ihm Material zu geben. Für Aristoteles war die Urzeugung noch ganz selbstverständlich, auch noch zum Teil für die Anfänge von La Mettrie. Dann wurde die Erfindung des Mikroskops, die schon hundertfünfzig Jahre vorher erfolgt war, ausgenutzt, und es zeigte sich, daß es in der Tat kleinste Lebewesen gibt, Bazillen oder Infusorien oder Keime, Pilze mikroskopischer Art, die überall einen Nährboden finden. So trat das Leben aus dem Kreis der anorganischen Materie heraus, und generatio aequivoca, Urzeugung, ist in der Tat noch von niemand beobachtet worden. Als dann Friedrich Wöhler (1800-1882) 1828 Harnstoff, also einen organischen Stoff, synthetisch herstellte, glaubte man wieder, daß man langsam den Weg zum Homunkulus gehen könnte, was bis jetzt nicht der Fall war. Im Mythos haben wir den Homunkulus, den Menschen aus der Retorte, ein chemischer oder biologischer Mythos. Jedenfalls ist für La Mettrie die Materie nicht in dem Maße, wie der abgestandene mechanische Materialismus des 19. Jahrhunderts annahm, schlechthin anorganisch, schlechthin tot. Es sind in ihr – und da ist ein Leibnizscher Einfluß sichtbar – die Anlagen da, organisch zu werden, also Anlagen zu einer komplizierten Höherentwicklung, über Kohlenstoffverbindungen, über Eiweißverbindungen, im Schoß der Meere, wo das Leben zuerst entstanden ist. Natürlich denkt Materie nicht in der Gestalt, daß etwa dieser Tisch hier denken könnte, sondern nur das Gehirn kann denken, also die höchstorganisierte, ungeheuer komplizierte, organisch-chemische Materie, in der organischen Chemie ein sehr verwickeltes Wesen und außerdem mit unübersehbaren, feinen Bindungen versehen, was man damals mit einem altmodischen Ausdruck Geflechte oder Hirnfibern nannte. In dem Wort »Geflecht« ist ja die Kompliziertheit des Begriffs der organisierten Materie sichtbar. Sowenig es aber eine Seele, ein Denken und ein Fühlen gibt ohne Rückenmarksnervengeflecht und Gehirn, sagt La Mettrie [a.a.O., 26 ff., 46 u. ö.], sowenig kann es einen überlegenen Geist in der Welt oder gar über der Welt geben, da wir in der gesamten Welt nichts finden, was einem göttlichen Gehirn gleich sein könnte. Die andere Welt, die anorganische Welt, die Welt der Planeten und der Fixsterne zeigt nichts, was dem menschlichen Gehirn entspricht, also kann es auch keinen Weltgeist, keine Weltseele geben und erst recht keinen von der Welt unabhängigen, sozusagen außerhalb des nicht vorhandenen Weltgehirns lebenden Urgeist oder Gott.

So wurde der mechanisch-physiologische Materialismus hier nun der Bruder oder auch der Vater eines radikalen Atheismus. Es ist das auch nicht so selbstverständlich, wie es uns erscheint. Die Beweislast lag durch Jahrtausende entschieden auf der Seite des Atheismus und nicht auf der Seite des Theismus. Ich bitte Sie zu bedenken, daß es in der gesamten europäischen Geschichte der Philosophie bis zu La Mettrie in dieser radikalen, unverhohlenen Entschiedenheit keinen Gottesleugner gab. Spinoza war kein Gottesleugner, er war Pantheist, er hat nur eine andere Definition seines Deus gegeben, Deus sive natura [Spinoza 1677, 172]. Giordano Bruno hat das Weltall, das Universum, auch als Körper eines göttlichen Geistes bezeichnet, der in ihm lebt [vgl. Bloch 1977, 198 ff.]. Daß die Welt gänzlich so wie entseelt so auch entgottet wird, ist in dieser Entschiedenheit ein Novum. Man kann sich darüber wundern, daß das ein Novum ist. Sokrates, der wegen Gottlosigkeit angeklagt wurde, hat nur nicht die Staatsgötter Athens verehrt. Wir finden im urwüchsigen vorsokratischen Materialismus τὸ ϑεῖον, das Göttliche, durchaus als eine Bestimmung des Wesens. Thales, von dem wir kaum etwas besitzen, hat weder ja noch nein gesagt, als er das Wasser hinsetzte, eine sehr nüchterne Weltgottheit [Capelle 1968, 71]. In der Bibel ist die Gefahr, vor der die Kinder Israels stets gewarnt werden, die Abgötterei, das heißt die Vielgötterei. Sie glauben an zuviele Götter, nicht an zuwenige. An die Baalim glauben sie, an die verschiedenen Baale, die mit dem einzelnen Weinberg oder Getreidefeld verbunden sind, und deshalb fallen sie von Jahwe, dem einen Gott, ab. Aber sie fallen nicht überhaupt ab und sie glauben nicht etwa an gar nichts Göttliches. So ist diese entschiedene Gottesleugnung in der Geschichte der Menschheit fast ein Novum, und nur Spuren gehen zurück ins 16. und 17. Jahrhundert. La Mettrie lehnt Gott mit der sinnlich-brutalen, auch nicht besonders tiefsinnigen Begründung ab, daß es in der Welt kein Gehirn gibt. Es könnte ja auch Geist außerhalb und ohne Gehirn sich in der Materie auf eine andere Art kenntlich machen, so wie auf Planeten, auf denen es keine Luft gibt, es möglicherweise Leben unter anderen Bedingungen gibt. Man sagt doch auch nicht: Es gibt keine Tische, weil ich, wenn ich ins Wasser gehe, ersaufe. Auch hier ist eine naive, aber dadurch um so kräftigere Übertragung von dem menschlichen Gehirn auf ein Weltgehirn gegeben, und wenn man Weltseele sagt, kann man auch Weltgehirn verlangen, oder wenn man Weltgeist sagt, kann man Gehirnfibern verlangen, die sich in der Astronomie vorfinden müssen. Übergänge von dem Uhrwerkmechanismus, der ja in »L'homme machine« steckt, gab es schon zu dem, was sich dann im 19. Jahrhundert als Chemie und Elektrizität kenntlich machte [vgl. La Mettrie 1748, 61, 64 u. ö.]. La Mettrie geht etwas auf chemische Verbindungen ein, in denen ein Neues entsteht, und er geht in Gleichnissen mindestens auf Elektrizität ein, die durch Reibung entsteht. Die Karriere der Materie hat keine Grenzen, es kommt noch etwas anderes heraus als Druck und Stoß, es kommen chemische Verbindungen heraus, und es kommt dieses sehr Unheimliche von elektrischer Spannung heraus. Das ist in gewissem Sinn ein Ersatz für die fallengelassene Urzeugung. Also gibt es von den chemischen Verbindungen über die Elektrizität nun diesen Spiritus, dieses Elektrisierende, das mit Seele zusammenhängt, das mit dem Eindruck einer Person zusammenhängt, die elektrifizierend wirkt. Das sind alles literarische Worte, die einen philosophischen Übergang von dem Anorganischen zum Organischen möglich machten oder möglich zu machen schienen.

Nun die Moral. La Mettrie, wie er den urwüchsigen vorsokratischen Materialismus erneuert und vor allen Dingen Ernst macht mit Demokrit, mehr Ernst als Gassendi, der das Lustprinzip nicht übernommen hatte, erneuert ebenfalls Aristipp von Kyrene, also die materialistische Lustlehre, die Lehre von der ἡδονή [vgl. Windelband 1900, 67 f.]. Die eudämonistischen Seiten an Aristipp und vor allen Dingen dann an Epikur und Lukrez werden in Erinnerung gerufen [vgl. Lange 1865, 349-356]. Auf der einen Seite also Erklärung der Welt aus sich selbst und auf der anderen Seite Gleichung von Materialismus und Lust und Glück, Abtun von Furcht, in der Weise, wie das Lukrez in die Welt hineingedichtet hatte, Auslöschen des Jenseits, aus dem nun nicht mehr das Heulen und Zähneklappern der Hölle kommt. Und wenn die Lobgesänge der Engel verstummen, so ist das nicht zu teuer erkauft, indem noch das Wimmern der sehr viel zahlreicheren Geplagten in der Hölle ausgelöscht ist. Der Retter vor der Hölle ist gekommen, und zwar nicht, indem er die freispricht, die in der Hölle sind, sondern indem er als Materialist sagt, daß es die Hölle nicht gibt. Sie ist ein riesiger Schatten, den unsere Furcht und unsere Unwissenheit in das Weltall werfen, das davon nichts weiß und in dem keine Spur von alledem naturwissenschaftlich-philosophisch anzutreffen ist. Das, was hier herauskam, ist immer mit dem Materialismus verbunden, nämlich eine Heiligung des Lebens, ein Rückweg nach Griechenland, ein Aufwachen nicht der Götter Griechenlands, aber des Lebens, das, wie es im 18. Jahrhundert schien, unter den Göttern Griechenlands, unter der gütigen Venus möglich gewesen war. Der Hörselberg, um die deutsche Sage zu nehmen, der Hörselberg gegen Rom geht auf, und er ist nicht verteufelt, und Venus ist nicht verteufelt. Diese Linie geht ja hinein bis in Schillers Gedicht »An die Freunde«: »Lieben Freunde! Es gab schönre Zeiten / Als die unsern – das ist nicht zu streiten! / Und ein edler Volk hat einst gelebt.« [Schiller 1965f., Bd. 1, 419] Dieses ist Winckelmann in der Philosophie. Aber nicht »edle Einfalt und stille Größe« [Winckelmann 1755, 20], diese klassizistische Linie ist nicht da bei La Mettrie, sondern der griechische Mensch ist da, der aufrecht steht, keine Furcht kennt, sich des Lebens freut, dessen Gebetshaltung keine gedrückte, keine zerknirschte ist, keine vor einer Despotie zu Kreuze kriechende. Der griechische Jüngling betet mit den Händen nach oben, er bringt das Licht der Sonne, das Licht Apollos auf sich. Ohne diese mythische Form war nun dies in der Tat das eintretende Befreiungsgefühl.

Ich möchte Ihnen immer wieder den frischen Materialismus zeigen, und er ist nur zu zeigen an dem Gegensatz, den es gab, an der pfäffischen Gedrücktheit und Dumpfheit. Die Welt wurde von alledem leer. Der Jubel darüber, daß es keinen Gott gibt, ist nicht zu verstehen, wenn nicht gesehen wird, *wovon* hier befreit wurde. Es ist auch manches damit verschwunden; Es gibt ja auch das Märchen, es gibt ja auch Meister Eckhart, es gibt ja auch Johann Sebastian Bachs »Matthäuspassion«. Aber das wurde als Preis bezahlt dafür, daß die Hölle verschwunden ist und daß das höchste Furcht erregende Mittel der Höllenstrafe der Obrigkeit und der Kirche entwunden wurde. Den ersten Kampf haben wir bei Pomponazzi gesehen, in Padua und Bologna im 16. Jahrhundert, wo zuerst die individuelle Unsterblichkeit abgelehnt wurde [vgl. Bloch 1977, 185 ff.]. Ein Schlag gegen die Kirche, denn der Ablaß hat dann keinen Sinn mehr, und die Schlüsselhaltung Petri hat keinen Sinn mehr, denn wenn es diese obere Welt nicht gibt, zu der der Statthalter Christi den Schlüssel hat, ist der Schlüssel null und nichtig, unbrauchbar, ein Museumsstück. Das wiederholte sich hier nun in allergrößter Schärfe, gab das gute Gewissen und gab die Möglichkeit, gegen den Adel nicht nur – das wäre nicht so schlimm –, sondern auch gegen die Kirche aufzustehen. Und wenn Sie sehen, wie noch im jetzigen Italien die Kirche mit der Macht der angedrohten Exkommunizierung die »Christlich Demokratische Partei« gegen die Kommunisten, vor allen Dingen bei den Frauen, zum Sieg bringen konnte, können Sie sich vorstellen, wie das nun gar im 18. Jahrhundert in dem erzkatholischen Frankreich war. [...]

Nun steckt etwas eminent Französisches auch darin. Ich habe von Griechenland gesprochen, nun laßt uns von Frankreich sprechen. Die ἡδονή, die Lust, das Epikurische, ist seit der Ritterzeit Frankreich sehr nah und lebte ein Leben außerhalb der Kirche. In dem Schrifttum von Anatole France (1844-1924), sozusagen dem letzten Aufklärer aus dem 18. Jahrhundert in Frankreich, ist gerade der pariserische Epikur sehr lebendig, also die Verbindung, ganz im griechischen Sinn, von leiblicher und geistiger Lust, von Freude an guter Küche, edlem Wein, kultiviertem Haus, Liebeslust und den Gesprächen der Männer unter sich. Es besteht eine gleichmäßige Abneigung gegen dünne Soßen, kann man sagen, und gegen geistlose Gespräche. Frankreich ist gleichzeitig das Land des Esprit und der kultivierten Küche, und das eine wäre nicht ohne das andere, und in der Art, wie ein kultivierter Mann oder eine kultivierte Frau einen kostbaren Vers genießen und wie sie einen kostbaren Wein genießen, da sind die Unterschiede, selbst von scharfsinnigen Doktoranden, nicht so leicht herauszufinden. Das ist urwüchsiger, eleganter französischer Materialismus, eine Neugeburt von Griechenland auf einer anderen Ebene.

Ich muß Ihnen die Geschichte von dem verurteilten Raubmörder aus dem Harz erzählen, um Ihnen ein Bild zu geben von dem Gefühl der Befreiung, die der Materialismus brachte. Um 1700 war ein Raubmörder zum Tod durch das Rad von unten herauf verurteilt. Das heißt, er wurde auf Bohlen gelegt, und der Henker hat ihm die Beinknochen und dann die Armknochen zerbrochen, in zehn, zwanzig, dreißig Stücke zerbrochen, und dann wurde er mit derart gebrochenen Knochen auf das Rad geflochten. Dann wurde das Rad aufgestellt und zwar waagerecht, und der Mann lebte. Es sind Fälle bekannt, daß der Delinquent, den die christliche Obrigkeit dermaßen vom Leben zum Tode und von irdischem Glück zur Hölle gebracht hat, die ihn dann selbstverständlich erwartete, noch neun Tage lebte. Die Raben hatten schon längst seine Augen aufgezehrt. Ich muß diesen sadistischen Hintergrund bringen, um Ihnen zu zeigen, welche Furcht im Volk war. Ein solcher Delinquent wurde begnadigt unter einer Bedingung, daß er in der Walpurgisnacht auf den Brocken hinaufginge und dann, falls er zurückkäme, erzählte, was er dort gesehen hätte, und er wählte lieber diesen entsetzlichen Tod, als daß er auf den Brocken gegangen wäre. So geschehen am 1. Mai 1700. – Stellen Sie sich also vor, was es bedeutete, daß dagegen ein Einspruch kam, daß die Furcht vor dem zweiten Tod, das ist nämlich die Hölle, weggenommen wurde. Die Todesangst, die Furcht vor dem ersten Tod, dem physiologischen Tod, war null und nichtig dagegen. Man erwartete die Schrecken des Jenseits, vor denen zitterte man und nicht vor der Sterbestunde. Der Materialismus hat das weggenommen. Übriggeblieben ist nun die Sterbestunde. Also ich sage: Man muß die Befreiung *wovon* betrachten. Es ist ein Ähnliches, was ich Ihnen bei Giordano Bruno sagte. Das Nein war damals ein ungeheures Ja zur Welt, das nicht selbstverständlich war [Bloch 1977, 198 ff.]. Man hat die himmlischen Lebechöre und die Psaltergesänge der Engel im Paradiese gerne preisgegeben, die ja ohnehin nur für wenige Auserwählte waren nach Durchlaufen eines entsetzlichen Fegefeuers und nicht so sicher wie die Höllenstrafe für die Mehrzahl des Volks. Die einträglichen Provinzen also, die die Kirche und damit die Geistlichkeit als der mit dem Adel verbundene Stand im

Jenseits besaß, wurden unwirklich gemacht, die klerikale Bevormundung wurde aufgehoben. Das hat auch dem Christentum gar nicht schlecht getan, denn es blieb das übrig, was Christentum ist, wenn man nicht Christus sagt und Kattun meint. Platz ist durch den mechanischen Materialismus freigelegt worden für das, was Ludwig Feuerbach später Anthropologisierung der Religion nannte. Das heißt, was hinüber verschleudert worden ist, wird zurückgeholt in den unbekannten Reichtum des Menschlichen. Die Furchtgegenstände nicht, aber die Lichtgegenstände, die in unserer Hoffnung und unserer Sehnsucht stehen, werden zum Humanum geschlagen. Aller ideologische Mißbrauch mit Hölle und auch mit Himmel als einer Belohnung ist nun hier verschwunden, ein großes Reinemachen trat als spätere Entwicklung im 19. Jahrhundert ein, was damals noch keinen Platz brauchte, weil der Akzent der Befreiung die Hauptsache war. Es gibt kaum einen Christen mehr, der im mindesten sich mit einem Christen aus dem 17. und 18. Jahrhundert vergleichen könnte, wie es sie damals im Volk gab. Verglichen mit dem schlichten Angstglauben und auch Hoffnungsglauben eines gedrückten und betrogenen Bauern ist der Papst ein Atheist. So ernst ist das gewesen und so sehr ist das zerplatzt, zu Worten oder zu Begriffen geworden, auch bei denen, die sich Christen nennen, verglichen mit der Gläubigkeit, die damals noch lebte und die uns entgegentönt aus Georg Friedrich Händel und erst recht aus Johann Sebastian Bach. Die Kritik an diesem Christentum des 19. Jahrhunderts ist von Sören Kierkegaard (1813-1855) ergangen, also von einem Christen, von einem homo religiosus. Aber das wurde hingegeben um der Menschlichkeit und der Befreiung der Menschen in epikurisch-lukrezischem Sinn willen, um der Entbindung von menschlichem Reichtum, menschlicher Würde, menschlicher Moralität willen, die erst dann eine Moral ist, wenn sie keine Straf- oder Lohngesichtspunkte hat, wenn sie die Sache um ihrer selbst willen tut. So wirkte der Atheismus auch moralisierend. Ein Theist kann kein vollkommen moralischer Mensch sein, war die Wendung, denn er tut es mit schielendem Blick auf Lohn oder Strafe. Hier ist der Weg zum kategorischen Imperativ [Kant 1785, 421 u. ö.], wieder vom Atheismus her: eine Sache um ihrer selbst willen tun, dem Sittengesetz selbst gehorchen ohne Rücksicht auf Glück oder Unglück, ohne Rücksicht auf die Folgen. Wie ein Mensch nicht moralisch handelt, der stets nach den

Folgen sieht und nur dann etwas Gutes tut, wenn es sich für ihn rentiert, und das Gute unterläßt, wenn es ihm schadet, so wurde auch der betrachtet, der nach Hölle und Himmel schielt und das Gute tut wegen der möglichen Himmelsbelohnung und das Schlechte meidet wegen der möglichen Höllenbestrafung. Solches taucht in der Konsequenz dieses Materialismus ebenfalls auf.

In der Ethik nun geht La Mettrie im einzelnen selbstverständlich in gleicher Linie mit Helvétius und Montesquieu. Das von Natur aus egoistische Luststreben [vgl. Lange 1865, 350f.], das aber nicht als böse betrachtet wurde, sondern echt französisch als heiter, elegant, mit dem Grundsatz »leben und leben lassen«, soll mit dem Glück der meisten zusammengehen. Sie erinnern sich, es war bei Helvétius Eitelkeit, die in die Mitte gestellt wurde, das heißt öffentliche Geltung, Ansehen, und es war bei Montesquieu Ehrgeiz, der Eitelkeit nicht ganz unverwandt [Montesquieu 1748, 80f. u. ö.]. La Mettrie bringt ein Neues, und wie die gute Küche und die elegante Lebensart und der Kult der Frau, so ist auch dies noch aus dem französischen Rittertum genommen: La Mettrie bringt den Akzent des Ehrgefühls ein [vgl. Lange 1865, 351]. Das ist nicht dasselbe wie Ehrgeiz. Ein verfeinerter Egoismus setzt von selbst die Ehre darein, daß sich sein Selbst zur Menschheit erweitert, daß das eigene Wohl mit dem allgemeinen Wohl zusammengeht, daß das eigene Glück das ist, in dem sich auch das Glück der anderen und das Glück der meisten realisieren kann. Das ist nicht ökonomisch klar. La Mettrie war Arzt und kein Ökonom, das ist nicht Adam Smith, das ist nicht der Segen der freien Konkurrenz für die Produktion. Es ist moralisch gemeint, es ist von einer Oberschicht gemeint, die nicht in der unmittelbaren Produktion steht, es ist nicht zu einem Kaufmann gemeint wie bei den Engländern, wo jeder Engländer ein Kaufmann ist oder mindestens einen Bruder hat, der Kaufmann ist. Wir sind in Frankreich. La Mettrie ist also in diesem Sinn bedeutend verblasener, bedeutend abstrakter, aber doch so, daß er nicht nötig hat wie Adam Smith, einen vom Egoismus abgetrennten Altruismus, also eine andere Triebrichtung, in uns zu konstruieren. Auf der einen Seite dreht sich die Erde um sich selbst, das ist Egoismus; und dann dreht sich die Erde noch um die Sonne, das ist Altruismus, so das Bild bei Adam Smith. Bei La Mettrie geht es bruchlos über von meinem Glück zu dem, daß ich auch den anderen das Glück gönne und daß ich ein Leben führe, das dem Glück der anderen nicht im Wege steht, sondern es befördert. Der Hintergrund ist selbstverständlich die privatkapitalistische Tätigkeit, die damals ja noch eine progressive war minus der Ausbeutung, die sie gebracht hat. Aber es gab in Frankreich noch nicht die industrielle Revolution; das Maß von Elend, wie es die industrielle Revolution in England erzeugt hat, war in Frankreich noch unbekannt. Dort gab es viel ältere Sorgen, da waren der Hunger und das Elend der Leibeigenen und nicht etwa der Fabrikarbeiter, der von der Scholle in die Fabrik geschleppten. Die Preisfrage des 18. Jahrhunderts, die Pierre Bayle gestellt hatte: Ist ein Staat von Atheisten möglich? [vgl. S. 259f.] beantwortete La Mettrie ganz radikal: Ein solcher Staat ist nicht nur möglich, sondern er wäre der glücklichste von allen [La Mettrie 1748, 45]! Ein guter Staat muß ohne religiösen Fanatismus sein. Was Montaigne im gleichen Frankreich im 16. Jahrhundert gesagt hat, »grâce à l'homme«, »Gnade dem Menschen«, das ertönt hier nun im 18. Jahrhundert in Frankreich wieder, der gleiche Ruf gegen die Glaubenskriege des vorigen Jahrhunderts und gegen die Intoleranz. Die Religion darf die Verbindung von Lustleben in der ungebrochenen, unverzerrten, wieder griechisch gewordenen Kreatur mit der Lustmöglichkeit in der Gesellschaft nicht stören. Die Ordnung dieser Gesellschaft ist selbstverständlich die bürgerlich-kapitalistische.

Morelly und Gabriel Bonnot de Mably

Daß aber nicht allein die bürgerlich-kapitalistische Ordnung in Konsequenz dieses Materialismus entspringen mußte, zeigen die zwei französischen Kommunisten, die philosophisch nicht den Rang haben wie La Mettrie, aber die Konsequenz stärker gezogen haben, Morelly und Mably. Morelly (geb. um 1715) veröffentlichte 1754 anonym ein Werk, das im Titel an Diderot anklingt, »Code de la nature« [Morelly 1754]. Gabriel Bonnot de Mably (1709-1785) schrieb »De la législation ou principes des lois«, »Über die Gesetzgebung oder die Grundsätze der Gesetze« [Mably 1776]. Hier lief der Egoismus gemeinsam mit dem Altruismus zum Kommunismus, mit Anschluß an die alte utopische Grundlehre, daß die Produktionsmittel vergesellschaftet werden müssen, um mich modern auszudrücken. In den abstrakten Utopien war das natürlich naiver ausgedrückt. Die Erde gehört allen, ihre Früchte gehören allen, sie soll gemeinsam bearbeitet werden, und je nach Arbeitsanteil, je nach der Quote der Arbeit an der Gewinnung der Früchte, sollen die Früchte verteilt werden. Wir haben also bei Morelly und bei Mably die alte urkommunistische Linie, die mit Ausnahme von Platon und Proudhon, alle Utopien haben. Auch bei Platon gibt es ja Kommunismus, aber reserviert für die oberen Stände [vgl. Platon 1958a, III.-V. Buch]. Platon kann den Kommunismus dem Volk nicht zumuten, weil er angeblich zu asketisch ist. Bei Pierre-Joseph Proudhon (1809-1865) haben wir Privateigentum. Der frühe Proudhon hat ja bekanntlich mit dem Ruf begonnen: Eigentum ist Diebstahl [vgl. Proudhon 1840]. Das hat sich aber bei dem Druckereibesitzer und Anarchisten nachher gelegt, so daß Proudhons Utopie als einzige das Privateigentum beibehält. Bei Morelly und Mably nun bricht die Utopie in den Materialismus und der Materialismus in die Utopie ein. Der philosophische Gesichtspunkt ist der des mechanischen Materialismus, und der gesellschaftswissenschaftliche Gesichtspunkt ist auch nicht neu, es ist der aus der Urkommune, es ist der aus den sozialistischen Utopien, wie er auch bei Thomas Morus, auch bei Campanella war [vgl. Bloch 1977, 215-218]. Es wäre dringend notwendig, daß wir endlich unter neuen Gesichtspunkten, unter unseren Gesichtspunkten eine Monographie von Morelly und Mably hätten, in der vor allen Dingen dieses Einströmen von Utopie in Materialismus deutlicher als bisher kenntlich gemacht wird.

Paul-Henri Thiry D'Holbach

Ich gehe nun über zu dem zweiten Hauptwerk des mechanischen Materialismus, zu dem »Système de la nature« des Barons Holbach. Holbach stammt aus der Pfalz, kam früh nach Frankreich, wurde da adoptiert, der Barontitel stammt von daher. Er lebte von 1723 bis 1789. Ein reicher Mann, er hielt in Paris einen glänzenden Salon, in dem das épater des Materialismus, das Anstößige des Materialismus in geistreicher Form sozusagen ungestraft verabreicht werden konnte, und schrieb dann seine Schrift »Système de la nature« [Holbach 1770]. Wahrscheinlich war Diderot daran beteiligt, vor allem der Schlußteil, »Abré du code de la nature«, »Abriß des Gesetzbuches der Natur« [a.a.O., Bd. 2, 405-423], ist in einem flammenden Stil geschrieben, dem Stil Diderots, und verschieden von der übrigen Sprache, von der man zu sagen pflegt, daß ein schwerfälliger deutscher Ernst sich hier breitgemacht hat in einem schweren, seltsamen Französisch. Es ist aber durch diesen Ernst die entschiedenste, konsequenteste Durcharbeitung des mechanisch-materialistischen Standpunkts, die wir überhaupt haben. Auch die Grenzen sind hier am schärfsten sichtbar. Es muß gleich am Anfang erzählt werden, daß Goethe im 11. Buch von »Dichtung und Wahrheit«, wo er über seine Straßburger Zeit spricht, des »Systems der Natur« Erwähnung tut: »Es kam uns so grau, so cimmerisch, so totenhaft vor«, sagt Goethe, »daß wir Mühe hatten, seine Gegenwart auszuhalten« [Goethe 1811 f., 528]. Das ist die Reaktion von Sturm und Drang, von Lebensfülle, von Lebenslust. Bei La Mettrie ist die Lebendigkeit noch oder wieder da, der Atem von Giordano Bruno und Shaftesbury ist durchaus noch da, aber hier wird er nun schwächer, und in der Tat breitet sich ein Graues, Schwerfälliges, Pedantisches aus mit bedenklichen Grenzen, die sich bei La Mettrie nicht finden. Trotzdem oder eben deshalb ist die Wirkung die einer völlig rücksichtslosen Konsequenz, nicht nur einer moralischen Konsequenz, wie sie bei La Mettrie ist, daß nämlich ausgesprochen wird, was die anderen nicht auszusprechen wagen. Die Wirkung, die aus der großen Konsequenz stammt, ist mit gebührendem, sehr großem Abstand der des spinozistischen Systems zu vergleichen, das ungeheuer beeindruckte wegen seiner schonungslosen geometrischen Konsequenz. So haben wir hier den Eindruck, daß etwas am mechanischen Materialismus mit philosophischem Sinn zu Ende gedacht worden ist als konsequentester Glaube an die bürgerlich-revolutionäre Mission des Unglaubens. Mit dem Atheismus wird nun völlig ernst gemacht, »am Atheismus hängt das Glück der Menschheit«, sagt Diderot, der große Meister der Enzyklopädie. Hingabe an die Natur wird gepredigt, die aber nicht die Rousseausche Natur der Morgenfrühe ist, der Unbeflecktheit, der Reinheit, des ersten Schöpfungsmorgens, des guten Wilden, der nicht beleckt ist von der Zivilisation, die nicht ein solcher Behälter von oppositionellen Stimmungen ist gegen Willkür, Hofzwang und so weiter, sondern die Galileische Natur, die Newton-

sche Natur, die Natur der Gesetzmäßigkeit. Alles, was gut ist, stammt aus dieser Gesetzmäßigkeit, also ruft Diderot im Holbachschen Geist aus: »O Natur! Beherrscherin aller Wesen! Und ihr, ihre anbetungswürdigen Töchter Tugend, Vernunft, Wahrheit! Seid für immer unsere einzigen Gottheiten«. – »O nature! souveraine des tous les êtres! et vous ses filles adorables, vertu, raison, vérité! soyez à jamais nos seules divinités« [Holbach 1770, Bd. 2, 420]. Wahrheit, Vernunft und Tugend sind die Töchter der Natur, und zwar auf Grund der unverbrüchlichen Gesetzmäßigkeit der Natur, auf Grund des Charakters der Natur, denn Charakter ist Gesetzmäßigkeit, Charakter ist Konsequenz.
In diesem totalen Determinismus, in dieser totalen Kausalitätsachtung, fast Kausalitätsverehrung gibt es selbstverständlich keine Unsterblichkeit. So schon La Mettrie. Hier bei Holbach gibt es aber auch keine Freiheit. Wir haben den unterirdischen Einfluß von Spinoza durchaus. Wenn ein geworfener Stein plötzlich zum Bewußtsein käme, sagt Spinoza, würde er glauben, daß er aus freien Stücken fliege [Spinoza 1977, 236]. So ist es mit uns. Wir sehen unsere Bahn, wir wissen nicht, woher wir kommen, wir wissen nicht, was die Bedingungen waren, daß wir so sind und leben, deshalb glauben wir, daß wir frei sind. Es gibt also keine Freiheit, zunächst im Sinn von Willensfreiheit, und Unsterblichkeit und Himmel – diese Ausdrücke finden Sie schon bei Holbach –, das sind überflüssige Verdoppelungen des Menschen, das ist ein Schatten, der geworfen wird von dem einzig realen, nämlich von dem rein physischen, ausgedehnten, körperlichen, kausal durch und durch determinierten Wesen, das der wirkliche Mensch ist, ein Schatten, der geworfen wird ins Imaginäre. Und ebenso imaginär wie die Seele und die Unsterblichkeit sind nun die Verdoppelungen der Religion, die alle Aberglauben sind, Priesterbetrug, Betrug der Herrscher, um das Volk dumm zu halten, in Abhängigkeit zu halten durch die höchste Abhängigkeit von einer Theokratie, von unbekannten Mächten spiritueller Art. Es ist kein Unterschied zwischen Gespenstern, Götzen, Göttern und Gott. Sämtliche Religionen sind also eingeebnet, der christliche Gott ist ein Gespenst, und wie der aufgeklärte Mann nicht an Gespenster glaubt, so glaubt er nicht an Gott [vgl. Lange 1865, 381-387]. Eine solche Zertrümmerung von Schranken war bisher in dieser Form noch nicht da. Hier lebt fort, was Elia zu den Baalpriestern gesagt hat, als er und

die Baalpriester Feuer vom Himmel herabflehen auf das Fleischstück, das als Opfer von der Gottheit angenommen werden soll. Die Baalpriester hinken um den Altar herum und rufen: Baal erhöre uns! Nun gibt es die völlig voltaireschen und holbachschen Worte des Propheten Elia: »Rufet laut! denn er ist ein Gott; er dichtet, oder hat zu schaffen, oder ist über Feld, oder schläft vielleicht, daß er aufwache« [1. Könige 18, 27]. Das ist völliger Hohn gegen Baal. Es geschieht nichts. Darauf betet Elia, und Jahwe sendet den Blitz herunter, das Fleisch ist verbrannt, das heißt, das Opfer ist angenommen [1. Könige 18, 28-39]. Daß nun der Hohn, den Elia gegen Baal braucht, auf Jahwe, den Herrn der Heerscharen, übertragen wird – vielleicht schläft er, vielleicht ist er auf Reisen –, das ist noch nie dagewesen, das war auch bei den Ketzern nicht so, das geschah erst zweitausendsiebenhundert Jahre nach Elia. Die Verbindung von Geistern mit Gott, die Einebnung der Religionsgeschichte zu einer Illusion, zu dem Glauben an Sparren und Einbildungen, ist hier neu. Missionare im 19. Jahrhundert erlebten es, daß die Farbigen, denen sie ihren Glauben an ihre Geister und Götzen weggenommen hatten, dann auch nicht an den protestantischen oder katholischen Gott glaubten, sondern an überhaupt nichts mehr. Das heißt, die religiöse Sphäre selbst wird verwundet, nicht ihr Götze allein wird verwundet. Diese Entwicklung ist erst im 19. und 20. Jahrhundert unter den halbkolonialen und kolonialen Völkern eingetreten. Wenn also die Irminsul gestürzt ist und Thor schickt keinen Blitz, dann muß man nicht an den fremden Gott der Bibel glauben, den Bonifatius bringt, dann gibt es auch den nicht. Eine ganz seltsame Wendung, die uns heute ganz selbstverständlich vorkommt, doch damals völlig neu war. Die Gleichung von Gespenstern und Gott ist nicht einmal eine antireligiöse, sondern eine areligiöse Gleichung. Die Religion ist lauter falscher Dualismus, indem sie die Natur von sich selbst, von ihrer ausschließlich immanent-materiellen Tätigkeit scheidet und immaterielle Beweger jenseitiger Art darübersetzt und gar noch Zwecksetzungen macht. Hobbes und Spinoza mit ihrem Kampf gegen den Zweck, der sich bei Leibniz nicht findet, haben hier zu bedeutend herabgesetzem Preis, aber mit der Gewalt großer, populärer Konsequenz gesiegt.

In diesem universellen Mechanismus, in diesem totalen Determinismus, der keinen Zweck kennt, gibt es auch keine Verantwortlichkeit. Ein Mensch kann für seine Handlungen nicht verantwortlich erklärt werden. Aber nicht nur das, es gibt auch gar keinen Grund, einen Menschen für etwas verantwortlich zu erklären, denn es gibt in der Natur weder gut noch böse, ja es gibt nicht einmal Ordnung und Unordnung [vgl. Lange 1865, 370 f.]. Das geht über Spinoza hinaus, denn bei Spinoza war die Welt lauter Ordnung, und Unordnung war bloß bei den inadäquaten Ideen [vgl. S. 93 f.]. Hier fällt auch noch Ordnung und Unordnung auf die subjektive Seite, auf die Seite der Illusion, der Imagination, des Sparrens. Weder Harmonie noch Dissonnanz findet sich in der Natur, die setzt nur unser äußerer Verstand hinzu. Das geht typisch gegen Rousseau, typisch gegen das Rousseauische bei Schiller: »Die Welt ist vollkommen überall, / Wo der Mensch nicht hinkommt mit seiner Qual.« [Schiller 1965 f., Bd. 2, 904] Da gehört die Qual zu dem Menschen, aber die Vollkommenheit gehört doch zu der vom Menschen unabhängigen Natur. Auch dieses fällt hier als menschliche Zutat weg. Auf diese Art hat die stärkste Ideologie der bürgerlichen Revolution, die Holbach darstellt, ein Kontemplatives, ein Unparteiliches, vor allem ein Unerbittertes im Gefolge in sich. Es gibt kein Unrecht, denn die Gesellschaft gehört ja auch zur Natur, Natur ist hier Welt, und Unrecht ist Mencheneinbildung, ist in der Sache nicht vorhanden als eine Gegenstandsbestimmtheit. Das ist rein kontemplatives Verhalten; der Spruch »tout comprendre c'est tout pardonner«, »alles verstehen heißt alles verzeihen«, kommt aus dieser Zeit. Dabei starb Holbach am 21. Juni 1789; bis zum 14. Juli, dem Tag der Erstürmung der Bastille, war es nicht mehr weit; er starb also vier Tage, nachdem die Abgeordneten des dritten Standes sich als die Nationalversammlung konstituiert hatten und wenige Wochen vor der Erstürmung der Bastille, die aus diesem mechanischen Materialismus gar nicht gerechtfertigt werden kann, weil doch alles notwendig ist. Das ist das »Cimmerische«, und hier zeigt sich, wieviel besser die Praxis war als die Theorie. Das heißt: Die Teile der Theorie kamen zur Praxis, die der Befreiung dienten, und die Teile kamen nicht zur Praxis, die eine ganz neue Unterwerfung in sich hatten, nämlich die Unterwerfung unter den kausalen Determinismus und Mechanismus, in dem der Mensch ausgelöscht und die Welt so klein wird, daß weder ein menschlicher Kopf noch gar ein menschliches Herz Platz darin haben. Die Theorie wurde nur deshalb Praxis, weil nicht nur und vielleicht nicht einmal in erster Linie La Mettrie und Holbach und die Enzyklopädisten die Französische Revolution angezündet haben, sondern Rousseau mit der Sprache, die ins Volk ging und die Menschen ergriff. Das andere war eine Salonangelegenheit, die man sehr gut brauchen konnte, die Platz machte. An die Stelle der mechanischen Natur im mechanistischen Materialismus trat die Natur Rousseaus, an die Stelle des »tout comprende c'est tout pardonner«, an die Stelle dieser doch hochmütigen aristokratischen Haltung traten die Empörung, die Erbitterung und der brennende Wille zur Herbeiführung einer rein naturhaften Welt, wie sie am Schöpfungsmorgen war. Retourner à la nature, das will zu einer anderen Natur zurück als zu der deterministischen. Das Gute am mechanischen Materialismus ist aber doch auch gewesen, daß die Notwendigkeit Platz bekam zur Erklärung der Welt ohne fremde Zutaten und daß auch die Revolution eine Notwendigkeit hatte. Das Unerbittliche lag doch darin, nämlich in der eisernen Logik der Geschichte, wie man von da an ebenfalls zu sagen pflegt. Auch die Revolution ist unvermeidlich, sie wird nur ohne jede Erregung wahrgenommen. Die Gesetze sind überall gleich, ob sich eine Blase im Bach dreht, ob sich zwei Doppelsterne um sich selbst drehen, oder ob die Erde sich um die Sonne dreht. Das Buch der Natur ist mit sehr wenig Schriftzeichen beschrieben und mit immer sich wiederholenden. So ist es auch in der Menschengeschichte, und Staub, Wasserteilchen und die Blase im Bach drehen sich nach derselben unverbrüchlichen Notwendigkeit.

Ich möchte Ihnen aus dem 4. Kapitel des ersten Bandes des »Système de la nature« dazu zwei einschlägige Sätze vorlesen: »In den schrecklichen Erschütterungen, welche bisweilen die politischen Gesellschaften ergreifen und nicht selten den Umsturz eines Reiches herbeiführen, gibt es keine einzige Handlung, kein Wort, keinen Gedanken, keine Willenserregung, keine Leidenschaft in den Handelnden, die als Zerstörer oder als Schlachtopfer an der Revolution beteiligt sind, welche nicht notwendig ist, welche nicht wirkt, wie sie wirken muß, welche nicht unfehlbar die Folgen zustande bringt, die sie nach der Stellung, welche die Handelnden in diesem moralischen Wirbelsturm einnehmen, zustande bringen muß. Dies würde einer Intelligenz offenbar sein, welche imstande wäre, jede Wirkung und Gegenwirkung aufzufassen und zu würdigen, welche in Geist und Körper der Beteiligten vorgeht.« [nach

Lange 1865, 369] Alles richtig, wenn es nicht die dialektische Notwendigkeit gäbe, in der der subjektive Faktor seinen gewaltigen Platz hat. Dieses also ist die Schattenseite und die Lichtseite des zur äußersten Konsequenz getriebenen Mechanismus.

Aber selbst in der französischen Aufklärung wurde das so beurteilt, und zwar vom Heros der Aufklärung selbst, von Voltaire [Artikel »Dieu, Dieux« aus dem »Dictionnaire Philosophique«]. Er sagt gegen Holbach: »Wie? Im Gebiete des Physischen, ist da ein blindgebornes Kind, ein Kind ohne Beine, eine Mißgeburt nicht gegen die Natur des Geschlechtes? Ist es nicht die gewöhnliche Regelmäßigkeit der Natur, welche die Ordnung bildet, und die Unregelmäßigkeit, welche die Unordnung ist? Ist nicht ein Kind, dem die Natur den Hunger gegeben und die Speiseröhre verschlossen hat, eine gewaltige Störung und eine tödliche Unordnung? Die Entleerungen aller Art sind notwendig, und doch entbehren die Ausführungswege oft der Öffnung, so daß man die Heilkunst anwenden muß. Diese Unordnung hat ohne Zweifel ihre Ursache: keine Wirkung ohne Ursache; aber diese Wirkung ist doch eine große Störung der Ordnung.« – »Der Mord eines Freundes, eines Bruders, ist das nicht eine entsetzliche Störung im moralischen Gebiet? Die Verleumdungen eines Garasse, eines Tellier, eines Doucin gegen die Jansenisten und die der Jansenisten gegen die Jesuiten; die Betrügereien eines Patouillet und Paulian, sind das nicht kleine Unordnungen? Die Bartholomäusnacht, die Metzeleien in Irland usw. usw., sind das nicht verfluchte Unordnungen? Diese Verbrechen haben ihre Ursachen in den Leidenschaften, aber ihre Wirkung ist verabscheuungswürdig; die Ursache ist verhängnisvoll, diese Ursache macht uns schaudern!« [nach Lange 1865, 371 f.]

Das ist die Sprache der revolutionären Praxis. Der seltsame Fall war eingetreten, daß die äußerste Konsequenz scheinbar zu einem Quietismus führen konnte, der dem Quietismus als der Ergebung in Gottes Willen gar nicht so fern ist. Es ist die ausweglose Ursache-Wirkung-Verbindung, weshalb man ja auch nicht ohne Grund von der Kette der Kausalität als einer *Kette* spricht. Das Plus, das nie übersehen werden kann und nach dem vor allem die Zeit begriffen werden muß, ist, wie gesagt, der Radikalismus, mit dem das Mechanische durchgesetzt wird, und wenn auch schon die Sparren, die Illusionen und die Imaginationen verschwunden sind, so wurde das dadurch erkauft, daß man gut und böse, Ordnung und Unordnung eine Zeitlang in der Theorie, zusammen mit dem Zweck, ebenfalls wegstrich, weil das doch zu dem Lieblingsbestand der kirchlichen Ideologie gehörte. Hier wurde das Kind mit dem Bade ausgeschüttet. Wenn dieses abgedroschene Bild eine Wahrheit hat, so hier. Es mußte im Sturm und Drang diese Konsequenz haben, aber das »Cimmerische«, das unzweifelhaft vorliegt, ist weit überstrahlt durch einen Sonnenaufgang von Befreiung und von Naturliebe und Liebe zur Notwendigkeit, zu dem spinozistischen amor fati, die nicht nur eine Schickung in das Schlechte ist, sondern auch ein Vertrauen darauf, daß der Weltlauf mit uns im Bunde ist, und zwar Kraft seiner Notwendigkeit. Es kommen Erinnerungen nicht nur an Spinoza, sondern auch an die Stoa, die ebenfalls lückenlose Notwendigkeit im Weltlauf sah, aber eine gute Notwendigkeit; ein sanfter Bogen der Notwendigkeit ist es, von dem auch noch auf uns geschossen wird. Auch das ist noch notwendig, auch hier ist noch ein uraltes, ewiges Gesetz, das sich erfüllt, allerdings mit Ordnung, der Kategorie, die bei Holbach fehlt, die im Widerspruch zu seiner eigenen mechanistischen Lehre fehlt, denn was ist Ordnung, wenn nicht die Ordnung der Kausalität.

Hylozoistischer Materialismus: Buffon, Lamarck und Robinet

Eine andere Linie, die sich ebenfalls im französischen Materialismus findet, die aber oft übersehen wird, ist die hylozoistische Linie, wie ich mit bewußter Erinnerung an die Vorsokratiker sage. ὕλη ist Stoff, ζωή Leben, ζῷον Lebewesen. Wir haben sie bei La Mettrie schon etwas gemerkt, wenn er ablehnt, daß es eine tote Materie gäbe. Das steigert sich nun bei dem großen Naturforscher Buffon, ebenso bei Lamarck und vor allen Dingen bei Robinet. Robinet ist einwandfreier Materialist, der mit einer Entschiedenheit, die sich nicht zu verstecken braucht und nicht verschieden ist von der von La Mettrie und Holbach, von Gehirnfibern spricht und Seele ablehnt. Trotzdem ist hier eine Auffassung von organischer, von belebter Materie darin, erst recht ein Leonardosches, ein Renaissancehaftes, ein Brunosches, ein Shaftesburysches und vor allen Dingen ein Leibnizsches. Wir haben also in dem französischen Materialismus einen bisher nicht genügend untersuchten Einfluß von Leibniz. Neben dem mechanischen gab es den hylozoistischen

Materialismus, der den mechanischen aber nicht im mindesten störte oder aufhob, sondern nur Lebendigkeit hineinzubringen versuchte, den Mechanismus selbst als eine untere, stotternde, anfangende Art von Lebendigkeit betrachtete, dergestalt, daß Druck und Stoß und alle mechanischen Körper und die bewegten Materieteilchen Versuche sind, Mißlungenheiten von Lebendigkeit, die aber in ihnen steckt. Das Experiment zur Lebendigkeit, zu unserem Leben, zu unserer Liebe, zu unserer Gesellschaft, zu allen unseren Gefühlen und Affekten und Gedanken ist die anorganische Natur, und dann schlägt im Bewußtsein die Materie ihr Auge auf. Das geht bereits in die romantische Naturphilosophie am Anfang des 19. Jahrhunderts hinein. Das Gemeinsame, Verbindende ist eben Leibniz, der ebenfalls Kontinuität annahm von den schlafenden, von den träumenden bis hin zu den erwachten Monaden. Der Dualismus anorganisch – organisch ist damit aufgehoben, um den Preis von einiger Phantasterei, die sich bei dem großen Zoologen Buffon, dem einzigen großen Naturforscher dieser Zeit auf dem Gebiet der materialistischen Philosophie findet. [...] Durch den Leibnizschen Einfluß ist etwas mindestens angedeutet, was dem mechanischen Materialismus im 18. Jahrhundert fast vollständig fehlt oder in ihm nicht zum Ausdruck gekommen ist, nämlich der Entwicklungsgedanke. Wir haben als Schranken des gesellschaftlichen Bewußtseins, die sich im philosophischen kenntlich machen, im mechanischen Materialismus das Fehlen des subjektiven Faktors. Die Wertfreiheit der Betrachtung, die dadurch in besonders prononcierter Form eine Betrachtung zu sein scheint, ein bloß kontemplatives Verhältnis zur Welt, in der es nichts Schönes, nichts Unschönes, nichts Böses, nichts Gutes, nicht einmal Ordnung und Unordnung gibt, wie bei Holbach, fehlt zwar in der Praxis, aber in der Theorie sah es doch so aus.

Ich gehe also an den großen Naturforscher Georges-Louis Leclerc Comte de *Buffon* (1707-1788) und sein Hauptwerk »Histoire naturelle«, »Naturgeschichte«, erschienen in 44 Bänden zwischen 1749 und 1804 [Buffon 1749 ff.]. Hier interessieren uns nicht die zoologischen Ausführungen, auch nicht die wunderbaren farbigen Kupfer, mit denen Buffon seine Zoologie geschmückt und illustriert hat, sondern das Philosophische. Die Organismen sind nach Buffon keine toten Maschinen, auch nicht nur Uhren, die sich selbst aufziehen, was auch nur als Gleichnis gebraucht werden könnte, denn eine Uhr, die sich selbst aufzieht, wäre ein perpetuum mobile, das es nicht gibt. Buffon nimmt vielmehr als primär eine Art »organischer Moleküle« [vgl. a.a.O., Bd. 3, 507] an. Das Problem, wie Leben aus toter Materie entstanden ist, besteht dann nicht mehr. Es gibt eine Umkehrung: Leben ist primär, alle Moleküle sind primär lebendig in verschiedenen Graden – hier wirkt Leibniz herein – und steigen auf zu dem organischen Leben, nicht in einem Sprung in ein ganz anderes Sein, wodurch natürlich auch der dialektische Sprung verschwindet, sondern in einer Art von Ausschachtelung, Ausschüttung dessen, was als Keim ohnehin im organischen Molekül angelegt ist. Es gibt so von vornherein eine autonome organische Selbstregulierung, die Organismen antworten auf die verschiedenen Einflüsse der mechanischen Umstände, der Umstände in der Außenwelt auf ihre Weise – es gibt eine Wechselwirkung. Diese Theorie ist nicht etwa vitalistisch, denn es wird keine Lebenskraft angenommen als etwas, was den Organismen zukäme im Unterschied zu den anorganischen Molekülaggregaten. Da unter der Annahme organischer Moleküle alles Lebenskraft ist, gibt es keinen Vitalismus. Das Tote ist auch belebt, nur in einer schlafenden Weise, es ist aber auch nicht etwa Gestorbenes, was vielleicht als Vermutung naheliegen könnte. Ein solcher Gedanke tauchte später auf, bei Schelling, nicht ohne Zusammenhang mit Buffon. Erneuert wurde er von einem faschistischen Paläontologen, einem großen Phantasten außerdem, Edgar Dacqué (1878-1945) in München. Der lehrte: Das Primäre ist organisch, und das Anorganische kommt später. Wir haben noch nie gesehen, daß sich Anorganisches in Organisches verwandelt hätte, dagegen können wir sekündlich sehen, daß sich Organisches in Anorganisches verwandelt, das heißt, daß Zellen und Zellenkomplexe sterben. So wäre dann also die gesamte Welt, die wir hier sehen, ursprünglich organisch gewesen und abgestorben. Bei Holz, das ein toter organischer Stoff ist, oder bei Kreide oder bei Korallenriffen stimmt das. Das wird nun in einer spekulativen Weise auf alles andere ausgedehnt, und der Zug geht umgekehrt, nicht vom Anorganischen zum Organischen, sondern vom Organischen zum Anorganischen. Auch bei Schelling ist die Erde ein abgeschiedener Leichnam zu unseren Füßen, und ursprünglich war alles lebendig [vgl. »Darstellung meines Systems der Philosophie«, Schelling 1856/61, Abt. I/4, 208 u. ö.]. Das ist bei Buffon nicht der Fall, weil es leibnizisch gar kein Totes gibt, sondern nur einen geminderten Grad von Lebendigkeit.

Dieser Gegenzug, wenn man so sagen kann, des organischen Lebens gegen die mechanischen Umstände arbeitet nun auch theoretisch weiter bei *Lamarck*, dem ersten Denker einer organischen Entwicklungslehre. Geschichte wird in die Zoologie hineingetrieben im Sinn einer Entstehung von Arten. Das hat nicht Darwin begonnen, sondern Jean Baptiste Lamarck (1744-1829) in der »Philosophie zoologique«, der »Zoologischen Philosophie« [Lamarck 1809]. Die Entwicklung der Organismen geschieht wesentlich durch Anpassung an die Umgebung, die aber eine aktive Anpassung ist, nicht ein Abdruck, sondern eine Antwort, ein Gegenzug. Gebrauchte Organe stärken sich, nichtgebrauchte verkümmern, erworbene Eigenschaften werden vererbt [a.a.O., 73]. Auch Mutationen, sprunghafte Veränderungen, deutet er schon an. Es sind aktive Elemente darin, die Lamarck in die Nähe von etwas Vitalistischem oder auch Neovitalistischem bringen, weshalb er ja eine fröhliche Auferstehung am Anfang dieses Jahrhunderts gefeiert hat und auch gegen Darwin ausgespielt wurde. Das ist an Ort und Stelle noch nicht sichtbar. Die Elemente, wie Anpassung an die Umwelt, sind ebenfalls darwinistisch, nur daß Darwin eine so eigene, lebendige Reaktion auf die Umwelt nicht mit Worten ausgedrückt und dargestellt hat. Schwörte man nur auf Darwin, nur auf die Anpassung an die Umwelt, dann könnte es nur Hasen geben, Feiglinge, die den Weg des geringsten Widerstands gehen und sehr rasch davonlaufen. Daß man die Stirn den widrigen Umständen bietet, daß man gegebenenfalls gegen den Strom schwimmt, ist eine löwenhafte, eine kräftigere Reaktion. Ein Einwand darf also gegen Darwin gemacht werden: Elemente aus der Bourgeoisgesellschaft sind auf die Tiere und Pflanzen übertragen worden. Zum Beispiel in dem Brief von Engels an Lawrow vom 12. November 1875 ist es haarscharf notiert, daß Darwin die Bourgeoisgesellschaft und den Malthus in der Tierwelt wiedererkennt [vgl. Marx/Engels 1966, 169f.]. Doch wird anerkannt, daß Darwin die naturhistorische Grundlage ihrer Theorie enthält. Aber Anpassung an die Umwelt, das ist der kleine Angestellte. Vererbung erworbener Eigenschaften setzt doch schließlich ein Erbrecht voraus und ist auch Übertragung eines Begriffs auf ein Phänomen, das durchaus vorhanden ist. Doch die Formulierung »Vererbung erworbener Eigenschaften« wirkt wie eine Übertragung aus der Gesellschaft, ebenso Kampf ums Dasein [vgl. Darwin 1859, 98-102 u. ö.]. Es ist also nur eine schmale Schüssel da, die Erde ist übervölkert und hat nicht genug Platz. Darin ist ein Stück Malthus [vgl. Malthus 1798]. Es könnte ja so viel Überfluß sein und der Tisch könnte so reich gedeckt sein, daß es gar keinen Kampf gibt. Kurz, in dem Brief von Engels ist das an Darwin notiert, daß sich hier auch ein Stück bürgerliche Ideologie findet, die in das Leben der Tiere hineingesehen wurde. So selbstverständlich auch bei Lamarck. Wir werden hier wie auf vielen Gebieten eine von allzu subjektiven Auffassungen befreite Biologie erst haben, wenn wir gesellschaftlich keine Ideologie abhängiger und vorübergehender Art mehr besitzen, wenn wir also den Pulsschlag nicht mehr mit dem Daumen fühlen. (Der Daumen ist bekanntlich auch ein Puls; man muß mit dem Zeigefinger oder dem Mittelfinger messen, in denen kein Puls ist.) Wir fühlen noch mit unserem eigenen Puls den fremden Puls, das heißt nicht, daß wir den fremden Puls nicht fühlten, das heißt nicht, daß Lamarck und erst recht Darwin nicht völlig reale Erkenntnisse gegeben hätten, aber es kommt etwas hinzu, eben der Puls der Bourgeoisgesellschaft, wenn es um solche dem menschlichen Leben ähnliche Dinge geht wie Leben der Tiere, Vergesellschaftung, Verhältnis zur Umwelt. So findet sich dergleichen bei Lamarck auch, aber mit einer stärkeren Betonung des, wenn man so sagen kann, subjektiven Faktors der Tiere, also des Gegenzugs, der Antwort des organischen Moleküls, das nicht nur wie auf Gummi oder wie in Wachs einen Abdruck der Umwelt darstellt. Das sind Dinge, die auch ein Plus gegen die Milieutheorie von Helvétius darstellen, wo der Mensch das Produkt von Klima und Umgebung ist und nicht etwa das Klima und vor allen Dingen die Umgebung ändert.

Buffon und Lamarck sind beide große Zoologen. Der einzige bedeutende Denker, der einzige Philosoph aus dieser seltsamen hylozoistischen Gegend ist Jean Baptiste *Robinet* (1735-1820). Er ist zugleich durchaus ein mechanischer Materialist. Er betont unaufhörlich, genau wie La Mettrie, den Zusammenhang der tierischen Natur des Menschen mit seiner geistigen und vor allen Dingen der geistigen mit seiner tierischen. Sein Werk »Parallèle de la condition et des facultés de l'homme, avec celles des autres animaux« (Bouillon 1769) handelt von diesem Zusammenhang. Robinet spricht sogar von moralischen Gehirnfibern, – mehr läßt sich nicht verlangen. Und trotzdem oder eben deshalb ist ein Unterschied zu La Mettrie, der wieder durch das organische Molekül und durch das Leibnizsche bezeichnet ist. Seine dazu entscheidenden Schriften heißen »De la nature«, 1761 bis 1766 [Robinet 1761 f.], und »Considérations philosophiques de la gradation naturelle des formes de l'être«, »Philosophische Betrachtungen (oder Überlegungen) über die natürliche Steigerung der Formen des Seins«, Paris 1768. Das ist ein Ton schon im Titel, der sich bei den anderen mechanischen Materialisten nicht findet. Ein hochphilosophischer Titel, mit einem Ausdruck, der rein von Leibniz herkommt. Danach sind die Organismen nicht Produkte von anorganischen Molekülen und chemischen Verbindungen allein, sondern in den chemischen Verbindungen, in den Eiweißverbindungen, Kohlenstoffverbindungen, in den Molekeln schläft das Organische und wacht in den Organismen auf [vgl. Lange 1865, 313 ff.]. Bei allem physischen Bedingtsein sämtlicher vitaler und psychischer Erscheinungen, wobei er, wie gesagt, so weit geht wie irgendeiner, indem er von moralischen Hirnfibern spricht, ist hier durch die Lehre von der Gradation, also dem lückenlosen Zusammenhang und zugleich dem Hellwerden von keimendem Licht, keimendem Leben und keimendem Bewußtsein, Luft von Shaftesbury darin, von der Allbeseeltheit, Luft von Leonardo da Vinci, Luft von Giordano Bruno mit der Weltseele. Das Aroma der Renaissance tritt hier deutlich herein im Unterschied zu der Hobbes-Welt und auch der Descartes-Welt, also von der, wie man sagen könnte: puritanisch, nämlich gänzlich schmucklos gewordenen Materie, die prosaisch wird, die all ihren poetischen Duft verliert, den sie bei Francis Bacon noch hatte, erst recht bei Jakob Böhme. Aber indem er dermaßen verständig, also puritanisch schmucklos wird, asketisch wird, sagt Marx, entwickelt der Materialismus auch die »rücksichtslose Konsequenz des Verstandes« [Marx/Engels 1845, 136]. Ein Verlustprinzip ist aber damit angegeben, nämlich daß Materie die Lebendigkeit verliert, daß sie asketisch wird. Das ist ja im Mund eines Marxisten nicht unbedingt ein Lob. Oder wie ein englischer Naturforscher sagte: Die Jakobe der Theologie haben die Materie um ihr Erstgeburtsrecht gebracht. Seitdem sieht sie so grau aus, so grob, niedrig, schmutzig, roh, vulgär, armselig, einfach, tierisch, trivial, glatt, dürr, – alles Bezeichnungen für den Materialismus. Das ist übriggeblieben von der Materie, nachdem ihr alles weggenommen und dem Geist gegeben worden ist. Hier bekommt die Materie es zurück, ohne daß der Materialismus und selbst der mechanische Materialismus verlassen ist. Nur: Das Mechanische ist der unaufgewachte Zustand einer früheren Stufe, die Leibniz-Welt ist also da, und durch dieses Aufsteigenkönnen, Aufwachenkönnen kommt, mindestens im Keim, etwas herein, was dem mechanischen Materialismus sonst fehlt, nämlich la perfectibilité, die Vervollkommnungsfähigkeit der Welt. Die Welt ist selbst etwas, was sich vervollkommnet, indem die Materie organisch und psychisch wird und damit bis zur Kenntlichkeit verändert wird. Und weil das Vitale und das Psychische, das Lebendige und das Seelische Wertausdrücke sind, sind sie auch Ausdrücke der Vervollkommnung. Die Welt, die Materie hat das, was Leibniz als großer Aufklärer und als Sprecher des revolutionären Bürgertums der Welt zusprach, in sie hineinsah und aus ihr heraushörte, nämlich perfectibilité, perfectibilitas, Vervollkommnungsfähigkeit [vgl. S. 151 f.]. Vervollkommnungsfähigkeit impliziert Entwickelbarkeit. Das ist nicht ausgeführt, aber es ist auch nicht a limine verneint wie bei einer Betrachtungsweise, die mit klaren Gründen, mit einer großartigen politischen Notwendigkeit die Welt entzauberte und bis auf ihre physikalischen Teile herunteranalysierte, womit die Phänomene verlassen werden. [...]

Im mechanischen Materialismus ging ein totaler Abbau vor sich durch den Primat der Physik im mechanistischen Sinn, der damaligen Physik, der Uhrwerkphysik, die aus Druck und Stoß besteht und Chemie und Elektrizität nicht kennt. Hier ist ein Entspannen der Welt notwendig da, das dann die Formel »nichts als« gebraucht. Eine großartige Formel, eine Formel der Entzauberung: »Es ist nichts als das«. Ein Gespenst ist nichts als ein Bettlaken oder ein Nachthemd, das am Fenster hängt, nichts als das. Dieses »nichts als« wird nun aber auch total, wo gar kein Spuk ist. Überall wird das Schaumgold abgekratzt, wo vielleicht ganz echtes Gold ist. Mit der Formel »nichts als« werden Erscheinungen auf ihre Entstehungsgründe zurückgeführt, die sich aber nicht ohne Rest auf sie reduzieren lassen. Ich greife damit schon etwas auf die Kritik am mechanischen Materialismus voraus, wohlgemerkt immer am mechanischen Materialismus, nicht am Materialismus schlechthin, nicht an der Erklärung der Welt aus sich selbst. Ich nehme als

Beispiel die Schlacht bei Marathon. Was ich jetzt sage, gilt für die Robinet-Linie in dieser Weise nicht und gilt erst recht nicht für den dialektisch-historischen Materialismus. Wenn die Galileische Methode des »dissecare naturam«, des Die – Natur – Entzweischneiden, analysieren, die resolutive Methode, der die kompositive Methode zu folgen hat [vgl. Bloch 1977, 268], wenn also diese Methode aus der Mechanik, aus der Physik, in der sie bei Galilei beheimatet ist, was völlig in Ordnung ist, heraustritt, kommt folgendes zustande: Sie haben die Schlacht von Marathon. Das ist kein Spuk, das ist auch nichts besonders Großartiges. Wir sind uns alle einig, daß es diese Schlacht 490 v. Chr. zwischen Persern und Griechen gegeben hat. Wenn sie nun mit der Formel »nichts als« reduziert und analysiert wird, dann haben wir zunächst die ideologischen Gründe, weshalb angeblich die Perser und die Griechen miteinander gekämpft haben. In den Schulbüchern steht, auf der einen Seite habe die menschliche Demokratie, die Humanität gestanden, auf der anderen die Proskynesis, das Niederfallen vor dem Thron des Großkönigs. Der freie athenische Demokrat kämpfte also gegen die Scharen des Ostens, die vor dem Großkönig auf dem Bauch lagen. Deshalb wird man keinen Krieg geführt haben, aber so sieht es zuerst aus. Dann gibt es die solide politisch-ökonomische Erklärung, daß die persische Expansion mit Griechenland zusammenstieß. Das sind noch immer Zusammenhänge sozusagen geistiger Art, wir müssen noch materieller werden. Es kämpften also Perser und Griechen und sie kämpften in verschiedener Uniform. Aber die Uniformen sind doch auch unwichtig, es sind doch Leiber, die kämpften. Wenn ich ganz mechanisch-materialistisch werden will, muß ich sagen: Was heißt »Leiber«? Muskelgruppen sind es, bestimmte Muskelbewegungen, der Speer wird geworfen und der Schild wird getragen. Dabei habe ich jetzt schon die Perser und die Griechen verloren, denn die Muskelgruppen sind überall gleich. Der Bizeps bei einem persischen Soldaten ist der gleiche wie bei einem athenischen Soldaten. Und dann: Wodurch unterscheidet sich eine Schlacht von einem Tanz oder von einem Liebesakt? Ob ich einen totschlage oder ob ich jemand umarme, das kann ich in der Muskelgruppenbewegung überhaupt nicht sehen. Es ist also auch die Schlacht völlig verloren. Und was heißt »Muskelgruppen«? Das sind organisch-chemische Vorgänge. Jetzt ist überhaupt kein Unterschied mehr zwischen der Schlacht von Marathon und dem Vorgang, wenn Milch sauer wird. Und was heißt »organisch-chemischer Vorgang«? Moleküle bewegen sich, und das ist doch schließlich alles dasselbe, ob die Milch sauer wird, ob die Schlacht bei Marathon geschieht, ob Beethovens IX. Symphonie gespielt wird, ob eine Blase sich im Bach dreht, – alles sind Atombewegungen, Atomkonstellationen oder Molekülbewegungen, Molekülkonstellationen. Ich habe die Erscheinung verloren, indem ich alles völlig herunteranalysiert habe mit der dann zu einem völligen Irrtum, zu einem Weltverlust werdenden Formel »nichts als«. Marx macht Schluß bei dem wirtschaftenden Menschen. »Die Wurzel für den Menschen ist aber der Mensch selbst« sagt er in »Zur Kritik der Hegelschen Rechtsphilosophie. Einleitung« [Marx 1844, 385]. Ihm ist der wirtschaftende Mensch die Beziehung des Menschen zum Menschen und zur Natur, das ist der Startpunkt, von dem aus der ökonomisch-historische Materialismus beginnt. Da wird nicht gesprochen über Atome und Moleküle, die ihm zugrunde liegen, und doch entsteht etwas, was Engels in der »Dialektik der Natur« den starting-point nennt, den neuen Startpunkt mit einem dialektischen Umschlag [vgl. Engels 1925, 349-353 u. ö.], mit einem Novum. Hier sehen Sie den Unterschied eines nur abbauenden Denkens zu einem sich in der Entwicklungslinie bewegenden materialistischen Denken, dergestalt, daß, wie wiederum Marx sagt, es leichter ist, die religiöse Ideologie durch Analyse zurückzuführen auf ökonomische Verhältnisse, als – und das ist die Probe aufs Exempel – aus den ökonomischen Verhältnissen die religiöse Ideologie nachbauend zu verstehen [Marx 1867, 393]. Also eine Vorwärtsbewegung nach der analytischen Rückwärtsbewegung. Von dem Molekültanz aus kann ich aber nichts mehr aufbauen. Entwicklungsgeschichte ist nicht etwas, was hinzukommt oder gar als dem Materialismus fremdes hinzukommt. Der mechanistische Materialismus – ich will »mechanistisch« sagen und nicht «mechanisch« – hat für Entwicklungsgeschichte folgerichtig keinen Platz. Mitten in dem aufsteigenden Bürgertum, mitten in der perfectibilité der Welt, die doch von den Jakobinern in der Französischen Revolution gemeint war, finden Sie in dem theoretisch mechanistischen Materialismus das nicht ausgesprochen. Es ist nicht unbedingt verneint, sondern es ist überhaupt nicht notiert. Notiert ist es nur bei Robinet, und der Leibnizsche Einfluß ist darin. Hier ist ein bemerkenswertes Vorgängertum zum dialektisch-historischen Materialismus, das dabei Materialismus bleibt.

Jean-Jacques Rousseau

Ich gehe nun über zu dem politisch und praktisch entscheidendsten Denker, den es in der französischen Aufklärung gegeben hat, zu Jean-Jacques Rousseau. Eine gewisse verwandte Luft, rousseauisch verwandte Luft, haben wir bei Buffon, bei Lamarck und erst recht bei Robinet. Die Frage, ob Rousseau Materialist war, ist schief gestellt. Die Frage ist nicht ganz abwegig, wenn ich an La Mettrie und Holbach denke, die Frage wird abwegig, wenn ich an Diderot und an Robinet denke, und sie wird abwegig, wenn ich die Grunddefinition des Materialismus nicht im Kopf behalte, daß er Erklärung der Welt aus sich selbst ist [Engels 1925, 325]. Rousseaus Wendung zum Diesseits ist Anerkennung der Natur als des Primats und zugleich als des Wertmaßes aller Dinge, jedenfalls nicht deistisch, ohne Transzendenz, sehr in der Welt zu Hause, sehr in der Welt stehend, die Welt umarmend, aber nicht mechanistisch. – Rousseau lebte von 1712 bis 1778, geboren in Genf, ein viel umhergeworfenes Leben, in untergeordneten Stellungen. Bisher hatten wir es mit großen Herren zu tun, mit einem Baron, einem Arzt und Gast Friedrichs II., mit dem reichen Steuerpächter Helvétius. Jetzt kommen wir in eine andere Welt, Rousseau arbeitete sich von unten herauf und trat als Autodidakt in die geistige Creme Frankreichs. Vielleicht kennen Sie den Roman »Narrenweisheit« von Lion Feuchtwanger, wo der alte Rousseau erscheint [Feuchtwanger 1952]. Eine verehrungswürdige Gestalt, überhaupt schon kein Mensch mehr, mehr eine Kategorie, die Natur selbst, die verkörperte Weisheit aller Zeiten, ein Bild von Einfachheit, echter Ursprünglichkeit, durchdringender Wahrheit, mit dem Stempel des Wahren, das heißt des Einfachen, des Einleuchtenden, Ungekünstelten an der Stirn. Etwas angenehm Entrücktes ist um ihn, das aber in der Welt bleibt. So ist das uralte Bild des Weisen an Rousseau mehr wahrzunehmen als an jedem anderen dieser Zeit. Bedeutend anders erscheint es als zum Beispiel bei Voltaire. Der Roman ist mit großer Vorsicht zu lesen, was seinen Schluß angeht, weil in ihm etwas, wovon niemand etwas gewußt hat oder was nur

in längst abgestunkenen Gerüchten einmal umlief, als bare Münze vorgezeigt wird: Rousseau sei ermordet worden von dem Liebhaber der Therese, seiner Frau. Kein Wort davon ist wahr, er starb eines natürlichen Todes. Es verblüfft völlig, daß Feuchtwanger dies hineinbringt, zugleich mit einer merkwürdigen, unbegreiflichen Herabsetzung der ebenfalls plebejischen Therese, die ein stumpfsinniges Hökerweib wird, ein keifendes, gieriges, sinnliches, stumpfsinniges Weibsbild, völlig unwürdig dieses Mannes. So wenig aber das Bild von Therese und so wenig das Bild von Rousseaus gewaltsamem Tode stimmt, so gut kann der Roman ein Bild von Rousseau und vor allem von dem Einfluß auf seine Zeit geben mitsamt dem fingierten Besuch von Robespierre bei Rousseau. Hier haben sie wieder das Rätselhafte: Robespierre bei Rousseau, und zugleich war Rousseau die Lieblingslektüre in dem »fliederblauen Klüngel« am Hof der Königin Marie-Antoinette. Das heißt, die Zeit war überreif geworden; auch der Hochadel und der Hof konnten sich dem, was hier heranzog, nicht entziehen.
Hier hätten wir eine kleine Parallele zu etwas, was sonst Vorsicht erregt. Wenn die äußerste Linke und die äußerste Rechte einen Mann gleichmäßig als groß anerkennen, dann stimmt an dieser Größe vermutlich etwas nicht. Wir haben den Fall gehabt bei Knut Hamsun (1859-1952). Hamsun wurde von der »Roten Fahne« bis zur »Kreuzzeitung« und zur »Deutschen Zeitung« als ganz großer Epiker und Weisheitskünder verehrt. Das ist unmöglich, und die Nazizeit hat die Unmöglichkeit an den Tag gebracht. Hier bei Rousseau aber ist es etwas anderes. Hier war die Schwäche der Aristokratie so groß und die Gewalt der Umwälzung, die Unaufhaltsamkeit der bürgerlichen Emanzipation so deutlich, daß eine Infektion bis oben hinauf ging und die oben sogar Führer wurden, Fälle, die in leider schwächerer Form sich beim Übergang von der kapitalistischen zur sozialistischen Gesellschaft wiederholen. Weder Marx noch Engels noch Lenin noch im Grund Stalin stammen aus dem Proletariat, sondern aus anderen Schichten, und sie sind Klassenverräter geworden. Marie-Antoinette wurde natürlich keine Klassenverräterin, aber aufgeweicht wurde die Welt und ideologisch widerstandslos, während das bei uns leider nicht ganz so ist, sondern die andere Linie sich sehr verhärtet hat und sich formidabel macht. Soviel über die Person Rousseaus. Und nun die Einwirkung.

Ich sagte Plebejer. Es ist hinzuzufügen: Gemüt, eine plebejische Eigenschaft in dieser Zeit, denn der Aristokrat ist kühl, lebhaft zwar, aber geistreich lebhaft, skeptisch, ironisch, große Affekte sind pöbelhaft. Das ist in England beim Gentleman ganz selbstverständlich, das ist es aber auch beim französischen Aristokraten. Das Volk ist anders und das Bürgertum ist anders. Rousseau war durchaus Gemüt, war durchaus flammend und sprach durchaus zu Menschen, nicht zu kühlen Überlegern und Skeptikern und Männern, denen das épater, das Paradox sehr lag, das ja der mechanische Materialismus damals darstellte. Die Frage ist nun die: Wie steht es mit der Französischen Revolution? Denn die Französische Revolution ist so rasch nicht durch die Pariser Salons ideologisch in Gang gekommen, sondern durch den ungeheuren Einfluß von Rousseau. Was dem jungen Goethe »cimmerisch« [Goethe 1811 f., 528] vorkam, kam vermutlich auch vielen Bürgern in der Provinz, wenn sie es überhaupt gelesen und verstanden haben, im »Système de la nature« [Holbach 1770] so vor. Ebenso La Mettrie. Dieses Kühle, Höhnische, Auflösende konnte seine Stoßkraft gegen den Adel und gegen die Geistlichkeit nicht so haben in diesem unfeurigen Ton, in diesem eleganten, geistreichen Ton der intellektuellen Oberschicht. Hier bei Rousseau dagegen wirkte die Naturpredigt, das »retournans à la nature« wie ein Schlag, wie ein Schlachtruf, beinahe wie ein Kreuzzugsruf. Wie Pierre d'Amiens Losung von 1095 »Gott will es«, so war der Ruf »Zurück zur Natur« ein Weltanschauungsplakat, in wenigen Worten zusammengefaßt, mit einem Aufruf gegen das Künstliche, gegen das Unnatürliche, gegen das Verstellte. Diese Gedanken haben das Bürgertum und die plebejische Schicht, zu der sie in vielen Traktätchen und auf Umwegen kamen, auch wenn nicht einmal der Name Rousseau bekannt war, ideologisch entzündet und die Revolution aktiviert.
Es gibt noch ein weiteres. 1703, Ende des 17. Jahrhunderts bereits, 1695, 1696, gab es den Aufruhr in den Cevennen, durchgeführt von den sogenannten Camisarden. Das ist viel zu wenig bekannt und des Studiums der Marxisten würdig. Ein Bäckerbursche hat drei französische Marschälle in Schach gehalten, so daß die Heere Ludwigs XIV. nicht in die Cevennen eindringen konnten. Es gelang nur, die Revolte niederzuwerfen, indem rund um dieses Waldgebirge Truppen gezogen und die Aufständischen ausgehungert wurden. Und dann gelang es noch nicht, den Führer, den Bäckerbur-

schen zu fangen, er wurde nicht ausgeliefert, er ist nicht gestorben, er ist nicht gehängt, er ist nicht gerädert und nicht gevierteilt worden. Ludwig Tieck (1773-1853) hat das in einem Roman behandelt [Tieck 1826], den ich immerhin der Lektüre empfehle. Es sieht dort aus wie in den deutschen Bauernkriegen. Wir haben die schwarze Hofmännin in den deutschen Bauernkriegen gehabt. So etwas gab es auch da, es gab Prophetinnen, es gab Propheten, es gab Männer mit Zungenreden, es liefen in dem entlegenen Waldtal die alten Gedanken aus der Zeit der Albigenserkriege noch um. Das hat sich in dem entlegenen Waldtal mit großer Ungleichzeitigkeit zur gleichzeitigen Geschichte erhalten, so wie die Dorfschneider noch die Trachten gemacht haben – ganz gleich, was für Moden es gab –, wie sie vor dreihundert Jahren getragen wurden. Noch im 19. Jahrhundert wurden in entlegenen Gegenden in Niederbayern gotische Truhen hergestellt, nicht als Fälschung, das kam dann später, sondern weil der Dorftischler es halt gemacht hat, wie sein Großvater und der Urgroßvater seines Meisters. Ich selbst habe eine solche Truhe aus dem Jahre 1852 in dem Provinzialmuseum in Landshut in Niederbayern gesehen, in einem Ort, der Oberviechtach heißt, ein Name, der hinterwäldlerische Provinz andeutet und auch gleichzeitig repräsentiert. Mit dieser Ungleichzeitigkeit hat sich in dem Waldtal etwas von 1200 erhalten. Von 1200 bis 1702 sind es fünfhundert Jahre, von 1702 bis 1789 siebenundachtzig Jahre. Wo ist der Einfluß von solchen Vorgängen auf die Französische Revolution? Wieso zündet denn die Französische Revolution im Nu über das ganze Land? Das, was hier nun an Albigenserideologien, an Bauernkriegsideologien noch lebte, zweifellos mit viel hysterischen, parapsychischen Erscheinungen gemischt, all das, was zur Gemütsseite gehört, wurde durch Rousseau angesprochen, wenn es auch nicht bis in die Waldtäler gekommen ist. Der Einfluß solcher unterirdischer, volkshafter, folklorehafter Elemente ist nicht genügend erforscht. Da bisher Professoren und Doktoren die Weltgeschichte geschrieben haben, haben sie sie auch so geschrieben, als ob sie nur von Professoren und Doktoren gemacht worden wäre oder von Fürsten. Es sieht noch ganz anders aus, und hier müßte man sich einmal hineinbegeben, um wieder einmal zu sehen: Nicht La Mettrie, nicht Voltaire, nicht Condillac, nicht Holbach und selbstverständlich auch nicht Robinet haben überall den Funken ins Pulverfaß hingeworfen, sondern den haben sie nur in Paris geworfen, in die Oberschicht. Auf dem breiten Land gab es noch anderes, und es gab eine glückliche Zusammenstimmung dieser Dinge mit ganz gleichem Inhalt, nämlich Beförderung der Humanität, Abtun der Entwürdigung durch Adel und Pfaffen. Rousseau ist eine Art von Bindeglied darin, und darum seine ungeheuerliche Wirkung.

Ich will kurz einen Überblick geben über die Stimmung, die Ihnen ja nicht unbekannt ist: Einfachheit, Unverdorbenheit, Ungekünsteltheit, Robinsons Insel, sich des Überflüssigen entschlagen, der Sokratische Gedanke: Wie vieles gibt es, was ich nicht brauche, der gute Wilde, le bon sauvage [vgl. Rousseau 1750/55, 19 ff. u. ö.], der Reiz des einfachen Lebens, tiefe Neigung zum Volk, zum Volksleben. Nicht das bürgerlich schale Ausspielen des tugendstolzen Spießers gegen den verdorbenen Höfling, wie in englischen Familienblattromanen bei Samuel Richardson (1689-1761), wo Ungeheuer an Tugend entstehen, genau wie Ungeheuer an Laster; nicht dieses spießig Mittlere, ebenfalls Gekünstelte, Aufsichhaltende, Etepetetehafte, sondern ganz Affekt, eine Bohème ohne Gift, weil sie immer an der Natur sich orientieren will, an dem Naturhaften. Die Aristokratie, wenn sie die Eremitage oder Sanssouci gründete, zog sich ebenfalls in die Einsamkeit und in die Natur zurück, aber sie spielte ein affektiertes Schäferspiel. Das nun ohne Schäfer, ohne Schäflein, ohne geputzte Mädchen, ohne Bändchen, ohne die ganze Verlogenheit, die von der Renaissance schon herkommt. Es ging hin zu einer echten Natur, nicht zu der Natur, wie sie ein französischer Aristokrat einmal lange vor Rousseau darstellte: »Ich liebe die Natur, sie ist eine so wunderbare Nachahmung der Oper.« Rousseau ist genau die Gegenbewegung, der englische Garten gegen den französischen Garten, gegen die beschnittenen Taxushecken und Buchsbäume. In diesem Arkadischen kommt noch hinzu das große Gefühl des Schöpfungsmorgens, der jeden Morgen nachgespielt wird: Wie aus dem Ei gepellt geht die Schöpfung hervor, leichten Schritts, gesund, kühl, unverdorben, gereinigt durch die Nacht und durch den Schlaf. So beginnt die Welt, und kaum ist es acht oder neun Uhr, wird sie wieder verdorben. »Die Welt ist vollkommen überall, / Wo der Mensch nicht hinkommt mit seiner Qual« [Schiller 1965 f., Bd. 2, 904], dieser Satz Schillers gibt völlig die Rousseausche Stimmung wieder. Eine ähnliche Rückwendung zur Natur ist die »Germania« des Tacitus (um 55-125) [Tacitus 1913], wo dem verdorbenen Rom das Leben eines unverdorbenen Urvolks mit viel Verschönerungen sentimentalisch vorgeführt wird. Die Natur Rousseaus nun ist eine ganz andere, als wir sie bisher in dem mechanischen Materialismus kennengelernt haben. Sie war eine Natur von mechanischen Gesetzen. Die Natur hier kann ein Behälter von Stimmungen genannt werden, ein Behälter von Protesten, eben von dem ganz anderen, was auf der Kehrseite der Künsteleien der feudalen Gesellschaft lebte. Wenn Sie das Gegenteil des Versailler Salons nehmen, haben Sie Natur. Wenn das auch keine Gesetzesnatur ist, so ist doch etwas darin, was damit wieder zusammengeht, nämlich die Unausweichlichkeit, die Notwendigkeit. Man kann davon abweichen, aber die Natur stellt sich selbst doch wieder her. Was die Menschen gemacht haben, ist verschwindend, ist vergängliches Beiwerk. Die Notwendigkeit des Atmens, des Wachstums, des ruhigen Waltens und Wandels, das verbindet die mechanische Gesetzhaftigkeit mit dieser Rousseau-Natur. Es gibt eine viel sachgemäßere Erinnerung als an Tacitus, nämlich die an die stoische Natur, die auch notwendig ist, die gesetzmäßig ist und weiblich, mütterlich waltet. Der entsetzlich abgedroschene Ausdruck »Mutter Natur«, der bis zu »Mutter Jrien« heruntergekommen ist, stammt daher. Was wir »Mutter Natur« nennen, ist eine sehr seltsame Kategorie mit außerordentlich tiefreichenden Wurzeln, die weit in die Stoa zurückgehen, ist also eine Art von Mutterrecht auf die Welt angewandt. Die Natur ist eine weibliche Gottheit. Spinoza, bei dem der Gott keine Weiblichkeit ist in der Formel Deus sive natura [Spinoza 1677, 172], kann der natura das grammatische Femininum nicht wegnehmen. Und so haben wir bereits in der Stoa eine demeterhafte Natur. Demeter ist die Göttin des Ackerbaues, die in den eleusinischen Festen gefeiert wurde, und Zeus selbst nimmt matriarchalische, weiblich-mütterliche Züge an, er selbst wird demeterhaft. Zeus selbst wird die Stauffacherin in Schillers »Wilhelm Tell« [Schiller 1965 f., Bd. 2] oder die Mutter in Goethes »Hermann und Dorothea«, die Löwenwirtin im vierten Gesang »Euterpe«, die ruhig waltet, die ihren beleidigten Sohn Hermann suchen geht, voll von Erregung, Bewegung, Mitgefühl, und dabei doch nicht vergißt, im Vorbeigehen kleine Raupen vom Kohl zu nehmen [Goethe 1798, 603 ff.]. Das ist die Frau, die mit guter Hand waltet. Die Wurzeln reichen schließlich bis zur Isis, und die Isis kommt auch wieder heraus im Titel einer romantischen

Zeitschrift, erschienen von 1817 bis 1848, in der die Natur gefeiert wird, herausgegeben von Lorenz Oken (eigentlich Ockenfuss, 1779 bis 1851), einem anderen großen Matador in der Deszendenztheorie zwischen Lamarck und Darwin. Goethe nannte und empfand Natur ebenfalls als das ruhig Waltende, das Notwendige (leider auch als das Nichtrevolutionäre), nicht als das Vulkanische, sondern als das Neptunische, wie er es ausdrückte, als Umgestaltung der Oberfläche, nicht durch vulkanische Explosionen, sondern durch langsame Einwirkung der Gewässer, durch Erosionen und die Folgen [vgl. Goethe Faust II, »Klassische Walpurgisnacht« u. ö.]. Das alles schlug tief ein, erregte alte Archetypen und alte Erinnerungen. Das Aufatmen im Wald, das ja damals nicht entdeckt, aber pointiert wurde, wurde nun plötzlich eine politische Kategorie. So ungeheuer ist die Wirkung, die ausgeht, wenn ein so reiches Orchester spielt im Unterschied zu der begrifflichen Schärfe bei Descartes, Hobbes und dem, was die revolutionäre Intelligenz in Paris angestimmt hatte. Beides widerspricht einander nicht, keine Spur von einem Gegensatz zwischen Voltaire und Rousseau. Rousseau hat sich verfolgt geglaubt von den Voltairianern, das interessiert uns nicht, das ist privater Klatsch, dem mag so sein oder nicht. In den Gedanken widerspricht sich nichts oder nicht sehr viel. Notwendigkeit hier wie dort, aber es wird eben Gold an diese Fahnen gebracht, und das Volk, die Plebejer, die Frauen, das Gemüt und die lebendigen Menschen haben verstanden. Meine Damen und Herren, so ein Rousseau fehlt uns!

Ich gehe auf seine Schriften ein. Zunächst die Schrift von 1750, »Discours sur les sciences et les arts«, »Diskurs, Unterhaltung über die Wissenschaften und die Künste« [Rousseau 1750/55]. Hier wird zum ersten Mal der Ton angeschlagen, der sehr sonderbar beunruhigt in der Lehre von dem dauernden Fortschritt. Hier ist nun etwas grundsätzlich anderes. Es hat sich nämlich alles verschlechtert seit Anbeginn der Zeit, seit dem ersten Morgen. Sie sehen, das ist eine Gegenbewegung, die scheinbar gegen Fortschritt und gegen die Aufklärung spricht. Da sie aber in einem reinen Fortschrittsauftrag und stärker als bei den Enzyklopädisten wirkt, ist sie wieder fördernd für die Fortschrittskategorie, indem sie zeigt, daß man keine solche Bergfahrt macht, wo es mit der Seilbahn gleichmäßig hinaufgeht, immer höher und immer höher, jede Stufe liegt noch einen Millimeter über dem Vorhergehenden, und es geschieht gar nichts. So ist die Geschichte nicht, so ist der Fortschritt nicht. Hier nun gibt es diese echt aufklärerische, relativ unhistorische, Geschichte hassende Denkweise, daß die Geschichte zum größten Teil aus einer Verschlechterung besteht [vgl. a.a.O., 15 u. ö.], daß die Menschen durch die Zivilisation geringer geworden sind, daß ihre ursprüngliche Natur beschädigt wurde, also Überdruß oder Haß gegen das Feudalwesen und das Hofwesen, das Zeremoniell, die Künstelei und die Verlogenheit und die Unnatur. Dessen beschuldigte Rousseau die ganze Geschichte bis auf die Zeit des bon sauvage, des guten Wilden, des einfachen, unverdorbenen Mannes aus dem Volke, des guten Menschen, der in seinem dunklen Drang des rechten Weges sich wohl bewußt ist [vgl. Goethe Faust 1, Verse 328-329], der noch unverbildet lebt. Also muß alles, was diese Verbildetheit gebracht hat, weggeräumt werden um des Fortschritts willen. Die Spitzhacke wird nun an die ganze bisherige Geschichte gelegt. Dieses hat ebenfalls Überlieferung und kommt ursprünglich aus der Religionsphilosophie, beginnend bei Hesiod. Da haben wir das goldene Zeitalter, das silberne Zeitalter und dann das eiserne, erzene Zeitalter; je nach der abnehmenden Wertskala dieser Metalle nimmt die Zeit ab [vgl. Hesiod 1965]. Es sind auch Elemente der Reformation darin, die Konfrontierung der Urgemeinde mit der papistischen Verfälschung der Lehre. »Wie hant uns die elendiglichen Pfaffen also betrogen und beschissen«, sagt Niklaus Manuel, genannt Deutsch, (um 1480-1530) im 16. Jahrhundert [vgl. Manuel 1523, 61], nachdem er endlich einmal die Schrift gesehen, das Urwort des Herrn mit dem Ton der Kirche und der Spintisierung der Scholastiker verglichen hat. Die Richtung ist nicht unbekannt, das kommt zuerst aus der religiösen Reformatorengegend, aber hier gewinnt es Schärfe, völlige Veränderung, indem jeder religiöse Akzent abgewehrt wird. Es soll ja nicht auf die Schrift zurückgegangen werden, sondern auf das Naturdasein, mit dem ja auch die Heilige Schrift nichts zu tun hat. Auf den alten Adam wird zurückgegangen, auf einen Anfang, dem aber nicht wehmütig nachgetrauert wird, sondern der sich durch Wegschlagung der Hinzufügungen und Vorstellungen finden läßt und der ja im Volk noch lebendig ist. Das ist »retourner à la nature«.

Die zweite Schrift von 1755 ist noch bedeutend interessanter, »Discours sur l'origine et les fondements de l'inégalité parmi les hommes«, »Diskurs über den Ursprung und die Grundlagen der

Ungleichheit unter den Menschen« [Rousseau 1750/55]. Das ist im Titel eine ökonomische und gesellschaftswissenschaftliche Schrift, wo nicht nur der Zerfall schlechthin als Zerfall notiert und verworfen wird, sondern untersucht wird, was den Zerfall und den Niedergang verursachte. Rousseau sieht den Niedergang primär in der Klassentrennung und dann in der Ausbildung des Eigentums [vgl. a.a.O., 191 f. u. ö.], also, von heute her gesehen, historisch nicht richtig. Aber darauf kommt es nicht an. Wenn die Klassentrennung aufgehoben wird, wenn die Egalité hergestellt wird – die ja dann in dem Ruf der Französischen Revolution die zweite Stelle einnahm, Liberté, Egalité, Fraternité, wobei alles dasselbe ist –, dann wird alles gut, dann haben wir den Stand, den später Babeuf (1760-1797) ebenfalls anstrebte, den Stand der Egalitaires, der Gleichen. Es besteht kein Widerspruch zwischen der Freiheit und der Gleichheit. Das liegt an dem Begriff Freiheit, wie er damals war, Freiheit als Wegräumung von Standesunterschieden, von gesellschaftlichen Unterschieden, wobei die ökonomischen Unterschiede nicht so betont wurden wie die gesellschaftlichen, da ja die Bourgeoisgesellschaft keimt, die eine neue Klassengesellschaft ist, so daß natürlich von dem Ideologen einer jetzt neu heraufkommenden Klassengesellschaft der Kampf gegen Klassengesellschaften schlechthin nicht mit voller Schärfe geführt werden konnte. Im Gegenteil, die Abhängigkeit vom Höfischen, von Druck, von Zwang ist ja durch die Verlumpung gegeben. Hat ein Mensch Eigentum, hat er einen Schutz. Es ist, als ob Rousseau mit dem Eigentum nicht das Eigentum an Produktionsmitteln, das eigentliche kapitalistische Eigentum gemeint hätte, sondern vielmehr das, was Schweizer Bauern noch haben, wenn sie auf ihrem Grund sitzen und in ihrem Haus das Recht des Hausherrn ausüben, oder was hinter dem »my house is my castle« steht, in bereits sehr feudaler Form in England. So ist dem in Genf geborenen Schweizer Rousseau dieses Eigentum eine Garantie für Sicherheit gegen Verhaftungsbefehle, lettres de cachet, gegen Übergriffe der bewaffneten Staatsmacht im Dienst des Königs, des Tyrannen. So wurde das gefeiert, und so wurde es zum großen Teil verstanden, also mißverstanden, als ob es sich im Zeitalter der Entfesselung der Produktivkräfte noch um diese altmodische Eigentumskategorie handelte, so daß die Freiheit die Gleichheit bringt, und die Gleichheit die Brüderlichkeit. Gleiche Brüder, gleiche Kappen, es sind

Brüder, wenn sie gleich sind. Also haben die Widersprüche, die wir zwischen Gleichheit und kapitalistischer Freiheit sehen, einer Freiheit, die doch gleich wieder die höchste Form von Ungleichheit gebracht hat, damals noch geschlafen. Sie wurden von Rousseau nicht durchschaut und konnten nicht durchschaut werden, indem ja sein Befreiungskampf dem Befreiungskampf der Bourgeoisgesellschaft diente, also einer neuen Klassengesellschaft. Die Gleichheit ist darin nur dem Wort nach sozialistisch, sie ist nicht die richtige solide Gleichheit in bar, nämlich die Abschaffung der Vermögensunterschiede, die Abschaffung des Unterschieds im Privateigentum, die Abschaffung der Macht des größeren Privateigentums über den armen Deuwel, der seine Arbeitskraft verkaufen muß. Das wurde nicht gesehen, trotz des Hauchs von Sozialismus darin wie in jeder Utopie, mit Ausnahme von wenigen. »Omnia sunt communia« [vgl. Bloch 1921, 35], das steckt auch hier in den Gleichheitskategorien, aber so, daß es nicht pointiert werden muß, denn es ist hier nicht nur eine Utopie, sondern die Ideologie der keimenden Bourgeoisgesellschaft mit darin, und die Ideologie muß ja den Unterbau der nächstfälligen Klassengesellschaft aktivieren, wie bekannt ist. Immerhin, die Ungleichheit und, damit verbunden, der Niedergang des echt Menschlichen, die Verzerrung und Entstellung der Humanität, der natürlichen, dem Menschen angeborenen Schönheit und Würde wird zurückgeführt auf Klassenteilung und auf Privateigentum. Was an dessen Stelle treten soll, ist wieder Privateigentum, doch, wie gesagt, ein anderes, und die Klassenscheidung scheint zu fallen, indem eine große brüderliche Umarmung stattfindet. Der Ton des Lieds »An die Freude« erklingt: »Alle Menschen werden Brüder« [Schiller 1965 f., Bd. 1, 133 und 872]. Die Gleichheit findet ihre Garantie und hat ihr Lehen von der Lehnsfrau Natur, die uns alle gleich geschaffen hat. Diese Urgleichheit muß wiederhergestellt werden. Hierbei fehlen, und das ist wieder bürgerlich, die stark individualistischen Züge nirgends. »My house is my castle«, das hätte durchaus Rousseaus Zustimmung gefunden. Aber das englische Parlament bezeichnete er als eine Schwindelanstalt, wo der Wille der Volksmehrheit vernichtet werde [vgl. Rousseau 1762a, 80 f.]. Doch in kleinen Kreisen, in kleinen bündischen Verhältnissen, in Kantönli-Verhältnissen, im Schwyzerischen, da war Parlament möglich [vgl. a.a.O., 42 ff. u. ö.]. Da kenne ich ja das Mannli, das jetzt mein Vertreter

wird, und dem kann ich ja sagen, was ich will. Das sind ja bloß zehn, zwanzig, dreißig, vierzig, fünfzig, hundert Menschen, die bei einem Glas Roten zusammenkommen und einen Vertreter bestimmen. Das Individualistische, Schwyzerische nun ist älter als das Kapitalistische. Infolgedessen kann es sich ganz besonders stark verfilzen und ganz besonders liederlich aussehen, indem etwas ganz Hübsches verdreckt und verekelt wird. Hier ist das noch frisch, hier ist das Individuum da, das ebenfalls gegen Tyrannenmacht aufsteht, so wie Wilhelm Tell aufsteht: »Der Starke ist am mächtigsten allein« [Schiller 1965 f., Bd. 2, 932] ist nicht ganz unrousseauisch in diesem Zusammenhang und damals noch nicht reaktionär.
Nun die beiden nächsten Schriften, die sachlich zusammenhängen, »Julie, ou la Nouvelle Héloïse« [Rousseau 1761] und »Emile ou De l'éducation«, »Emile oder über die Erziehung« [Rousseau 1762]. »Die neue Héloïse« ist eines der entzückendsten Liebesbücher, das es gibt, Ihnen ans Herz gelegt. Auch so etwas hat Rousseau geschrieben, er hat nicht nur das Verfallgesetz untersucht und so Revolution gemacht. Sie erinnern sich an Abälard und Héloïse im 12. Jahrhundert [vgl. Bloch 1977, 76 ff.], Abälard, der große scholastische Philosoph, Héloïse, später Nonne. Abälard wurde von dem Onkel der Nonne, einem Bischof, entmannt, und die beiden haben dann ein geistliches Liebesverhältnis bis an ihr Lebensende gehabt. Die Briefe von Abälard an Héloïse und von Héloïse an Abälard sind erhalten, zum Teil echt, zum Teil unecht. Im gleichen französischen Liebesesprit wird hier bei Rousseau die Liebe zweier Menschen unter gänzlich veränderten Verhältnissen, in Heiterkeit, Garten, Land, Fluß, Sonne, Zephir, Losgelassenheit, frei von dem Druck der Familie, frei von Elternhaus, frei von Bürgertum dargestellt. Die Menschen sind, wie sie aus der Hand der Natur gekommen sind, und leben ihre Liebesidylle. »Paul et Virginie« von Jacques-Henri Bernardin de Saint-Pierre (1737-1814) ist ein ähnlicher Roman aus der Zeit [Saint-Pierre 1788]. Meistens wurde der Handlungsort verlegt auf die Bermudas oder nach Tahiti, wo es noch ungebrochene Naturhaftigkeit gibt. Es ist der säkularisierte Garten Eden, aber ein Garten Eden nicht mit Unschuld. Adam und Eva haben sich wohl erkannt als Mann und Weib, aber sie sind im Garten Eden geblieben. So erst wird der Garten Eden ein echter Garten Eden, der er vorher ja nicht war, vorher war er eine Kleinkinderbewahranstalt. Diese Liebesgeschichte zeigt ungebro-

chene Liebesglut und Liebesfreundschaft mit durchdringend sichtbar humanen Zügen, mit Güte, Heiterkeit. Es ist nie zu unterscheiden, wo die Sittlichkeit und wo die Kultur beginnt. Das kultivierte Gespräch ist ja sinnlich, und die Sinnlichkeit ist ungeheuer esprithaft, geistig, fein und anmutig. Sehr französisches Wesen ist hier ausgedrückt als ein retourner à la nature der liebenswürdigsten, angenehmsten und einladendsten Art. Wenn je ein junger Mann und ein junges Mädchen durchgebrannt sind, so sind sie aus dem Elternhaus des 19. und 20. Jahrhunderts, aus der bürgerlichen Enge, eigentlich dahin durchgebrannt, ohne es zu wissen.

Nun »Emile ou De l'éducation«. Das ist dem nicht unverwandt, indem es wieder auf die Herstellung des Menschen geht. Die Erziehung soll die Wurzel lebendig machen, hat das zum Blühen zu bringen, was die Natur in den jungen Menschen hineingesenkt hat; sie darf den Zögling nicht zwingen, nicht pressen nach einem gegebenen Stoff, der sehr fragwürdig sein kann, weil er ja aus der Gesellschaft der Ungleichheit, aus der Tradition stammt, sondern sie muß auf ihn hören. Der Zögling ist ein eigener Robinson, und so kommt es dazu, daß der Schüler nicht nur vom Lehrer lernt, sondern der Lehrer auch vom Schüler lernt und die »Stimme der Natur« [Rousseau 1750/55, 71], was damals kein abgegriffener Begriff war, vernimmt. Der Mensch muß wie eine Pflanze gewartet, wie eine Pflanze zum Blühen gebracht werden. Wieder ist Stoisches darin: Ein guter Arzt folgt der Natur und widerspricht ihr niemals. Das Schlechte im Menschen kommt aus der Verzerrung durch die Klassengesellschaft. Hier ist wieder der Optimismus des Anfangs, der auf den guten Willen zugeht, und das fünf- oder sechsjährige Kind repräsentiert diesen guten Willen. Eine ewig reaktionäre Pädagogik, die die Lehrsätze von vorgestern anwendet, ist keine natürliche Erziehung; nur in einer revolutionären Pädagogik kommt es dazu, daß der Mensch sich selbst ruhig waltend bildet wie ein Kunstwerk nach dem Prinzip der Kalokagathie, der Gutschönheit. Sie haben dies Rousseausche mit Mitteln der Kunst in den Briefen »Über die ästhetische Erziehung des Menschen« bei Schiller [Schiller 1965 f., Bd. 5] dargestellt. Die Abhängigkeit Schillers von Rousseau ist so ungeheuerlich wie die Kants von Rousseau. Als Fluch wird die Arbeitsteilung empfunden, die auch Hölderlin im »Hyperion« beklagt: »Handwerker siehst du, aber keine Menschen, Denker, aber keine Menschen, Priester, aber keine Menschen, Herrn und Knechte, Junge und gesetzte Leute, aber keine Menschen« [Hölderlin 1965b, 160]. Da ist Flucht zur griechischen Natur, die eine andere Natur als die Rousseaus ist, eine sehr urbane, sehr durch griechische Kultur bestimmte Natur. Elemente davon sind auch bei Rousseau zu finden. Rousseau sucht den Weg heimwärts auch in der Erziehung, mit Anknüpfung an ähnliche liberale Bestrebungen bei Locke und mit einem ungeheuerlichen Glauben an den Grundsatz, daß der Mensch gut ist. Der Grundsatz: Der Mensch ist gut, findet sich nicht im »Contrat social« [Rousseau 1762a], obwohl er häufig da hineingelesen wird, sondern schon im zweiten Diskurs [Rousseau 1750/55, 111 und 283]. Damit haben wir nun eine verteufelt naive Abkehr von all dem, was realistischere Beobachter damals noch im Menschen gefunden haben. Der Pessimismus bei La Rochefoucauld und La Bruyère, der schließlich auch bei Montesquieu steckt, wo Eitelkeit und Ehrgeiz den Menschen regieren, hat die schärfste Formulierung bei Hobbes gefunden: »Homo homini lupus« und »Bellum omnium contra omnes«, »der Mensch dem Menschen ein Wolf« und »Krieg aller gegen alle« [Hobbes 1647, 59 und 69]. Das ist dort der Naturzustand. Die kapitalistische Gesellschaft, wie sie so entsetzlich damals noch gar nicht war, aber vorhergesehen war, wird zurückprojiziert in den Naturzustand. Eine Wendung nun macht die Sache sofort rebellisch. Wenn man gegen die Skeptiker und die Pessimisten der menschlichen Natur ist und gegen Hobbes, wenn man sagt, der Mensch sei gut, und dabei die Kapitalisten betrachtet, könnte das doch nach einer Apologetik des Kapitalismus und der Klassengesellschaft, die von der Geistlichkeit gesegnet wurde, aussehen. Aber das geht viel schärfer noch als gegen Hobbes gegen den Sündenfallmythos. Der Mensch ist nicht gefallen, das »Dichten des menschlichen Herzens« ist nicht böse von Jugend auf [vgl. 1. Mose 8, 21.], es gibt keine Oppression, das Kind ist kein kleiner Verbrecher, der nur noch nicht überführt worden ist und der noch keine Zeit gehabt hat, Verbrechen zu begehen, aber wie ein Verbrecher behandelt werden muß. Der Untertan ist kein Verbrecher, der an jedem Schalter behandelt wird, als ob er einen Polizeigewaltigen vor sich hätte und ein latenter Zuchthäusler wäre. Nein, der Mensch ist erst dazu gemacht worden und von Natur aus gut. Vor allem gegen den Protestantismus war das ein ungeheurer Gegenschlag, ein stärkerer als gegen den Katholizismus. Nach der katholi-

schen Lehre ist der Mensch im Sündenfall nicht gänzlich gefallen, sondern nur geschwächt, es bleibt ihm ein kleiner Rest noch übrig. Nach der lutherischen Lehre ist der Mensch vollkommen verdorben bis in den letzten Grund hinein, so daß zwischen dem grauenhaftesten Verbrecher und Franz von Assisi überhaupt kein Unterschied mehr besteht. Seit Adams Tagen, sagt Luther, hat der Mensch nicht eine Tat begangen, die nicht die ewige Höllenstrafe verdient hätte [vgl. Bloch 1921, 135], und es gibt nur Begnadigung, keinen anderen Lohn. Wir müssen uns bergen unter den Flügeln der Henne Christi, daß uns der Zorn des Herrn nicht sieht, das sagt der verprügelte Bergmannssohn Luther [vgl. a.a.O., 141]. Das ist äußerster Gegensatz zu dem Grundsatz, daß der Mensch gut, unverdorben ist, daß es gar keinen Sündenfall gibt. Allen Sündenfall haben wir selber gemacht und haben dadurch allerdings die menschliche Natur verdorben bis zur Unkenntlichkeit. Wir wollen sie wieder bis zur Kenntlichkeit verändern, wiederherstellen in den ursprünglichen Zustand. Daher Erziehung, daher diese anmutige Freiheit der Liebe und dazu nun eine Gesellschaftsform, in der sich das alles mühelos und reibungslos abspielen kann und Platz hat.
Diese Gesellschaftsform hat Rousseau in seinem berühmtesten Werk, im »Contrat social« [Rousseau 1762a], entworfen. Ich werde dafür die geschichtliche Erinnerung sehr eindämmen, ich brauche nicht zurückzugehen bis zu den Sophisten, brauche hier nicht Epikur mit dem Staatsvertrag, der συνθήκη [vgl. Epikur 1973, 61], zu erwähnen und nicht das relative und das absolute Naturrecht, das relative Naturrecht der Kirche, das absolute Naturrecht der Sekten, und nicht Althusius, nicht Grotius, nicht Hobbes [vgl. Bloch 1977, 275-298] und nicht Locke [vgl. S. 223 ff.]. Die Hauptsache ist auch hier die Fiktion, daß die Individuen einen Vertrag schließen, um einen Staat zu gründen. Bei Rousseau gibt es keinen Unterwerfungsvertrag wie bei Hobbes, sondern ausschließlich einen Einigungsvertrag [vgl. Rousseau 1762a, 17 ff. u. ö.]. Er hat das aber viel ökonomischer gefaßt als Grotius und auch Locke. Die Grundfrage Rousseaus ist großartig scharf und unlösbar im Kapitalismus, eine Frage wie die Quadratur des Zirkels. Sie lautet: eine Form der Assoziation zu finden, welche mit aller gemeinsamen Kraft verteidigt und beschützt »la personne et les biens de chaque associé«, »die Person und die Güter jedes Gesellschaftsteilnehmers« [a.a.O., 18], und weiter eine Form, in der der Einzelne in der

Gemeinschaft nicht das geringste vom Urrecht seiner individuellen Freiheit opfert. Das ist Gleichung mit fünf Unbekannten, das ist Quadratur des Zirkels. In jedem bisherigen Einigungsvertrag oder gar Unterwerfungsvertrag gaben die Individuen etwas ab. Sie ließen sich die Einigung doch etwas kosten. Hier soll sie gar nichts kosten, gratis und franko soll sie gebildet werden, ohne daß die Urrechte der individuellen Eigentümlichkeit im mindesten geschädigt werden. Wie macht man das? Rousseau fährt fort: »Tel est le problème fondamental dont le contrat social donne la solution« [a.a.O.], »das ist das Fundamentalproblem, zu dem der Gesellschaftsvertrag die Lösung gibt«. Da kann man ja nun wirklich neugierig sein. Die Lösung ist arithmetisch proportional. Man gibt etwas ab an die Gemeinschaft, da man aber selbst ein Teil der Gemeinschaft ist, bekommt man das sofort zurück, verwandelt in die Form der Sicherheit. Die individuellen Rechte, die zum Teil abgegeben werden, bekommt man reziprok zurück als Sicherung seiner individuellen Rechte. Damit ist der kapitalistische Warenbesitzerstaat gemeint, in dem der individuelle Warenbesitzer gegen alle feudale Willkür geschützt ist, in dem kein Junker von Tronka einem Michael Kohlhaas etwas wegnehmen kann [Kleist 1810]. In der bürgerlichen Gesellschaft wird so etwas nicht eintreten, weil absolute Rechtsgleichheit herrscht, und es wird reziprok zurückerstattet, so daß der Unternehmer sich als Unternehmer wohl fühlt und er in diesem Staat als seinem Staat, als seinem Rechtsstaat zu Hause ist. Die Arbeiter, die keine »biens« haben und keine «personne« sind – für die spätere Bourgeoisie, nicht für Rousseau –, haben in einem solchen Staat selbstverständlich nichts zu lachen, aber formal geben sie auch nur das ab, was sie besitzen, nämlich ihre Arbeitskraft, und kriegen reziprok erstens Geld zurück und zweitens Sicherheit, daß ihre Arbeitskraft sich reproduzieren kann. Man kann alles brauchen im bourgeoisen Staat; bis zum letzten Stückchen Fleisch wird der Knochen von jedem abgenagt. Das war im feudalen Staat nicht so, weil eine riesige Verschwendung getrieben wurde. Man ließ die Menschen herumlaufen, manchmal wurden sie ins Raspelhaus gesperrt, und sie mußten treten, viele wurden einfach sofort hingerichtet oder ihnen wurden die Augen ausgestochen und sie liefen weiter herum in der Landschaft. Das geschieht in dem »humanen« Kapitalismus nicht mehr, da wird jeder an seine Stelle gestellt und hat zu schaffen, und dafür be-

kommt er reziprok die aufgegebene individuelle Freiheit wieder zurück in Gestalt von ranzigem Fett und von Gendarmen. Dieses ist aus dieser Staatsvertragslehre geworden.
Rousseau macht eine wichtige Unterscheidung zwischen der »volonté de tous« und der »volonté générale«, dem Willen aller und dem gemeinsamen Willen [Rousseau 1762a, 29], was wie eine Spitzfindigkeit aussieht. Dieser formulierte gemeinsame Wille erst ist der Rechtsstaat, der bürgerliche Rechtsstaat, in dem Willen aller wäre Anarchie. Es wird also wieder eine Ordnung hineingebracht, damit das reziproke Verhältnis auch funktioniert. Wir haben also nicht individuelle Anarchie, sondern auch im »Contrat social« ...
[An dieser Stelle bricht das Typoskript – mitten im Satz – ab.]

EDITORISCHE NOTIZ

Bei der Bearbeitung des vorliegenden Textes wurde versucht, den Sprachduktus Ernst Blochs zu erhalten. Versehen wurden stillschweigend korrigiert.

Behutsam gekürzt wurden lediglich Passagen mit unnötigen inhaltlichen Verdoppelungen oder übertriebener rhetorischer Redundanz. Das betrifft in erster Linie die Wiederholungen, die Bloch zu Beginn einer neuen Vorlesungsstunde machte. Soweit solche Rekapitulationen indes neue Elemente oder thesenartige Zusammenfassungen enthalten, wurden sie – z. T. mit leichter Umstellung von Abschnitten – in den Text eingearbeitet. Auslassungen sind, sofern es sich um Sinngehalte oder ganze Sätze handelt, mit eckigen Klammern [. . .] notiert.

Um die Übersicht zu erleichtern, wurden Abschnitte hergestellt sowie Überschriften und Zwischentitel eingefügt. Diese gliedernden Elemente richten sich allein nach inhaltlichen Kriterien. Die Einteilung nach Vorlesungen, wie sie in der Typoskriptvorlage besteht, wurde also aufgehoben. Wie auch sonst bei ihrer Textbearbeitung, orientierten sich die Bearbeiter hier an Blochs Vorgehensweise, insbesondere an seiner Überarbeitung eines Teils der »Leipziger Vorlesungen«, der unter dem Titel »Zwischenwelten in der Philosophiegeschichte« 1977 als Band 12 der Gesamtausgabe veröffentlicht wurde.

Zitate wurden kontrolliert und, ebenso wie sinngemäße Zitierungen oder eindeutige Textverweise, in eckigen Klammern nachgewiesen. In der Regel wurde dabei folgendermaßen verfahren: Zunächst ist der Autor genannt. Ein »vgl.« vor dem Namen bedeutet entweder, daß es sich um eine nichtwörtliche Zitierung durch Bloch handelt oder daß der Zusammenhang zwischen Zitatnachweis und dem Text von Bloch nicht sehr eng ist. Dann folgt das Entstehungsjahr des zitierten Werks oder das Jahr, in dem das Werk zum ersten Mal gedruckt wurde. Texte, bei denen die genaue Entstehungszeit unbekannt ist, sowie Sammelwerke sind mit der Jahreszahl der modernen Ausgabe versehen. Bei mehrbändigen Gesamtausgaben ist neben Titel des zitierten Textes auch die Bandnummer angegeben.

Der Jahresangabe folgt die Seitenangabe. Ein auf sie folgendes »u. ö.« (und öfter) heißt, daß sich der zitierte Terminus oder Gedankengang noch an anderen Stellen im Werk des betreffenden Autors findet. Von Bloch sehr häufig erwähnte Begriffe (wie z. B. Spinozas »natura sive Deus«) sind *innerhalb* eines Kapitels nicht bei jedem Vorkommen nachgewiesen, wohl aber, wenn sie in anderen Kapiteln erneut auftauchen. In einigen Fällen werden Zitate nicht in den Werken der zitierten Autoren nachgewiesen, sondern in der von Bloch mutmaßlich oder nachweislich benutzten Sekundärquelle. Solche Quellen sind vor allem Hegels »Vorlesungen zur Geschichte der Philosophie« und Wilhelm Windelbands »Geschichte der Philosophie.«
Die verwendeten Kürzel sind im Literaturverzeichnis am Ende jedes Bandes in genaue bibliographische Angaben aufgelöst. Angeführt ist meist die derzeit gebräuchlichste Ausgabe. Gibt Bloch jedoch wörtliche Zitate (z. B. bei Descartes), dann wurde auf die von ihm benutzte Ausgabe älteren Datums verwiesen. Einige Zitate konnten nicht nachgewiesen werden. Vermutlich handelt es sich dabei in den meisten Fällen nicht um wörtliche Zitate, sondern um summarische Zusammenfassungen durch Bloch oder Zitate aus dem Gedächtnis.
Der vorliegende Band der »Leipziger Vorlesungen« umfaßt in der Typoskript-Vorlage die Seiten 1483 bis 1926. Die Seiten 1849 bis 1867 fehlen. Ihr Verbleib ist unbekannt, sie müssen jedoch im ursprünglichen Manuskript vorhanden gewesen sein. Anders steht es mit dem Schluß. Die Vorlage bricht auf Seite 1926 mitten im Satz ab. Möglicherweise war bereits der Tonbandmitschnitt dieser Vorlesung unvollständig.
Die meisten Vorlesungen sind handschriftlich datiert, die beiden Descartes-Vorlesungen: ohne Datum, 18. 11. 55. Die drei Vorlesungen über Spinoza: ohne Datum, 25. 11. 55, 28. 11. 55. Die drei Leibniz-Vorlesungen tragen die Daten: 2. 12. 55, 8. 12. 55, 12. 12. 55 und die sieben Vorlesungen über die deutsche, englische und französische Aufklärung die Datierungen: »letzte vor Weihnachten«, 23. 1. 56, 27. 1. 56, 30. 1. 56, 6. 2. 56, 10. 2. 56 und 13. 2. 56. Insgesamt umfaßt dieser Band also 15 Vorlesungen. (U. O.)

LITERATURVERZEICHNIS

Agricola (1557): »Vom Bergwerck 12 Bücher, darinn alle Ämpter, Instrument, Gezeuge unnd alles zu diesem handel gehörig ... Durch Georgium Agricolam«. Basel 1557.

Altkirch (1924): Altkirch, E.: »Maledictus und Benedictus. Spinoza im Urteil des Volkes und der Gebildeten«. Leipzig 1924.

Anonymus (1903): Unbekannter antiker Autor: »Über das Erhabene«. Übersetzt von F. Hashagen, Gütersloh 1903.

Aristoteles (1966): Aristoteles: »Metaphysik«. Übersetzt von H. Bonitz. Hrsg. von H. Carvallo und E. Grassi. Hamburg 1966. Seitenangaben nach der Bekker-Nummerierung.

Aristoteles (1967): Aristoteles: »Elemente der aristotelischen Logik«. Griechisch und deutsch. Übersetzt und kommentiert von A. Trendelenburg. Neu hrsg. von R. Beer. Hamburg 1967.

Aristoteles (1974): Aristoteles: »Politik«. Übersetzt und mit Anmerkungen versehen von O. Gigon. Stuttgart 1974.

Arnim/Brentano (1805): Arnim, A. und Brentano, C.: »Des Knaben Wunderhorn. Alte deutsche Lieder«. 3 Bde. Heidelberg 1805/08 u. ö.

Augustinus (391): »Musik«. Übersetzt von C. J. Perl. Straßburg 1937.

Basilides (1969): Basilides: In: »Die Gnosis«. Erster Band. Zeugnisse der Kirchenväter. Eingeleitet und übersetzt von W. Foerster. Zürich und Stuttgart 1969.

Batteux (1746): Batteux, Ch.: »Einschränkung der schönen Künste auf einen einzigen Grundsatz«. Übersetzt von J. A. Schlegel. Nachdruck der 3. Auflage Leipzig 1770. Hildesheim 1976.

Baumgarten (1750/58): Baumgarten, A. G.: »Aesthetica«. 2 Bde. Frankfurt an der Oder 1750/58. Nachdruck Hildesheim 1961.

Bayle (1682): Bayle, P.: »Verschiedene Gedanken über einen Kometen«. Hrsg. von R. Geissler, übersetzt von C. Faber. Leipzig 1975.

Bayle (1695/97): Bayle, P.: »Dictionnaire historique et critique«. 2 Bde. Rotterdam 1695/97.

Bekker (1693): Bekker, B.: »De betoverde Weereld«. Amsterdam 1691/93.

Berkeley (1710): Berkeley, G.: »Eine Abhandlung über die Prinzipien der menschlichen Erkenntnis«. Neu hrsg. von A. Klemmt. Hamburg 1957.

Bibel: Bibelzitate werden nach der Lutherübersetzung nachgewiesen.

Bloch (1921): Bloch, E.: »Thomas Münzer als Theologe der Revolution«. Frankfurt/M. 1972.

Bloch (1947): Bloch, E.: »Subjekt-Objekt. Erläuterungen zu Hegel«. Gesamtausgabe Bd. 8. Frankfurt/M. 1962.

Bloch (1954 f.): Bloch, E.: »Das Prinzip Hoffnung«. Gesamtausgabe Bd. 5. Frankfurt/M. 1959.

Bloch (1961): Bloch, E.: »Naturrecht und menschliche Würde«. Gesamtausgabe Bd. 6. Frankfurt/M. 1961.

Bloch (1964): Bloch, E.: »Geist der Utopie«. Bearbeitete Neuauflage der zweiten Fassung von 1923. Gesamtausgabe Bd. 3. Frankfurt/M. 1964.

Bloch (1972): Bloch, E.: »Das Materialismusproblem, seine Geschichte und Substanz«. Gesamtausgabe Bd. 7. Frankfurt/M. 1972.

Bloch (1977): Bloch E.: »Zwischenwelten in der Philosophiegeschichte«. Gesamtausgabe Bd. 12. Frankfurt/M. 1977.

Brecht (1967): Brecht, B.: »Gesammelte Werke« in 20 Bdn. Frankfurt/M. 1967.

Bruno (1584): Bruno G.: »Von der Ursache, dem Prinzip und dem Einen«. Übersetzt von A. Lasson. Berlin 1872.

Buffon (1749 ff.): Comte de Buffon, G.-L. L.: »Histoire naturelle générale et particulière«. In: Œuvres complètes, 12 Bde. Hrsg. von Flourens. Paris 1853/55.

Busch (1872): Busch, W.: »Die fromme Helene«. In: Gesammelte Werke in 4 Bänden, Band 2. Hrsg. von F. Bohnen. Wiesbaden o. J.

Capelle (1968): »Die Vorsokratiker. Die Fragmente und Quellenberichte übersetzt und eingeleitet von W. Capelle«. Stuttgart 1968.

Cassirer (1902): Cassirer, E.: »Leibniz' System in seinen wissenschaftlichen Grundlagen«. Marburg 1902.

Collier (1713): Collier, A.: »Clavis universalis or a new inquiry after Truth«. London 1713.

Condillac (1754): Condillac, E. B. de: »Abhandlung über die Empfindungen«. Auf der Grundlage der Übersetzung von E. Johnson neu bearbeitet von L. Kreimendahl. Hamburg 1982.

Darwin (1859): Darwin, Ch.: »Die Entstehung der Arten durch natürliche Zuchtwahl«. Übersetzt von C. W. Neumann. Stuttgart 1963.

Defoe (1719): Defoe, D.: »Das Leben und die Abenteuer des Robinson Crusoe«. Übersetzt von A. K. Stöger. Freiburg i. Br. 1949.

Descartes (1637): Descartes, R.: »Abhandlung über die Methode«. Hrsg. und übersetzt von A. Buchenau. Leipzig [4]1922. Nachdruck Leipzig 1948.

Descartes (1641): Descartes, R.: »Meditationen über die Grundlagen der Philosophie. Mit den sämtlichen Einwänden und Erwiderungen.« Hrsg. und übersetzt von A. Buchenau. Leipzig 1915. Nachdruck Hamburg 1972.

Descartes (1644): Descartes, R.: »Die Prinzipien der Philosophie«. Übersetzt und erläutert von A. Buchenau. Leipzig [4]1922. Nachdruck Hamburg 1965.

Descartes (1649): Descartes, R.: »Über die Leidenschaften der Seele«. Hrsg. und übersetzt von A. Buchenau. Leipzig ³1911.
Descartes (1664): »Le Monde De M. Descartes, ou le Traité de la lumière et des autres principaux objets des sens«. Paris 1644.
Descartes (1701): Descartes, R.: »Regeln zur Leitung des Geistes«. Hrsg. und übersetzt von A. Buchenau. Leipzig ²1920. Nachdruck Hamburg 1966.
Diogenes Laertius (1955): Diogenes Laertius: »Leben und Meinungen berühmter Philosophen«. 2 Bde. Übersetzt von O. Apelt. Berlin (Ost) 1955.
Dionysius (1911/1933): »Des heiligen Dionysius Areopagita angebliche Schriften über die beiden Hierarchien« (Bd. 1) – »Über ›Göttliche Namen‹« (Bd. 2). Übersetzt von J. Stiglmayr. München 1911/33.

Eddington (1939): Eddington, A. S.: »Das Weltbild der Physik und ein Versuch seiner philosophischen Deutung«. Braunschweig ²1939.
Engels (1845): Engels, F.: »Die Lage der arbeitenden Klasse in England«. In: Marx/Engels Werke Bd. 2. Berlin (Ost) 1957.
Engels (1878): Engels, F.: »Herr Eugen Dührings Umwälzung der Wissenschaft«. In: Marx/Engels Werke Bd. 20. Berlin (Ost) 1962.
Engels (1886): Engels, F.: »Ludwig Feuerbach und der Ausgang der klassischen deutschen Philosophie«. In: Marx/Engels Werke Bd. 21. Berlin (Ost) 1962.
Engels (1925): Engels, F.: »Dialektik der Natur«. In: Marx/Engels Werke Bd. 20. Berlin (Ost) 1962.
Epikur (1973): Epikur: »Philosophie der Freude«. Auswahl, übersetzt von J. Mewaldt. Stuttgart 1973.
Euklid (1980): Euklid: »Die Elemente«. Hrsg. und übersetzt von C. Thaer. Nachdruck Darmstadt 1980.

Fechner (1859): Fechner, G. Th.: »Elemente der Psychophysik«. Leipzig ³1907.
Feuerbach (1839): Feuerbach, L.: »Kritiken und Abhandlungen II (1839 bis 1843)«. In: Feuerbach: Werke in sechs Bänden, Bd. 3. Hrsg. von E. Thies. Frankfurt/M. 1975.
Feuchtwanger (1952): Feuchtwanger, L.: »Narrenweisheit oder Tod und Verklärung des Jean-Jacques Rousseau«. Frankfurt/M. 1978.
Fichte (1794): Fichte, J. G.: »Grundlage der gesamten Wissenschaftslehre«. In: Fichtes Werke Band I. Hrsg. von I. H. Fichte. Nachdruck Berlin 1971.

Galilei (1638): Galilei, G.: »Unterredungen und mathematische Demonstrationen über zwei neue Wissenszweige, die Mechanik und die Fall-

gesetze betreffend«. Hrsg. von A. von Oettingen. Nachdruck Darmstadt 1964.
Gassendi (1649): Gassendi, P.: »Philosophiae Epicuri syntagma«. In: »Animadversiones in decimum librum Diogenis Laertii, qui est de vita, moribus, placitisque Epicuri«. Lyon 1649.
Gerhardt (1875 f.): »Die philosophischen Schriften von Gottfried Wilhelm Leibniz«. 7 Bde. Hrsg. von C. I. Gerhardt. Berlin 1875-1890.
Gibbon (1776/88): Gibbon, E.: »Geschichte des Verfalls und Untergangs des Römischen Reiches«. Übersetzt von F. A. W. Wenk und C. G. Schreiter. 19 Bde. Leipzig 1779-1806.
Goethe Faust I/Faust II: Goethe, J. W.: »Faust. Der Tragödie Erster und Zweiter Teil«. In: Goethe. Berliner Ausgabe Bd. 8. Berlin (Ost) 1965.
Goethe (1774): Goethe, J. W.: »Clavigo. Ein Trauerspiel«. In: Goethe. Berliner Ausgabe Bd. 5. Berlin (Ost) 1964.
Goethe (1790): Goethe, J. W.: »Torquato Tasso. Ein Schauspiel«. In: Goethe. Berliner Ausgabe Bd. 7. Berlin (Ost) 1963.
Goethe (1798): Goethe J. W.: »Hermann und Dorothea«. In: Goethe. Berliner Ausgabe Bd. 3. Berlin (Ost) 1965.
Goethe (1810): Goethe, J. W.: »Zur Farbenlehre«. In: Die Schriften zur Naturwissenschaft, Bde. 3-7. Weimar 1951/58.
Goethe (1811 f.): Goethe, J. W.: »Aus meinem Leben. Dichtung und Wahrheit«. In: Goethe. Berliner Ausgabe Bd. 13. Berlin (Ost) ²1967.
Goethe (1816): Goethe, J. W.: »Italienische Reise«. In: Goethe. Berliner Ausgabe Bd. 14. Berlin (Ost) 1972.
Goethe (1819): Goethe, J. W.: »West-Östlicher Divan«. In: Goethe. Berliner Ausgabe Bd. 3. Berlin (Ost) 1965.
Goethe (1966): Goethe, J. W.: »Gedichte. Nachlese und Nachlaß«. In: Goethe. Berliner Ausgabe Bd. 2. Berlin (Ost) 1966.
Goethe (1972): Goethe, J. W.: »Gedichte«. In: Goethe. Berliner Ausgabe Bd. 1. Berlin (Ost) ²1972.
Goethe (1972a): Goethe, J. W.: »Schriften zur Literatur II«. In: Goethe. Berliner Ausgabe Bd. 18. Berlin (Ost) 1972.
Goethe (1973): Goethe, J. W.: »Schriften zur bildenden Kunst«. In: Goethe. Berliner Ausgabe Bd. 19. Berlin (Ost) 1973.

Harrington (1656): Harrington, J.: »The Commonwealth of Oceana«. Ed. with notes by S. B. Liljegren. Heidelberg 1924.
Hebbel (1963 f.): Hebbel, F.: »Werke in 5 Bänden«. Hrsg. von G. Fricke, W. Keller und K. Pörnbacher. München 1963/67.
Hegel (1807): Hegel, G. W. F.: »Phänomenologie des Geistes«. Hrsg. von J. Hoffmeister. Hamburg ⁶1952.
Hegel (1812): Hegel, G. W. F.: »Wissenschaft der Logik«. Erster Teil. Hrsg. von G. Lasson. Leipzig 1934. Nachdruck Hamburg 1966.

Hegel (1813/16): Hegel, G. W. F.: »Wissenschaft der Logik«. Zweiter Teil. Hrsg. von G. Lasson. Leipzig 1934. Nachdruck Hamburg 1966.
Hegel (1836): Hegel, G. W. F.: Vorlesungen über die Geschichte der Philosophie«, Bd. III. In: Werke in zwanzig Bänden. Hrsg. von E. Moldenhauer und K. M. Michel, Bd. 20. Frankfurt/M. 1971.
Hegel (1837): Hegel, G. W. F.: »Vorlesungen über die Philosophie der Geschichte«. In: Werke in zwanzig Bänden. Hrsg. von E. Moldenhauer und K. M. Michel, Bd. 12. Frankfurt/M. 1970.
Hegel (1969): Hegel, G. W. F.: »Briefe von und an Hegel« in 4 Bdn. Hrsg. von J. Hoffmeister. Hamburg [3]1969.
Heine (1968): Heine, H.: »Sämtliche Schriften«. 6 Bde. Hrsg. von K. Briegleb. München 1968-1976.
Heinse (1787): Heinse, W.: »Ardinghello und die glückseligen Inseln«. Frankfurt/M. 1962.
Helvétius (1758): Helvétius, C. A.: »De l'esprit«. In: Œuvres complettes d'Helvétius«, 2 Bde. Paris 1795.
Helvétius (1772): Helvétius, C. A.: »Vom Menschen, seinen geistigen Fähigkeiten und seiner Erziehung«. Hrsg. und übersetzt von G. Mensching. Frankfurt/M. 1972.
Hesiod (1965): Hesiod: »Werke und Tage«. In: Sämtliche Werke. Übersetzt von T. v. Scheffer. Bremen o. J. (1965).
Hobbes (1647): Hobbes, Th.: »Vom Bürger«. Eingeleitet und herausgegeben von G. Gawlick. Hamburg 1966.
Hobbes (1655): Hobbes, Th.: »Vom Körper (Elemente der Philosophie I)«. Ausgewählt und übersetzt von M. Frischeisen-Köhler. Leipzig 1915.
Hölderlin (1965): Hölderlin, F.: »Sämtliche Werke. Zweiter Band. Gedichte nach 1800«. Hrsg. von F. Beissner. Stuttgart 1965.
Hölderlin (1965a): Hölderlin, F.: »Sämtliche Werke. Sechster Band. Briefe«. Hrsg. von A. Beck. Stuttgart 1965.
Hölderlin (1965b): Hölderlin, F.: »Sämtliche Werke. Dritter Band. Hyperion«. Hrsg. von F. Beissner. Stuttgart 1965.
Holbach (1770): Holbach, P.-H.: »Système de la Nature ou des lois du monde physique et du monde moral«. 2 Bde. Nachdruck der Ausgabe Paris 1821. Hildesheim 1966.
Horaz (1962): Quintus Horatius Flaccus: »Die Dichtkunst«. In: Satiren und Briefe. Übersetzt von R. Helm. Zürich und Stuttgart 1962.
Hume (1737): Hume, D.: »Traktat über die menschliche Natur«. 2 Teile. Hrsg. von Th. Lipps, übersetzt von E. Köttgen und J. B. Meyer. Hamburg/Leipzig 1895/1906.
Hume (1742): Hume, D.: »Essays Moral, Literary and Political«. 2 Bde. Edinburgh 1741/42.
Hume (1748): Hume, D.: »Eine Untersuchung über den menschlichen Verstand«. Hrsg. und übersetzt von H. Herring. Stuttgart [2]1982.

Hume (1754 f.): Hume, D.: »The History of England from the Invasion of Julius Caesar to the Abdication of James the Second 1688«. 6 Bde. New York 1855.

Jacobi (1819): Jacobi, F. H.: »Über die Lehre des Spinoza, in Briefen an Herrn Moses Mendelssohn«. In: Werke. Vierter Band. Erste Abtheilung, Leipzig 1819. Nachdruck Darmstadt 1968.

Kant (1770): Kant, I.: »De mundi sensibilis atque intelligibilis forma et principiis«. In: Kants Werke. Akademie Textausgabe, Bd. II. Nachdruck Berlin 1968.

Kant (1783): Kant, I.: »Prolegomena zu einer jeden künftigen Metaphysik, die als Wissenschaft wird auftreten können«. In: Kants Werke. Akademie Textausgabe, Bd. IV. Nachdruck Berlin 1968.

Kant (1785): Kant, I.: »Grundlegung zur Metaphysik der Sitten«. In: Kants Werke. Akademie Textausgabe, Bd. IV. Nachdruck Berlin 1968.

Kant (1786): Kant, I.: »Metaphysische Anfangsgründe der Naturwissenschaft«. In: Kants Werke. Akademie Textausgabe, Bd. IV. Nachdruck Berlin 1968.

Kant (1787): Kant, I.: »Kritik der reinen Vernunft«, 1. und 2. Original-Ausgabe. Hrsg. von R. Schmidt. Hamburg 1971. Angegeben wird die Seitenzählung der 2. Ausgabe 1787.

Kant (1788): Kant, I.: »Kritik der praktischen Vernunft«. In: Kants Werke. Akademie Textausgabe, Bd. V. Nachdruck Berlin 1968.

Kant (1790): Kant, I.: »Kritik der Urteilskraft«. In: Kants Werke. Akademie Textausgabe, Bd. V. Nachdruck Berlin 1968.

Keller (1972): Keller, G.: »Sämtliche Werke und ausgewählte Briefe«. Hrsg. von C. Heselhaus. 3 Bde. München ³1972.

Kleist (1810): Kleist, H. von: »Michael Kohlhaas. Aus einer alten Chronik«. In: Kleist. Sämtliche Werke und Briefe, Bd. 2. Hrsg. von H. Sembdner. München ⁵1970.

Lamarck (1809): Lamarck, J. B.: »Zoologische Philosophie«. Übersetzt von H. Schmidt. Leipzig 1909.

La Mettrie (1748): La Mettrie, J. O. de: »Der Mensch eine Maschine«. Übersetzt von M. Brahn. Leipzig 1909.

Lange (1865): Lange, F. A.: »Geschichte des Materialismus. Erstes Buch. Geschichte des Materialismus bis auf Kant«. Leipzig ⁷1902.

Leibniz (1663): »Leibniz's Dissertation ›De principio individui‹ herausgegeben und kritisch eingeleitet von Dr. G. E. Guhrauer«. Berlin 1837.

Leibniz (1696): Leibniz, G. W.: »Zweite Erläuterung zum Neuen System«. In: Kleine Schriften zur Metaphysik. Hrsg. und übersetzt von H. H. Holz. Darmstadt 1965.

Leibniz (1710): Leibniz, G. W.: »Die Theodizee«. Übersetzt von A. Buchenau. Leipzig 1925. Nachdruck Hamburg 1968.

Leibniz (1765): Leibniz, G. W.: »Neue Abhandlungen über den menschlichen Verstand«. Übersetzt von E. Cassirer. Leipzig 1915. Nachdruck Hamburg 1971.

Leibniz (1843/46): Leibniz, G. W.: »Annales Imperii Occidentis Brunsvicenses«. 3 Bde. Hrsg. von G. H. Pertz. Hannover 1843/46. Nachdruck Hildesheim 1966.

Leibniz (1904): Leibniz, G. W.: »Hauptschriften zur Grundlegung der Philosophie«. Übersetzt von A. Buchenau. Durchgesehen und mit Einleitungen und Erläuterungen hrsg. von E. Cassirer. Bd. I, Leipzig 1904. Nachdruck Hamburg 1966.

Leibniz (1906): Ders., dass. Bd. II. Leipzig 1906. Nachdruck Hamburg 1966.

Lenin (1909): Lenin, W. I.: »Materialismus und Empiriokritizismus«. In: Lenin Werke, Bd. 14. Berlin (Ost) 1962.

Lenin (1914/15): Lenin, W. I.: »Konspekt zu Hegels ›Wissenschaft der Logik‹«. In: Lenin Werke, Bd. 38. Berlin (Ost) 1970.

Lenz (1774): Lenz, J. M. R.: »Der Hofmeister oder Vortheile der Privaterziehung. Eine Komödie«. Leipzig 1774 u. ö.

Lessing (1968): Lessing, G. E.: »Gesammelte Werke in zehn Bänden«. Hrsg. von P. Rilla. Berlin und Weimar ²1968.

Locke (1690): Locke, J.: »Über den menschlichen Verstand«. Bd. I: Buch I und II.; Bd. II: Buch III und IV. Nach der deutschen Fassung von C. Winckler (Leipzig 1911/13). Berlin (Ost) 1968.

Locke (1690a): Locke, J.: »Zwei Abhandlungen über die Regierung«. Hrsg. von W. Euchner, übersetzt von H. J. Hoffmann. Frankfurt/M. 1977.

Locke (1693): Locke, J.: »Some Thoughts concerning Education«. London 1693.

Lukrez (1977): Titus Lucretius Carus: »De rerum natura – Welt aus Atomen«. Lateinisch und deutsche Übersetzung von K. Büchner. Stuttgart 1977.

Mably (1776): Mably, G. B. de: »De la législation ou principes des lois«. 2 Bde. Amsterdam 1776.

Machiavelli (1513): Machiavelli, N.: »Der Fürst. ›Il Principe‹«. Hrsg. und übersetzt von R. Zorn. Stuttgart ³1963.

Malebranche (1678): Malebranche, N.: »Von der Wahrheit oder Von der Natur des menschlichen Geistes und dem Gebrauch seiner Fähigkeiten, um Irrthümer in Wissenschaften zu vermeiden«. Übersetzt von J. H. F. Ulrich und C. L. Paalzow. 4 Bde. Halle 1776-1780.

Malthus (1798): Malthus, Th. R.: »Das Bevölkerungsgesetz«. Hrsg. und übersetzt von C. M. Barth. München 1977.

Mandeville (1704): Mandeville, B.: »Die Bienenfabel oder Private Laster, öffentliche Vorteile«. Einleitung von W. Euchner. Frankfurt/M. 1968.
Manuel (1523): Manuel, N.: »Die Totenfresser. ›Vom Papst und seiner Priesterschaft‹«. Hrsg. von F. Vetter. Leipzig 1923.
Marc Aurel (1933): Marcus Aurelius Antoninus Augustus: »Selbstbetrachtungen«. Übersetzt von W. Capelle. Stuttgart [10]1963.
Marx (1841): Marx, K.: »Differenz der demokritischen und epikureischen Naturphilosophie«. In: Marx/Engels Werke, Ergänzungsband erster Teil. Berlin (Ost) 1968.
Marx (1844): Marx, K.: »Zur Kritik der Hegelschen Rechtsphilosophie. Einleitung«. In: Marx/Engels Werke, Bd. 1. Berlin (Ost) 1956.
Marx (1867): Marx, K.: »Das Kapital. Kritik der politischen Ökonomie«. Erster Band. In: Marx/Engels Werke, Bd. 23. Berlin (Ost) 1962.
Marx (1894): Marx, K.: »Das Kapital. Kritik der politischen Ökonomie«. Dritter Band. In: Marx/Engels Werke, Bd. 25. Berlin (Ost) 1964.
Marx/Engels (1845): Marx, K., Engels, F.: »Die heilige Familie«. In: Marx/Engels Werke, Bd. 2. Berlin (Ost) 1957.
Marx/Engels (1846): Marx, K./Engels, F.: »Die deutsche Ideologie«. In: Marx/Engels Werke, Bd. 3. Berlin (Ost) 1958.
Marx/Engels (1966): Marx, K., Engels, F.: »Briefe 1875 bis 1880«. In: Marx/Engels Werke, Bd. 34. Berlin (Ost) 1966.
May (1892): May, K.: »Winnetou, der rote Gentleman«. 3 Bde. In: K. May: Gesammelte Reiseromane in 33 Bdn. Freiburg 1892-1910.
Mehring (1893): Mehring, F.: »Die Lessing-Legende. Eine Rettung«. Stuttgart 1893 u. ö.
Mercier (1770): Mercier, L.-S.: »Das Jahr Zweitausend Vierhundert und Vierzig, ein Traum aller Träume«. Übersetzt von Ch. F. Weisse. Leipzig 1772.
Moliere (1670): Moliere: »Der Bürger als Edelmann«. In: H. v. Hofmannsthal: Ariadne auf Naxos. Berlin/Paris 1918.
Montesquieu (1748): Montesquieu: »Vom Geist der Gesetze«. Ausgewählt und übersetzt von K. Weigand. Stuttgart 1976.
Morelly (1754): Morelly: »Grundgesetz der Natur von Diderot [sic!], nebst einer Zugabe«. Übersetzt von E. M. Arndt. Leipzig 1846.

Nietzsche (1966): Nietzsche, F.: »Werke in drei Bänden«. Hrsg. von K. Schlechta. München 1966.
Nietzsche (KGW): Nietzsche, F.: »Kritische Gesamtausgabe«. Hrsg. von G. Colli und M. Montinari. Berlin 1967 ff.

Platon (1957): Platon: »Protagoras«. In: Sämtliche Werke, Bd. 1. Nach der Übersetzung von F. Schleiermacher hrsg. von W. F. Otto et al. Hamburg 1957. – Alle Seitenangaben bei Platon nach der Stephanus-Nummerierung.

Platon (1957a): Platon: »Symposion«. In: a.a.O., Bd. 2. Hamburg 1957.
Platon (1958): Platon: »Phaidros«. In: a.a.O., Bd. 4. Hamburg 1958.
Platon (1958a): Platon: »Politeia«. In: a.a.O., Bd. 3. Hamburg 1958.
Platon (1959): Platon: »Nomoi«. In: Sämtliche Werke Bd. 6. Nach der Übersetzung von H. Müller hrsg. von W. F. Otto et al. Hamburg 1959.
Pohlenz (1947): Pohlenz, M.: »Die Stoa. Geschichte einer geistigen Bewegung«. Göttingen 1947.
Proudhon (1840): Proudhon, P.-J.: »Was ist das Eigentum? Erste Denkschrift. Untersuchungen über den Ursprung und die Grundlagen des Rechts und der Herrschaft«. Übersetzt von F. Meyer. Bern 1844.

Ratke (1892 f.): Ratke, W.: »Ratichianische Schriften«. 2 Bde. Hrsg. von R. Stötzner. Leipzig 1892/93.
Ritter (1930): Ritter, P.: »Leibniz' Ägyptischer Plan«. Leibnizarchiv Bd. 1. Darmstadt 1930.
Robinet (1761 f.): »Von der Natur, aus dem Französischen des Herrn J. B. Robinet übersetzt«. Frankfurt und Leipzig 1764.
Rousseau (1750/55): Rousseau, J.-J.: »Schriften zur Kulturkritik. Über Kunst und Wissenschaft (1750). Über den Ursprung der Ungleichheit unter den Menschen (1755)«. Übersetzt von K. Weigand. Hamburg [2]1971.
Rousseau (1761): Rousseau, J.-J.: »Julie *oder* Die neue Heloïse«. Übersetzt von J. G. Gellius. München 1978.
Rousseau (1762): Rousseau, J.-J.: »Emil oder Über die Erziehung«. Übersetzt von M. Rang. Stuttgart 1963.
Rousseau (1762a): Rousseau, J.-J.: »Contrat Social. Staat und Gesellschaft«. Übersetzt von K. Weigand. München o. J.

Saint-Pierre (1788): Bernardin de Saint-Pierre, J.-H.: »Paul und Virginie«. Übersetzt von C. Schüler. Darmstadt/Weimar 1912.
Scaliger (1561): Julius Caesar Scaliger: »Poetices libri septem«. Lyon 1561. Nachdruck Stuttgart-Bad Cannstatt 1961.
Schalk (1973): Schalk, F.: »Die französischen Moralisten. Band 1. La Rochefoucauld. Vauvenargues. Montesquieu. Chamfort«. Hrsg. und übersetzt von F. Schalk. München 1973.
Schelling (1856/61): »Friedrich Wilhelm Joseph von Schellings sämmtliche Werke«. 14 Bde. Stuttgart und Augsburg 1856/61.
Schiller (1965 f.): Schiller, F.: »Sämtliche Werke«. In 5 Bänden. Hrsg. von G. Fricke und H. G. Göpfert. München 1965 f.
Schleiermacher (1806): Schleiermacher, F.: »Über die Religion. Reden an die Gebildeten unter ihren Verächtern.« Berlin [2]1806.
Schopenhauer (1813): Schopenhauer, A.: »Über die vierfache Wurzel des Satzes vom zureichenden Grunde«. In: Sämtliche Werke. Hrsg. von W. Frhr. von Löhneysen, Bd. III. Darmstadt 1974.

Schopenhauer (1819): Schopenhauer, A.: »Die Welt als Wille und Vorstellung 1«. In: Sämtliche Werke. Hrsg. von W. Frhr. von Löhneysen, Bd. 1. Darmstadt 1974.
Schopenhauer (1864): »Aus Arthur Schopenhauer's handschriftlichem Nachlaß«. Hrsg. von J. Frauenstädt. Leipzig 1864.
Shaftesbury (1909): Shaftesbury, A.: »Ein Brief über den Enthusiasmus« und: »Die Moralisten«. Hrsg. und übersetzt von M. Frischeisen-Köhler. Leipzig 1909.
Smith (1759): Smith, A.: »Theorie der ethischen Gefühle«. Hrsg. und übersetzt von W. Eckstein. Nachdruck der 1. Auflage 1926. Hamburg 1977.
Smith (1776): Smith, A.: »Eine Untersuchung über Natur und Wesen des Volkswohlstandes«. Übersetzung von E. Grünfeld, 3 Bde. Jena 1908/23.
Spinoza (1663): Spinoza, B. de: »Descartes' Prinzipien der Philosophie auf geometrische Weise begründet«. Übersetzt von A. Buchenau. Leipzig 1907.
Spinoza (1670): Spinoza, B. de: »Theologisch-politischer Traktat«. Übersetzt von C. Gebhardt. Hamburg ^{5}1955.
Spinoza (1677): Spinoza, B. de: »Ethik«. Übersetzt von O. Baensch. Leipzig 1910.
Spinoza (1677a): Spinoza, B. de: »Abhandlung über die Verbesserung des Verstandes«. Übersetzt von C. Gebhardt. Hamburg ^{5}1977.
Spinoza (1677b): Spinoza, B. de: »Abhandlung vom Staate«. Übersetzt von C. Gebhardt. Hamburg ^{5}1977.
Spinoza (1977): Spinoza, B. de: »Briefwechsel«. Übersetzung von C. Gebhardt. Zweite, ergänzte Auflage von M. Walther. Hamburg 1977.

Tacitus (1913): Publius Cornelius Tacitus: »Germania«. Übersetzt von G. Ammon. Bamberg 1913.
Tieck (1826): Tieck, L.: »Der Aufruhr in den Cevennen«. In: Werke in 4 Bänden. Hrsg. von M. Thalmann, Bd. 4. München 1978.
Toland (1704): Toland, J.: »Briefe an Serena«. Hrsg. von E. Pracht, übersetzt von G. Wichmann. Berlin (Ost) 1959.
Toland (1720): Toland, J.: »Pantheisticon, sive formula celebrandae sodalitatis Socraticae«. London 1720.
Tufail (1726): Ibn Tufail: »Ḥayy Ibn Yaqẓān«. Deutsch: »Der von sich selbst gelehrte Weltweise«. Übersetzt von J. G. Pritius. Frankfurt 1726.

Vasari (1550): Vasari, G.: »Lebensläufe der berühmtesten Maler, Bildhauer und Architekten«. Übersetzt von T. Fein. Zürich 1974.
Vico (1744): Vico, G.: »Die neue Wissenschaft über die gemeinschaftliche Natur der Völker«. Übersetzt von E. Auerbach. Hamburg 1966.

Voltaire (1731): Voltaire: »Die Geschichte Karls XII., Königs von Schweden«. Übersetzt von P. P. Althaus. Gotha 1924.
Voltaire (1751): Voltaire: »Das Zeitalter Ludwigs XIV.«. Übersetzt von R. Habs. Leipzig o. J. (um 1885).
Voltaire (1759): Voltaire: »Candide oder Der Optimismus«. Übersetzt von I. Lehmann. Köln/Berlin 1964.
Voltaire (1771): Voltaire: »Epître a l'Auteur du livre des trois Imposteurs«. In: Œuvres complètes de Voltaire, Bd. 17. Paris [2]1827.

Wagner (1845): Wagner, R.: »Tannhäuser und der Sängerkrieg auf der Wartburg«. In: Wagner: Gesammelte Schriften und Dichtungen, Bd. 2. Leipzig 1887. Nachdruck Moers 1976.
Walter (1893): Walter, J.: »Geschichte der Ästhetik im Altertum ihrer begrifflichen Entwicklung nach«. Leipzig 1893.
Winckelmann (1755): Winckelmann, J. J.: »Gedanken über die Nachahmung der griechischen Werke in der Malerei und Bildhauerkunst«. Hrsg. von L. Uhlig. Stuttgart 1969.
Windelband (1877): Windelband, W.: »Zum Gedächtnis Spinozas«. In: Ders.: »Präludien. Aufsätze und Reden zur Einleitung in die Philosophie«. Tübingen [3]1907.
Windelband (1900): Windelband, W.: »Geschichte der Philosophie«. Zweite, durchgesehene und erweiterte Auflage. Tübingen und Leipzig 1900.
Wolff (1729): Wolfius, Christianus: »Philosophia prima sive ontologia, methodo scientifica pertractata qua omnis cognitionis humanae principia continentur«. Francofurti et Lipsiae. 2. Ausgabe MDCCXXXVI.

Zimmermann (1841/43): Zimmermann, W.: »Allgemeine Geschichte des großen Bauernkrieges«. 3 Teile. Stuttgart 1841/43.

NAMENREGISTER